仓修良先生（摄于 2012 年春）

章学诚和《文史通义》
附 章学诚评传

仓修良 著

图书在版编目（CIP）数据

章学诚和《文史通义》/ 仓修良著. — 北京：商务印书馆，2023
ISBN 978-7-100-21899-3

Ⅰ.①章… Ⅱ.①仓… Ⅲ.①章学诚（1738—1801）—史学思想—研究 ②文史—研究—中国—清前期 ③《文史通义》—注释 Ⅳ.①K092.49

中国版本图书馆CIP数据核字（2022）第238285号

权利保留，侵权必究。

章学诚和《文史通义》
仓修良　著

商务印书馆出版
（北京王府井大街36号　邮政编码100710）
商务印书馆发行
三河市尚艺印装有限公司印刷
ISBN 978-7-100-21899-3

2023年7月第1版　　　开本 710×1000　1/16
2023年7月第1次印刷　印张 24 1/2　插页 1

定价：126.00元

出版说明

仓修良先生（1933—2021）是当代著名历史学家、方志学家，江苏省泗阳县人。1958年毕业于浙江师范学院历史系，一直在杭州大学历史系任教。1998年国务院决定四校合并，为浙江大学历史系教授。生前社会兼职有中国历史文献研究会名誉会长、学术委员会主任委员，中国地方志学会学术委员，浙江省地方志学会副会长，华中师范大学历史文献研究所、华东师范大学中国史学研究所、宁波大学、温州大学兼职教授等。

仓先生毕生致力于中国史学史、历史文献学、方志学和谱牒学等方面的教学与研究，著述宏富。出版学术专著有《中国古代史学史简编》（与魏得良合著）、《中国古代史学史》、《方志学通论》、《谱牒学通论》、《章学诚和〈文史通义〉》、《章学诚评传》（与叶建华合著）、《章学诚评传》（与仓晓梅合著），自选文集《史家·史籍·史学》、《仓修良探方志》、《史志丛稿》、《独乐斋文存》。主持二十五史辞典丛书的编纂工作，主编《中国史学名著评介》（三卷本、五卷本）、《史记辞典》、《汉书辞典》、《二十五史警句妙语辞典》、《中国历史文选》（下册，与魏得良合编）、《中国史学史参考资料》、《中国华东文献丛书·华东稀见方志文献》（全五十卷），《中国历史大辞典·史学史卷》编委，撰写《中国历史要籍介绍及选读》要籍解题。古籍整理有《爝火录》（与魏得良合校）、《文史通义新编》、《文史通义新编新注》等。在《历史研究》、《新华文摘》、《中国史研究》、《文史》、《人民日报》、《光明日报》等报刊发表论文两百余篇，科研成果多次受到国家和省部级的奖励。事迹被收入中外名人辞典三十多种，治学经历被收入朝华出版社《学林春秋》，享受国务院特殊津贴。

仓先生在2017年出版《谱牒学通论》后，有意出版本人文集，将生平著述作一总结，集中呈现给学界朋友与广大读者。文集的出版，承商务印书馆的大力支持，同时得到浙江大学中国古代史研究所"双一流"项目经费出版资助。编纂工作从2019年底正式启动，由于身体原因，仓先生委托留系弟子鲍永军负责，从事制订编纂计划、搜集整理并复印论文、整齐文献格式、校对清样及引文、联络沟通等编务。仓先生确定文集编纂计划与目录，指导编纂工作，夫人任宁沪女士、女儿仓晓梅女士提供书信与照片资料，对封面设计、文集装帧等提出宝贵的意见建议。文集编纂工作，得到先生弟子们的积极参与和热忱帮助。叶建华同志校对文集排版文字、核对论著引文。陈凯同志参与制订编纂计划，负责书信整理编纂工作，参与统一文集文献格式，编撰《学术论著编年目录》。张勤同志编撰《学术活动年表》。先生其他弟子，钱茂伟、舒仁辉、刘连开、殷梦霞、文善常、范立舟、陈鹏鸣、金伟、白雪飞、邰晏君、邢舒绪等同志，始终关注支持文集编纂工作。

本文集包含五方面内容，依次为专著、古籍整理、论文集、附录、书信集。文集凡十卷：第一卷《中国古代史学史》；第二卷《方志学通论》；第三卷《谱牒学通论》；第四卷《章学诚评传》（与叶建华合著）；第五卷《章学诚和〈文史通义〉》、《章学诚评传》（与仓晓梅合著）；第六卷《文史通义新编新注》；第七卷《中国史学史论集》；第八卷《方志学论集》；第九卷《谱牒学与历史文献学论集》，附录《学术活动年表》、《学术论著编年目录》；第十卷《友朋书信集》。仓先生所撰中国历史要籍解题，收入第七卷《中国史学史论集》。仓先生主编的《中国史学名著评介》、《文史通义新编》、《爝火录》以及《中国历史文选》，所撰《中国历史大辞典·史学史》、《史记辞典》、《汉书辞典》、《二十五史警句妙语辞典》词条，限于篇幅，本文集不再收录。原四本论文集《史家·史籍·史学》、《仓修良探方志》、《史志丛稿》、《独乐斋文存》中的相关序言、前言、后记，分别收入第七、八、九卷中。

文集中的专著，有增订本者，收增订本。已出版著作与发表的论文，注释体例多有不同，此次出版，为方便读者，重新编排，核对引文，尽可能按照最新出版规范，统一注释体例。

文集编纂尚在进行，仓先生不幸于2021年3月逝世，遗憾不可弥补。文集第一卷于11月问世，后续各卷陆续出版，以慰先生在天之灵。先生之风，山高水长；先生之学，百世流芳。

编者

2021年10月26日

目 录

章学诚和《文史通义》

第一章 章学诚生活的时代——"乾嘉盛世"的社会特点............3
  第一节 "乾嘉学派"是清朝统治者文化专制主义的产物............3
  第二节 盛极一时的乾嘉考据学风............9
  第三节 在"乾嘉盛世"的背后............14

第二章 穷困潦倒的一生............18
  第一节 "意气落落,不可一世"的青年时代............18
  第二节 学问"不合时好"而不敢入仕的中年时代............24
  第三节 为人幕僚,"坎坷潦倒"的晚年............37

第三章 《文史通义》编著的目的、内容和版本............57
  第一节 《文史通义》编著的过程和著作目的............57
  第二节 《文史通义》的内容和版本............62

第四章 《文史通义》是章学诚学术思想的结晶............68
  第一节 不彻底的唯物论思想............68
  第二节 进化论的进步史观............75
  第三节 反对英雄史观............82
  第四节 可贵的治学经验............84

第五节　"经世致用"的学术思想 94

第六节　史家著述之道"贵知其意" 97

第七节　"六经皆史"说的阐明 99

第八节　史家必须具备"史德" 128

第九节　主张文人不能修史 134

第十节　对历史编纂学的贡献 139

第十一节　阐发方志理论，创立方志学 160

第十二节　章学诚史学思想的局限性 178

第五章　章学诚是浙东史学的殿军 181

第一节　清代浙东史学的概况 181

第二节　清代浙东史学的特点 184

第三节　需要辨清的几个问题 194

附　章学诚评传

前　言 201

第一章　时代·故里·童年 203

第一节　生活的时代 203

第二节　道墟故里 213

第三节　无忧无虑的童年 216

第二章　坎坷仕途 221

第一节　自命不凡，眼高手低 221

第二节　国子监岁月 224

第三节　由子之道，任子之天 227

第三章　茫茫学海 ... 233
第一节　始撰《文史通义》 ... 233
第二节　四十一岁中进士 ... 238
第三节　河南遇盗 ... 244

第四章　贫病交加，终老山林 ... 252
第一节　毕沅幕僚 ... 252
第二节　《湖北通志》的编修 ... 258
第三节　手足情深 ... 264
第四节　晚年上书 ... 269
第五节　《史籍考》的编纂 ... 272

第五章　做人与治学 ... 278
第一节　堂堂正正地做人 ... 278
第二节　踏踏实实地治学 ... 288

第六章　成一家之言的《文史通义》（上）
——著作的宗旨与该书的流传 ... 301
第一节　成一家之言的著作宗旨 ... 301
第二节　《文史通义》的流传与版本 ... 308

第七章　成一家之言的《文史通义》（中）
——独树一帜的史学思想 ... 314
第一节　提倡史学必须"经世致用" ... 314
第二节　重点探讨史义以挽救史学之积弊 ... 318
第三节　大谈"六经皆史" ... 321
第四节　史家必须具备"史德" ... 326
第五节　文人不能修史 ... 332
第六节　别出心裁的史籍分类法 ... 335
第七节　扩大史学的范围 ... 336

第八节　纪传体史书应增设《史官传》.................................339

第八章　成一家之言的《文史通义》（下）
——方志学的创立.................................342
第一节　丰富的方志学理论.................................342
第二节　方志学理论的三大来源.................................366

第九章　章学诚在中国史学上的地位.................................376
第一节　该怎样评价章学诚.................................376
第二节　章学诚在中国史学上的地位.................................380

章学诚和《文史通义》

第一章
章学诚生活的时代——"乾嘉盛世"的社会特点

第一节 "乾嘉学派"是清朝统治者文化专制主义的产物

一、大兴文字狱,加强专制主义中央集权的统治

乾嘉时代,被看成清代历史上的一个"盛世"。而"乾嘉学派"又被视为这个"盛世"学术繁荣的象征。其实,乾嘉学派是清朝文化专制主义的产物。众所周知,明清之际,是我国封建社会晚期历史上一次剧烈动荡的时期。当时,阶级矛盾和民族矛盾都极为尖锐,反映在意识形态领域里,出现了许多具有唯物主义和民主色彩的进步思想家,黄宗羲、顾炎武、王夫之、方以智、吕留良等人,就是其中杰出的代表。他们大多反对宋明以来程朱理学的空谈,主张"经世致用"之学,不同程度地对封建专制主义和民族压迫进行了批判。在这方面尤以黄宗羲表现最为突出,他在其名著《明夷待访录》中,对专制的暴君政治和现存的封建秩序进行了激烈的抨击,他说:

> 今也天下之人怨恶其君,视之如寇仇,名之为独夫,固其所也。而小儒规规焉以君臣之义无所逃于天地之间,至桀、纣之暴,犹谓汤、武不当诛之,而妄传伯夷、叔齐无稽之事,使兆人万姓崩溃之血肉,曾不异夫腐鼠。岂天地之大,于兆人万姓之中,独私其一人一姓乎

这就是他对君主专断的有力抨击。他主张做官的人都应该是"为天下,非为君也;为万民,非为一姓也"。他说:"盖天下之治乱,不在一姓之兴

---

① 《明夷待访录·原君》。

亡，而在万民之忧乐。"①因此，不能"私其一人一姓"。可见他敢于用"为天下"去否定"为君"，用"为万民"去批判"为一姓"，这无疑是与长期以来所宣传的"君为臣纲"针锋相对。这种思想对当时和后来影响都很大，正如梁启超所说，他们在搞维新运动时，就曾把《明夷待访录》一书大量印刷，作为推翻封建君主专制的宣传品。顾炎武在政治方面也反对当时专制主义的政治，认为"天下兴亡，匹夫有责"。在治学方面，他反对空谈，提倡实学，主张"经世致用"。他指斥明末的学风是专门清谈。"不习六艺之文，不考百王之典，不综当代之务。""以明心见性之空言，代修己治人之实学。"结果造成了"股肱惰而万事荒，爪牙亡而四国乱，神州荡复，宗社丘墟"。②因而他强调踏实钻研的学风，提出"凡文之不关于六经之指、当世之务者，一切不为"。③他的《天下郡国利病书》之编著，正是从这个目的出发。当时许多著名学者，他们著书立说，也都和顾、黄诸人一样，抱有明显的"经世"目的。因此当时的学术空气非常活跃，各种有价值的著作也都应时出现。从思想学术领域来看，确是一种十分可喜的现象。可是这种局面的出现，却使清朝统治者感到惶惶不安，他们很快意识到，如果让这种局面自由发展下去，势必冲击封建统治，对于政权的巩固将会产生极其不利的影响。于是便决定以高压手段，对"掉弄笔墨"的士人给以创惩，大兴文字狱，来打击"经世致用"思想，残杀富有民族思想的知识分子，以此加强对学术思想的控制。

　　文字狱虽是古已有之，不过各代文网的疏密是有所不同的。明清时期的文网，则远远超过前代，而清代文字狱的凶残较之明代，则又有过之而无不及。早在清初顺治时期就已经出现过多次文字狱。到康熙时又兴起一连串的文字狱，初年有所谓"明史案"，时浙江归安（今吴兴）富户庄廷鑨购得明万历年间大学士朱国桢编著的《明史》，原书未完，庄廷鑨请人续完刻印，其中涉及李成梁与建州卫的关系和明末抗战事迹，为落职归安知县吴之荣告发，遂兴大狱。时庄廷鑨已死，仍被剖棺戮尸。其父兄弟侄等家属亦处极刑。此外，凡是作序者、校补者、刻印者，甚至售书者、买书者都惨遭

---

① 《明夷待访录·原臣》。
② 《日知录》卷7《夫子之言性与天道》。
③ 《亭林文集·与人书二》。

杀戮，共死了七十二人，充军的更不计其数。这里特别要指出的是，被顾炎武"视为畏友"的吴炎（字赤溟）、潘柽章（字力田）两位年轻有为的史学家，亦不幸死于此案。吴、潘俱为吴江名士，本未参与庄氏《明史》的参校工作，时二人正专意撰著《明史记》。但庄氏倾慕二人盛名，遂刊其名于序中，于是二人均遭杀身之祸，康熙二年五月，"俱磔于杭州弼教坊"。他们都长于史学，两人合作，仿《史记》体例撰《明史记》。顾炎武对他们十分敬慕，将自己所藏有关史料千余卷都借给了他们，《明史记》于二人遇难时被抄没焚毁，顾炎武所借的藏书也被一并烧毁，这是明史研究上的一大损失。康熙末年又有"南山集案"。清翰林院编修桐城人戴名世著有《南山集》，书中多处引用了同乡人方孝标《滇黔纪闻》所记永历政权抗战事迹，并主张弘光、隆武、永历三帝在《明史》中应立本纪，被人告发，戴名世及其族人皆被杀；方孝标已早死，被戮尸，族人被杀的亦很多。方、戴两族未被杀的皆流放于宁古塔（今黑龙江宁安）等地为奴。这次文字狱死者一百多人，流放者数百人。

雍正时期有"吕留良案"，这和"明史案"、"南山集案"同为清初的大案。湖南诸生曾静，收得浙江学者吕留良（崇德县人）遗书，接受其中有关"夷夏之防"及"井田"、"封建"等学说，著有《知新录》一书，提出清朝入主中原，使人民陷于水深火热之中，中国的文化传统遭到了破坏，他号召恢复"井田封建"（即指文化传统）。同时书中还揭发了清廷统治下人民生活的种种痛苦和雍正帝夺取帝位前后的阴谋行为，以及贪财残忍的性格。[①] 雍正七年（1729），曾静派遣他的弟子张熙到西安见清川陕总督岳钟琪，劝他起兵反清，岳钟琪反向清廷告发，曾静、张熙及吕留良之子毅中等皆被捕。而抄出的吕留良诗文中又有"清风虽细难吹我，明月何尝不照人"等句，更成为残酷镇压的口实。雍正亲自审问后，杀害了吕毅中等人，吕氏子孙则被发配宁古塔为奴，但却把曾静、张熙释放了，目的是利用他们替清廷宣传，欺骗人民。同时又将曾静等人的口供，以及雍正帝和曾静的辩论词、雍正反驳吕留良思想的谈话等编辑成《大义觉迷录》一书，这是对死者公开的口诛笔伐，对生者的严厉警告。此书一直发到全国各地学校，迫令士人阅读，其

---

① 见《大义觉迷录》中所引《知新录》说法。

用心是从根本上消除反清思想。对此梁启超曾发表过评论，认为作为一个帝王亲自著书数十万言，"和一位儒生打笔墨官司，在中外历史上真算绝无仅有。从表面看，为研求真理而相辩论，虽帝王也该有这种自由"。但仔细搜求他的行径，"他著成《大义觉迷录》以后，跟着把吕留良剖棺戮尸，全家杀尽，著作也都毁板，像这样子，哪里算得讨论学问，简直是欧洲中世纪教皇的牌子"。①

自此以后，文网愈密，动辄犯忌，令人心寒。尤其是"明"、"清"二字，更不可随意使用，因为由于清统治者猜疑过甚，往往望文生义，为了一两个字就可以把人定为"大逆"。用当时办案大员的话来说，就是"推求其意，悖逆显然"。②这就是说，"悖逆"乃系"推求其意"而得出。于是，许多人就是因为"推求其意"而丧了性命，从而使封建专制主义的文化统治达到了登峰造极的地步。如雍正时江西考官浙江海宁人查嗣庭因出试题涉嫌，被拿问罪。据《永宪录》载：

> （查嗣庭）今岁（雍正四年）典试江西，首题"君子不以言举人，不以人废言"，夫尧舜之世，敷奏以言，非以言举人乎？查嗣庭以此命题，显与国家取士之道相背谬。三题"介然用之而成路，为间不用则茅塞之矣"，更不知其何所谓。《易经》次题"正大而天地之情可见矣"，《诗经》次题"百室盈止，妇子宁止"。去年正法之汪景祺文稿中有《历代年号论》，指"正"字有"一止"之象，引前代如正隆、正大、至正、正德、正统，凡有"正"字者皆非吉兆。……今查嗣庭所出经题，前用"正"字，后用"止"字，而《易经》第三题则用其旨远其辞文，其寓意将前后联络，显然与汪景祺语相同。

查嗣庭因此获罪，加之又检其笔札诗抄，认为语多悖逆，心怀怨望，革职拿问，死于狱中，戮尸枭示，亲属被杀或被流放。次年，雍正以汪景祺、查嗣庭均为浙江人，认为浙省士风浇薄，玷辱科名，下诏停止浙江乡试、会

---

① 《中国近三百年学术史》三《清代学术变迁与政治的影响》中。
② 《清代文字狱档》第8册《署两江总督高晋奏折》，《阎大镛〈俣俣集〉案》。

试六年。后来翰林院庶吉士徐骏诗中因有"清风不识字，何得乱翻书"之句，被指为有意讥讪而遭惨杀。乾隆时期，更是有增无已，据史料记载，仅乾隆一朝即兴文字狱七十一起，这也可说是空前的。案件缘由则大多为"妄议朝政"或"讥讪朝政"，可见这时打击的矛头主要针对"经世致用"思想。而其挑剔程度亦比之前更为苛细，往往都是由望文生义，经过"推求其意"而定的案。如徐一夔《一柱楼诗集》里有"大明天子重相见，且把壶儿搁半边"，"明朝期振翮，一举去清都"；李驎《虬峰集》里有"杞人惊转切，翘首待重明"等诗句，都因涉及"明"、"清"的字样，竟被定为重案。更有甚者，卓长龄《忆鸣诗集》案，则是把"忆鸣"二字经过"推求"之后，变成了"忆明"，然后按"大逆"定了罪。诸如此类，不胜枚举。"上有所好，下必甚焉。"最高统治者的意图如此，各级官吏、爪牙自然纷纷迎合。这不仅表现在那些办案官吏往往轻罪重办、从重拟罪上，而且表现在有些无耻之辈为了营谋私利，则乘机挟嫌诬陷，遂使告讦之风纷然而起，大批无辜士人含冤丧命。当时御史曹一士向乾隆的上疏中就曾指出：

> 比年以来，小人不识两朝所以诛殛大憝之故，往往挟睚眦之怨，借影响之词，攻讦诗文，指摘字句。有司见事风生，多方穷鞫，或致波累师生，株连亲故，破家亡命，甚可悯也！臣愚以为井田封建，不过迂儒之常谈，不可以为生今反古；述怀咏史，不过词人之习态，不可以为援古刺今。即有序跋，偶遗纪年，亦或草茅（指在野未出仕的人）一时失检，非必果怀悖逆，敢于明布篇章。使以此类，悉皆比附妖言，罪当不赦，将使天下告讦不休，士子以文为戒。①

可见由于文字狱的屡兴，告讦之风的盛行，造成了大批的冤、假、错案，坏人受奖升官，好人惨遭杀戮，是非不分，荣辱颠倒，学者们的思想自由、著作权利，被剥夺得一干二净，清初学者所倡导的"经世致用"学风，亦被扫荡无遗。因为谈论"经世"，免不了要涉及时政，开口便触忌讳，遂使人人都深具戒心，钳口不谈，而这又正是当时统治者的主观愿望。还值得

---

① 《清鉴纲目》，第459页，又见《清史稿·曹一士传》。

指出的是，康熙、雍正兴了许多文字狱，但杀人并不毁书，乾隆则由文字狱进而焚书、禁书，由查缴禁书又屡兴文字狱。因此，从乾隆六年（1741）到五十三年（1788）的四十七年中，兴文字狱五十三次之多。这种文化专制主义的统治，反映了封建末世反动统治阶级的没落性、疯狂性和腐朽性。

二、笼络士人、粉饰太平，大开"三通"、"四库"馆

清朝建立初期，统治者企图用武力镇压民气，事实证明成绩不大；又企图用程朱理学闭塞民心，如康熙时重新刊行了明代编纂的《性理大全》，辑刊了《朱子全书》，编写了《性理精义》，并重用"理学名臣"辅佐政治，但收效甚微。于是清政府转而采用文化专制主义，在文化政策上又采用了高压与怀柔两手，用高压手段控制社会舆论，以怀柔姿态粉饰社会太平。前者通过大兴文字狱而收到了预期的效果，后者则表现为利用特科（在进士之外的特别科目）对知识分子进行笼络和收买，鼓励士人埋头书斋，尽量增加他们跻登仕途的机会。这一政策在康熙时期就已经开始，康熙十二年（1673）曾荐举山林隐逸，康熙十七年又借纂修《明史》为名，举行博学鸿儒科，罗致了全国的"名士"一百四十三人，取录了五十名，俱授以翰林院的官职。不过，正如梁启超所说，被收买的都是些二三等人物，那些深孚众望的大师，一位也网罗不着。像顾炎武、黄宗羲等人都一再避不应征，就如万斯同虽然秉父师之命参与编修《明史》，为的是"恐众人分操割裂，使一代治乱贤奸之迹，暗昧而不明耳"。① 他"不署衔，不受俸"，始终以布衣参其事。此外，清政府还召集大批文士编辑《古今图书集成》（一万卷）、《康熙字典》、《全唐诗》（九百卷）、《朱子全书》等许多大部头书籍。雍正、乾隆朝除继续举行博学鸿儒科外，又有《永乐大典》的缮写、"续三通"的编修、武英殿的刻书等。特别是《四库全书》的编纂，竟网罗学者三百余人参与其事。乾隆三十八年（1773）清政府下令设置《四库全书》馆，以纪昀为总裁，编纂《四库全书》，名义上是为了作一次古今图书的结集，实际上仍是在于实行文化专制主义政策，借机检查各种文献，进而销毁反清和反对封建统治的著

---

① 钱大昕：《万先生斯同传》。

作。清廷当时的命令就曾明确指出："明季造野史者甚多，其间……必有抵触本朝之语，正当及此一番查办，尽行销毁。……各省已经进到之书，见交《四库全书》处检查，如有关碍者，即行撤出销毁。"①需要指出的是，当时销毁、篡改、抽毁、禁绝的范围，不独限于反清文献，就是宋人言金事、明人言元事的书籍亦在其列，甚至内容与封建制度有所抵触或"辞含激愤，意存感慨"者亦不免于被销毁。从乾隆三十九年至四十七年（1774—1782）的八年间，根据当时清政府的报告，共烧书二十四次，烧毁的书五百三十八种，一万三千八百六十二部。实际上被毁之书远远超过这个数字，如江西省即销毁八千部以上。据孙殿起辑的《清代禁书知见录·自序》云，乾隆时期，"在于销毁之例者，将近三千余种、六七万部以上，种数几与四库现收书相埒"。可见被销毁书籍之多，实在令人吃惊。这无疑是中国古代文化典籍的一次大浩劫。

另一方面，由于《四库全书》馆的设置，网罗了大批学者，从事于整理、考订古典文献，这样一来，引起了整个社会学风的巨大变化。章学诚的友人邵晋涵、周书昌以及戴震等人都被"特征修四库书，授官翰林，一时学者称荣遇。而戴（震）以训诂治经绍明绝学，世士疑信者半。二君者皆以博洽贯通，为时推许。于是四方才略之士，挟策来京师者，莫不斐然有天禄石渠、句坟抉索之思，而投卷于公卿间者，多易其诗赋举子艺业，而为名物考订，与夫声音文字之标，盖骎骎乎移风俗矣"。②可见《四库全书》馆设置以后，使得许多学者纷纷抛弃诗赋举子艺业，致力于训诂名物的考订工作，考据之风逐渐取代了"经世致用"的"实学"。因此，可以说这些做法，收到了比之文字狱更为显著的效果，也许这是清朝统治者所料想不到的。

第二节　盛极一时的乾嘉考据学风

乾嘉时代，在清朝历史上被称为"盛世"，乾嘉时代的学术文化，也被

---

① 《东华录》乾隆朝卷80。
② 《章氏遗书》卷18《周书昌别传》。

看成清朝学术文化的繁荣时期。其实这种所谓"盛世"和"繁荣",正是清朝统治者实行文化专制主义统治的产物。镇压与怀柔相结合的政策,目的在于禁锢人们思想,钳制言论,推行文化专制主义,以维护其封建统治。其结果,使得广大知识分子钳口不言,为了明哲保身,避嫌免祸,绝大多数有志于学问的读书人,便一头钻进故纸堆中,大搞训诂名物,专力从事三代秦汉文献的整理与考订,因为这一工作不仅保险,而且也有出路,这是当权者所提倡的,于是逐渐形成了一代学风。梁启超曾说:

> 凡当权者喜欢干涉人民思想的时代,学者的聪明才力,只有全部用去注释古典,欧洲罗马教皇权力最盛时,就是这种现象,我国雍乾间也是一个例证。记得某家笔记说:"内廷唱戏,无论何种剧本都会触犯忌讳,只得专排演些《封神》、《西游》之类,和现在社会情状丝毫无关,不至闹乱子。"雍乾学者专务注释古典,也许是被这种环境所构成。①

又说:

> 康熙中叶,文网极宽,思想界很有向荣气象。此狱(指戴南山案)起于康熙倦勤之时,虽办理尚属宽大,然监谤防口之风已复开矣,跟着就是雍正间几次大狱,而乾嘉学风,遂由此确立了。②

这一议论实际上已明确指出了乾嘉考据学风形成的社会根源。他还进一步指出,四库馆的设置,说明汉学已经取得胜利,考据之风宣告形成。对此鲁迅先生亦曾有过一系列的评论。他说:

> 清的康熙、雍正和乾隆三个,尤其是后两个皇帝,对于"文艺政策"或者说得较大一点的"文化统制",却真尽了很大的努力的。……文字狱只是由此而来的辣手的一种,那成果,由满洲这方面言,是的确

---

① 《中国近三百年学术史》三《清代学术变迁与政治的影响》中。
② 《中国近三百年学术史》十二《清初学海波澜余录》八。

不能说它是没有效的。①

可见当时"盛世"和"繁荣"的出现，全国人民付出了惨痛的代价。不能只看到一部《四库全书》，而忘掉了丰富的文化典籍所遭到的浩劫。鲁迅先生说：

> 现在不说别的，单看雍正乾隆两朝的对于中国人著作的手段，就足够令人惊心动魄。全毁，抽毁，剜去之类也且不说，最阴险的是删改了古书的内容。乾隆朝的纂修《四库全书》，是许多人颂为一代盛业的，但他们却不但捣乱了古书的格式，还修改了古人的文章；不但藏之内廷，还颁之文风颇盛之处，使天下士子阅读，永不会觉得我们中国的作者里面，也曾经有过很有些骨气的人。②

这都是"盛世"的统治者所留下的"功绩"，全毁、抽毁的当然已经无从谈起，许多经过"剜去"或"修改"的著作，致使真伪莫辨。同时我们也不能只看到当时那种虚假的繁荣，应当看到，当时的乾嘉考据之学的成就，乃是许多聪明才智之士为了逃避现实之嫌，将自己毕生精力葬送在故纸堆中取得的。鲁迅先生指出：

> 这不能说话的毛病，在明朝是还没有这样厉害的；他们还比较地能够说些要说的话。待到满洲人以异族侵入中国，讲历史的，尤其是讲宋末的事情的人被杀害了，讲时事的自然也被杀害了。所以，到乾隆年间，人民大众便更不敢用文章来说话了。所谓读书人，便只好躲起来读经，校刊古书，做些古时的文章，和当时毫无关系的文章。有些新意，也还是不行的。③

---

① 《且介亭杂文·买〈小学大全〉记》。
② 《且介亭杂文·病后杂谈之余》。
③ 《三闲集·无声的中国》。

当时的历史事实说明，乾嘉时代学术界所出现的局面根本谈不上繁荣，它毫无生动活泼、欣欣向荣的"百家争鸣"景象，而只是死气沉沉的"万马齐喑"局面，各种学科无一不是千篇一律的考证。当时的社会，不独做学问的人个个竞言考订，就在整个社会上亦形成了一种不可逆转的风气。由于当局的有意扶持和提倡，竟成了许多士人进入仕途的捷径。对于这种社会风气，梁启超曾非常风趣地说：

> 乾嘉间之考证学，几乎独占学界势力，虽以素崇宋学的清室帝王，尚且从风而靡，其他更不必说了。所以稍为时髦一点的阔官乃至富商大贾，都要"附庸风雅"，跟着这些大学者学几句考证的内行话。①

不过需要说明的是，清室帝王并不是被动的"从风而靡"，而是它发现了这种考据学风的"汉学"比之"宋学"对于巩固其统治更为有利，所以对这种学风不仅推波助澜，而且是大力扶持和利用。因此，乾嘉时代的整个学术界几乎全部纳入了考据的轨道。

生活在当时的章学诚对这种局面深表不满，他在写给朋友的书信和许多文章里都批评了这个怪现象，指出：

> 自四库馆开，寒士多以校书谋生，而学问之途，乃出一种贪多务博，而胸无伦次者，于一切撰述，不求宗旨，而务为无理之繁富，动引刘子骏言"与其过废，无宁过存"，即明知其载非伦类，辄以有益后人考订为辞。②

> 方四库征书，遗籍秘册荟萃都下，学士侈于闻见之富，别为风气，讲求史学，非马端临氏之所为整齐类比，即王伯厚氏之所为考逸搜遗。是其研索之苦，襞绩之勤，为功良不可少，然观止矣。至若前人所谓决断去取，各自成家，无取方圆求备，惟冀有当于《春秋》经世，庶几先生之志焉者，则河汉矣。余尝语君，史学不求家法，则贪奇嗜琐，但知

---

① 《中国近三百年学术史》三《清代学术变迁与政治的影响》中。
② 《章氏遗书》外编卷3《丙辰札记》。

日务增华，不过千年，将恐大地不足容架阁矣。①

乾嘉时期史家，的确也都像章学诚所说"不求家法"，只知"贪奇嗜琐，但知日务增华"。整个史学界，几乎绝大多数人都从事于旧史的整理考订工作。尽管为了对旧史研究，曾围绕着这个中心产生了为其服务的许多辅助学科，诸如文字学、声韵学、训诂学、校勘学、版本学、辨伪学等等，它们都从不同角度对古籍进行整理研究，采用方法虽然不同，目的还是一致，对旧史进行整理和考订。因此，乾嘉史学的特点和主流亦超越不出"考据"二字。至于像章学诚这样，当时敢于独树一帜，高唱"六经皆史"，大谈"经世致用"，毕竟是凤毛麟角，自然不能代表那个时代精神。

以上事实说明，清廷镇压与怀柔相结合的文化专制主义政策的推行，造成了乾嘉时期社会学术风气大变，与清初相比显然已经大不相同。清初学者治学所关心的是当世之务，他们所提倡的考据，是为了矫正宋明理学空言心性、束书不观之弊病，并且与反对清初民族压迫的形势密切相关。他们提倡"实学"，要求认真读书，并从小学入手，先求训诂名物的真义；由于反对清朝统治，学术研究力主"经世致用"，研究历史上的成败与地理形势也就成为他们治学的重点，而各自著作，亦多言有所指，决不作"无病呻吟"。可是乾嘉时期的考据学者，虽然在治学方法与研究对象上继承了清初大师们所开辟的道路，但却抛弃了大师们的治学精神实质。尽管他们把训诂、校勘深入到诸子史地乃至集部等各方面文献，可惜的是他们把别人治学的手段变为目的了，考据学成为清廷用来粉饰所谓"乾嘉盛世"的点缀品，成为统治者歌颂"升平气象"的工具。因此，他们在古籍整理、考订方面虽然做出了不少成绩，诸如辨别真伪、校勘正误、注疏字句含义、注释典制源流等等，对后人阅读、研究古籍自然带来了很大方便。但须知道，这个成绩来之不易。何况这种脱离当前社会实际、脱离现实政治斗争的学风，大大阻碍了社会的发展，束缚了科学的进步，近代中国落后挨打局面的造成，应当说这也是重要因素之一。因此对其估价自然不宜过高。尽管梁启超说"乾嘉考证学，可以说是清代三百年文化结晶"，这只能说明清代文化成就不大。事实非常清

---

① 《章氏遗书》卷18《邵与桐别传》。

楚，当时除了训诂、校勘整理古籍而外，几乎别无其他创造发明可言。所以鲁迅先生在评价乾嘉学术成就时说："说起清代的学术来，有几位学者总是眉飞色舞，说那发达是为前代所未有的。证据也真够十足：解经的大作，层出不穷；小学也非常的进步；史论家虽然绝迹了，考史家却不少；尤其是考据之学，给我们明白了宋明人决没有看懂的古书。"①他接着指出，成绩不过如此而已，所花代价实在是太大了，恐怕是件折本生意。这样他不仅说明了乾嘉考据学的特点和内容，而且也表达了他对乾嘉考据学的评价。总之，从上面所述情况来看，我们可以这样说，在乾嘉时代，考据之风已笼罩着整个学术界，整个时代精神就是如此。

第三节 在"乾嘉盛世"的背后

被称为"盛世"的乾嘉时代，只要人们回顾一下当时的历史，就可以发现"盛世"不盛的情况。乾隆、嘉庆两朝，土地高度集中，统治阶级奢侈腐化，大小官吏贪污成风，在全国范围内，阶级矛盾和民族矛盾日益尖锐，各族人民的反抗斗争此伏彼起，整个国家府库空虚，缓急俱不可恃。清王朝长期积弱的局面其实正是形成于乾隆一朝。土地兼并现象虽说由来已久，不过乾嘉时期显得更为突出。乾隆时，怀柔地主郝氏霸占良田至万顷，有名的奸贪宠臣和珅，兼并土地达八千顷，他的两个家丁，也仗势掠夺土地六百顷。嘉庆时，广东巡抚百龄，到任不足一年，占田就有五千顷。在土地日益集中的趋势下，广大农民纷纷丧失土地，生活无靠。至于吏治的腐败，更成为当时的中心问题。整个官僚机构，从上到下，贪污腐化普遍成风。而皇帝更成为贪污、受贿、腐化的典型。乾隆帝本人生活极为奢侈，为了到南方游玩，曾六下江南，而每次南巡，铺张浪费十倍于康熙，所到之处，营造行宫，进宴演戏，耗尽了民脂民膏。乾隆四十五年（1780）他过七十生日时，虚伪地宣称不接受礼物，但却借口图吉祥，说明如意可以送。这么一来，大臣们便四处搜购金、玉如意，致使如意价格猛涨，一个如意竟卖四千两银子。上行

---

① 《花边文学·算账》。

下效，皇帝本人如此，官吏就更加无所不为。宠臣和珅当政二十余年，贪污掠夺财富总计约银十亿两，超过乾隆朝军费十倍，相当于和珅当政二十年间清政府财政收入的一半。乾嘉之际任过湖广总督的毕沅，死后曾把大量珍宝带进坟墓，1971 年在江苏省吴县金山公社天平山清理他的墓葬，出土的贵重随葬品达二百多件，仅其中一串朝珠，就有玭霞（珠子）4 粒、翡翠 108 粒、红宝石 5 颗。他老婆戴金凤冠，一个小老婆戴银凤冠，双手套金镯 4 只、翡翠镯 2 只。① 嘉庆年间，湖南布政使郑源璹，"凡选授州县官到省"，不向他行贿，就不准上任，他"以缺之高下，定价之低昂，大抵总在万金内外"。家属跟随在衙门里的"四百余人，外养戏班两班，争奇斗巧，昼夜不息"。嘉庆三年（1798）九月，"因婚嫁将家眷一分送回，用大船十二只，旌旗耀彩，辉映河干"。② 至于一般地主富商，据昭梿《啸亭续录》卷 2"本朝富民之多"条记载，当时"海内殷富，素封之家，比户相望"。如怀柔郝氏，乾隆住宿他家，所贡奉的"上方水陆珍错至百余品"，"一日之餐费至十余万"。京师祝氏，"富逾王侯，其家屋宇至千余间，园亭瑰丽，人游十日未竟其居。宛平查氏、盛氏，其富丽亦相仿"。这就说明，当时各地的地主富商，莫不过着挥金如土的骄奢淫逸生活。

在以满族贵族为首的封建统治阶级的残酷剥削压迫下，逼得农民无法生活，造成阶级矛盾日益激化，加之政治的极端混乱和黑暗，乾嘉时全国各地先后发生了各族人民的武装起义，其中影响较大的有：乾隆三十九年（1774）山东清水教（白莲教的一支）首领王伦领导农民举行起义；乾隆四十六年（1781）西北甘肃青海地区苏四十三和田五领导回族、撒拉族人民起义；乾隆五十一年（1786）林爽文领导台湾人民起义；乾隆六十年（1795）石柳邓在贵州领导苗民起义，并曾控制了贵州、湖南、四川三省的广大地区。清政府曾动用了云、贵、川、湘、鄂、粤、桂七省十余万兵力进行围剿。特别是嘉庆元年（1796）爆发的川、楚、陕、甘、豫五省白莲教起义。这次起义是正当湘黔苗族人民反清斗争激烈进行的时候发生的一次规模更大、组织更加严密的农民起义，波及五省，历时九年，是清朝中期规模

---

① 南京博物院编：《"文化大革命"期间江苏省出土文物展览简介》，南京博物院，1972 年，第 9 页。
② 《竹叶亭杂记》卷 2。

最大的一次起义。清廷为对付这次起义，耗费二万万两银子，屠杀几十万人民。嘉庆十八年（1813），在北方的河南、河北、山东等地又爆发了李文成、林清领导的天理教起义。虽然这些起义都被清廷残酷镇压下去，但它大大削弱了清朝的统治力量。此后不久，爆发了规模更大的太平天国农民大起义。

由于章学诚长期充当一些大员们的幕僚，深知清廷朝政内幕，对时局了解得比较真切，所以他在《上执政论时务书》里大声疾呼说："今之要务，寇匪一也，亏空二也，吏治三也。……事虽分三，原本于一。亏空之与教匪，皆缘吏治不修而起。"他还进一步指出各地所以纷纷发生农民起义，完全出于"官逼民反"。对于当时吏治的腐败，官吏的贪婪，他都揭露得淋漓尽致。他说：

> 最与寇患相呼吸者，情知亏空为患，而上下相与讲求弥补，谓之设法。天下未有盈千百万已亏之项，只此有无出纳之数，而可为弥补之法者也。设法者，巧取于民之别名耳。……既讲设法，上下不能不讲通融。州县有千金之通融，则胥役得乘而谋万金之利；督抚有万金之通融，州县得乘而谋十万金之利。……设法之权，操于督抚。然则督抚将设法而补今缺数，民间将受百倍之累，其与明责民偿，相去轻重为何如哉！……设法之弊，至于斯极，民生固万不堪此，即为国计，亦何堪有此哉！此皆朝野通知，又值圣主虚怀纳谏，何所疑畏？而未有直陈其事者，盖恐禁止设法，则千百万之亏项，将何措尔？愚窃以为此无患也。……今之亏空，所谓竭且干者，其所决之流，可以指诸掌也。自乾隆四十五年以来，讫于嘉庆三年而往，和珅用事几三十年，上下相蒙，惟事婪赃渎货，始如蚕食，渐至鲸吞，初以千百计者，俄而非万不交注矣，俄而万且以数计矣，俄以数十万计，或百万计矣。一时不能猝办，率由藩库代支，州县徐括民财归款。贪墨大吏胸臆习为宽侈，视万金呈纳，不过同于壶箪馈问。……今之盈千百万所以干而竭者，其流溢所注，必有在矣。道府州县向以狼藉著者，询于旧治可知。而奸胥巨魁，如东南户漕，西北兵驿，盈千累万，助虐肥家，亦必可知。督抚两司，向以贪墨闻者，询于廷臣可知。……此辈蠹国殃民，今之寇患皆其

所酿，今之亏空皆其所开，其罪浮于川陕教匪，骈诛未足蔽辜。①

这一篇上书揭露了当时官场上下，互相串通，狼狈为奸，对人民进行层层盘剥，最后造成民穷财尽，国库空虚，逼得广大人民无路可走，只有纷纷起来造反。这就是"乾嘉盛世"的真实写照。

这里有必要再说几句，现在有些同志提出，"乾嘉学派"的产生与形成，与清朝文化专制主义政策毫无关系，它仅是"康乾盛世"的产物。我认为这个说法不太确切。诚然，"乾嘉学派"是"康乾盛世"的产物，因为政治的稳定，经济的发展，乃是学术文化发展繁荣的先决条件。但是应当注意的是，学术文化究竟怎样发展，又不能不与各个时期统治者的政策有着密切关系，它必然要反映一个时代的精神。而时代精神能够离开那个时代的政治制度和政策吗？这里只要举汉武帝实行"独尊儒术"对汉代学术文化发展所产生的深远影响的例子，就足以说明问题。为什么乾嘉时代众多学者，人人竞言考据，而很少有人写出具有独创性的著作，这是历史的真实，不就是最好的证明吗！

---

① 《章氏遗书》卷29。

第二章
穷困潦倒的一生

第一节 "意气落落，不可一世"的青年时代

章学诚，字实斋，号少岩，浙江会稽（今绍兴）人，生于清乾隆三年（1738），卒于嘉庆六年（1801），终年六十四岁。其生活时代，正是所谓"乾嘉盛世"。

章学诚出身于中小地主家庭。祖父章如璋是个候选经历，"惇行隐德，望于乡党，尤嗜史学。晚岁闭关却扫，终日不见一人。取司马《通鉴》，往复天道人事，而于惠迪从逆吉凶，所以影响之故，津津盖有味乎其言"。[①]父亲章镳，字骧衢，"少孤，先祖遗书散失，家贫不能购书，则借读于人，随时手笔记录，孜孜不倦。晚年汇所札记，殆盈百帙。尝得郑氏《江表志》及五季十国时杂史数种，欲钞存之，嫌其文体破碎，随笔删润，文省而意义更周。……每还人所借，有札未竟者，怅怅如有所失"。[②]乾隆七年（1742）成进士，可是此后十年间，一直居乡以教授为生。乾隆十六年方得湖北应城知县一个七品小官。上任仅五年，便"以疑狱失轻免官"，"贫不能归，侨家故治，又十许年"。[③]在这十余年中，则先后主讲于天门、应城等书院，最后病死于应城。

章学诚少时多病，读书也很迟钝，自云"幼多病，一岁中铢积黍计，大约无两月功。资质椎鲁，日诵才百余言，辄复病作中止，十四受室，尚未卒业四子书"。[④]十五六岁时，在应城官舍，童心未歇，其父延师课以经业。可

---

① 《章氏遗书》卷29《刻〈太上感应篇〉书后》。
② 《章氏遗书》卷22《瀹云山房乙卯藏书目记》。
③ 《章氏遗书》卷23《李清臣哀辞》。
④ 《章氏遗书》卷22《与族孙汝楠论学书》。

是他不肯为应举文,"畏其困人,法律若牛毛然"。① 好为诗赋而不得其似。这时质虽骏滞,而识趣却不离纸笔,并且性情已近于史学,塾课余暇,尝取《左传》删节事实,其父见之,"乃谓编年之书仍用编年删节,无所取裁,曷用纪传之体分其所合?"于是他便"力究纪传之史而辨析体例"。② 又因官舍无他书得见,于是乃密从其妻"乞簪珥,易纸笔,假手在官胥吏,日夜抄录《春秋》内外传及衰周战国子史,辄复以意区分,编为纪表志传,凡百余卷"③,名曰《东周书》,经营凡三年,卒未成书。后为馆师发觉,被责,遂中废。他在回忆当时情景时说,当时"自命史才,大言不逊。然于文字承用转辞助语,犹未尝一得当"。④ 可见他在青少年时,对于历史就产生了兴趣,自云"当时闻经史大义,已私心独喜,决疑质问,间有出成人拟议外者"。⑤ 二十岁以后,学业上便有长足的进步,学习中能提出许多独到的见解,他在《家书六》中说:

> 二十岁以前,性绝骏滞,读书日不过三二百言,犹不能久识;学为文字,虚字多不当理,廿一二岁,骏骏向长,纵览群书,于经训未见领会,而史部之书,乍接于目,便似夙所攻习然者,其中利病得失,随口能举,举而辄当;人皆谓吾得力《史通》,其实吾见《史通》已廿八岁矣。廿三四岁时所笔记者,今虽亡失,然论诸史于纪表志传之外更当立图,列传于《儒林》、《文苑》之外更当立《史官传》,此皆当日之旧论也;惟当时见书不多,故立说鲜所征引耳,其识之卓绝,则有至今不能易者。⑥

此说确实并不夸张,关于他对发挥图在史书中作用的看法,我们将在下面论述。至于正史于《儒林》、《文苑》之外,更当立《史官传》,这确实称

---

① 《章氏遗书》卷18《陈伯思别传》。
② 《文史通义》外篇三《家书三》。
③ 《章氏遗书》卷22《与族孙汝楠论学书》。
④ 《章氏遗书》卷17《柯先生传》。
⑤ 《章氏遗书》卷22《与族孙汝楠论学书》。
⑥ 《文史通义》外篇三。

得上是卓见。因为在我国封建社会，史官的设置及其作用，一直居于重要地位，可是长期以来，各类史书从未为史官单独列传，这自然是一大缺陷。所以章学诚在青年时代就能提出这个主张，当然应当予以肯定。他在晚年编修《湖北通志》时，还在《前志传》中对这一观点作了进一步发挥说：

> 夫经师有《儒林》之传，辞客有《文苑》之篇，而史氏专家，渊源有自，分门别派，抑亦古今得失之林，而史传不立专篇，斯亦载笔之阙典也。夫作史而不论前史之是非得失，何由见其折中考定之所从？昔荀卿非十二子，庄周辨关尹、老聃、墨翟、慎到之流，诸子一家之书，犹皆低昂参互，衷其所以立言，况史裁囊括一世，前人成辙，岂可忽而置之。①

乾隆二十五年（1760），二十三岁的章学诚第一次离家远游，去北京应顺天乡试，未举。故乾隆二十七年，又北上应顺天乡试，还是落选。这年冬天便入国子监读书，由于长期生活在父母身边，未见过世面，很少有阅历，对于人世间之艰辛一无所知，因而入监以后，大出洋相。他后来在回忆这段经历时写道：

> 始余入监舍，年方二十有五，意气落落，不可一世，不知人世艰也。然试其艺于学官，辄置下等，每大比，决科集试至三四百人，所斥落者，不过五七人而已，余每在五七人中。祭酒以下，不余人齿，同舍诸生，视余若无物，每课榜出，余往觇甲乙，皂隶必旁睨笑曰："是公亦来问甲乙邪！"而以余意视祭酒而下，亦茫茫不知为何许人也。②

这也说明，章学诚因为在学习上不愿为"法律若牛毛"的"举业文艺"所束缚，喜欢发表个人见解，自然不合时好，因而不仅乡试得不到录取，就是在国子监里，也不可能得到好评。次年夏天，给假出都，省亲湖北，这时其父正主天门县讲席。冬末，天门知县议修志，章学诚为其作《修志十

---

① 《章氏遗书》卷27《湖北通志检存稿四》。
② 《章氏遗书》卷19《庚辛之间亡友列传》。

议》①，对于编修方志提出了十点系统看法。在此之前，他还有《答甄秀才论修志》两篇文章，在这三篇文章中，对于修志中一些重要的论点，诸如"志乃史体"、另立"文选"与志相辅而行、"立志科"等等，是时均已提出，实际上已为后来修志理论的建立开了先河。而《天门县志》是他父亲所修，因此，他还代撰诸序。年仅二十六七岁的章学诚，当时已能写出这样重要的具有现实意义的文章，自然是了不起的。这种文章，自非一般"科举文艺"所能比拟。尽管如此，却得不到当局者任何重视。当然，他后来对自己这两年所写的文章也作过恰如其分的评论，认为"彼时立志甚奇，而学识未充，文笔未能如意之所向"。②

乾隆三十年（1765），章学诚三上京师，仍居国子监中。应顺天乡试，沈既堂荐其文于主司，不录。于是馆于沈家，俾从事铅椠，益力于学。并通过沈氏介绍，于是年学文于朱筠，朱筠"一见许以千古"。当言及时文，朱筠则曰："足下于此无缘，不能学，然亦不足学也。"他说："家贫亲老，不能不望科举。"朱筠回答说："科举何难？科举何尝必要时文？由子之道，任子之天，科举未尝不得，即终不得，亦非不学时文之咎也。"③生活的磨炼，使他感到要养家糊口，似乎非走科举这条路不行，这就使他不得不做违心之事，尽管自己向来不愿为应举之文，但是逼于"家贫亲老，勉为浮薄时文，妄想干禄，所谓行人甚鄙，求人甚利也"。④工欲善其事，必先利其器。读书人要图深造，常用之书必须自备。章学诚自然深知此意，因此，节衣缩食，典衣质被，尽一切努力购得一部正史。他说：

> 小子旅馆京师，嗜书而力不能致。然戊子以前，未有家累，馆谷所入，自人事所需外，铢积黍累，悉以购书，性尤嗜史，而累朝正史，计部二十有三，非数十金不能致，则层累求之，凡三年而始全。⑤

---

① 大梁本《文史通义》外篇三。
② 《章氏遗书》卷28《跋甲乙剩稿》。
③ 《章氏遗书》卷29《与汪龙庄简》。
④ 《章氏遗书》卷22《与族孙汝楠论学书》。
⑤ 《章氏遗书》卷22《瀫云山房乙卯藏书目记》。

可见他治学环境之艰苦，也是同时代一些著名学者所不能比的。两年后，因生活困逼，只得住到朱筠家中，从而有机会与往来朱氏之门的当时学界名流讨论学问。他说："余自乾隆丁亥，旅困不能自存，依朱先生居，侘傺无聊甚。然由是得见当时名流及一时闻人之所习业。"① 随着岁月的流逝，生活的折磨，那种"意气落落，不可一世"的锐气，早已消磨得精光，他在当时写的《与家守一书》中说：

> 仆南北奔走，忽忽十年，浮气嚣情，消磨殆尽，惟于学问研搜，交游砥砺之处，不自知其情之一往而深，终不能已。……仆分手以来，自以落落不能与屠沽小儿作生活计，故所如不合，退卧朱筠河师撷英书屋，又一年矣。日月不居，坐成老大，去秋即拟屏摄一切，发愤为决科计，而太学志局初开，二三当事，猥以执笔见推，仆缘积困日久，聊利餐钱，枉道从事，非所好也。又筠河师被诏撰《顺天志》，亦属仆辈经纪其事，此非馆局之书，既不限年，又无牵制。②

这封信充分说明，苦饥谋食、碌碌依人的生活使他受到了一定的锻炼，抛掉了以前那些天真不切实际的想法，为了生活，只好去做那些自己并不爱好的工作，如修《国子监志》、学写时文等。

生活尽管如此之颠簸，但却从未动摇他对史学的爱好。他立下宏志，要对二十一家正史义例加以评论。他的《与族孙汝楠论学书》就是写于这个时候，信中曾说：

> 闲思读书札记，贵在积久贯通，近复时作时辍。自少性与史近。史部书帙浩繁，典衣质被，才购班马而下欧宋以前十六七种。目力既短，心绪忽忽多忘，丹铅往复，约四五通，始有端绪，然犹不能举其词，悉其名数。尝以二十一家义例不纯，体要多舛，故欲遍察其中得失利病，约为科律，作书数篇，讨论笔削大旨。而闻见寥寥，邈然无成书之期。

---

① 《章氏遗书》卷18《任幼植别传》。
② 《章氏遗书》卷29。

况又牵以时文，迫以生徒课业，未识竟得偿志否也。他所撰著，归正朱先生外，朋辈征逐，不特甘苦无可告语，且未有不视为怪物，诧为异类者。

由此可见，在京数年，他已将二十一史"丹铅往复，约四五通"。正因如此，才有可能发现其"义例不纯，体要多舛"，并立志要"遍察其中得失利病，约为科律"，"讨论笔削大旨"。这也说明他要作《文史通义》的思想，是有一个发展过程的。《文史通义》的内容比较广泛，他现在提的仅仅是要对二十一史进行评论。由于他学术主张与时代精神不合，故所写文章亦多不合时好，除了"归正朱先生外"，很少出示他人。在这个时候，他已被人"视为怪物，诧为异类"。

在京师的几年中，见到了不少学者名流，也结交了一些朋友，其中值得一提的是为了学习，他曾拜访了戴震。这次拜访，对他做学问上有相当大的影响。他在《与族孙汝楠论学书》中曾谈及此事：

> 往仆以读书当得大意，又年少气锐，专务涉猎，四部九流，泛览不见涯涘，好立议论，高而不切，攻排训诂，驰骛空虚，盖未尝不恬然自喜，以为得之。独怪休宁戴东原（震）振臂而呼曰："今之学者，无论学问文章，先坐不曾识字。"仆骇其说，就而问之。则曰："予弗能究先天后天，河洛精蕴，即不敢读元亨利贞；弗能知星躔岁差，天象地表，即不敢读钦若敬授；弗能辨声音律吕，古今韵法，即不敢读关关雎鸠；弗能考三统正朔，周官典礼，即不敢读春王正月。"仆重愧其言！因忆向日曾语足下所谓"学者只患读书太易，作文太工，义理太贯"之说，指虽有异，理实无殊。充类至尽，我辈于四书一经，正乃未尝开卷，可为惭惕，可为寒心！

加之朱筠平日对他亦有教戒，"其恶轻隽后生枵腹空谈义理，故凡所指授，皆欲学者先求征实，后议扩充。所谓不能信古，安能疑经，斯言实中症结"。① 因此，他后来所写的文章虽然大多为理论方面，论史重点又偏于史

---

① 《章氏遗书》卷22《与族孙汝楠论学书》。

意，但他对"征实"却从不忽略，更不轻视。后来他在做学问上，一直强调义理、考据不可偏废，都是做学问中必不可少的组成部分。

乾隆三十三年（1768），对章学诚来说是一生中影响很大的一年。这年，老师朱筠和朱棻元（春浦）皆充任顺天乡试同考官，他前往应试，仅中副榜。朱棻元于邻座见他对策言《国子监志》得失，惊叹不已，怪六馆师儒安得遽失此人。可是已无法挽回定局。这再次说明，章学诚的乡试不中，并非出于学识不具，而是他的学识不符合考官之所好。正当章学诚在学业上尽力向上的时候，发生了不幸的事情。这年冬天，其父卒于应城。可是闻讣后，他犹暂寄从兄允功家中，贫困不能奔丧，平日生活上的窘困于此亦可想见。这年以前，未有家累，馆谷所入，大多用于购书。个人生活尚且如此状况，此后要挑起全家生活重担，既无一官半职，又无大量固定田产，全家生活，只得靠他一人以文墨相谋。这个难以想象的压力，对他今后学术成就，无疑将产生重大的影响。

第二节　学问"不合时好"而不敢入仕的中年时代

乾隆三十四年（1769），章学诚居父丧，举家扶柩搭湖北粮船北上，六月全家到达北京。这时他曾给朱筠写信，请求老师予以援助。因为全家一到，"便添十七八口，米珠薪桂，岁月甚长，而昨日均弼先生房金又见告矣，腐儒索米长安，计非官书三四门不能自活，吾师许之有日矣，而到手者乃无一处，此直生死之关，夫子大人，当有以援之"。①当时之境遇于此可见。为生活计，这年他曾为座师秦芝轩校编《续通典》之《乐典》，这完全是"征实"的工作，难度很大。他在《上朱先生》书中曾谈到此事：

现为秦芝轩师校编《乐典》，其歌舞杂曲、铙歌清乐诸条，吴本原稿直钞杜氏《通典》，而宋元以来，全无所为续者，此亦可为难矣乎哉也焉而已。第此等歌曲乐府，史志不详，兼之源流派别，学诚亦不甚

---

① 《章氏遗书》补遗《上朱先生》。

解，就杜氏原本所分，亦多与前史不合，不识宋元至明，究以翻阅何书为主，有何书可以参订？

年仅三十二岁的章学诚，由于学力不足，要从事如此专门学问的研究考订，确实相当困难。因为既是《续通典》，就不能照抄《通典》，而史志又多不详，这就必须从宋元明其他有关著作来进行研究和考订。正因为他做了这个工作，所以后来在论学中一直认为考证是不可忽视的。他在《答沈枫墀论学》书中就曾指出："考索之家，亦不易易，大而《礼》辨郊社，细若《雅》注虫鱼，是亦专门之业，不可忽也。阮氏《车考》，足下以谓仅究一车之用，是又不然。治经而不究于名物度数，则义理腾空而经术因以卤莽，所系非浅鲜也。"①除校编《乐典》外，这两年仍以国子生参与《国子监志》的编修工作，编纂中间，意见多与诸学官不合，因而很不得意，以致最后不得不辞去此职。他在《候国子司业朱春浦先生书》中曾申述了自己所以离开志局，完全出于不得已。信中说：

> 向者学志之役，小子以薄业，从事编摩，初志谋食而已。先生独取其撰述，谓非一切碌碌所可辨者，因白之同官，咨之铨部，俾一官偿劳，使得尽其夙抱。既而当事虚公惜才，如定圃、瑶圃、确三先生，一时罢去，卒事不成。先生犹复惓惓小子，欲使卒业《则例》一书，为后日叙劳地。学诚用是喟然谢去，非无所见而然也。昔李翱尝慨唐三百年人文之盛，几至三代两汉，而史才曾无一人堪与范蔚宗、陈承祚抗行者，以为叹息。夫古人家法，沈约以前，存者什五，子显以下，存者什三。唐史官分曹监领，一变马班以来专门之业，人才不敌陈范，固其势也。每慨刘子玄以不世出之史才，历景云、开元之间，三朝为史，当时深知，如徐坚、吴兢辈，不为无人，而监修萧至忠、宗楚客等，皆痴肥臃肿，坐啸画诺，弹压于前，与之锥凿方圆，牴牾不入，良可伤也。子玄一官落拓，十年不迁，退撰《史通》，窃比元撰，盖深知行尸走肉，难与程才，而钓弋耕渔，士亦有素故耳。欧宋之徒，不察古人始末，以

---

① 《文史通义》外篇三。

为子玄工诃古人，而拙于用己。嗟乎！使子玄得操尺寸，则其论六家二体，及程课铨配之法，纵不敢望马班堂奥，其所撰辑，岂遽出陈寿、孙盛诸人下，而吴缜得以窃其绪论，纠谬致于二十有四也哉。向令宗萧又使子弟族属，托监领之势，攘臂其间，颠倒黑白，子玄抑而行之，必将愤发狂疾，岂特退而不校已耶！假而事非东观之隆，官非太史之重，以升斗之故，与睢盱一辈，进退其间，宜子玄所尤不屑矣。后之人或以致诮何哉？夫人之相知，得心为上，学诚家有老母，朝夕薪水之资，不能自给，十口浮寓，无所栖泊，贬抑文字，稍从时尚，则有之矣。至先生所以有取于是，而小子亦自惜其得之不偶然者，夫岂纷纭者所得损益。①

应当说这是一篇很有价值的文章，从中可以看出章学诚是一位很有志气的年轻学者。他所以能够成为一位杰出的史学评论家绝非出于偶然。在国子监中，由于不能行其志，宁可砸了饭碗，也不甘心屈从于当时的权贵。他列举刘子玄的遭遇，揭露唐代史馆的黑幕，其实在于说明国子监里的人事关系，在这里面萧至忠、宗楚客一类的行尸走肉是大有人在。他们操持实权，托监领之名，颠倒黑白，排挤打击具有真才实学之士。尽管他自己已"贬抑文字，稍从时尚"，仍不能取得他们的通融。既然如此，监志的编修也就无法按自己见解去做，讥刺嘲讽迎面而来，心情本不愉快，加之"朝夕薪水之资"又不足以养家糊口，于是一气之下，便离开了国子监。

乾隆三十六年（1771），邵晋涵、周永年皆成进士，他们后来都成为章学诚的好友，特别是邵氏，竟成为他一生中唯一的挚友。这年秋天，他们的老师朱筠奉命提督安徽学政，十月十八日，章学诚和邵晋涵等人跟随朱筠一道驱车前往太平使院。于是两人同学文章于朱筠，从此以后，相互论史，契合隐微。刘知幾在史馆不得志，退撰《史通》。章学诚离开国子监后，遂按自己计划撰著《文史通义》。他在离开国子监的次年给朱春浦信中曾讲了此事："是以出都以来，颇事著述。斟酌艺林，作为《文史通义》。书虽未成，大指已见辛楣先生候牍所录内篇三首，并以附呈。先生试察其言，必将有以

---

① 《章氏遗书》卷22。

得其所自。"① 由此可见，《文史通义》的著作，正是开始于离开国子监的次年。这年，章学诚正值三十五岁。其时他给钱大昕的信中也有谈及：

> 学诚从事于文史校雠，盖将有所发明。然辩论之间，颇乖时人好恶，故不欲多为人知。所上敝帚，乞勿为外人道也。……世俗风尚必有所偏。达人显贵之所主持，聪明才隽之所奔赴，其中流弊必不在小。载笔之士不思救挽，无为贵著述矣。苟欲有所救挽，则必逆于时趋，时趋可畏，甚于刑曹之法令也。②

从这封信人们可以清楚看到，当时世俗风尚已产生流弊，他指出由于"达人显贵之所主持，聪明才隽之所奔赴，其中流弊必不在小"。可是对于这种情况，载笔之士又多不思救挽，这就更加危险。而要挽救，就必然要冒风险，逆时趋。在当时的情况下，"时趋可畏，甚于刑曹之法令"。当然那些只为自己前途打算的人，只会趋炎附势，绝不敢逆于时趋。而章学诚著《文史通义》，正是逆时趋而上，与当时社会风尚自然形成针锋相对之势，无怪乎他说"辩论之间，颇乖时人好恶"。

出都后的第二年初，经朱筠介绍，应和州知州刘长城之聘编修《和州志》。这是他生平第一次独自用自己提出的方志理论进行实践，纪、表、图、书、传一应俱全，书成后，还编辑《和州文征》八卷，计奏议二卷，征述三卷，论著一卷，诗赋二卷。可惜的是，书稿刚成，朱筠便失官左迁四库全书处行走，新上任的安徽学政秦潮，不满于如此编纂，与章学诚意见多不一致。这一来，往复驳诘，志事遂中废。他只好将志稿删存为二十篇，名曰《志隅》，今存于《章氏遗书》外编。他在《志隅自叙》中说：

> 志者史之一隅，州志又志之一隅也。获麟而后，迁固极著作之能，向歆尽条别之理，史家所谓规矩方圆之至也。魏晋六朝，时得时失，至唐而史学绝矣。其后如刘知幾、曾巩、郑樵皆良史才，生史学废绝之

---

① 《章氏遗书》卷22《候国子司业朱春浦先生书》。
② 《章氏遗书》卷29《上辛楣宫詹书》。

后，能推古人大体，非六朝唐宋诸儒所能测识。余子则有似于史而非史，有似于学而非学尔。然郑樵有史识而未有史学，曾巩具史学而不具史法，刘知幾得史法而不得史意，此予《文史通义》所为作也。《通义》示人，而人犹信疑参之。盖空言不及征诸实事也。《志隅》二十篇，略示推行之一端。能反其隅，《通义》非迂言可也。①

这就是说，他的《和州志》编纂，完全是根据他自己史学理论进行的。因此，《和州志》的体例、内容和编纂方法体现了他的史学理论。事实正是这样，现今残留的《和州志》二十篇，若单从一部方志来说，它确是无多大价值，若从理论上来研究它，则不仅体现了章学诚的方志理论，而且反映了他的丰富的史学思想。如他在《和州志舆地图序例》中详细论述了图谱之学的发展演变及其在史书中的地位与价值，指出"图象为无言之史，谱牒为无文之书，相辅而行，虽欲阙一而不可者也"。②他认为图表的作用是不可忽视的，无论是编修方志还是撰修国史都是不可缺少的。更为可贵的还在于他在每种体裁或每一组成部分，都必冠以叙言或小序，历叙历史演变及学术价值，这是以前方志所不多见的。特别是他拟之于史，因此每一部分都从史学角度进行论述。如《文征》之前，已有一篇叙言，论述志书之外另立《文征》的意义、依据和要求，而在每个部分内容之前又有小序，如《征述》一门小序曰：

征述者，记传序述志状碑铭诸体也。其文与列传、图、书互为详略。盖史学散而书不专家，文人别集之中，应酬存录之作，亦往往有记传诸体，可裨史事者。萧统选文之时，尚未有此也。后代文集中，兼史体，修史传者，往往从而取之，则征述之文，要为不易者矣。③

诸如此类，都与史学密不可分，因此，他所删存的《和州志隅》二十

---

① 《章氏遗书》外编卷16《和州志一》。
② 《章氏遗书》外编卷16，标题采用大梁本《文史通义》外篇所立。
③ 《章氏遗书》外编卷18。

篇，不仅是研究章学诚方志理论的重要著作，亦是探讨他的史学思想不可多得的资料。正如他自己所说："《通义》示人，而人犹疑信参之，盖空言不及征诸实事也。《志隅》二十篇，略示推行之一端，能反其隅，《通义》非迂言可也。"这就是说，他把《志隅》当作体现《文史通义》精神的著作，其重要性可想而知。不过这是他早期的想法。到了晚年，《亳州志》修成后，他就认为"义例之精，则又《文史通义》中之最上乘也"。

章学诚长期没有可以养家糊口的较为固定的职业，这使他无法安心于他的文史校雠之业。他跟随朱筠在使院校文，终不是长远之计。因此，在太平使院时就已到处拜托友人为之谋职。在《与严冬友侍读》书中说：

> 别来惘惘，几两年矣。江湖浪迹，与京洛风尘，意境不殊，每于时物变移，多一低徊惝恍尔。……皖江，足下旧游地也，风土人情，故自不恶。第武陵一穴，久为捷足争趋。邵与桐、庄似撰诸君相守终年，竟无所遇，文章憎命，良可慨也。锁院校文，生计转促，以此悒悒，思为归计。正恐归转无家，足下能为我谋一官书旧生业否？①

后来由于朱筠失官左迁，他的生活就更无着落，自云"乙未丙申之间，余方蹙蹙无骋，而侍君（朝）为余筹划甚至"。又说：

> 乾隆四十年乙未，余自江浙倦游，复反京师，亲老家益贫，挟册谋生，未有长计，丙申，援例授国子典籍。……自乙未入都，交游稍广，余僻处穷巷，门不能迎长者车，四方怀才负异之士，多见于故学士大兴朱先生筠家。②

当时穷困之状可以想见。后几经介绍，才于乾隆四十二年（1777）春由周震荣介绍，主讲定州之武定书院。不久，周震荣又延请其主修《永清县志》。这年秋天入京应顺天乡试中试，主考官为山阴梁国治。次年方中进士，

---

① 《章氏遗书》卷29。
② 《章氏遗书》卷19《庚辛之间亡友列传》。

这时已经四十一岁了,又"自以迂疏,不敢入仕"。① 于是仍返永清,续修《永清县志》。他自述修志时的情况说:

> 丁酉戊戌之间,馆余修《永清志》。以族志多所挂漏,官绅采访,非略则扰,因具车从橐笔载酒,请余周历县境侵游,以尽委备。先是宪司檄征金石文字上续通志馆,永清牒报荒僻,无征久矣。至是得唐宋辽金刻画一十余通,咸著于录。又以妇人无闻外事,而贞节孝烈,录于方志,文多雷同,观者无所兴感,则访其见存者,安车迎至馆中,俾自述其生平。其不愿至者,或走访其家,以礼相见,引端究绪,其间悲欢情乐,殆于人心如面之不同也。前后接见五十余人,余皆详为之传,其文随人变易,不复为方志公家之言。②

这一自述表明,章学诚编修方志,不仅很重视搜集现有的各种文献,而且也很重视实地调查,并不主张闭门造车,或单纯抄录古典文献。因为他强调方志的编修,必须有裨于风教,这就使他的方志理论更富有现实意义。乾隆四十四年七月,《永清县志》修成,凡六体,共二十五篇,另有《文征》五卷。除六书与《和州志》不同外,其他体例大体无异。这从下列对照表即可看出:

和州志	永清县志
皇言纪	皇言纪
×	恩泽纪
官师表	职官表
选举表	选举表
氏族表	士族表
舆地图	舆地图
建置图	建置图
营汛图	×
水利图	水道图

---

① 《章氏遗书》卷17《柯先生传》。
② 《章氏遗书》卷18《周筤谷别传》。

续表

和州志	永清县志
田赋书	吏书
（其中尚有四书，名佚）	户书
	礼书
	兵书
	刑书
艺文书	工书
政略	政略
列传	列传
阙访	阙访
前志	前志
文征	文征

从上表可以看出，《和州志》与《永清县志》在分类和称呼上不尽相同，说明章学诚不拘于名号，而重在求其实用，编修中又从实际出发，有内容则写，无内容则阙。因此《永清县志》不列《艺文书》，田赋归之于《户书》之内。《文征》五卷，包括奏议、征实、论说、诗赋、金石各一卷。这与《和州志》亦略有不同。他很注意为旧志写传，两部方志以及所编志书大都有《前志列传》，他的出发点在于"史家著作成书，必取前人撰述汇而列之，所以辨家学之渊源，明折衷之有自也"。① 为旧志作传，可"使读者察其臧懋，定其是非。庶几泾渭虽淆，淄渑可辨；末流之弊，犹恃堤防"。因此，"欲成一家之作，而不于前人论著，条析分明，祖述渊源，折衷至当，虽欲有功前人，嘉惠来学，譬则却步求前，未有得而至焉者也"。② 《永清县志》修成后，七月，章学诚访周震荣于顺义役次。震荣置酒高会，并出《永清县志》示坐客。于是张维祺、周棨争相聘他前去修志，但因已应馆座师梁国治家之约，均未能答应。从周震荣后来的回忆中可以看出，章学诚虽未能应聘，可是他的方志理论已在其朋友中广为流传。周震荣在为章学诚《庚辛之间亡友列传》作的跋中说：

---

① 大梁本《文史通义》外篇二《永清县志前志列传序例》。
② 大梁本《文史通义》外篇一《和州志前志列传序例》。

辛丑孟秋（"辛丑"系"己亥"之误），余于役顺义，得与两君（指张、周）相比，实斋自京来视余，余置酒邀与相见。时《永清志》新成，余出示坐客。两君色然，若不肯让余独步者，争延实斋，实斋已就相国梁师之约，未之诺也。两君遂各就其所治，采缀成书。云湄（张）大名，晴坡（周）获鹿，皆旧所官之地也。云湄之书，实斋已为订定，晴坡因移剧，旋被吏议，又丁内忧，书虽成，深藏箧中，未尝以示人。其除广东曲江知县，戊申七月也，将行，余询之，晴坡曰："我闻之实斋矣。"余曰："实斋云何？"晴坡曰："实斋云，志者志也，其事其文之外有义焉，史家著作之微旨也，国史所取裁也，史部之要删也。序人物，当详于史传，不可节录大概，如官府之点卯簿；载书籍，当详其目录卷次凡例，不可采录华词绮言，如诗文之类选册本；官名、地名，必遵一朝制度，不可假借古称；甲子、干支，必冠年号，以日纪事，必志晦朔；词赋膏粉，勿入纪传，文乡里以桑梓，饰昆弟以埙篪，苟乖理而悠义，则触讳于转喉。"①

这确是把章学诚方志理论的精神实质点了出来。至于张维祺所撰的《大名县志》，从章学诚所写的《为张吉甫司马撰大名县志序》②可以看出，亦是按照章学诚方志理论而作。由此可见，章学诚的方志理论在当时是有一定影响的，并不像有些人文章所说，章氏的方志理论，在当时和后来修志者均无人问津。

尽管生活条件恶劣，但他的著作事业却从未间断，这种精神和毅力确是十分可贵的。特别是他对文史校雠之爱好，使他产生了战胜困难的信心和力量。他在《与史余村论学书》中说：

学问之事，正如医家良剂，不特志古之道，不宜中辍，亦正以其心力营于世法，不胜其疲，不可不有所藉，以为斯须活泼地也。如云今困于世，姑且止之，俟他日偿其夙愿，则夙愿将有不可得偿者矣。仆困于

---

① 《章氏遗书》卷19。
② 载大梁本《文史通义》外篇三。

世久矣，坎坷潦倒之中，几无生人之趣，然退而求其所好，则觉饥之可以为食，寒之可以为衣，其甚者直眇而可以能视，跛而可以能履，已乎已乎，旦暮得此，所由以生，不啻鱼之于水，虎豹之于幽也。①

正是在这种精神鼓舞下，于颠沛流离之中，仍写出了许多著名篇章，《校雠通义》四卷，正是成书于是时，这是他一生中最为得意的著作之一。

《校雠通义》成书于乾隆四十四年（1779），原书四卷。两年后去河南时，遇盗被窃，前三卷幸有朋友钞存，第四卷却不可复得。乾隆五十三年，他将所录朋友钞存各种本子，亲自校正，并加以更定，这就是现在通行的三卷本。他著这部书的目的，在于宗刘、补郑、正俗。因此，它是集封建社会中校雠学之大成。书中许多重要见解往往与《文史通义》互相发明，例如《原道》篇说古代"官守学业皆出于一，……私门无著述文字"；"六艺非孔氏之书，乃周官之旧典也"等等，都是《文史通义》的重要论点。《文史通义》的《原道》篇，是从宇宙的起源和人类社会的起源说起的；《校雠通义》的《原道》篇则是从人类社会进化到了古代文明的时期，从有文字以后说起的，主要阐述了书籍的起源和发展过程。《校雠通义》开宗明义就提出了校雠学的任务是"辨章学术，考镜源流"。校雠学本身是一门学问，它所进行的研究为其他科学研究服务，起到"聚粮"、"转饷"的作用。如整理图书，编写提要，目的在于能够"推论其要旨，以见古人所谓言有物而行有恒者，编于叙录之下，则一切无实之华言，牵率之文集，亦可因是而治之，庶几辨章学术之一端矣"。② 既然这是一门学问，也就不是任何人均可担当得了的，所以他说：

> 校雠之义，盖自刘向父子，部次条别，将以辨章学术，考镜源流，非深明于道术精微，群言得失之故者，不足与此。后世部次甲乙，纪录经史者，代有其人，而求能推阐大义，条别学术异同，使人由委溯源，

---

① 《章氏遗书》卷29。
② 《校雠通义》卷1《宗刘》。

以想见于坟籍之初者,千百之中,不十一焉。①

这就是说,校雠之学,不单纯是为了寻求、整理、保管书籍而已。要能做到"辨章学术,考镜源流",就得对这些著作有所研究,否则是办不到的。在章学诚看来,各类书籍经过整理、校勘,加以分类,写出叙言,人们才可从中看出学术类别之源流。他对这点非常强调,说"由刘氏之旨,以博求古今之载籍,则著录部次,辨章流别,将以折衷六艺,宣明大道,不徒为甲乙纪数之需,亦已明矣"。②另外,书中对于图书的管理、分类、辑佚等方面也都作了专门的论述,难怪许多人把它作为一部研究目录学的著作,而把章学诚推崇为清代杰出的目录学家。王重民先生就曾这样说:

> 章学诚正是批判地继承了郑樵的方法和理论,因此,他认为考辨古书的"篇卷参差,叙列同异",正是校雠学的一部分;校雠学的主要内容是"辨章学术,考镜源流",所以他承认校雠学,反对那种狭义的目录学,有时还用卑视的口吻称之为"甲乙著录"。可是正在这个时期,比章学诚稍前的有王鸣盛、金榜,比章学诚稍后的有黄丕烈、顾千里、龚自珍,都承接着刘向、刘歆、班固、郑樵的传统,把这门学科正名为目录学。章学诚的"校雠心法"正代表着这一时期我国目录学方法和理论中的最高成就。③

这一评价自然是很高的,但却并不过分,因为《校雠通义》一书,若从目录角度着眼,不仅可以看作目录学史,而且更是一部具有现实价值的目录学,其中许多方法和理论在今天仍具有很高的参考价值。这使它在我国目录学史上占有很高的地位。如关于书籍的分类,并不是随便都可以分的,而是要求通过分类能够达到"部次流别,申明大道,叙列九流百氏之学,使之绳贯珠联,无少缺逸,欲人即类求书,因书究学"。④这就说明,他对图书分

---

① 《校雠通义》卷1《叙》。
② 《校雠通义》卷1《原道》。
③ 王重民:《论章学诚的目录学》,《光明日报》1963年7月17日。
④ 《校雠通义》卷1《互著》。

类，提出了很高的要求，而这个要求又是很合理的。郑樵对图书的归类，曾提出四大原则，但仍有几种难分而易混之书未能得到解决。章学诚在《校雠通义》中从"辨章学术，考镜源流"的角度出发，提出了互注之法，他说：

> 至理有互通，书有两用者，未尝不兼收并载，初不以重复为嫌，其于甲乙部次之下，但加互注，以便稽检而已。古人最重家学，叙列一家之书，凡有涉此一家之学者，无不穷源至委，竟其流别，所谓著作之标准，群言之折衷也。如避重复而不载，则一书本有两用，而仅登一录，于本书之体，既有所不全，一家本有是书，而缺而不载，于一家之学，亦有所不备矣。①

这就是说，如遇一书的内容论及两种主题或涉及两类以上时，该书即应在有关的各类中互为著录。书中还进一步说明了互注法主要是用在"书之易淆者"与"书之相资者"的情况下，他说："书之易混者，非重复互注之法，无以免后学之牴牾；书之相资者，非重复互注之法，无以究古人之源委。"又说："部次群书标目之下，亦不可使其类有所阙，故详略互载，使后人溯家学者可以求之无弗得，以是为著录之义而已。"②如《太公》既见于兵家，又见于道家，《荀卿子》则互见于兵家和儒家。王重民先生说：

> 在分类著录的过程中，一书著录在一类好象是不可动摇的规律；但为了使各类书的内容互相发生联系，非到图书的分类著录发展到一定高的水平，是不容易被人发现的，所以互著别裁法的发见标志着分类法的进一步提高。章学诚对于互著别裁的阐述，并企图使这一先进方法在分类著录中普遍使用起来，是他在我国目录学上的另一大贡献。③

至于书中的其他内容，这里就不再叙述了。但有一点需要指出，书中提

---

① 《校雠通义》卷1《互著》。
② 《校雠通义》卷1《互著》。
③ 王重民：《论章学诚的目录学》，《光明日报》1963年7月17日。

出编"索引"的办法，亦与《文史通义》互相发明。

乾隆四十六年（1781），是章学诚一生中很不幸的一年。这年春，图事辄蹶，三月去游河南，不得志而归，中途遇盗，四十四岁以前的著作文章，全部被抢一空，这在精神上所受之打击，自非言语所能完全表达。他在《跋酉冬戌春志余草》中说：

> 余自辛丑游古大梁，所遇匪人，尽失箧携文墨，四十四岁以前撰著，荡然无存，后从故旧家存录别本借钞，十得其四五耳。自是每有所撰，必留副草，以备遗忘，而故人爱余文者，亦多请钞存副墨。……己亥著《校雠通义》四卷，自未赴大梁时，知好家前钞存三卷者，已有数本，及余失去原稿，其第四卷竟不可得，索还诸家所存之前卷，则互有异同，难以悬断，余亦自忘真稿果何如矣。遂仍讹袭舛，一并钞之。戊申，在归德书院，别自校正一番，又以意为更定，则与诸家所存又大异矣。然则今存文字，诸家所钞，宁保与此稿本必尽一耶。①

可见这次遇盗，文字上损失实在太大。失窃后，"狼狈衣短葛，走投同年生张维祺于肥乡县衙。维祺方远出，尊甫介村先生，款接甚殷，远客患难之中，安如室处"。②后张维祺聘其主肥乡清漳书院讲席，生活仍极困难，曾多方致书师友求救。其中给座师梁国治的一封信中最为悲愤，完全可以反映出此时此刻生活处境和内心状况。书中云：

> 驰驱半载，终无所遇，一家十五六口，浮寓都门，嗷嗷待哺。秋尽无衣，数年遭困以来，未有若此之甚者，目今留滞肥乡，至于都门内外一切糊口生涯，无论力不能谋，且地处僻远，消息亦无从刺访。当此水火急迫之际，不得仰望长者知己一为拯援，先生当不以为躁也。学诚自蒙拂拭，幸得大贤以为依归，妄自诩谓，稍辨菽麦，不甘自弃。又自以为迂拘，不合世用，惟是读古人书，泾渭黑白，差觉不诬。若不逼于困

---

① 《章氏遗书》卷29。
② 《章氏遗书》卷17《张介村先生家传》。

苦饥寒，呼吁哀号，失其故态，则毛生颖故投囊，张仪舌犹在口，尚思用其专长，殚经究史，宽以岁月，庶几勒成一家，其于古今学术，未必稍无裨补。若使尘封笔砚，仆仆风霜，求一饱之无时，混四民而有愧，则不过数十寒暑，便无此身，以所得之甚难而泪没之甚易，当亦长者之所恻然悯惜者也。①

于此极端困难之际，他仍不忘"用其专长，殚经究史"，"勒成一家"，希望对古今学术作出贡献。

自从河南遇盗以后的五年中，生活和职业都极不稳定。由于人事的变动，在这短短的五年中，曾先后主讲过清漳书院、敬胜书院和莲池书院，几乎一年左右换一个地方。特别是乾隆四十七年（1782）去永平敬胜书院时，因生活所逼，不得不自京师移家赴之。自是以后，每当工作变更，家口也跟着迁徙。乾隆四十九年，当他就保定莲池书院之聘时，家口自永平携赴保定。自从他父亲去世，自己挑起全家生活重担以后，二十年来，基本上就是靠替人家修志和主讲书院等来维持度日，生活一直动荡不安。尽管如此，他还是始终不渝地坚持文史校雠的研究著作工作。他曾对邵晋涵说，自己虽"江湖疲于奔走"，却"能撰著于车尘马足之间"。②

第三节　为人幕僚，"坎坷潦倒"的晚年

乾隆五十二年（1787），对于章学诚来说，又是一个具有重要转折的年代。这年他五十岁了，已是老年阶段，从学业上来说，亦进入了更加成熟的阶段。有较好的条件和较充分的时间从事著作活动，以便把一生中治学的经验和成果总结出来，这是他当时最大的愿望与要求。可是在当时的社会，这样的要求无法实现。不幸的事情接连不断地向他袭来。由于前一年十二月座师梁国治去世，使他失去了依靠，不得不辞去莲池书院的讲席，侨寓保定，

---

① 《章氏遗书》卷29《上梁相公书》。
② 《文史通义》外篇三《与邵二云论学》。

寄居旅店。在走投无路的情况下，他听说戊戌进士开选，出于无奈，往北京吏部投牒，"遇宵小剽窃"，"生计索然，困京师者几一年，转食友家。五十生朝，主甄松年家，松年为置酒尽欢。冬间，已垂得知县，忽决计舍去"，可见他当时内心是多么矛盾。若只为生活计，一个知县养家活口自不成问题。可是，一旦做了知县，文史校雠之业将如何处置？况且他的学问又全然不合于时好。因此，他最后弃了县官的职务，以继续自己所爱好的文史之业。他回到保定，周震荣也于这年十月自永清至保定，在周震荣的策划下，介绍前往河南见毕沅，欲借其力编纂《史籍考》。当时写了一封《上毕抚台书》，略事自我介绍。其书云：

> 鄙人闻之，物无定品，以少见珍，遇无常期，以知见贵。……阁下人文炉冶，当代宗师，鄙人倾佩下风之日久矣。尝以私语侪辈，生平尺寸之长，妄诩所得，亦非偶然，不得有力者稍振拔之，卒困于此。……爱才如阁下，而不得鄙人过从之踪；负异如鄙人，而不入阁下裁成之度，其为阙陷奚翅，如昔人所论庄屈同孟子时，而不得一见孟子，受其陶铸为可惜哉。鄙人职业文墨，碌碌依人，所为辄蹶，巧于遇者，争非笑之，鄙人不知所悔，以谓世不我知无害也。然坐是益困穷甚，家贫累重，侨寓保阳，疾病饥寒，颠连失措，濒沟壑者亦几希矣。岂无他人，恐非真知，易地犹是耳。用是裹粮跋涉，不远千里，窃愿听命于下执事。阁下引而进之，察其所长，而试策之，虽不敢拟空青火浣、陈仓石鼓之奇，抑闻王公大人，饱尝刍豢，偶进薇蕨，转以为美，庶几其一当也。阁下之客，多与鄙人往还，闻有道鄙人者，阁下未尝不知之也。而鄙人犹复云云者，盖窃有所感也，昔李文饶恶白乐天，缄置其诗不以寓目，以谓见诗则爱恐易初心，是爱其文而不爱其人也；郑畋之女，喜诵罗隐之诗，及见隐貌不扬，因不复道，是弃其貌因弃其才也。鄙人既无白氏之诗，而有罗隐之貌，坐困于世，抑有由矣。然尺短寸长，不敢妄自菲薄，而必欲合轨于大匠之门，以其所操，亦有似为于举世不为之日，而及其见知，虽三年之无所短长，不为病也，况向者未尝一日居门下哉。①

---

① 《章氏遗书》卷22。

这封信非常明显地反映了章学诚当时急切地希望能尽快得到毕沅的支持，以便早日完成多年的夙愿。字里行间，虽然也有几句廉价的歌颂，但总的来说还是相当朴实的，既无不切实际的自我吹嘘，也无哗众取宠之意，甚至连一点虚荣心也没有。他承认自己"无白氏之诗，而有罗隐之貌"。他也确实其貌不扬，有个叫曾燠的写过一首《赠章实斋国博》诗①，说明章学诚奇丑无比，但他学识过人，才华出众，以此说明不能以貌取人。这是很有意思的一首诗，不妨抄录于后：

章公得天秉，赢绌迥殊众。岂乏美好人？此中或空洞。君貌颇不扬，往往遭俗弄。王氏鼻独齇，许丞听何重？（章氏左耳聋）话仿仲车画，书如洛下讽。又尝患头风，无檄堪愈痛。况乃面有瘿，谁将玉瓘碧？五官半虚设，中宰独妙用。试以手为口，讲学求折衷。有如遇然明，一语辄奇中。古来记载家，庋置可充栋。歧路互出入，乱丝鲜穿综。散然体例纷，聚以是非讼。孰持明月光，一为扫积霿？赖君雅博辨，书出世争诵。笔有雷霆声，匈訇止市哄。《续鉴》追温公，选文驳萧统。乃知貌取人，山鸡误为凤。武城非子羽，谁与子游共？感君惠然来，公暇当过从。

"君貌颇不扬，往往遭俗弄。"由于相貌生得不好，也给章学诚招致不少精神上的打击。

从后来章学诚自己追述可以知道，这次河南之行，毕沅待之颇厚。因此，事情都很顺利，第二年二月便前往归德，主讲归德府之文正书院。经毕沅同意，遂开局于开封编纂《史籍考》，由他主持其事。当时洪亮吉、凌廷堪、武亿等人均参与其事。三月一日，有《与洪稚存博士书》一封，写途中及书院情况甚详，反映出他现在的心情与以前全然不同。信中说这个书院"馆舍宽广，足以侨置家累，窗几明净，足以编摩文史"，"到此，乃如盆鱼移置池塘，纵不得江湖浩荡，亦且免曳尾触四围矣"。此书末尾一段更为重要，书云：

---

① 载杨钟羲：《雪桥诗话》三集卷8。

官场报访及宴会征逐，稍已即闲。三月朔日为始，排日编辑《史考》，检阅《明史》及《四库子部目录》，中间颇有感会，增长新解。惜不得足下及虚谷、仲子诸人，相与纵横其议论也。然蕴积久之，会当有所发泄。不知足下及仲子此时检阅何书？《史部提要》已钞毕否？《四库集部目录》，便中检出，俟此间子部阅毕送上，即可随手取集部发交来力也。《四库》之外，《玉海》最为要紧。除艺文史部毋庸选择外，其余天文、地理、礼、乐、兵、刑各门皆有应采辑处，不特艺文一门已也。此二项讫工，廿三史亦且渐有条理，都门必当有所钞寄。彼时保定将家迁来，可以稍作部署。端午节后，署中聚首，正好班分部别，竖起大间架也。至检阅诸书，采取材料，凡界疑似之间，宁可备而不用，不可议而不采。想二公有同心也，兹乘羽便，先此布闻，其余一切，须开学后，接见诸生，与此间人士，多有往返，性情相喻，乃可因地制宜，此时固无课业纷扰，然亦颇少文墨接谈，得失参半，亦势之无如何耳。①

可以看出，章学诚在写这封信时充满希望、信心和活力，此时此刻的心情似乎比从前任何时候都要愉快。在章学诚的心目中，文史校雠之业高于一切。他当时的好友邵晋涵、周书昌，学生史余村都在京师做官，他都不以为然，担心他们如此下去会荒废了学业。他在《与邵二云论学》书中曾说：

岁月不居，节序川逝，足下京师困于应酬，仆亦江湖疲于奔走，然仆能撰著于车尘马足之间，足下岂不可伏箧于经摺传单之际！此言并示余村，策以及时勉学，无使白首无成，负其灵秀之钟，而与世俗之人归趣不相远也。②

他在给学生史余村的信中说得更加恳切，真是语重心长。信中说：

闻足下入官以来，身为境累，不复能力于学。而恬淡之性，拘入于

---

① 《章氏遗书》卷22。
② 《文史通义》外篇三《与邵二云论学》。

世法，不得所性之安，此非细故！……十年远客孤寒，一旦身登上第，服官以后，事与寒素殊科，外有应酬，家增日用，精神疲于酬酢，心力困于借筹，足下淡定天怀，如胶泥入水，日夕搅之，何日得以澄彻。①

他用自身经历进行教诫，自己不慕荣利，虽"坎坷潦倒之中，几无生人之趣"，然一旦想到学问之事，便又如鱼得水。对于自己子孙，章学诚亦同样教导他们尽力于学问之事，不必追求于官场中之名利，"今吾不为世人所知，余村、虎脂又牵官守，恐未能遂卒其业，尔辈于斯，独无意乎？"②这种精神，在旧社会自然是少见的。他把那些一意在官场追名逐利的人，称之为"世俗之趣"。他认为人的精力是有限的，若是做官，势必将把"精力分于声色与一切世俗酬应"。③因此，要想做官，就无法治学，要治学就不必做官。即使有才有识之士，一旦进入官场，必然影响其学术成就。在章学诚的心目中，邵晋涵就是一个典型。他承认邵氏"博综十倍于仆，用力之勤亦十倍于仆"④，在四库馆中最负时誉，仅亚于戴震，而其成就，史学方面的著作除《四库全书史部提要》外，几乎一无所有，竟不如举世所弃置弗论的章学诚。其主要原因就在于邵晋涵碌碌于京师，整日忙于应付官样文章，劳顿于各方应酬，把一生宝贵的精力和聪明才智，尽花费于这些无用之地。学既不传，书亦未著（邵氏生前曾立志改编《宋史》），章学诚一再替他惋惜。

《史籍考》在开封草创之初，章学诚曾写了一篇《论修史籍考要略》，提出了《史籍考》编纂义例和要求，文章开头先论述了该书编纂的意义和依据：

校雠著录，自古为难。二十一家之书，志典籍者，仅有汉隋唐宋四家，余则阙如。《明史》止录有明一代著述，不录前代留遗。非故为阙略也，盖无专门著录名家，勒为成书，以作凭藉也。史志篇幅有限，故止记部目，且亦不免错讹。私家记载，间有考订，仅就其耳目所及，不能悉览无遗。朱竹垞氏《经义》一考，为功甚巨，既辨经籍存亡，且采

---

① 《章氏遗书》卷29《与史余村论学书》。
② 《文史通义》外篇三《家书二》。
③ 《章氏遗书》卷29《与史余村论学书》。
④ 《文史通义》外篇三《与邵二云论学》。

群书叙录，间有案断，以折其衷。后人溯经义者所攸赖矣。第类例间有未尽，则创始之难；而所收止于经部，则史籍浩繁，一人之力不能兼尽，势固不能无待于后人也。今拟修《史籍考》，一仿朱氏成法，少加变通，蔚为巨部，以成经纬相宜之意。

接着分列十五点：一曰古逸宜存，二曰家法宜辨，三曰翦裁宜法，四曰逸篇宜采，五曰嫌名宜辨，六曰经部宜通，七曰子部宜择，八曰集部宜裁，九曰方志宜选，十曰谱牒宜略，十一曰考异宜精，十二曰板刻宜详，十三曰制书宜尊，十四曰禁条宜明，十五曰采摭宜详。这十五点如同修书纲领，反映了章学诚当时编纂《史籍考》的指导思想与原则。可是，编纂工作开展未及半年，秋天荆州大水，毕沅升任湖广总督。靠山一走，章学诚归德府文正书院之讲席遂失，《史籍考》的编纂不得不随之中断。冬末只得移家亳州，依知州裴振。次年春，辗转于太平安庆之间，穷愁无计，后方谋馆于安徽学使署中。学使徐立纲方辑宗谱，乃请章学诚经纪其事。课诵之余，便自作文字，自云：

> 起自四月十一，讫五月初八，得《通义》内外二十三篇，约二万余言。生平为文，未有捷于此者。是时正为徐太史经纪家谱，颇有传志文字，亦并不相妨也。桐城张中翰小令，左选贡良宇，皆一时名隽，朝夕比屋而处，皆有文章之役，暇则聚谈，谈亦不必皆文字，而引机触兴，则时有所会。①

如《原道》、《原学》、《博约》、《经解》、《史释》、《史注》、《说林》等重要篇章大都成于这一时期。六月自太平返亳，道经扬州，再赴湖北，十月回到亳州。秋冬便为知州裴振编修州志，约于翌年二月全书告成，为时不到半年。

对于《亳州志》，章学诚自己甚为得意，他在《又与永清论文》中说：

> 近日撰《亳州志》，颇有新得，视《和州》、《永清》之志，一半为

---

① 《章氏遗书》卷29《姑孰夏课乙编小引》。

土苴矣。主人雅相信任，不以一语旁参，与足下同。而地广道远，仆又逼于楚行，四乡名迹，未尽游涉，而孀妇之现存者，不能与之面询委曲，差觉不如《永清》；然文献足征，又较《永清》为远胜矣。此志拟之于史，当于陈范抗行，义例之精，则又《文史通义》中之最上乘也；世人忽近贵远，自不察耳。后世是非，终有定评，如有良史才出，读《亳志》而心知其意，不特方志奉为开山之祖，即史家得其一二精义，亦当尊为不祧之宗；此中自信颇真，言大实非夸也。①

可惜由于知州裴振是年去任，书未及刊板，竟至散佚，致使我们今天不得见其全豹，自然也就难于评定其等第之高低。这封信告诉我们这样一个事实，《亳州志》其所以能够修得令人满意，除了他的方志理论有了新的发展外，很重要的一点是"主人雅相信任，不以一语旁参"。应当说这是一条很重要的经验。至于《亳州志》究竟有何长处，我们从他给史余村的一封信中，仍可看到一些梗概，信中说：

> 近撰《亳州志》，更有进境。《新唐书》以至《宋》、《元》诸史书、志之体不免繁芜，而汰之又似不可，则不解掌故别有专书，不当事事求备也。列传猥滥，固由文笔不任，然亦不解表例，不特如顾宁人所指班马诸年表已也。班氏《古今人表》，史家诟詈，几如众射之的；仆细审之，岂惟不可轻訾，乃大有关系之作，史家必当奉为不祧之宗。颇疑班氏未必出于创造，于古必有所受，或西京诸儒治《春秋》者所传，班氏删改入《汉书》耳。此例一复，则列传自可清其芜累，惜为丛毁所集，无人进而原其心尔。今州县创立其例，便觉旧撰诸志列传，不免玉石杂而不分，正坐不立人表故尔。②

不难看出，这封信中他强调"掌故"和"人表"在史书和方志中的作用，只要"掌故"立为专书，则书志之体可以免去繁芜，而不必事事求备；

---

① 《文史通义》外篇三。
② 《文史通义》补遗《又与史余村》。

人表一入史志，则史书、州县之志、列传自可清其芜累。这部方志如今所留下的只有《人物表例议》和《掌故例议》各三篇。从中可以看到它的精义所在。他在《和州》、《永清》二志的编写中，除志书以外，均作有"文征"。而现在又提出更立"掌故"，这就为后来作《方志立三书议》打下了基础。

《史籍考》编纂的中断，对于章学诚来说是十分不安的事情，因此还在编写《亳州志》的时候，便急急忙忙于乾隆五十四年十二月二十九日给毕沅写了一封信，名义上是祝寿，实际上是希望毕沅继续支持他把《史籍考》完成。信中说，自己正在"见嗤斥鷃，蟠屈穷途"之际，能够得到毕沅的"豁然称许，如见瓮盎，而视他人之胠肩肩者也，得一知己，庶以不恨，学诚遂挈弱小十余口，云浮归德，竭愚夫之千虑，效轮斫于堂前。事未及殷，阁下移节江汉，学诚欲襥被相从，则妻子无缘寄食，欲仍恋一毡，则东道无人为主。盖自学诚离左右之后，一时地主面目遽更，造谒难通。疣之赘，尚可言也，毛无附，将焉置此？阁下抚豫数年，学诚未尝一来，及其来也，阁下便去。进退离合，夫岂人谋？不得已还住亳州，辗转于当涂怀宁之间，一钵萧然，沿街乞食，士生天地，无大人先生提挈而主张之，其穷阨也，有如斯矣。……倘得驰一介之使，费崇朝之享，使学诚得治行具，安家累，仍充宾从之数，获成《史籍》之考"。① 这封求救的信，一方面反映了章学诚当时的困难处境，另一方面也揭露了人情冷暖、世态炎凉的社会状况。同一个人，今天可任书院讲席，明天则要沿门托钵。章学诚的这封信看来还是起了作用的，毕沅给了回复，因此，乾隆五十五年（1790）便又在武昌开馆继续编修。当时他在给邵晋涵和其他一些人写信都谈到了这件事。在给邵晋涵的信中说："二月初旬，亳州一书奉寄，屈指又匝月矣。仆于二月之杪，方得离亳，今三月望，始抵武昌，襄阳馆未成，制府（指毕沅）即令武昌择一公馆，在省编摩，于仆计亦较便也。移家一事，已详余村书中，可便省之。"②

章学诚到了武昌，一住就是五年，在这五年中除了专心编纂《史籍考》外，还替毕沅主修《湖北通志》，并参与了毕沅主编的《续通鉴》工作。此书修成后，还代毕沅作书寄钱大昕。这是一封很重要的书信，书中将《续通

---

① 《章氏遗书》补遗《上毕制府书》。
② 《文史通义》外篇三《与邵二云论学》。

鉴》的义例论述得十分明白。尤为重要的是，书中反映了章学诚许多重要的史学观点和主张。如：

> 因推孟子其事其文之义，且欲广吕伯恭氏撰辑，别为《宋元文鉴》，将与《事鉴》（《续通鉴》在商定书名时初标为《宋元事鉴》）并立，以为此后一成之例。……
>
> 鄙则以为据事直书，善恶自现。史文评论，苟无卓见特识发前人所未发，开后学所未闻，而漫为颂尧非桀，老生常谈；或有意骋奇，转入迂僻；前人所谓如释氏说法，语尽而继之以偈；文士撰碑，事具而韵之以铭，斯为赘也。……
>
> 章实斋乃云，"纪传之史引而不合，当用互注之法以联其散；编年之史浑灏无门，当用区别之法以清其类"。就求其说，则欲于一帝纪中略仿《会要》门目，取后妃、皇子、将相、大臣、方镇、使相、谏官、执事、牧守、令长之属，各为品类，标其所见年月，定著"别录"一篇，冠于各帝纪首，使人于编年之中隐得纪传班部，以为较涑水《目录》、《举要》诸篇尤得要领。且欲广其例而上治涑水原书，以为编年者法。①

诸如此类，虽谈不上石破天惊，但确实具有独特见解和重要价值。

在武昌的几年中，章学诚很大一部分精力用在编纂《湖北通志》上面。他除主修这部《湖北通志》外，尚修了湖广的几种府县志，如《常德府志》、《荆州府志》等。不过《湖北通志》是他刻意编修的一部方志。此志编于《方志立三书议》提出以后，它全面体现了《方志立三书议》的精神。而《方志立三书议》的提出，标志着他的方志理论的成熟和方志学的建立。因此，《湖北通志》可视为他方志理论成熟阶段的代表作。此志纪、图、表、考、传一应俱全，除志的主体外，尚有《文征》、《掌故》和《丛谈》。现将其目录列于下：

《湖北通志》七十四篇

二纪：皇言纪、皇朝编年纪（附前代）。

---

① 《文史通义》外篇三《为毕制军与钱辛楣宫詹论续鉴书》。

三图：方舆图、沿革图、水道图。

五表：职官表、封建表、选举表、族望表、人物表。

六考：府县考、舆地考、食货考、水利考、艺文考、金石考。

四政略：经济略、循绩略、捍御略、师儒略。

五十三传（目多，从略）。

《湖北掌故》六十六篇

吏科：分四目：官司员额、官司职掌、员缺繁简、吏典事宜。

户科：分十九目：赋役、仓庾、漕运、杂税、牙行、钱法、盐法、武昌厂及游湖关税额等。

礼科：分十三目：祀典、仪注、文闱事宜、科场条例、学校事宜、书院、禁书目录、外国贡使等。

兵科：分十二目：将备员额、各营兵丁技艺额数表、武弁例马、营汛图、武闱仪注、各营战巡船只、驿站图等。

刑科：分六目：里甲、编甲图、囚粮衣食、三流道里表等。

工科：分十二目：陵寝祠庙、修建衙署贡院、城工、塘汛、江防、关榷、开采铜铁矿厂、采办硝磺、军械工料银两等。

《湖北文征》八集

甲集（上、下）：裒录正史列传论。

乙集（上、下）：裒录经济策画论。

丙集（上、下）：裒录词章诗赋论。

丁集（上、下）：裒录近人诗文论。

后附《丛谈》四卷：考据、轶事、琐语、异闻。

为什么要这样编排，他在《湖北通志·凡例》和《为毕制府撰湖北通志序》中都有详细的论述。对于《湖北通志》所记载的内容，序中说："其山川物产，风俗人文，与夫政教所施，经要所重，具次于斯志者，披文可省。"至于分立三书，序中说：

> 今参取古今史志例义，剪截浮辞，禀酌经要，分纪表图考略传，以为《通志》七十三篇，所以备史裁也；臣又惟簿书案牍，不入雅裁，而

府史所职，周官不废。汉臣贾谊，尝谓古人之治天下，至纤至悉，先儒以谓深于官礼之言。今曹司吏典之程，钱谷甲兵之数，志家详之，则嫌芜秽，略之又惧缺遗。此则不知小行人之分别为书法也。今于《通志》之外，取官司见行章程，分吏户礼兵刑工，以为"掌故"六门，凡六十六篇，所以昭典例也。臣又惟两汉而后，学少专家，而文人有集，集者，非经而有义解，非史而有传记，非子而有论说，无专门之长，而有偶至之诣，是以尚选辑焉。志家往往选辑诗文为艺文志，而不知艺文仿于汉臣班固，乃群籍之著录，而方志不知取法，猥选诗文，亦失古人分别之义。今取传记论说诗赋箴铭之属，别次甲乙丙丁上下八集，以为"文征"，所以俟采风也。

这里把设立"掌故"、"文征"的来龙去脉说得非常清楚，比之《方志立三书议》似更有新意，如云"两汉而后，学少专家，而文人有集，集者，非经而有义解，非史而有传记，非子而有论说，无专门之长，而有偶至之诣"。这就无疑把唐宋以来文集的学术价值作了恰如其分的评价。许多文集的作者在学术上确实无专门之长，但在某一方面却往往有一得之见，能够把它及时选出，予以发扬，这就不会埋没他们各自在学术上的贡献。

《湖北通志》成书于乾隆五十九年（1794）初，三月中乾隆巡幸天津，毕沅入觐，行前将章学诚托于湖北巡抚惠龄。而惠龄不喜章氏之文，于是谗毁者遂乘机而来。时有进士嘉兴人陈熷曾求章学诚推荐他为校刊之事，章学诚出于同情之心，婉转荐于当道。不意陈熷受委后，忘恩负义，乃大驳《湖北通志》之不当，把一部通志说得一无是处，认为必须重修。当事者赞赏其议，批云"所论具见本源"。章学诚非常气愤，因为想不到这个无耻文人竟会恩将仇报。这里需要指出的是，有的人在评论章学诚方志理论的文章中，把陈熷说成是《湖北通志》的编纂人员，曾参与通志编纂工作，这是没有根据的。毕沅回省后，得知此事，便要章学诚答复陈熷的"驳议"。章学诚怀着愤怒的心情，写出《驳议》一卷，对陈熷指责，逐条加以驳斥，现附《湖北通志检存稿》之后，名曰《湖北通志辨例》。[①] 章学诚在《方志辨体》一文

---

① 《章氏遗书》卷27。

中说:

> 余撰《湖北通志》，初恃督府一人之知，竟用别裁独断，后为小人谗毁，乘督府入觐之隙，诸当道凭先入之言，委人磨勘，而向依督府为生计者，只窥数十金之利，一时腾跃而起，无不关蒙弓而反射，名士气习然也。如斯学识，岂直置议，然所指摘，督府需余登复，今存《驳议》一卷，见者皆胡卢绝倒也。①

这说明，毕沅在的时候，因同意章学诚一人"别裁独断"，按照自己的方志理论予以实践，并无一人敢有异议。可见后来反对的人全是出于个人之好恶，而不是真的想对《湖北通志》的编纂作出贡献。这年八月，毕沅以湖北"教案"奏报不详实，受到降补山东巡抚的处分，并罚交湖广总督养廉五年，再罚山东巡抚养廉三年。这么一来，自然无心再顾及这些编书之事。毕沅既走，章学诚只得离开湖北。当时《湖北通志》问题仍悬而未决，武昌知府胡齐仑曾请于当道，将此事交于陈诗校定，章学诚对此尚属满意，自幸此书落于陈诗之手。临别时，陈诗曾对他说："吾自有书，不与君同面目。然君书自成一家，必非世人所能议得失也。吾但正其讹失，不能稍改君面目也。"②因此章学诚对陈诗相当尊重，在《丙辰札记》中说："蕲州陈工部诗者，楚之宿学，曾以十年之功，自撰《湖北旧闻》，博洽贯通，为时推许。陈闻众谤群哄，而独识余之书之非苟作。"可见有识之士还是深知《湖北通志》之价值。陈诗费十年之功，方编成一部《湖北旧闻》，深知编志中之甘苦，因而也就懂得章氏所编《湖北通志》"自成一家，必非世人所能议得失也"。可是因人事之变迁，《湖北通志》仍未得以刊行，章氏多年心血，还是免不了付诸东流。后来他将自己保存的志稿汇订为《湖北通志检存稿》二十四卷，又得《湖北通志未成稿》一卷。我们今天就是根据留存下来的残卷得以窥见其当日之全貌。对于《湖北通志》，章学诚自己也并未看成是尽善尽美，他当时给陈诗的信中就曾列举了其中不足之处：

---

① 《章氏遗书》卷 14。
② 《章氏遗书》外编卷 3《丙辰札记》。

《通志》之役，则负愧多矣。当官采访者，多于此道茫如，甚且阴以为利。……府县官吏疲懒不支。其有指名征取之件，宪司羽檄叠催，十不报六，而又逼以时限，不能尽其从容……夫著述之事，创始为难，踵成为易。仆阙然不自足者，传分记人记事，可谓辟前史之蹊矣；而事有未备，人有未全。盖采访有阙，十居七八；亦缘结撰文字，非他人所可分任，而居鲜暇豫，不得悉心探讨，以极事文之能事，亦居十之二三也……

《文征》之集，实多未备，则缘诗文诸集送局无多，藏书之家又于未及成书而纷纷催还原集，是以不得尽心于选事也。然仆于文体粗有解会，故选文不甚卤莽。……至于诗赋韵言，乃是仆之所短，故悉委他人而已无所与。不幸所委非人，徇情通贿，无所不至。恶劣诗赋不堪注目者，仆随时删抹；而奸诡之徒又贿抄胥私增，诚为出人意外。然仆毕竟疏于复勘，当引咎耳。……此中剧有苦心，恨委任失人，不尽如仆意也。①

《湖北通志》出现这些问题，原因有主观有客观，材料供应不足，自属客观，而委任失人，疏于复勘，自然都属主观。可见编书选用助手之好坏强弱，关系特大。司马光三大助手选得其人，以成举世闻名的不朽著作。章学诚"委任失人"，不能按其意图办事，使他非常遗憾。

由于在武昌几年中，既要参与《续通鉴》的工作，又编修了几部方志，精力分散，致使《史籍考》一书仅成十之八九，竟不得卒业。尽管乾隆六十年毕沅由山东巡抚回至湖广总督原任，但其时湖南正爆发苗民起义，次年湖北又有白莲教起义，毕沅奉命筹办粮饷军火，调兵镇压农民起义，已无暇顾及编书之事。嘉庆元年（1796）夏，朱筠之弟朱珪（石君）实授为两广总督，六月内调，七月授川陕总督，未到任，旋补安徽巡抚。章学诚的《史籍考》虽已完成十之八九，但留下一篑之功，自己力量仍难以完成。这使他转向朱珪求援，九月十二日有《上朱中堂世叔书》，书中云：

楚中教匪尚尔稽诛。弇山制府武备不遑文事。小子《史考》之局，

---

① 《章氏遗书》卷14《与陈观民工部论史学》。

既坐困于一手之难成；若顾而之他，亦深惜此九仞之中辍。迁延观望，日复一日。今则借贷俱竭，典质皆空，万难再支。只得沿途托钵，往来青徐梁宋之间，惘惘待倘来之馆谷，可谓惫矣。但春风拂面，朋友虽多，知己何人？

书中章学诚请求朱珪推荐至河南大梁书院或直隶莲池书院，说"以流离奔走之身，忽得藉资馆谷，则课诵之余，得以心力补苴《史考》，以待弇山制府军旅稍暇，可以蔚成大观，亦不朽之盛事，前人所未有也。而阁下护持之功，当不在弇山制府下矣"。① 此信所寄希望，最后均成泡影，故第二年正月又上书朱珪，请代谋浙江巡抚谢启昆、学使阮元，想借助他们之力来编《史籍考》。尽管这一愿望曾经实现，嘉庆三年在杭州续补遗编，但书稿终未传世。晚年大半精力都用于此书，费尽苦心。他最后手定的《史考释例》和全书总目幸都保存下来。《史考释例》乃是成书的义例，中间所论，不少与草创之时已有不同。因此将它与《论修史籍考要略》对照研究，可看出其史学思想的发展变化。《史考释例》首论"著录"，非常推崇朱彝尊的《经义考》；次论"考订"，以刘向为考订群书之鼻祖；再论史部，认为：

> 史学衰，于是史书有专部，而所部之书，转有不出史学者矣。盖学术歧而人事亦异于古，固江河之势也。史离经而子集又自为部次，于是史于群籍划分三隅之一焉，此其言乎统合为著录也。若专门考订为一家书，则史部所通，不可拘于三隅之一也。史不拘三隅之一，固为类例之所通。然由其类例深思相通之故，亦可隐识古人未立史部之初意焉。

虽然"史于群籍划分三隅之一"，但"三家多于史相通"，因此，史部之分类较之经部更加为难。然而分类之精确与否，又将直接影响到"辨章学术，考镜源流"的这一宗旨。这是章学诚最为重视的一个问题，他在《校雠通义》一书曾反复作了论述，指出"刘向父子部次条别，将以辨章学术，考

---

① 《章氏遗书》卷28。

镜源流，非深明于道术精微，群言得失之故者，不足与此"。① 唯其如此，他认为毕沅原将《史考》分为一百一十二子目，不仅失之烦琐，亦有违于分类之宗旨，因此重新加以并省，分为十二纲，五十七目。所以如此区分，《史考释例》作了详细的论述。现将总目附录列于下：

一、制书：二卷。

二、纪传部：正史十四卷，国史五卷，史稿二卷。

三、编年部：通史七卷，断代四卷，记注五卷，图表三卷。

四、史学部：考订一卷，义例一卷，评论一卷，蒙求一卷。

五、稗史部：杂史十九卷，霸国三卷。

六、星历部：天文二卷，历律六卷，五行二卷，时令二卷。

七、谱牒部：专家二十六卷，总类二卷，年谱三卷，别谱三卷。

八、地理部：总载五卷，分载十七卷，方志十六卷，水道三卷，外裔四卷。

九、故事部：训典四卷，章奏二十一卷，典要三卷，吏书二卷，户书七卷，礼书二十三卷，兵书三卷，刑书七卷，工书四卷，官曹三卷。

十、目录部：总目三卷，经史一卷，诗文（即文史）五卷，图书五卷，金石五卷，丛书三卷，释道一卷。

十一、传记部：记事五卷，杂事十二卷，类考十三卷，法鉴三卷，言行三卷，人物五卷，别传六卷，内行三卷，名姓二卷，谱录六卷。

十二、小说部：琐语二卷，异闻四卷。

全书共三百二十五卷。

看了这个规模宏伟的总目，人们可以想见作者当年发凡起例，颇费苦心。其书可谓体大思精，其人堪称卓识宏达。研究这个总目，将有助于对章学诚"六经皆史"含义的理解。这里附带还要说明的是，总目中将"方志"仍列入《地理部》，看来似乎与章学诚自己主张相矛盾，因为他一直认为方

---

① 《校雠通义》卷1《原道》。

志乃属史体,"如古国史,本非地理专门"。① 其实不然,他强调"志乃史体",要大家编修方志时应按"信史"这一要求出发,不要再专谈地理沿革和名胜古迹,而把它当作"地理专门"。可是以前所有方志著作,大都为地理著作,如今分类时自然要反映现实,只能放在《地理部》,体现了章学诚向来主张的历史著作必须如实反映社会现实的观点。

嘉庆元年(1796)六月十五日,章学诚挚友邵晋涵在北京逝世,这对年近六十的章学诚在精神上是很大的打击。一生当中他与邵晋涵交谊最深,情同手足,而在做学问上又是志同道合,论史"契合隐微"。对于章学诚著《文史通义》,邵晋涵推许甚至。两人又都有志于改编《宋史》。章学诚后来在回忆中曾说:

> 乾隆癸卯(1783)之春,余卧病京旅,君(邵晋涵)载予其家,延医治之,余沉困中,辄喜与君论学,每至夜分,君恐余惫,余气益壮也,因与君论修《宋史》,谓俟君书成后,余更以意为之,略如后汉、晋史之各自为家,听决择于后人,君因询予方略,余谓当取名数事实,先作比类长编,卷帙盈千可也,至撰集为书,不过五十万言,视始之百倍其书者,大义当更显也。②

可见他们讨论之深细,甚至具体步骤,全书安排要求都已谈及。从此,章学诚对邵晋涵改编《宋史》之举一直十分关心,晚年一再写信催促。而对邵氏曾花十年之功写成的《尔雅正义》很不以为然,写信作了直率的批评。信中说:

> 足下《尔雅正义》,功赅而力勤,识清而裁密,仆谓是亦足不朽矣。抑性命休戚之故,亦有可喻者乎?《尔雅》字义,犹云近正,近正之义犹世俗云官常说话,使人易解。足下既疏《尔雅》,则于古今言语能通达矣;以足下之学,岂特解释人言,竟无自得于言者乎?君家念鲁先生

---

① 大梁本《文史通义》外篇三《记与戴东原论修志》。
② 《章氏遗书》卷18《邵与桐别传》。

>有言:"文章有关世道,不可不作,文采未极,亦不妨作。"仆非能文者也,服膺先生遗言,不敢无所撰著,足下亦许以为且可矣。足下于文,漫不留意,立言宗旨未见有所发明,此非足下疏于学,恐于闻道之日犹有待也。足下博综十倍于仆,用力之勤亦十倍于仆,而闻见之择执,博综之要领,尚未见其一言蔽而万绪该也。足下于斯,岂得无意乎?《宋史》之愿,大车尘冥,仆亦有志而内顾枨然,将资于足下而为之耳。足下如能自成一史,仆则当如二谢司马诸家之《后汉》,王隐虞预诸家之《晋书》,亦备一家之学。如其未能,则愿与足下共功;其中立言宗旨,不谋而合,亦较欧宋《新唐》必有差胜者矣。①

可见章学诚是多么希望邵晋涵能把自己全部精力用之于《宋史》的研究上面,以成一家之学,而不应把自己有限的精力用之于"解释人言"上面,不要为当时学术界的考据之风所囿。两年后,章学诚再次去信谈论此事:

>足下今生五十年矣,中间得过日多,约略前后自记生平所欲为者,度其精神血气尚可为者有几?盖前此少壮,或身可有为,未可遽思空言以垂后世;后此精力衰颓,又恐人事有不可知,是以约计吾徒著述之事,多在五十六十之年,且阅涉至是不为不多,中间亦宜有所卓也。足下《宋史》之愿,大车尘冥,恐为之未必遽成;就使成书,亦必足下自出一家之指,仆亦无从过而问矣。②

果然不出章学诚所料,仅隔四年,年仅五十四岁的邵晋涵便与世长辞了,一生所要经营的《宋史》,遂全部成了泡影。对于他的去世,章学诚非常悲痛,他当时在给友人的信中一再表达其悲痛的心情:

>昨闻邵二云学士逝世,哀悼累日,非尽为友谊也。浙东史学,自宋元数百年来,历有渊源,自斯人不禄,而浙东文献尽矣。……鄙宿劝

---

① 《文史通义》外篇三《与邵二云论学》。
② 《文史通义》外篇三《与邵二云论修宋史书》。

其授高第学子，彼云未得其人，劝其著书，又云未暇，而今长已矣，哀哉！前在楚中，与鄙有同修《宋史》之约，又有私辑府志之订，今皆成虚愿矣。①

他在后来作《邵与桐别传》时沉痛地说，邵的去世，"不特君之不幸，亦斯文之厄也已"。可见他们之间的深厚情谊，不仅是建立在生活上的相互关心，而且是建立在做学问上的互相支持。邵晋涵对章学诚研究学问和从事著作也是十分关心，如章学诚《原道》篇写出后，传稿京师，反应非常强烈，平日素爱章氏文者，看了此文也"皆不满意"，邵晋涵却十分称颂，他说：

是篇初出，传稿京师，同人素爱章氏文者，皆不满意，谓蹈宋人语录习气，不免陈腐取憎，与其平日为文不类，至有移书相规诫者。余谛审之，谓朱少白曰：此乃明其《通义》所著一切创言别论，皆出自然，无矫强耳。语虽浑成，意多精湛，未可议也。②

可见他对章学诚著作的精神十分了解。《史籍考》的编纂，可说是章学诚晚年主要精力寄托之处。他南北奔走，四处求人，都是为了这部鸿篇巨制。邵晋涵虽远在京师，仍从精神上予以关心，材料上予以支持，为章学诚查寄许多外地难以看到的史料。由于搜集的逸史材料甚多，因此章学诚还曾建议编成专书，一次信中曾云：

逢之寄来《逸史》，甚得所用，至云撷逸之多，有百余纸不止者，难以附入《史考》，但须载其考证，此说亦有理。然弟意以为，搜罗逸史，为功亦自不小，其书既成，当与余仲林《经解钩沉》可以对峙，理宜别为一书，另刻以附《史考》之后，《史考》以敌朱氏《经考》，《逸史》以敌余氏《钩沉》，亦一时天生瑜亮，洵称艺林之盛事也。③

---

① 《章氏遗书》卷13《与胡雒君论校胡稚威集二简》。
② 《文史通义》内篇二《原道篇跋》。
③ 《章氏遗书》卷13《与邵二云书》。

这封信中章学诚还为"酌定凡例",提了具体编辑步骤和方法。频繁的学术交往和相似的著作生涯,把这两位学者紧密联系在一起,他们之间的友谊自非一般朋友关系所能比拟。因此,邵晋涵的去世,对章学诚来说,如失左右手,内心痛苦完全可以理解。他在《邵与桐别传》中说邵氏"于予爱若弟兄,前后二十余年,南北离合,历历可溯,得志未尝不相慰悦。至风尘潦倒,疾病患难,亦强半以君为依附焉。今君下世五年,而余又衰病若此,追念春明旧游,意气互相激发,何其盛也,而今安在哉!悲夫!"不过章学诚认为,他的悲痛,"非尽为友谊",更重要的还在于深深惋惜邵晋涵的学问未能传授下来,生平计划的著作亦未能完成,因而"自斯人不禄,而浙东文献尽矣"。

邵晋涵去世之后,章学诚为了完成自己刻意经营的《史籍考》,虽已年过花甲,仍不得不过着寄人篱下的生活,就在去世前四年,还在杭州借谢启昆之力补修《史籍考》。嘉庆五年(1800),由于贫病交加,眼睛失明,即使如此,著作仍未中断,如《文史通义》中非常重要的文章《浙东学术》即成于是年,《邵与桐别传》亦成于是时,他在传中说:"今目废不能书,疾病日侵,恐不久居斯世。苟终无一言,不特负死友于九原,亦且无以报锡庚之责。口授大略,俾儿子贻选书之。"嘉庆六年夏又为汪辉祖作《豫室志》,据汪辉祖《梦痕余录》云"中有数字未安,邮简往反,商榷再三。稿甫定而疾作,遂成绝笔"。这年十一月,章学诚与世长辞。

在黑暗的封建社会,一位杰出的历史学家,竟是如此"颠倒狼狈,竟至不可复支"①,这是对人才的极大摧残。难怪章学诚晚年无可奈何地悲叹说:

> 三十年来,苦饥谋食,辄藉笔墨营生,往往为人撰述传志谱牒,辄叹寒女代人作嫁衣裳,而己身不获一试时服,尝欲自辑墟里遗闻逸献,勒为一书,以备遗亡,窃与守一尚木言之,而皆困于势不遑,且力不逮也。②

此话说得是何等的悲惨。他一生当中,许多笔墨文章几乎全是为人作

---

① 《章氏遗书》卷29《与邵与桐书》。
② 《章氏遗书》卷29《与宗族论撰节愍公家传书》。

嫁，这样说一点也不夸张。难能可贵的是，生在这样艰苦环境之中，仍能坚持文史校雠之业，最后为我们留下《文史通义》和《校雠通义》两部重要的著作，为祖国文化遗产作出了卓越的贡献。

第三章
《文史通义》编著的目的、内容和版本

第一节 《文史通义》编著的过程和著作目的

一、《文史通义》编著经过

《文史通义》是章学诚对史学贡献最大的著作。他在三十岁以前，已有著述此书的愿望。乾隆三十一年（1766），就曾表示"尝以二十一家义例不纯，体要多舛，故欲遍察其中得失利病，约为科律，作书数篇，讨论笔削大旨，而闻见寥寥，邈然无成书之期，况又牵以时文，迫以生徒课业，未识竟得偿志否也"。① 他真正有意识地撰写此书，实始于乾隆三十七年。他在《候国子司业朱春浦先生书》中写道："出都以来，颇事著述。斟酌艺林，作为《文史通义》，书虽未成，大指已见辛楣先生候牍所录内篇三首，并以附呈。先生试察其言，必将有以得其所自。"② 他是前一年十月十八日跟随朱筠离开京师，十一月二十八日到达太平使院。十二月二十六日同游采石矶，当然作文时间自然不多，而给朱春浦的那封信则是写于乾隆三十七年的秋冬间。根据上述情况，可以断定《文史通义》的撰写始于他离开京师的后一年，即他三十五岁那年。他写好以后，曾抄寄三篇给钱大昕。这从他给钱大昕的信中也得到印证："学诚从事于文史校雠，盖将有所发明。然辩论之间，颇乖时人好恶，故不欲多为人知。所上敝帚，乞勿为外人道也。"③ 后来因为生活不安定，无法集中精力进行编写，只有利用课诵之余。严格地说，全书直到

---

① 《章氏遗书》卷22《与族孙汝楠论学书》。
② 《章氏遗书》卷22。
③ 《章氏遗书》卷29《上辛楣宫詹书》。

逝世尚未写完，像《浙东学术》一篇，则成于逝世前一年，而很重要的《圆通》、《春秋》等篇，是早有计划，终未撰成。由此可见，该书撰述几乎历三十年之久。

二、《文史通义》著作的目的

《文史通义》的著作目的，据章学诚本人所说，归纳起来，不外有如下几点：

第一，阐明史学的意义，进一步发扬史学的"义"——"史意"。这是他撰述《文史通义》最重要的目的，也是他进行史学研究和史学评论的根本出发点。他说："吾于史学，盖有天授，自信发凡起例，多为后世开山，而人乃拟吾于刘知幾。不知刘言史法，吾言史意；刘议馆局纂修，吾议一家著述；截然两途，不相入也。"① 他认为"史所贵者义也"，因此，"史家著述之道，岂可不求义意所归乎？"② 然而长期以来，却很少为人所注意，在他看来，"郑樵有史识而未有史学，曾巩具史学而不具史法，刘知幾得史法而不得史意。此予《文史通义》所为作也"。③ 发明史意，实际上就是阐明历史的重要作用，从理论上来论述历史的教育作用。他以为史学所担负的使命是重大的，"天地间大节大义，纲常赖以扶持，世教赖以撑柱"。④ 所以他要求史家"作史贵知其意，非同于掌故，仅求事文之末"，此乃"史氏之宗旨"。⑤ 他还列举《春秋》为例，来说明史意的重要。他说："孔子作《春秋》，盖曰其事则齐桓晋文，其文则史，其义则孔子自谓有取乎尔。"⑥ 他劝导史家若有志于《春秋》之业者，"固将惟义之求，其事其文所以藉为存义之资也"。⑦ 因此，他的《文史通义》主要是抒发史学的意义，论述史学的作用。他同刘

---

① 《文史通义》外篇三《家书二》。
② 《文史通义》内篇四《申郑》。
③ 《章氏遗书》外编卷16《和州志·志隅自叙》。
④ 大梁本《文史通义》外篇三《答甄秀才论修志第一书》。
⑤ 《文史通义》内篇四《言公上》。
⑥ 《文史通义》内篇四《申郑》。
⑦ 《文史通义》内篇四《言公上》。

知幾虽然同样论史，并都以史学理论而著称，但评论重点则各不相同，"名曰同条共贯，实则分道扬镳"。①

第二，为著作之林校雠得失。他在《与陈鉴亭论学》书中说明自己著作宗旨时，曾直接提出"《文史通义》，专为著作之林校雠得失"。他说：

> 前在湖北见史余村，言及先后所著文字，则怪《原道》诸篇与《通义》他篇不类，其意亦谓宋人习气，不见鲜新；及儿子回家，则云同志诸君皆似不以为可；乃知都门知己俱有此论，足下谕编卷末，尚为姑恕之辞耳。道无不该，治方术者各以所见为至。古人著《原道》者三家：淮南托于空蒙，刘勰专言文指，韩昌黎氏特为佛老塞源，皆足以发明立言之本；鄙著宗旨，则与三家又殊。《文史通义》，专为著作之林校雠得失；著作本乎学问，而近人所谓学问，则以《尔雅》名物，六书训故，谓足尽经世之大业，虽以周程义理，韩欧文辞，不难一唉置之。其稍通方者，则分考订、义理、文辞为三家，而谓各有其所长；不知此皆道中之一事耳，著述纷纷，出奴入主，正坐此也。鄙著《原道》之作，盖为三家之分畛域设也；篇名为前人叠见之余，其所发明，实从古未凿之窦，诸君似见题袭前人，遂觉文如常习耳。②

这是他回答友人对《文史通义》有些篇章不明其著述宗旨时所说的话。因为对于《原道》诸篇，就连自己得意门生史余村以及许多好友也不明其为何而作，其他人可想而知。因此有必要将著作宗旨予以说明，以消除误解。关于这点，他曾有过多次说明。如在《与严冬友侍读》书中说："日月倏忽，得过日多，检点前后，识力颇进，而记诵益衰。思敛精神为校雠之学，上探班刘，溯源官礼，下该《雕龙》、《史通》，甄别名实，品藻流别，为《文史通义》一书，草创未多，颇用自赏。"③又在《与孙渊如观察论学十规》中说：

---

① 萧穆：《敬孚类稿》卷5《跋文史通义》。
② 《文史通义》外篇三。
③ 《章氏遗书》卷29。

鄙人所业，文史校雠，文史之争义例，校雠之辨源流，与执事所为考核疏证之文，途辙虽异，作用颇同，皆不能不驳正古人，譬如官御史者不能无弹劾，官刑曹者不能不执法，天性于此见优，亦我辈之不幸耳。古人差谬，我辈既已明知，岂容为讳！但期于明道，非争胜气也。……鄙人于文史自马班而下，校雠自中垒父子而下，凡所攻刺，古人未有能解免者，虽云不得不然，然人心不平，后世必将阳弃而阴用其言，则亦听之无可如何而已。……今请于辨证文字，但明其理而不必过责其人，且于称谓之间，稍存严敬，是亦足以平人之心，且我辈立言，道固当如是耳。①

这里他一方面说明了他的著述宗旨，另一方面还说明了自己的做法"期于明道，非争胜气"，因此对于前人著作一般"但辨其理，未尝指斥其人"。

第三，"盖将有所发明"。章学诚不是为了校雠而校雠，在驳正前非以后，还要树立自己的见解。他在三十五岁那年给钱大昕的那封信中就已表示"学诚从事于文史校雠，盖将有所发明"。他在史学上贵著述成家，不取方圆求备，学术研究上贵创造发明，反对依傍门户。他认为"史学义例，校雠心法，则皆前人从未言及"②，因而他自己立志于"文史之争义例，校雠之辨源流"。他在《文史通义》中确实为史学理论提出了不少可贵的见解，发前人所未发。他曾说过："平日持论关文史者，不言则已，言出于口，便如天造地设之不可摇动。"③还说："拙撰《文史通义》，中间议论开辟，实有不得已而发挥，为千古史学辟其蓁芜。"④"吾于史学，盖有天授，自信发凡起例，多为后世开山。"这些豪言壮语，都表明他在著作上不愿死守陈规。

第四，评论当时的学风流弊，世教民俗。他在六十二岁那年《上尹楚珍阁学书》中的几句话，可以说是这一思想的全面概述。书中云："学诚……读书著文，耻为无实空言，所述《通义》，虽以文史标题，而于世教民彝，

---

① 《文史通义》补遗续。
② 《文史通义》外篇三《家书二》。
③ 《章氏遗书》补遗《又答朱少白书》。
④ 《文史通义》外篇三《与汪龙庄书》。

人心风俗，未尝不三致意，往往推演古今，窃附诗人义焉。"①对于当时学风、文风之不正，《文史通义》中确实均有专篇进行评论。他所以要写《砭俗》篇，自云是"因世俗拘文体为优劣，而不察文之优劣，并不在体貌推求，故撰《砭俗》之篇，欲人略文而求实也"。②《原道》篇之发表，是"为三家之分畛域设也"。在宋学、汉学之争激烈进行的时候，他发表了《言公》、《说林》诸篇，他说这些"十余年前旧稿，今急取订正付刊，非市文也，盖以颓风日甚，学者相与离跂攘臂于桎梏之间，纷争门户，势将不可已也"，他希望自己文章的发表，"或于风俗人心不无小补"。他还说："鄙著《通义》之书，诸知己者许其可与论文，不知中多有为之言，不尽为文史计者，关于身世有所怅触，发愤而笔于书。"③

第五，与当时人在学术上论战。他在《与胡雒君》书中说："又区区之长，颇优于史，未尝不受师友之益，而历聘志局，频遭目不识丁之流横加弹射，亦必补录其言，反复辨正，此则虽为《文史通义》有所藉以发明，而屡遭坎坷，不能忘情。"④如《答客问》⑤、《记与戴东原论修志》⑥等都属这一类。

从上述可以看出，《文史通义》一书评论的内容是相当广泛的，但中心都是围绕着文史校雠。有人不了解这点，对章学诚横加指责，说他专门骂人，这实际上是一种误解。章学诚所从事的职业是文史校雠，既然如此，他对著作之林得失加以校雠，是他的职责。既搞文史评论，对于文体史裁上出现的问题不加评论，不去"甄名别实"，自然就是失职。他认为"古人差谬，我辈既已明知，岂容为讳！但期于明道，非争胜气也"。况且他的做法又是"但辨其理，未尝指斥其人"。不仅如此，他还希望别人于"辨证文字"，亦能"但明其理，而不必过责其人"。直到晚年，他还说"所著《文史通义》，弹劾古人，执法甚严"。⑦他在生前，已深知此种文字，"颇乖时人之好恶"，

---

① 《章氏遗书》卷29。
② 《章氏遗书》补遗《答朱少白》。
③ 《文史通义》补遗续《又与朱少白》。
④ 《文史通义》外篇三。
⑤ 《文史通义》内篇四。
⑥ 大梁本《文史通义》外篇三。
⑦ 《章氏遗书》卷29《论文示贻选》。

会遭到后人的指责。就如刘知幾,"其卓识不磨,史家阴用其法;其论锋可畏,故人多阳毁其书"。①所以他说:

> 校雠攻辨之书,如病之有药石,如官之有纠弹,皆为人所患苦者也。然欲起痼疾而儆官邪,则良医直史,不惮人之患苦而必有以期于当也;疾愈而医者酬,奸摘而弹者赏。惟校雠攻辨之书,洞析幽渺,摧陷廓清,非有绝人之姿,百倍攻苦之力,不能以庶几也;其有功古人而光于后学,不特拯一人之疾,劾一官之邪而已也,而人多不甚悦之;则以气之凌厉,义之精严,不肯稍有假借,虽为前人救偏,往往中后人之隐病,故悦之者鲜也。②

他到了晚年,对自己所作论文非常注意,"深畏以此等文字结成仇雠"③,对于所作"涉世文字,尝自检点,不敢轻訾于人,犹恐不自省察,为人隐恨"。④他早年所作之文,过于偏激,锋芒毕露的也并不少,这一点他自己也承认,在《与孙渊如观察论学十规》一文中自己曾作小注云:"鄙著亦染此病(指偏激),特未如尊著之甚耳,今已已知悔,多所删改。"在晚年的许多回忆中,常常自我悔恨,并教导晚辈引以为戒。

第二节 《文史通义》的内容和版本

《文史通义》一书究竟应当包括多少篇卷,至今尚无定论。我们知道,由于该书无严格义例,全书在作者生前既未最后定稿,又未排定书目,因而为后人留下了难题。当时为了就正于诸同志,纠正学风,虽有选刊之本,究非全豹。章学诚在五十九岁那年写的《跋丙辰山中草》一文中有一段话很值得研究,他说:

---

① 《文史通义》补遗续《与孙渊如观察论学十规》。
② 《文史通义》外篇二《唐书纠谬书后》。
③ 《章氏遗书》补遗《又答朱少白书》。
④ 《章氏遗书》卷29《论文示贻选》。

所草多属论文，是其长技，故下笔不能自休。而闲居思往，悼其平日以文墨游，而为不知己者多所牴牾，而谬托于同道也，故其论锋所指，有时而激，激则恐失是非之平，他日录归《文史通义》，当去芒角，而存其英华，庶俾后之览者，犹见其初心尔。①

这几句话表达了两重意思：其一，他所写的文章并不都是《文史通义》内容，凡是要编到《文史通义》里的还要经过选择，这就是他所说的"他日录归《文史通义》"；其二，凡是选进《文史通义》的文章，还要作必要的修改，即"当去芒角，而存其英华"。这就是说，他想在去世之前，对自己的著作全面加以整理，最后把一生中早有计划的《文史通义》也审选修饰定稿。写《跋丙辰山中草》一文时，距离去世之年仅仅五个年头，而在这有限的几年中，他为了《史籍考》一书还在四处奔走，多方求援，根本无暇顾及此事。到了去世的前一年，他已双目失明，这时虽然"犹事论著"，但不得不"倩写官录草"，有的则是"口授大略，俾儿子贻选书之"。由此看来，他整理著作的打算显然未能实现。所以临终前数月，他只得将所著文稿委托友人萧山王宗炎校定。王氏将其全部著作"拟分内外二篇，内篇又别为子目者四：曰《文史通义》，凡论文之作附焉；曰方志略例，凡论志之作附焉；曰《校雠通义》；曰《史籍考》叙录。其余铭志叙记之文，择其有关系者录为外篇，而以《湖北通志》传稿附之"。② 现今流传的刘氏嘉业堂刻的《章氏遗书》，就是刘承幹依据王宗炎所编之目加以补订刊行的。对于王宗炎的编排分类，章学诚本人态度如何，已不得而知。不过章氏次子华绂对此编排显然是不同意的，所以他于道光十二年壬辰于开封另行编印了大梁本《文史通义》，并在序文中说：嘉庆辛酉年（即章学诚去世之年）他父亲"以全稿付萧山王谷塍先生，乞为校定"。"谷塍先生旋游道山。道光丙戌，长兄杼思自南中寄出原草，并谷塍先生订定目录一卷。查阅所遗尚多，亦有与先人原编篇次互异者，自应更正，以复旧观。先录成副本十六册。……今勘定《文史通义》内篇五卷，外篇三卷，《校雠通义》三卷，先为付梓。尚有杂篇，及

---

① 《章氏遗书》卷28。
② 《晚闻居士集》卷5《复章实斋书》。

《湖北通志检存稿》并文集等若干卷,当俟校定,再为续刊。"这里值得注意的是,他说王宗炎所编订目录"亦有与先人原编篇次互异者,自应更正,以复旧观",说明章学诚生前对自己著作虽未能全部加以整理审定,但如何编排分类还是有所考虑,即使未能写下,其意亦对其子有过说明,否则华绂序言不可能有如此说法。正因如此,他所作编排,与王氏所订目录不同。

以《文史通义》而言,现今流传的版本,主要有两种,即华绂刻于开封的大梁本和刘氏嘉业堂的《章氏遗书》本。若以华绂所编与王目相校,内篇除排列次序及分卷不同外(前为五卷,后为六卷),还有总篇数后者多出《礼教》、《朱陆篇书后》、《所见》、《士习》、《书坊刻诗话后》、《同居》、《感赋》、《杂说》八篇,而少《妇学篇书后》。外篇虽皆分为三卷,内容则完全不同,前者是论述方志之文,后者为"驳议序跋书说"。孰是孰非,前人亦有争论。

1956年古籍出版社出版的《文史通义》系根据《章氏遗书》本排印,大梁本外篇三卷之方志内容全未收入。为什么采用这个版本,编者未作说明。如果按照"出版说明"的介绍,人们真不知道这两种版本会有这么大的区别。"出版说明"是这样说的:

> 他的著作,到他死后三十一年(1832)才由他次子华绂刻于大梁,但只有《文史通义》《内篇》五卷,《外篇》三卷,《校雠通义》三卷。以后又有杭州、广州、贵州内容相同的几种刻本。光绪间,江标所刻《灵鹣阁丛书》中,有《文史通义补编》一卷,所补却不多。现在根据一九二一年吴兴刘承幹所刻《章氏遗书》本排印,比旧刻本,《文史通义》增《内篇》一卷,《补遗》八篇,《校雠通义》增外篇一卷。刘刻本《文史通义》,系根据旧抄本并依萧山王宗炎(字谷塍)所编的目录编定,王目没有的据抄本补入。其中《补遗》八篇,见周氏双藤花馆藏抄本,当时因为书已刻成,不及依编定的目录补入,现在仍依刘刻本附在《外篇》之后。一九四二年四川省立图书馆《图书集刊》载有《章氏遗书逸篇》,见于刘刻本编目的共有五篇,都是没有刻入的,特附在最后,作为《补遗续》,这就可以算是比较完备了。《校雠通义》原著共四卷,一七八一年原稿遗失,前三卷因友人抄有副本,得以保存,第四卷就遗失了。

这个说明应当说是相当详细，对于人们了解章学诚著作发表的来龙去脉还是有好处的。问题在于大梁本和《章氏遗书》本在内容上有何区别，则只字未提，只是讲了《章氏遗书》本"比旧刻本，《文史通义》增《内篇》一卷，《补遗》八篇"，如此而已，仅仅讲了卷数篇数有多有少。这样，人们从这个说明中当然就无从知道这两种版本的外篇内容竟是完全不同。既然不说明两种版本在内容上存在区别，自然也就无须说明取此而弃彼了。古籍出版社当时所以采用《章氏遗书》本而对大梁本外篇不予采纳，关键在于编者认为方志论文不是《文史通义》的内容，否则无其他理由可言。

我们认为，方志论文是否为《文史通义》内容的组成部分，应以作者本人意愿为准较妥当。从现有情况来看，作者本意是把方志论文放在《文史通义》之中的。证据如下：（一）《又与永清论文》云："近日撰《亳州志》，颇有新得，……此志拟之于史，当于陈、范抗行，义例之精，则又《文史通义》中之最上乘也。"[①]（二）《论文上弇山尚书》中云："欧苏族谱，殊非完善，而世多奉为法式；康氏《武功》之志，体实芜杂，而世乃称其高简，其名均可为幸著矣。鄙选（撰）《文史通义》，均有专篇讨论。"[②]所谓专篇讨论，即指大梁本《文史通义》外篇三《书武功志后》一篇而言。（三）《释通》篇云："又地理之学，自有专门，州郡志书，当隶外史。"自注曰："详《外篇·亳州志议》。"[③]由此可见，章学诚不仅将有关方志论文作为《文史通义》内容之一，而且明确地把它放在外篇里。（四）华绂在序中讲得很清楚，王宗炎所订定之目录，"亦有与先人原篇次互异者，自应更正，以复旧观"。"今勘定《文史通义》内篇五卷，外篇三卷，《校雠通义》三卷，先为付梓。尚有杂篇，及《湖北通志检存稿》并文集等若干卷，当俟校定，再为续刊。"这说明，他这样编排是按照他父亲原意，"以复旧观"。因此，他的编排，较之王目，自然就更为符合章学诚之原意。（五）他在《志隅自叙》中论述了史与志的关系，"志者史之一隅"，他是通过方志的编修来体现他的史学理论，特别是各篇序文，更是直接借方志以论史。（六）从这些文章

[①]《文史通义》外篇三。
[②]《文史通义》外篇三。
[③]《文史通义》内篇四。

本身来看，名为讨论方志，但大量篇幅都是在讨论著作源流、史体得失，论述历史著作如何编纂等问题。因为章学诚认为，方志本属史体，两者不分畛域。他在史学上有许多重要见解，如史书应为史官立传，强调图表在史书中的作用等等，都是在方志叙例中提出的。像这样一些重要问题，难道能说他不是在论文史吗？我们在讨论这个问题时，必须注意这样一点，即章学诚的一生遭遇，使他根本无条件坐下来专门论史，他一生当中，大部分是在替人家修志中度过的。他丰富的史学理论，无法试之于史，于是就在修志中加以实践，再从实践总结提高。他自己曾说过："丈夫生不为史臣，亦当从名公巨卿，执笔充书记，而因得论列当世，以文章见用于时，如纂修志乘，亦其中之一事也。"① 这些事实足以说明，在章学诚的心目中，史与志的关系是何等的密切，他许多重要史学理论，都是在修志的实践中总结提出的。因此，我们把他的方志论文放在《文史通义》当中，显然是名正而言顺。至于王宗炎所编之外篇——序跋书评驳议之类，当然也属《文史通义》内容。但其所选，尚有不尽之处，如上所引《论文上弇山尚书》一文中所谓"欧苏族谱"，作者曾明白表示在《文史通义》中曾有专篇讨论，这里所讲专篇，实指《家谱杂议》② 一文，然王宗炎所订定《文史通义》外篇并未收入。综上所述，我们认为，为了使《文史通义》按照作者撰述此书本意所应具之面目出现，不仅上述两种版本外篇皆需收入（当然，王氏所编外篇也不全是《文史通义》之篇章），而且《章氏遗书》中现存有关论述文史的篇章亦应加以选录。这样做不仅恢复了《文史通义》本来面貌，而且对于研究章氏学说的人来说，无疑创造了更为方便的条件。事实上，由于版本不统一，学术界有关论著的引文曾出现混乱情况，因为外篇同是三卷，内容全然不同，若引文只注外篇多少，而不注明版本，读者自然无法查对。

对于刘承幹所刻《章氏遗书》，这里有必要多交代几句。本来王宗炎所编之目已与章学诚原编篇次不尽相同，华绂已经指出。但刘承幹据此刊刻时，又不按王氏编次体例，随意增补，以致造成全书编排次序杂乱无章，难以寻检。特别是志传碑铭叙记之文，竟分散在多处。《校雠通义》之后，增

---

① 大梁本《文史通义》外篇三《答甄秀才论修志第一书》。
② 《章氏遗书》卷23。

加外篇一卷，所录之文尽是叙跋书简之类，不仅在内容上与《校雠通义》毫无内在关系，而且在形式上也多互不相关。关于这部著作，章学诚生前早有定论，他在《跋酉冬戌春志余草》中说得十分清楚，原著四卷，游大梁时遇盗散失，后从友人处抄回，仅得三卷，"其第四卷竟不可得"，也从未分内篇外篇。所以王宗炎所定之外篇一卷是没有任何根据的。

这里还要附带说明的是，以前也曾有人认为《校雠通义》也应属于《文史通义》，他们的根据不外是章学诚在《诗教》篇里有自注云："六艺为《官礼》之遗，其说亦详外篇《校雠略》中《著录先明大道论》。"又注曰："说详外篇《校雠略》中《汉志诗赋论》。"①其实这是只知其一，不知其二。他初作《校雠略》时，也许欲将其作为《文史通义》外篇的内容，但后来写作过程中发觉内容多，又能自成一体，故独立成书，名曰《校雠通义》。后来所作《繁称》篇自注就云"已详《校雠通义》"。②他在五十岁那年写的《上毕抚台书》中明确说过："生平撰著，有《校雠通义》、《文史通义》，尚未卒业，然颇有文理，可备采择。"③可见他本人这时已明确把《校雠通义》当作独立的一部著作。流传下来的《校雠通义》共有三卷，不是分上、中、下篇，更没有《著录先明大道论》这个篇名。但这一内容已经分散在卷1的《原道》篇中。如《原道》篇说："后世文字，必溯源于六艺，六艺非孔氏之书，乃《周官》之旧典也。"这一句话与上面所引不仅思想内容一致，而且字句亦很相近。而所谓《汉志诗赋论》一篇，则已编入卷3，仍叫《汉志诗赋》。这一卷是专论《汉志》，故除这篇外，尚有《汉志六艺》、《汉志诸子》、《汉志兵书》、《汉志术数》、《汉志方技》诸篇。因此，我们有理由认为，他原写之《校雠略》三篇，是欲放在《文史通义》外篇，后在此基础上，扩大成《校雠通义》一书。因此，就全书内容而言，比较单一，专言"校雠"之学，不像《文史通义》内容那么庞杂。

---

① 《文史通义》内篇一《诗教下》。
② 《文史通义》内篇三。
③ 《章氏遗书》卷21。

第四章
《文史通义》是章学诚学术思想的结晶

《文史通义》是一部纵论文史、品评古今学术的著作。因该书的著作目的是要为著作之林校雠得失，品藻流别，进而讨论笔削大旨，故全书皆用辩驳评论的体裁作为写作方法，其中心侧重于史。由于它是"文"、"史"通义，综合讨论文史理论问题，因而其内容就不像《史通》论史、《文心雕龙》论文那么单一。除部分篇章是分别论述文史外，多数篇章文史兼论，所以要严格划分哪些是专门论文，哪些是专门论史，是比较困难的。由于它有许多篇章是通论学术发展、学术研究等问题，因此，有人把它看成文化史专著。

第一节 不彻底的唯物论思想

章学诚是乾嘉时代杰出的史学评论家，又是一位唯物主义思想家。因一生当中生活极不安定，常常奔走于大江南北，谋求主讲书院，编修方志，并做幕僚多年。因此，不仅对官场内幕有较多的了解，而且对民间疾苦和社会现象亦有较为真切的观察。正如他自己所说："以贫贱之故，周流南北，于民生吏治，闻见颇真。"① 现实生活的经历，对其政治思想和学术观点起了相当大的影响。他虽然考取了进士，但"自以为迂拘，不合世用"，始终未敢进入仕途。他尽管精于史学，但从未得到清朝当局的重用，毕生精力几乎都用在学术研究上面，把"辨章学术，考镜源流"作为终身的任务。他很重视研究当代，强调学术要为政治服务。他没有关于历史哲学的专门论著，但在其有关史论中却蕴藏着内容丰富的历史哲学观点。

---

① 《章氏遗书》卷29《上韩城相公书》。

章学诚在《文史通义·原道》篇中曾提出"道不离器,犹影不离形"的光辉命题,这表明他继承了荀子、柳宗元、陈亮、王夫之以来许多唯物主义思想家的哲学体系。"道不离器",就是说事物的理或规律,是不能离开客观事物而存在的。这一命题反映了章学诚"存在决定意识"的唯物观点。可是有人对此加以否定。其理由是:"章学诚是一个专务实际,不尚玄谈的学者",他在《原道》篇中的论述,"表明了他只有志于从事现实人生的研究,并无意于进行宇宙本源的探索"。[①] 我们认为这种说法完全是似是而非的无稽之谈。首先,说章学诚"不尚玄谈",本身就不是事实。就以《原道》篇言,便属于"玄谈"之文。所以邵晋涵说:"是篇初出,传稿京师,同人素爱章氏文者,皆不满意,谓蹈宋人语录习气,不免陈腐取憎。"这引起了人们的误解。其次,在谈论这个问题时,必须分清两个界限,即章学诚"无意于进行宇宙本源的探索"是一回事,而章学诚本人是否具有唯物主义观点又是另一回事。不能因为章学诚"无意于进行宇宙本源的探索",就因此否定他具有的唯物观点,这样的评论未免过于简单、武断。事实上古今中外历史证明,许多科学家、学者,他们也都"无意于进行宇宙本源的探索",却偏偏是唯物论者。就以宋代著名的唯物主义思想家陈亮而言,他刻意讲求功利实用之学,"不尚玄谈",亦"无意于进行宇宙本源的探索",而以功利主义者著称于时,连专门论述自然观和认识论的哲学著作也没有,但我们不能因此说他不具有唯物主义观点。

另外,我们再从章学诚对于道、器关系的论述来看,虽然他没有专篇对此进行探索,但是,在他学术论著中也有涉及。他说:"盈天地间惟万物,屯次乾坤之义也。"[②] 又说:

> 《易》曰:"一阴一阳谓之道",是未有人而道已具矣。"继之者善,成之者性",是天著于人,而理附于气,故可形其形而名其名者,皆道之故,而非道也。道者,万事万物之所以然,而非万事万物之当然也。[③]

---

① 王知常:《论章学诚学术思想中的政治观点》,《学术月刊》1963 年第 10 期。
② 《文史通义》内篇三《匡谬》。
③ 《文史通义》内篇二《原道上》。

这说明章学诚是肯定客观世界的物质性，这种物质是独立的普遍的存在，充满整个宇宙，而"道"正是各种物质发展所表现的规律。"理附于气"，更是有力地体现这一观点。意思是说理是依赖于气而存在，有是气即有是理，这就无疑肯定了物质是宇宙的根本。陈亮说："盈宇宙无非物。"[1] 王夫之说："尽天下之间，无不是气。"[2] 章学诚则说："盈天地间惟万物。"可谓一脉相承。他还用人类社会的产生和发展来说明这一观点。他说："天地之前，则吾不得而知也；天地生人，斯有道矣，而未形也；三人居室，而道形矣，犹未著也；人有什伍而至百千，一室所不能容，部别班分，而道著矣。"[3] 这是多么形象生动的比喻，意思是说，人类社会的"道"，是伴随着人类社会的产生而产生，随着人类社会的发展而发展的。在人类社会产生之前，有关人类社会的各种"道"是根本不存在的。有了人，有了人的活动，也就产生出人活动的"道"。人类社会越是发展，于是从"三人居室"，到"一室所不能容"，而必须"部别班分"，"道"就很清楚地出现了。再向前发展，则"作君、作师、画野、分州、井田、封建、学校"也都陆续出现了。这样一来，有关人类社会的礼法制度也都纷纷产生了。但是，在人类社会产生之前，这些东西是不存在的。所以他说："夫道自形于三人居室，而大备于周公孔子。"[4] 是不是人类社会发展的"道"就到此为止了呢？章学诚并不这样认为，时代发展了，"道"也自然在起变化，就以典章制度，礼教风俗而言，亦同样如此。他列举了周公作《官礼》，亦是"鉴于夏殷而折衷于时之所宜，盖有不得不然者也。夏殷之鉴唐虞，唐虞之鉴羲农黄帝，亦若是也"。[5] 这里说明了两个问题，一是周公作《官礼》不是凭空制作，而是参照、吸取了夏殷的成法。二是周公作《官礼》不是原封不动照搬夏殷成法，而是"折衷于时之所宜"，即根据不同时代的特点和要求而制作。他说："世事殊而文质变，人世酬酢，礼法制度，古无今有者，皆见于文章。"[6] 又说：

---

[1] 《龙川文集·经书发题》。
[2] 《读四书大全说·孟子三》。
[3] 《文史通义》内篇二《原道上》。
[4] 《文史通义》内篇二《原道中》。
[5] 《文史通义》内篇一《礼教》。
[6] 《文史通义》内篇三《黠陋》。

"时势殊异，封建井田必不可行。"①用我们今天的话来说，奴隶社会的各种制度，不可能在原始社会里产生，而必须产生于奴隶社会出现以后；同样，适合于奴隶社会的土地制度封建井田，到了封建社会也就行不通了。他虽然不可能像我们今天这样明确社会发展阶段的划分，但他看到了在不同历史时期出现和运用不同的典章制度，这是确定无疑的。总之，在章学诚看来，没有事物，就没有关于这个事物的道。他不仅提出"道寓于器"②，而且肯定"道因器而显，不因人而名"。所以他说："天下岂有离器言道，离形存影者哉！彼舍天下事物人伦日用，而守六籍以言道，则固不可与言夫道矣。"③章学诚明确地阐述了事物和它的规律的关系，说明客观存在的事物是第一性的，事物的规律是派生的，没有器就没有关于那个器的道。

他对人生的看法，同样表现了杰出的唯物主义思想家的观点。他认为人生在世，无论贫富，总都免不了一死，这是自然规律。他根本不相信所谓神仙之说，认为这都是无稽之谈。他甚至说"千岁之神仙，不闻有能胜于百岁之通儒"。④又说："每念人生，不过阅历数十寒暑，其中无论菀枯迟疾，终必同归于尽。"⑤因此，应当很好地利用自己有限的生命去完成自己所要做的事业，应当爱惜时间，以尽量发挥自己的聪明才智。因为一得之能，一技之长，都得靠不懈的努力才能取得，决不能把希望寄托在延长寿命上。可见他是从唯物主义观点来看待人的寿命的。因而他在这个问题上从未产生悲观伤感的情绪。尤为可贵的是，他还能从自然变化的观点来看待"我"，谈论"我"，认为一切都在变化，而"我"也不例外要发生变化。他说：

> 我有来往，我不长存者也。我不长存而思所以存之，以为及我之存，可以用我耳目聪明，心识志虑，而于具我之质，赋我之理，有以稍得当焉，虽谓不负我生可也。
>
> 夫人之生也万变，所谓我者亦万变。毋论各有其生，各不相俾；即

---

① 《文史通义》内篇六《同居》。
② 《文史通义》内篇二《原道下》。
③ 《文史通义》内篇二《原道中》。
④ 《文史通义》内篇六《假年》。
⑤ 《章氏遗书》卷22《候国子司业朱春浦先生书》。

一生所历，亦自不同。……则今日之我，固非昔我，而后此之我，又安能必其如今我乎！

然则欲存我者，必时时去其故我，而后所存乃真我也。①

请看，这是何等豪迈的言语。"我"本与其他人一样，百年以后定归地府，今欲存者，并非出于"徇于食色嗜欲"，"而思所以存之，以为及我之存，可以用我耳目聪明，心识志虑，而于具我之质，赋我之理，有以稍得当焉，虽谓不负我生可也"。但是，由于"人之生也万变，所谓我者亦万变"，一成不变的我是没有的，"今日之我，固非昔我，而后此之我，又安能必其如今我乎！"既然如此，"欲存我者，必时时去其故我，而后所存乃真我也"。这样的人生观显然是唯物主义的。

章学诚的认识论基本上也是唯物的，他认为人的感官与客观事物相接触所产生的感觉应当是一致的，"声色臭味，天下之耳目口鼻皆相似也。心之所以同然者理也，义也；然天下歧趋，皆由争理义，而是非之心亦从而易焉。岂心之同然而不如耳目口鼻哉？声色臭味有据，而理义无形，有据则庸愚皆知率循，无形则贤智不免于自用也"。②因为声色臭味是天下所固有的客观存在，所以人们才能对它有相同的感觉，说明感觉的源泉是客观存在。没有客观世界的事物，不可能有感性认识，也就更谈不上理性思维了。他说："富贵公子，虽醉梦中不能作寒酸求乞语；疾痛患难之人，虽置之丝竹华宴之场，不能易其呻吟而作欢笑；此声之所以肖其心。"③这生动地说明了不经过感性见闻，就不能使思维起作用；要获得规律性的认识，必须要有客观的根据，单凭主观臆测是不行的。章学诚还认识到，许多事物的本质或规律，不是通过一两次接触就能把握，必须通过多次反复才能得到。"理之初见，毋论智愚与贤不肖，不甚远也；再思之，则恍惚而不可恃矣；三思之，则眩惑而夺之矣。非再三之力转不如初也；初见立乎其外，故神全，再三则入乎其中而身已从其旋折也，必尽其旋折而后复得初见之至境焉；故学问不可以惮

---

① 《章氏遗书》卷22《刘氏书楼题存我额记》。
② 《文史通义》内篇三《砭异》。
③ 《文史通义》内篇二《文理》。

烦也。"①

在认识论上，唯物论与唯心论之间对名与实的关系长期进行论战。唯心主义者认为名是第一性，实是第二性，代表人物首推董仲舒。他说："名者，大理之首章也，录其首章之意，以察其中之事，则是非可知，逆顺自著，其几通于天地矣。"②意思是说，事物只是名的体现，所以只要掌握了名，事物的是非就可以判断了。章学诚在这个问题上观点十分鲜明，他论定一切事物都是"先具其实，而后著之名也"。③"名者，实之宾，徇名而忘实，并其所求之名而失之矣。"④"名者实之宾，实至而名归，自然之理也。"⑤这一系列的论述足以说明，他从唯物主义认识论的名实论关系出发，强调实是首要，名乃其次。名只不过是万事万物的体现符号。只有先具事物，然后才能有名。这说明章学诚已把握了认识论过程中最基本的理论。他这个理论，不仅是对以名证实的唯心主义认识论的痛击，而且是对当时社会上流行的好名轻实风气的批判。另外，与此相关联的"内容"与"形式"的关系，在认识论上也是唯心论与唯物论长期斗争的焦点之一。在这个问题上，章学诚用"文"、"质"关系加以论证。在他看来，应当先有"质"而后有"文"，并且"文生于质"，因而离"质"也就无从言"文"。"名者实之宾，犹文者质之著也。无质不可以言文。"⑥他评论文章，"贵其有质"，要求写作文章必须要有内容，反对无病呻吟。因为"文生于质"，应当"视其质之如何而施吾文"。"文因乎事，事万变而文亦万变，事不变而文亦不变，虽周孔制作，岂有异哉！"⑦为什么"强笑不欢，强怒不威"⑧，就是因为它都不是出于自己内心感情。他说：

> 文体不废应酬，昌黎墓志，其无实而姑取以应酬者，十之七八，与近代寿文，有何区别，先夫子于寿序一体，多用传记之法，最为有用之

---

① 《文史通义》内篇三《辨似》。
② 《春秋繁露·深察名号》。
③ 《文史通义》内篇一《易教中》。
④ 《文史通义》内篇三《黠陋》。
⑤ 《文史通义》内篇三《针名》。
⑥ 《文史通义》外篇三《家书七》。
⑦ 《文史通义》内篇三《砭俗》。
⑧ 《章氏遗书》卷21《赠乐槐亭记》。

文，岂可轻忽？鄙著正因世俗拘文体为优劣，而不察文之优劣，并不在体貌推求，故撰《砭俗》之篇，欲人略文而求实也。寿文与墓志虽所出前后不同，而应酬则一，事虽出于应酬，而君子借以立言，亦同例也。世人重志铭而忽寿文，是不知类也。①

这就是说，各种文体，君子均可借以立言，不必拘于文体优劣，更不应追求形式，应当"略文而求实"。只要有内容，不管采用什么形式都将有存在之价值，如果空洞无物，形式再好也不会产生任何价值。内容决定形式，如果离开了内容，形式也就无法存在了。"离质言文，史事所难言也。"②所以他大力提倡"与其文而失实，何如质以传真也"。③

不过章学诚的唯物主义观点是不彻底的，在他的政治思想、学术观点中存在着相当多的唯心主义成分。如他从封建地主阶级立场出发，把封建社会的仁义道德伦理观说成是人们共同具有的本性，因而遵守封建统治秩序，维护等级制度也是出于本分。他说："盖天之生人，莫不赋之以仁义礼智之性，天德也。莫不纳之于君臣、父子、夫妇、兄弟、朋友之伦，天位也。"④这自然是唯心的。我们可以这样说，当他把"道"理解为事物、自然界的规律时，他是唯物主义的。但是当他把"道"解释为社会伦理规范，把封建的忠孝仁义说成来源于自然的天时，他就是唯心主义者了。下面我们还要谈到，他强调客观的"势"在社会进程中的作用，反对英雄人物随意创制立法，用历史发展客观必然性去和那种圣人意志决定历史发展的观点相对立，这是进步的。但由于他站在封建主义立场，加之时代局限，不懂得社会是区分阶级的，当然就不可能对国家的产生和社会历史的发展作出科学的解释。他把君主和各级统治者的产生，说成是"人众而赖于干济，必推才之杰者理其繁，势纷而须于率俾，必推德之懋者司其化"。⑤这样解释国家的产生，并把各级统治者说成是出于人民的推戴，显然陷入了唯心主义社会史观。他的政治思

---

① 《章氏遗书》补遗《答朱少白书》。
② 大梁本《文史通义》外篇一《州县请立志科议》。
③ 《文史通义》内篇二《古文十弊》。
④ 《文史通义》内篇二《原学上》。
⑤ 《文史通义》内篇二《原道上》。

想和学术观点中存在相当矛盾的现象，这是正常的。

第二节　进化论的进步史观

章学诚继承和发展了柳宗元和王夫之等人的重"势"的社会历史观。他认为整个社会历史的发展，有它自己固有的不以人的意志为转移的必然过程，每个社会阶段的出现，不是圣人主观愿望的决定，完全出于"势使然也"，"不得不然"。这是建立在朴素唯物主义基础上的进步历史观。这种观点是他在同当时流行的复古主义思想和天命论观点斗争中建立起来的。唯心主义思想家把社会历史的发展说成是由天或神的意志所决定的。章学诚则认为社会制度的形成和发展，完全是客观形势所造成的，是社会发展必然的趋势。他在《原道》篇里对此作了反复论证，从"三人居室"到"部别班分"，从"作君作师"到各种礼法制度的出现，他认为绝对不是"圣人智力之所能为，皆其事势自然，渐形渐著，不得已而出之，故曰'天'也"。他还指出：

>　　人之初生，至于什伍千百，以及作君、作师、分州、画野，盖必有所需而后从而给之，有所郁而后从而宣之，有所弊而后从而救之。……譬如滥觞积而渐为江河，培塿积而至于山岳，亦其理势之自然，而非尧舜之圣过乎羲轩，文武之神胜过禹汤也。……当日圣人创制，只觉事势出于不得不然，一似暑之必须为葛，寒之必须为裘，而非有所容心，以谓吾必如是而后可以异于前人，吾必如是而后可以齐名前圣也。①

可以看出，章学诚在这篇文章里试图探寻历史发展的规律。当然，由于阶级和时代的局限，在当时他并未能做到，也是不可能做到的。但有一点他是看到了，即上古与中古人们所重视的问题完全不同。他说："历自黄帝以来，代为更变，而夫子乃为取象于泽火，且以天地改时、汤武革命为《革》之卦义，则《易》之随时废兴，道岂有异乎！《易》始羲农而备于成周；历

---

① 《文史通义》内篇二。

始黄帝而递变于后世，上古详天道而中古以下详人事之大端也。"①"详天道"和"详人事"确实是上古和中古人们在思想意识上的最大差别，"详天道"的时代，人们对于国家的盛衰兴亡无不看作是由上天安排，而"详人事"的时代，则强调人的主观能动作用。这两者的区别，不仅反映在国家大事、日常生活上，而且也反映在历史著作上面。章学诚能够看出这个差别，自然是他在研究社会发展中的一大发现。至于社会为什么会有这样的变化，他虽仅仅只说"时会使然"而"不得不然"，但这在当时来说也是了不起的。因为他已经明确地认为历史发展的趋势不受上天主宰，也不是由圣君贤相所决定，这对君权神授这种"天命论"是无情的打击。从这个观点出发，章学诚进而论证典章制度的演变和学术文化的发展，也都取决于社会发展的必然趋势。他认为典章制度尽管有其一定的继承性，但更重要的是随着时代条件的变化而发生新的变化，否则就不能适应时代的要求。他举周公所制订的《官礼》为例，说明它的出现，虽鉴于夏殷，而必"折衷于时之所宜，盖有不得不然者也"，并由此而断言，"不特三王不相袭，三皇五帝亦不相沿矣"。②所以他敢于大胆提出"古今时异，先王成法不可复也"③的论断，公然宣布先王所订的法制，在今天并不适用。这实际上是为他后来在政治上主张进行改革制造舆论。这话出自乾嘉时代，自然"惊世骇俗"。

一定的学术文化是一定社会政治经济在观念形态上的反映，同时又反转过来作用并影响社会的政治和经济。因此，不同时代，总要出现为这一时代服务的学术文化思想体系。当然，文化知识的繁荣，学术思想的演变，又是社会进化的反映。章学诚列举大量事实论证文化知识、学术思想是随社会的不断进步而在向前发展。他断言，由于"古今时异势殊"，"古之学术简而易"，"后之学术曲而难"。这个论断应当说是科学的。就如自然科学的"历象之学，后人必胜前人，势使然也"。④历史体裁之演变，也是社会历史发展的反映，而且这些演变总是后者胜过前者。他说：

---

① 《文史通义》内篇一《易教中》。
② 《文史通义》内篇一《易教上》。
③ 《章氏遗书》卷25《湖北通志检存稿·复社名士传》。
④ 《文史通义》内篇二《朱陆》。

> 历法久则必差，推步后而愈密，前人所以论司天也；而史学亦复类此。《尚书》变而为《春秋》，则因事命篇，不为常例者，得从比事属辞为稍密矣。《左》、《国》变而为纪传，则年经事纬不能旁通者，得从类别区分为益密矣。①

这就是说，从《尚书》变为《春秋》，《春秋》变为《史记》、《汉书》，都有它们的进步性。至于文学亦复如此。他说："凡言义理，有前人疏而后人加密者，不可不致其思也。古人论文，惟论文辞而已矣。刘勰氏出，本陆机氏说而昌论文心；苏辙氏出，本韩愈氏说而昌论文气；可谓愈推而愈精矣。"②

为什么会发生变化，章学诚的回答是"时异势殊"，"势使然也"。这就是说，由于历史在发展，社会在变化，所以学术思想、文化知识自然也要发生变化。从他的思想反映来看，他认为社会的意识形态、人们的精神生活，乃至政治制度，无不是各个时代客观现实的反映。他说："文人之心，随世变为转移，古今文体升降，非人力所能为也。"③这种文人之心随时代变化为转移的论点，在当时是一种颇为杰出的见解。普列汉诺夫曾经有过这样的论述："社会底心理永远顺从它的经济的目的，永远适合于它，永远为它所决定。""任何进步着的社会经济是变化着的；生产力的新的状态引起新的经济结构，同样引起新的心理，新的时代精神。"④章学诚的论述尽管没有明确提出社会经济的发展是"文人之心"变化、"古今文体升降"的依据，但他那"随世变为转移"的一语含义颇深。因为学术思想、文学艺术一定要反映各个时代的精神，所以，各个历史时期所出现的学风文体，自然不能以个人意志为转移。"文有一时体式，今古各不相袭。""世代升降，而文辞语言随之，盖有不知其然而然，圣人不能易也。三代不摩唐虞之文，两汉不摩三代之语，经史具在，不可诬也。"⑤他指出了各个时代都有自己的文体、语言，各自都会反映时代的特色，这是时代发展的需要，而不应当去模仿运用违背时

---

① 《文史通义》内篇一《书教下》。
② 《文史通义》内篇二《文德》。
③ 《文史通义》补遗《与邵二云论文》。
④ 《论一元论历史观之发展》。
⑤ 《章氏遗书》外编卷1《信摭》。

代精神的文体和语言。

　　章学诚依据历史进化论的观点,认为事物变化,学术发展,总是后者超过前者,这也是历史发展必然之趋势。但有人提出,有些现象使人费解,如后人"致力倍难于古人,观书倍富于前哲,而人才愈下,学识亦愈以卑污",是不是后人才智不及前人?关于这点,他作了令人信服的回答。他说:"今人为学,不能同于古人;非才不相及也,势使然也。……天时人事,今古不可强同,非人智力所能为也。"① 其所以前人易学而后人难成,并不是才智不相及。这与学术繁简有很大关系,古之学术简而易,今之学术曲而难。另一方面与时代远近及社会风气亦不无关系。如"六书小学,古人童蒙所业,原非奇异。世远失传,非专门名家,具兼人之资,竭毕生之力,莫由得其统贯"。② "去古久远,音义训诂再失师传,非终身专力于是,不能成家。"③ 古人今人具学六艺,收效不同,其原因在于:

　　古人于六艺,被服如衣食,人人习之为固然,未尝专门以名家者也。后儒但即一经之隅曲,而终身殚竭其精力,犹恐不得一当焉,是岂古今人不相及哉?其势有然也。古者道寓于器,官师合一,学士所肄,非国家之典章,即有司之故事,耳目习而无事深求,故其得之易也;后儒即器求道,有师无官,事出传闻而非目见,文须训诂而非质言,是以得之难也。④

　　他还指出,各个时代的文风、文体各不相同,因此,前后加以比较也未必合理,况且能够流传下来的必然都是名笔佳章,不足以说明当时一般人的水平都是如此。所以他说:

　　汉人诗文存于今者,无不高古浑朴,人遂疑汉世人才远胜后代。然观金石诸篇,汉人文辞,不著竹素而以金石传后代者,其中实多芜蔓冗

---

① 《文史通义》内篇二《博约下》。
② 《文史通义》外篇二《说文字原课本书后》。
③ 《文史通义》外篇三《报谢文学》。
④ 《文史通义》内篇二《原道下》。

阐，与近人不能文者未始悬殊，可知汉人不尽能文，传者特其尤善者耳。三代传文，当亦如是。①

这种评论，既无武断的口气，也无哗众取宠的言辞，而是摆出历史事实加以论述，字字句句讲得入情入理，令人信服。

既然事物发展，今必胜古，后必超前，那么古代的东西是否还有学习的必要？章学诚的回答是肯定的，问题在于如何学习而已。在他看来，"古今时异，周孔复生，亦必不尽强今以服古也"。②因此，学习中必须注意"事有不师于古，而因乎理势之自然"，绝对不能笼而统之"执古以概今"。③至于为什么要学习，那是因为无论政治制度还是学术文化都是在前人的基础上发展起来的。他在《与朱沧湄中翰论学书》中曾说："历观古今学术，循环衰盛，互为其端。"④这里的"循环衰盛"应当作繁荣衰落来理解。他是从朝代兴亡的角度来论述这一问题的，不能把它理解为循环论。他举例说："窃意《集字》虽训蒙学，然小学为经术渊源，古今文字承用后先，亦宜稍知次第。自结绳画象以来，由质趋文，反复更变，其不可知者则亦已矣。"⑤这句话显然可为上述论点作注脚，"循环衰盛，互为其端"，其结果是"由质趋文，反复更变"，这是学术文化发展的必然规律。任何一种学术文化，都有其发生、发展和繁荣的过程，由质趋文，由简到繁，这是不以人的意志为转移的。因此，学习过程中能够溯本追源，将有利于理解的加深。对典章制度也是如此，他说："当代典章，官司掌故，未有不可通于《诗》、《书》六艺之所垂"，"书吏所存之掌故，实国家制度之所存。亦即尧舜以来因革损益之实迹也"。⑥了解古代，掌握制度的源流、学术的渊源，对于研究当今的政治、发展当今的学术文化都是有益的。章学诚曾非常风趣地说："鄙人不甚好古，……至于古而有用，则几于身命徇之矣。"⑦

---

① 《文史通义》内篇五《妇学篇书后》。
② 《文史通义》外篇一《述学驳文》。
③ 《章氏遗书》卷23《家谱杂议》。
④ 《文史通义》外篇三。
⑤ 《文史通义》外篇三《报谢文学》。
⑥ 《文史通义》内篇五《史释》。
⑦ 《章氏遗书》卷29《与阮学使论求遗书》。

至于如何学习，章学诚认为应"师其意而不袭其迹"。他非常强调这一点，认为"读古人书，贵能知其意也"。① 如果能够做到"师古而得其意，固胜乎泥古而被其毒也"。② 意思是说，要学其精神实质，而不是学它的具体办法措施。他举出学习六经为例，认为应从六经内容去领会精神实质，联系当前实际，更好地为政治服务，绝对不能机械地生搬硬套古人的制度和措施。古今情况不同，制度措施自然不可能一样。他批判了那些"凡学古而得其貌同心异，皆但知有古而忘己所处境者也"。③ 指出在向古人学习上，"与其慕虚名而处实患，则莫如师其意而不袭其迹矣"。④ 另外，他主张学习中既反对墨守古说，泥古不化，又反对颂古非今，以古律今，必须具有创造精神，否则学术文化就不可能向前发展了。他十分称颂戴震在学习上的独创精神，说他"学于郑而不敢尽由于郑，乃谨严之至，好古之至，非蔑古也"。⑤ 学古目的是通今致用，这正是他"经世致用"思想的具体表现。他认为"学问经世，文章垂训，如医师之药石偏枯，亦视世之寡有者而已矣"。⑥ 又说："文求适用，则古今各有攸当，夫臣工奏议，官司条教，书生揣摩于策对，草野待访于采风，皆于时地相需，出于经济。"⑦ 根据这种观点，他评论文章提倡"因地"、"因时"、"论世"，认为文章只有能"明道"、"经世"，"能持世而救偏"，方有存在价值，"学术无大小，皆期于道"。⑧ "文章之用，内不本于学问，外不关于世教，已失为文之质。"⑨

上述这些思想，强烈地反映了章学诚的变革观点。这种观点可以说贯穿于他的政治观点和学术思想之始终。他说："穷则必变，变必求通，而后可垂久，凡事莫不然也。"⑩ 可见他所要求的变革相当广泛，"凡事莫不然也"。

---

① 《文史通义》外篇二《为谢司马撰楚辞章句序》。
② 《文史通义》内篇六《同居》。
③ 《文史通义》补遗《与邵二云论文》。
④ 《文史通义》内篇六《同居》。
⑤ 《文史通义》外篇二《郑学斋记书后》。
⑥ 《文史通义》内篇四《说林》。
⑦ 《章氏遗书》卷27《湖北通志检存稿·文征乙集裒录经济策画论》。
⑧ 《文史通义》外篇三《与朱沧湄中翰论学书》。
⑨ 《文史通义》内篇三《俗嫌》。
⑩ 《文史通义》外篇二《三史同姓名录序》。

值得注意的是，他所主张的变有一定的标准，那就是必须变得"协时"、"适用"、"持世"、"救偏"。这种要求变革的观点，成为他晚年在政治上要求改革的理论基础。他所处的时代，社会矛盾十分尖锐，他目睹全国各地农民反抗、危机四伏的局面，于六十二岁那年（嘉庆四年）先后六次向统治当局上书谈论时事，认为农民起义，完全出于"官逼民反"。他在《上执政论时务书》中大胆地揭露了官场的内幕，无情地抨击了大小官吏相互勾结盘剥人民的罪恶。他指出：

> 自乾隆四十五年以来，讫于嘉庆三年而往，和珅用事几三十年，上下相蒙，惟事婪赃渎货。始如蚕食，渐至鲸吞。初以千百计者，俄而非万不交注矣，俄而万且以数计矣，俄以数十万计或百万计矣。

在当时学术界中敢于对当时政治提出如此尖锐的批评的人是不多的。因为当时一批著名学者，本身就是达官显宦，自己就是这样中饱私囊，心安理得地过着奢华的安逸生活。钱大昕在自题像赞中说："官登四品，不为不达；岁开七秩，不为不年；插架图籍，不为不富；所思经史，不为不勤；因病得闲，因拙得安，亦仕亦隐，天之幸民。"① 这几句话不仅生动地刻画了钱大昕本人的精神状态，而且把乾嘉时期很大一部分学者的精神状态也反映了出来。像这样一些人希望的只是维持现状，绝不可能对现实提出任何批评。只有"三十年来，苦饥谋食"的章学诚才有可能看到当时的危机与黑暗。他在这篇上执政书中还大声疾呼："今之要务，寇匪一也，亏空二也，吏治三也。……事虽分三，原本于一，亏空之与教匪，皆缘吏治不修而起，故但以吏治为急，而二者可以抵掌定也。"② 在他看来，关键在于吏治，只要整顿好吏治，一切就都迎刃而解了。因此要求清朝当局倾听民情，整顿吏治，实行改革。如不及时采取措施，后果将不堪设想。他警告清统治者，"必待习气尽而人心厌而气运转，而天下事已不可为矣！岂不痛哉！"③ 他还引用明朝灭

---

① 《潜研堂文集》目录附《谐研老人自题像赞》。
② 《章氏遗书》卷29。
③ 《章氏遗书》卷25《湖北通志检存稿·复社名士传》。

亡的历史事实，要清统治者引以为戒。他说："民穷财尽，而上不知恤，明之所以亡也。"为什么明末"流贼一呼，从者数十百万"？"亦贪虐之吏，有以驱使然也。"①这说明，章学诚对封建社会行将崩溃前夕的危机，是相当敏感的。单就这点而言，他比乾嘉时期那批学者还是高上一筹。他要求改革的思想，对于龚自珍、魏源，乃至以后主张改革的人，都产生过一定的影响。

第三节 反对英雄史观

章学诚既然具有重"势"的思想，势必反对英雄史观。具有英雄史观的人，总是把社会生活和人类社会历史发展归之于帝王将相、英雄豪杰所创造。在一个时代、一个国家，人们所以要这样的生活而不是别样的生活，完全是因为当时的"圣君"、"贤相"、"圣贤"、"豪杰"创立了一套制度，这套制度就支配了当时人们的社会生活。他们宣传这一英雄史观，无非在于使人民建立起对上帝圣君的崇拜观念，寄希望于帝王将相，从而麻痹人们的斗志。章学诚从重势观点出发，针对这种论调提出了完全相反的看法。他认为无论是帝王将相，还是圣贤豪杰，都不能以主观意志创造历史、改变制度，即使像尧舜禹汤文武周公那样赫赫有名的帝王，举世无双的"圣人"孔子，也不能以主观意志立法创制。他说："当日圣人创制，只觉事势出于不得不然，一似暑之必须为葛，寒之必须为裘，而非有所容心，以谓吾必如是而后可以异于前人，吾必如是而后可以齐名前圣也。"周公所以能够集古代典制之大成，正是"适当积古留传道法大备之时，是以经纶制作，集千古之大成，则亦时会使然，非周公之圣智能使之然也。盖自古圣人皆学于众人之不知其然而然，而周公又遍阅于自古圣人之不得不然而知其然也。周公固天纵生知之圣矣；此非周公智力所能也，时会使然也"。②在章学诚看来，是"时会"造就了周公这样的英雄人物，而不是周公创造了当时的"时会"。相反，英雄人物还必须要受到某种必然性的"时会"或者"势"的制约。他说：

---

① 《章氏遗书》卷25《湖北通志检存稿·明季寇难传》。
② 《文史通义》内篇二《原道上》。

风会所趋，庸人亦能勉赴；风会所去，豪杰有所不能振也。汉廷重经术，卒史亦能通六书，吏民上书讹误辄举劾；后世文学之士，不习六书之义者多矣。岂后世文学之士，聪明智力不如汉廷卒史之良哉？风会使然也。①

又说："学业不得不随一时盛衰而为风气。当其盛也，盖世豪杰竭才而不能测其有余；及其衰也，中下之资，抵掌而可以议其不足。"②英雄史观的鼓吹者总是认为，圣人就像无所不知无所不晓的"万能博士"。章学诚却大不以为然，认为"人之有能有不能者，无论凡庶圣贤有所不免者也；以其所能而易其不能，则所求者可以无弗得也"。③不管任何人，知识学问都不是先天的，而是后天所求得，圣人也不可能生而知之，更不可能无所不知。"人各有能有不能，虽尧舜之知，不遍物也。"④一般的人，只要刻苦努力，不务虚名，同样可以成就不朽的功业。他指出，"天地之大，人之所知所能，必不如其所不知不能"⑤，任何人都不例外。因此，做学问应尽量发挥自己长处，避开短处，以取得很好的成就。这些论点，对英雄史观是无情的批判，而对唯心论的先验论也是有力的抨击。基于这种观点，章学诚大胆地宣告："势有所尽，理有所止，虽圣人有所不能强也。"⑥"天下无全功，圣人无全用。"⑦

尤其可贵的是，章学诚在一定程度上看到了"众人"的力量和集体的智慧。这也是他学术思想中可贵的地方。他说："天下有公是，成于众人之不知其然而然也。圣人莫能异也。"⑧他的文章还反映出这样的思想，"圣贤"所为之事，"凡庶"则未必就不能为，而"凡庶"所建之功业，"圣贤"则未必能够做到，所以"圣贤"也不得不向众人学习。他说：

---

① 《文史通义》内篇四《说林》。
② 《文史通义》外篇三《答沈枫墀论学》。
③ 《文史通义》内篇四《说林》。
④ 《文史通义》外篇三《与周永清论文》。
⑤ 《章氏遗书》卷22《与周次列举人论刻先集》。
⑥ 《文史通义》内篇六《博杂》。
⑦ 《文史通义》内篇四《说林》。
⑧ 《文史通义》内篇三《砭异》。

> 道有自然，圣人有不得不然。……圣人有所见，故不得不然，众人无所见，则不知其然而然，孰为近道？曰：不知其然而然，即道也。……圣人求道，道无所见，即众人之不知其然而然，圣人所藉以见道者也。

这就是说，圣人所掌握的知识，不过是从群众中来，通过群众日常生活的创造加以总结和提炼。离开了群众生活实践，将一无所得。唯其如此，他竟能提出"自古圣人皆学于众人之不知其然而然"，"学于众人，斯为圣人"[①]这样颠扑不破的真理。他还总结了古往今来的历史，提出"名将起于卒伍，义侠或奋闾阎，言辞不必经生，记述贵于宛肖"[②]的看法。在这种思想指导下，在做学问上他也提倡发挥群众智慧，赞扬集体力量所成之著作。他说：

> 文章自在天地，藉人发挥之耳，人才分则不足，合则有余，著述私则力微，公则功巨，刘安合八公之徒，撰辑《鸿烈》内外诸篇，实周秦以后之伟制，此非一人聪明手足所能为也。……人才难萃而易分，良时难觏而易逝，慨然因地乘时，集众长而著为不朽之业，且为学者无穷之衣被焉。则何《鸿烈》之足拟，而又何斤斤校量于主客工拙间哉。[③]

第四节　可贵的治学经验

一、为学之要，先戒名心

章学诚认为，要在学术上取得成就，名利思想必须淡薄。他一生不追名逐利，虽然穷困潦倒，借笔墨为生，也从不愿"舍己以从时尚"，把全部精力都用于自己的文史校雠之业。他在《与孙渊如观察论学十规》中说：

[①]《文史通义》内篇二《原道上》。
[②]《文史通义》内篇二《古文十弊》。
[③]《章氏遗书》卷29《跋邗上题襟集》。

鄙人所业，幸在寂寞之途，殆于陶朱公之所谓人弃我取，故无同道之争；一时通人亦多不屑顾盼，故无毁誉之劝阻；而鄙性又不甚乐于舍己从时尚也，故浮沈至此。然区区可自信者，能驳古人尺寸之非，不敢并忽其寻丈之善，知己才之不足以兼人，而不敢强己量之所不及。①

在人人竞言考订的时代，他能不为此风所囿，坚持文史校雠。他认为做学问必须专心致志，不能三心二意，要做到"世之所重而非吾意所期与，虽大如泰山，不遑顾也；世之所忽而苟为吾意之所期与，虽细如秋毫，不敢略也。趋向专，故成功也易，毁誉淡，故自得也深"。② 这些都是他的经验之谈。做学问必须按照自己的志趣、爱好和条件努力去做，千万不要随波逐流，以趋时尚，否则就很难达到高深的造诣。好争名者必然"趋风气而为学业"，这样既败坏了学风，又损害了人才的成长，这不能不引起重视。他说：

学问文章，君子之出于不得已也，人皆心知其意，君子方欲忘言，惟不能不迹于学问文章，不幸而学问文章可以致名，又不幸而其名诚有所利，慕利者争名，而托于学问文章，甚至忮很贪求，无所不至，君子病焉。③

这就是说，学问文章，竟成为人们用来追名逐利的资本，这样一来，势必要腐蚀人们钻研学问的意志，毁坏其名声。这就是黄宗羲所说的"好名乃学者之病"。所以他教育自己的子弟，要勉以力学，务去名心，指出"好名之甚，必坏心术"。"好名之心与好利同。凡好名者，归趣未有不俗者也。"④ 在章学诚看来，做学问既然是为了"辨章学术，考镜源流"，为了"明道"、"经世"，"非为人士树名地"⑤，那么首先就要立定志向，按照自己所长，努力钻研，决不为社会风气所左右。可是当时许多士人为了追求个人名利，不顾

---

① 《文史通义》补遗续。
② 《文史通义》外篇三《与朱沧湄中翰论学书》。
③ 《章氏遗书》补遗《答吴胥石书》。
④ 《文史通义》外篇三《家书七》。
⑤ 《文史通义》内篇四《说林》。

自己有否专长，一意趋风气以从时尚。这些人并无真才实学，在毁誉面前，全都不能自主。正如章学诚所说：今之学者，"不问天质之所近，不求心性之所安，惟逐风气所趋而徇当世之所尚，勉强为之，固已不若人矣；世人誉之则沾沾以喜，世人毁之则戚戚以忧，而不知天质之良，日已离矣"。抱有这种患得患失之心的人，自然很难在学术上取得重大成就。因为凡是"趋风气者未有不相率而入于伪也，其所以入于伪者，毁誉重而名心亟也"。针对当时的社会现实，他提出"为学之要，先戒名心；为学之方，求端于道"①的要求，这是非常必要的。因为在章学诚看来，这种风气的流行，影响很坏，"实为世道人心忧虑。盖好名之习，渐为门户，而争胜之心，流为忮险。学问本属光明坦途，近乃酿成一种枳棘险隘，诡谲霭昧，殆于不可解释者"。②总之，章学诚认为要做学问，首先必须明确治学目的，端正治学态度。如果这个问题不解决，其他也就无从谈起。

二、札记之功，必不可少

章学诚认为，治学之初，打好基础，练好基本功是非常重要的，这是任何一个学者都不可逾越的阶段。特别是记诵，乃是积累知识过程中必不可少的步骤，他说："学问之始，未能记诵；博涉既深，将起记诵。故记诵者，学问之舟车也。"③可见他认为记诵是获得知识，培养识力，提高理解的最重要的基本功。任何一个学者开始时都必须做好这个基本功。为了做好这个基本功，帮助记诵，巩固积累的知识，他大力提倡平日做好札记。他说："札记之功，必不可少；如不札记，则无穷妙绪，皆如雨珠落入大海矣。"在他看来，每一个专家学者，无不经过此艰苦锻炼过程，"一切专门名家，苦心造诣，自非造次可达，即案头有翻涉之书，每日必有所记，而札记于册，以待日后之会通，岂犹有所难者，亦消遣所藉以不寂寞也，宁不图之"。④他

---

① 《文史通义》外篇三《答沈枫墀论学》。
② 《文史通义》补遗续《又与朱少白》。
③ 《文史通义》内篇三《辨似》。
④ 《文史通义》补遗续《又与朱少白》。

对晚辈后学无不以此作为要求，还列举顾炎武的《日知录》作为典范，认为此书"空前绝后矣，其自序乃日逐札存，晚年删定而类次者也"。所以他说："文章者，随时表其学问所见之具也；札记者，读书练识以自进于道之所有事也。"① 这里他对于札记的作用提得就更加高了，不单是用来帮助记诵，积累知识，而且又是"读书练识"的一种手段。因为札记不是一般的抄书，而是在读书过程中有了心得体会，随时加以笔录。要能掌握要领，抓住宗旨，发现问题，非具有识力不可。所以章学诚又说：

> 读书服古，时有会心，方臆测而未及为文，即札记所见以存于录。日有积焉，月有汇焉，久之又久，充满流动，然后发为文辞，浩乎沛然，将有不自识其所以者矣。此则文章家之所谓集义而养气也。《易》曰："神以知来，知以藏往。"存记札录，藏往以蓄知也；词锋论议，知来以用神也。不有藏往，何以遂知来乎！②

可见"存记札录"，其功实不可少，它是积累知识、"读书练识"、"藏往以蓄知"的重要手段，是做学问重要的基本功。

做学问本是艰苦的，又是很有乐趣的。要做好它，既要手勤，多做札记，又要脑子勤，多做思考。章学诚说："为学之事，动手必有成功。"就是说只要勤于"存记札录"，必然会有收获。他又说："善学者正在善于问耳。"这就是要多动脑筋多思考，如果不善于思考，也就无法发现问题和提出问题。所以他曾提出"阙疑即学问也"。③

当然，要多读、多记、多思考，就需要有足够的时间和精力。章学诚在这方面深有体会，他希望学者们抓紧眼前点滴时间从事研究工作，不要把有限的时间和精力"分于声色与一切世俗酬应"，更不要把自己研究的事业寄托于遥远的将来。他在《假年》篇中指出有这种想法的人"非愚则罔"。他经常用自身经历劝告学者们，像他这样生活极不安定的人，仍能坚持"撰著

---

① 《文史通义》外篇三《与林秀才》。
② 《章氏遗书》卷29《跋香泉读书记》。
③ 《文史通义》外篇三《与乔迁安明府论初学课业三简》。

于车尘马足之间"，关键就在于能否把"学问之于身心"，看作"犹饥寒之于衣食也"。他奉劝那些有志青年，要想"卓然自立以不愧古人"，就应当"不羡轻隽之浮名，不揣世俗之毁誉，循循勉勉，积数十年，中人以下所不屑为者而为之，乃有一旦庶几之日"。①不居功，不为名，不管天资如何，只要勤勤恳恳，奋斗数十年，就一定能登上科学的顶峰。关键在于立定志愿，不要动摇，他说："学在自立，人所能者，我不必以不能愧也。"因为各人专长有所不同，"譬于货殖，居布帛者不必与知粟菽，藏药饵者，不必与闻金珠；患己不能自成家耳，譬市布而或阙于衣材，售药而或欠于方剂，则不可也"。②因此，立定志向以后，就不要三心二意，自己既无所长，更不应强不知以为知，也不要"强其所不能，必欲自为著述以趋时尚"。③因为这些做法都会分散自己的精力，影响自己专长的发展。所以他告诉大家：

大抵文章学问，善取不如善弃。天地之大，人之所知所能，必不如其所不知不能，故有志于不朽之业，宜度己之所长而用之，尤莫要于能审己之所短而谢之。是以舆薪有所不顾，而秋毫有所必争，诚贵乎其专也。④

要想在学术上做出成就，没有这种"善弃"的精神是很难想象的。因为人的精力有限，不分主次样样都去研究，结果将是一事无成。所以必须尽量发挥自己的长处，珍惜光阴，刻苦奋斗。这是治学当中不可忽视的重要经验。

三、学贵博而能约

清初浙东史家于学问莫不博大而精深，自成一家之说，所以章学诚在《文史通义》的《浙东学术》一文中说："浙东贵专家，浙西尚博雅，各因其习而习。"这确实道出了清初浙东史学的一大特点。所谓"贵专家"，就是贵

---

① 《章氏遗书》卷22《与族孙汝楠论学书》。
② 《文史通义》内篇二《博约上》。
③ 《文史通义》外篇三《家书二》。
④ 《章氏遗书》卷22《与周次列举人论刻先集》。

有独创精神，能够自成一家之说。章学诚是浙东史学的殿军，在这方面表现尤为突出。他说："吾于史学，贵其著述成家，不取方圆求备，有同类纂。"① 当然，要成专家之学，要有渊博的知识为基础，择一而专。对于如何处理好渊博与精专的两者关系，章学诚非常重视，作过很多论述。他说："博详反约，原非截然分界。"② 当时的学风贪多求全，"不知学问之为己而骛博以炫人焉，其为学也，泛无所主，以谓一物不知，儒者所耻，故不可以有择也；其为考索也，不求其理之当而但欲征引之富，以谓非是不足以折人之口也；其为纂述也，不顾其说之安而必欲赅而俱存"。这样一些人，章学诚称之为"贱儒"。"此其为术，蠢愚钝拙，而其为说，亦室庾不通之至矣。"可是对这种"贱儒""当世犹有称之者，学术不明，驳杂丑记为流俗之所惊也"。③ 针对这一现状，章学诚提出"学必求其心得，业必贵于专精"④的主张，指出"学贵专门，识须坚定，皆是卓然自立，不可稍有游移者"。⑤ 他批评那些专事"骛博以炫人"的做法，他说："天下闻见不可尽而人之好尚不可同，以有尽之生而逐无穷之闻见，以一人之身而逐无端之好尚，尧舜有所不能也。"⑥ 这是人人皆知的普通常识。既然如此，求知博览也就不能漫无边际，人生有限，书籍无穷，欲以有限的生命，穷尽浩如烟海的群籍，那便是自不量力。必须懂得，博览载籍，终归是为专精服务，立学成家是其最终的归宿。所以章学诚说："大抵学问文章，须成家数，博以聚之，约以收之，载籍浩博难穷，而吾力所能有限，非有专精致力之处，则如钱之散积于地，不可绳以贯也。"⑦ 做学问只是漫无边际的泛览，而无专精之处，则如钱散于地而不可拾也。当然，博览与专精又相辅相成，无博览为基础，也就无从上升到专精。"士生三古而后，苟欲有志乎官守师传之业，非有所独得者，固不可以涉猎为功；而未能博稽载籍，遍览群言，亦未有以成其所谓独得之学而使之毫发之

---

① 《文史通义》外篇三《家书三》。
② 《章氏遗书》卷 22《与族孙汝楠论学书》。
③ 《文史通义》内篇六《博杂》。
④ 《文史通义》内篇二《博约下》。
⑤ 《文史通义》外篇三《家书四》。
⑥ 《文史通义》内篇六《假年》。
⑦ 《文史通义》外篇三《与林秀才》。

无憾。"① 这说明，治学必须有独得之见，方能成一家之学。但这种独得之学又非得有"博稽载籍，遍览群言"的功力不可。为了说明博与专的相互关系，他在《文史通义》一书中特地写了《博约》、《博杂》等专篇进行论述。他说：

> 博学强识，儒之所有事也；以谓自立之基，不在是矣。学贵博而能约，未有不博而能约者也；以言陋儒荒俚，学一先生之言以自封域，不得谓专家也。然亦未有不约而能博者也；以言俗儒记诵，漫漶至于无极，妄求遍物，而不知尧舜之知所不能也。博学强识，自可以待问耳；不知约守而只为待问设焉，则无问者，儒将无学乎？且问者固将闻吾名而求吾实也；名有由立，非专门成学不可也，故未有不专而可成学者也。②

这段议论，把博约的辩证关系论述得十分透彻。意思是说，博本来就是为了约而设，为约而求博，则博的目的性才更加明确；反之，约也只有在博的基础上才能实现，故两者是治学过程中相互依存的统一体。这里需要说明的是，章学诚在论学中间，常把学问分为"藏往之学"与"知来之学"两种，所谓知来之学就是指具有独创性的专家之学，这两种学问对于博的要求表面上看似乎有所不同，"藏往之学欲其博，知来之学欲其精"，但接着他就说："真能知来者，所操甚约而所及者甚广。"③ 可见知来之学本身是要精专，但仍离不开以广博的知识为基础。当然，总的来说，"学必有所专"，"学必求其心得，业必贵于专精"，乃是章学诚论述博约关系的最终目的。从他在《博杂》篇所打的比喻来看，目的也在于此。他说："学之要于博也，所以为知类也。张罗求鸟，得鸟者不过一目，以一目为罗，则鸟不可得也。然则罗之多目，所以为一目地也。"④ 张罗目的本身在于求鸟，因此，所张罗目多少无不服务于此。

---

① 《文史通义》外篇二《藉书园书目叙》。
② 《文史通义》内篇二《博约中》。
③ 《文史通义》内篇一《礼教》。
④ 《文史通义》内篇六。

四、学与功力，实相似而不同

在考据之风盛行的乾嘉时代，许多人都终日"疲精劳神于经传子史"的考证补订，认为这才是真正学问，除此之外，则别无学问可言。对此错误看法，章学诚提出了严厉批评。他说：

>学问文章，古人本一事，后乃分为二途，近人则不解文章，但言学问。而所谓学问者，乃是功力，非学问也。功力之与学问，实相似而不同，记诵名数，搜剔遗逸，排纂门类，考订异同，途辙多端，实皆学者求知所用之功力尔。即于数者之中，能得其所以然，因而上阐古人精微，下启后人津逮，其中隐微可独喻，而难为他人言者，乃学问也。今人误执古人功力以为学问，毋怪学问之纷纷矣。文章必本学问，不待言矣。而学问中之功力，万变不同，《尔雅》注虫鱼，固可求学问，读书观大意，亦未始不可求学问，但要中有自得之实耳。中有自得之实，则从入之途，或疏或密，皆可入门。……而今之误执功力为学问者，但趋风气，本无心得，直谓舍彼区区掇拾，即无所谓学，亦夏虫之见矣。①

在他看来，考据不过是做学问过程中所采用的一种手段，一个环节，是求得学问的一种功力，而"非学问"。读了几部古人的书，难道就能说明已有了学问吗？当然不能，只能说明在做学问过程中积累了一定的知识。只有自己有了体会，产生了独得之见，可以"上阐古人精微，下启后人津逮"，这才算是学问。他还举例说：

>王伯厚氏搜罗摘抉，穷幽极微，其于经传子史，名物制数，贯串旁骛，实能讨先儒所未备，其所纂辑诸书，至今学者资衣被焉，岂可以待问之学而忽之哉？答曰：王伯厚氏盖因名而求实者也。昔人谓韩昌黎因文而见道，既见道则超乎文矣；王氏因待问而求学，既知学则超乎待问矣。然王氏诸书，谓之纂辑可也，谓之著述则不可也；谓之学者求知之

---

① 《章氏遗书》卷29《又与正甫论文》。

功力可也，谓之成家之学术则未可也。

他认为当时学者所以产生这种错误看法，是因为受到王氏这些著作的影响，"正坐宗仰王氏，而误执求知之功力以为学即在是尔"。他还说："学不可以骤几，人当致攻乎功力则可耳，指功力以谓学，是犹指秫黍以谓酒也。"求得学问并不是轻而易举之事，必须下苦功，打基础，只要功力到家，学问自然得到。秫黍可以造酒，但本身并不是酒，功力可以达到学问，但本身还不是学问。"学与功力，实相似而不同。"①

章学诚所以要辨明"学问与功力，实相似而不同"，主要是批判汉学家把考据当作学问，把考据用来名家，把考据当作一切，除此之外则别无学问可言的不正之风。考据既是功力，自然就不能用来名家。他说：

> 考据者，学问之所有事耳；学问不一家，考据亦不一家也。鄙陋之夫不知学问之有流别，见人学问，眩于目而莫能指识，则概名之曰考据家。夫考据岂有家哉！学问之有考据，犹诗文之有事实耳；今见有如韩柳之文，李杜之诗，不能定为何家诗文，惟见中有事实，即概名为事实家，可乎？学问成家，则发挥而为文辞，证实而为考据。比如人身，学问，其神智也；文辞，其肌肤也；考据，其骸骨也；三者备而后谓之著述，著述可随学问而各自名家，别无所谓考据家与著述家也。鄙俗之夫，不知著述随学问以名家，辄以私意妄分为考据家、著述家，而又以私心妄议为著述家终胜于考据家。②

章学诚这些观点，在当时来说是有积极意义的。这不但批驳了汉学家的错误看法，也是对清朝文化专制主义的抗议。因为这种奇特社会现象的出现，完全是清朝政府反动的文化专制主义，特别是文字狱所造成的。在文禁森严的条件下，知识分子只有终日在几本古书里下功夫，其他别无出路。这种状况对清朝统治者有利，因而大力加以提倡。诚如郭沫若同志早已指出的：乾

---

① 《文史通义》内篇二《博约中》。
② 《文史通义》内篇五《诗话》。

嘉时代考据之学，"虽或趋于繁琐，有逃避现实之嫌，但罪不在学者，而在清廷政治的绝顶专制，聪明才智之士既无所用其力，乃逃避于考证古籍"。① 需要说明的是，章学诚当时认为考据不能称学，亦不能名家，这是有特定历史条件的。我们不能用今天的情况去批评章学诚当时的评论。

章学诚在治学经验中还有一点值得提出的是，他认为学者治学态度必须严肃认真，不要抄袭别人著作，自己既然学无心得，就不应著述文章到处招摇撞骗。他自己正是这样做的。他说："鄙著《通义》，凡意见有与古人不约而同者，必著前人之说，示不相袭。"② 对于不成熟的作品，他主张不要轻易发表，以免贻误别人。他在同邵晋涵及其他朋友通信时，对这两个问题都进行了讨论。他指出：

> 学无心得而但袭人言，未有可恃者也，是以不得不别白而存其真也。顾宁人云："良工不示人以璞，恐其以未成之器误人。"我辈书未出，而微言要旨，往往先见言论，遂使人得掩为似是之非；虽曰士风之浇，而轻露其璞以误人，我辈不得不职其咎矣。③

基于这一观点，章学诚还提出学者应有自知之明，也就是说要能正确对待自己。特别是对自己的学术才能，应当自己心中有数，既要看到长处，又要看到短处，尤其要看到长处之中还有短处，做到这点是很不容易的。但对于一个学者来说却是很重要的。因为有了自知之明，既可避免莫名其妙的高傲自大，又可避免不必要的自暴自弃。"人生很难全才"，这就是他立论的根据。他说：

> 学问以知人，知学先须知人，知人先须自知。自知所长易，自知所短难；自知所短易，自知所长之中犹有所短难。知长中之短，则进学自不容已矣；自知既明，则不患不知人矣。人各有长有短，与人相形，见

---

① 《读随园诗话札记》，作家出版社1962年版。
② 《文史通义》外篇三《与陈鉴亭论学》。
③ 《文史通义》外篇三《与邵二云论学》。

短而不以为患者，特别有所长也；知长中犹有所短，而丧然失所恃矣；然不学亦不知也。学而能知长中之短，则几矣。①

自己能有正确认识，学习中也就不会苛求于人，特别是对待古人的著作，才有可能树立正确的态度。

第五节 "经世致用"的学术思想

浙东史学的特色之一，就是强调学术必须"经世致用"，既反对空谈义理，又反对专务考索。章学诚是浙东史学的殿军，集浙东史学之大成。所以他的"经世致用"学术思想更加显著。这固然是继承了先辈的优良传统，但更重要的是反映了时代的要求。他所生活的乾嘉时代，考据之风笼罩着整个学术界，大家埋头于古代文献的整理和考订，闭口不言现实，清初学者那种"经世致用"的思想和精神，已经丢失。针对这种学术界现状，章学诚大声疾呼，学术研究必须"经世致用"。他说："文章经世之业，立言亦期有补于世，否则古人著述已厌其多，岂容更益简编，撑床叠架为哉。"② 这一思想贯穿《文史通义》的始终，而《说林》一篇表现得尤为突出，文中反复举例加以论证，说明学术文章如果无补于世教风俗，就毫无存在价值。"人生不饥，则五谷可以不艺也；天下无疾，则药石可以不聚也。学问所以经世，而文章期于明道，非为人士树名地也。""学问经世，文章垂训，如医师之药石偏枯，亦视世之寡有者而已矣。以学问文章徇世之所尚，是犹既饱而进粱肉，既暖而增狐貉也；非其所长而强以徇焉，是犹方饱粱肉而进以糠秕，方拥狐貉而进以裋褐也。其有暑资裘而寒资葛者，吾见亦罕矣。"③ 尽管他在撰文论学上注重创造发明，但更强调经世致用。在他看来，如果只"有所发明而于

---

① 《文史通义》内篇六《杂说》。
② 《文史通义》补遗续《与史余村》。
③ 《文史通义》内篇四。

世无用"，那只不过是"雕龙谈天之文"。① 因为"文章之用，内不本于学问，外不关于世教，已失为文之质"。② "古之作者，不患文字之不工，而患文字之徒工而无益于世教；不患学问之不富，而患学问之徒富而无得于身心。"③ 他在和邵晋涵通信中还说："吾辈辨论学术，当有关于世道，私心胜气，何以取后世之平。"④ 尤其是史学，其目的十分明显，要能起劝善惩恶作用，他说："史家之书，非徒纪事，亦以明道也。如史《儒林》、《文苑》，不能发明道要，但叙学人才士一二行事，已失古人命篇之义矣。"⑤ 如"诸葛、文山，令人希风慕义，百世师也"，"睢阳、岳鄂，后人景善，因以嫉邪，尤激切于人心，而有裨风教"。⑥ 的确，史学是记人记事、记载人类社会发展、阶级斗争的一门学问。它通过记载阶级斗争的成败、历代王朝的兴衰，供人借鉴，书美以彰善，记恶以垂诫。像这样一门具有血肉声色的学问，如果空谈理论，或专门考索，就无法起到诚教作用。所以他说：

> 史学所以经世，固非空言著述也。且如六经同出于孔子，先儒以为其功莫大于《春秋》，正以切合当时人事耳。后之言著述者，舍今而求古，舍人事而言性天，则吾不得而知之矣。学者不知斯义，不足言史学也。⑦

这是就史学而言，说明从事史学研究和著作的人，必须做到经世致用，否则就不配做历史学家，更无资格来谈论史学。研究历史既要经世致用，史家写史也就应当详近而略远，多写当时之事，他认为这也是历来史家的传统。他说："历观前史记载，每详近而略于远事，刘知幾所谓班书倍增于马，

---

① 《文史通义》外篇三《答沈枫墀论学》。
② 《文史通义》内篇三《俗嫌》。
③ 《文史通义》补遗《评沈梅村古文》。
④ 《文史通义》补遗续《答邵二云书》。
⑤ 大梁本《文史通义》外篇二《永清县志前志列传序例》。
⑥ 《章氏遗书》卷16《为曾转运撰曾襄愍公祠堂碑》。
⑦ 《文史通义》内篇二《浙东学术》。

势使然也。"① 又说："史家详近略远，自古以然。"② 这个传统应当保持并加以发扬。

整个学术研究都应当做到经世致用，至于在不同历史时期如何经世致用，要根据各个历史时期的不同社会特点随机应变，不可能千篇一律。章学诚曾以浙东之学为例予以说明：

> 浙东之学，虽源流不异而所遇不同，故其见于世者，阳明得之为事功，蕺山得之为节义，梨洲得之为隐逸，万氏兄弟得之为经术史裁，授受虽出于一，而面目迥殊，以其各有事事故也。③

就乾嘉时代所特有的社会情况来说，由于学术界已经形成一种不良风气，作为一个学者，如果心地纯良正直，不务虚名，就应当挺身而出，加以抨击，以施挽救。"所贵君子之学术，为能持世而救偏"④，这是学者治学所应持的态度。要做到"持世而救偏"，并不容易，因为除了具备心术人品外，还必须要有一定的识别能力。所以章学诚说："学问文章，聪明才辨，不足以持世；所以持世者，存乎识也。所贵乎识者，非特能持风尚之偏而已也，知其所偏之中亦有不得而废者焉。"⑤ 这就是说，如果没有一定的识别能力，就无法看出社会风气是否有偏，自然也就不可能"持世而救偏"。章学诚认为，"天下事凡风气所趋，虽善必有其弊。君子经世之学，但当相弊而救其偏"。⑥ 可见首先得有"相弊"的能力，看出问题之所在。这"相弊"的能力，"存乎识"。至于如何对症针治，也得根据社会条件，做到"适当其宜"。他说："学业将以经世也，……其前人所略而后人详之，前人所无而后人创之，前人所习而后人更之，……要于适当其宜而可矣。"学者治学要"辟风气"而切忌"趋风气"，"风气未开，学业有以开之，风气既弊，学业有以挽

---

① 《章氏遗书》卷17《刘氏三世家传》。
② 《文史通义》外篇三《为毕制军与钱辛楣宫詹论续鉴书》。
③ 《文史通义》内篇二《浙东学术》。
④ 《文史通义》内篇二《原学下》。
⑤ 《文史通义》内篇四《说林》。
⑥ 《文史通义》外篇一《淮南子洪保辨》。

之；人心风俗不能历久而无弊"，要"因其弊而施补救"，既已知其弊，则千万不能为了个人利益而投其所好。可是，"好名之士，方且趋风气而为学业，是以火救火而水救水也"。① 这就谈不上"持世而救偏"了。章学诚认为学问经世，要"视世之寡有者而已"，要具有陶朱公经商那种精神，"陶朱公曰：'人弃我取，人取我与。'学业将以经世，当视世所忽者而施挽救焉，亦轻重相权之义也"。② 他提倡"君子苟有志于学，则必求当代典章以切于人伦日用，必求官司掌故而通于经术精微，则学为实事而文非空言，所谓有体必有用也"。③ 在考据之风盛极一时的乾嘉时代，学者不敢研究现实，大多搞训诂名物，专力从事古代文献的整理考订，而章学诚能不为此风所囿，别开生面，反对专门搞烦琐考证，高唱经世致用，企图改变学术研究脱离现实的不良学风。但由于思想与世不合，竟被视为异端邪说。这也说明他的这种思想在当时还是产生了一定的影响。

第六节 史家著述之道"贵知其意"

刘知幾的生活时代，正是中国封建社会从前期进入后期之际。在封建社会前期，随着经济文化的发展，史学取得了巨大成就，编年纪传二体，历代都在交互采用，并出现了大量著作。但也存在不少问题。如何评价前一阶段的史学成就，批判其错误，总结其经验，以便指导此后史书的编纂，成为这一历史转变时期急需解决的任务。刘知幾的《史通》正是适应这一时代的要求而产生的。《史通》是一部论述历史编纂学的史学方法论专著，从史体的长短得失，到史书的编写内容，从史料的搜集、审核和选用，到文章的叙述方法、形式和技巧，它都备论无遗。章学诚也是以史学理论著名，他的《文史通义》可与《史通》媲美，清代许多学者曾称他为"国朝之刘子元"。不过两人虽然同以史学理论称著，但评论重点不同，"名曰同条共贯，实则分

---

① 《文史通义》内篇六《天喻》。
② 《文史通义》外篇三《答沈枫墀论学》。
③ 《文史通义》内篇五《史释》。

道扬镳"①。正如章学诚自己所说:"刘言史法,吾言史意;刘议馆局纂修,吾议一家著述。"②他对刘知幾的历史编纂学有继承和发展,刘氏论述不多的史意,更成了他发展的重点。他生活的时代,已是封建社会末期,作为封建社会上层建筑组成部分的史学,已发展到登峰造极阶段,各种史体均已成熟,史学方法论刘知幾已打下了坚实基础,唯独史意有待于阐明。因此,如何从理论上说明历史的重要性,就成为这个时期史学理论园地里一个重要课题。可是,当时第一流史家钱大昕、王鸣盛、赵翼等人所从事的工作,不过是对古史进行校正和考订,既不谈发凡起例,也不讲史学意义,他们的《廿二史考异》、《十七史商榷》、《廿二史札记》等书,虽说不无贡献,但无疑都是脱离现实生活的著作。在此情况下,如何阐明史学的目的,强调历史的作用,就显得更为重要。因此,研究史意便成为章学诚治史的重点。《文史通义》中许多篇章都从不同角度来论述史学的意义,要求史家"作史贵知其意",此乃"史氏之宗旨"。

为什么要重视史义呢?他说:"史所贵者,义也;而所具者,事也;所凭者,文也。"③又说:"载笔之士,有志《春秋》之业,固将惟义之求,其事与文,所以藉为存之资也。"④这就是说,史义是历史观点和理论,事则是指历史事实,而文则是据历史事实所写成的文章。三者相比,观点最为重要,它通过具体史实来体现,史实又得借文辞来表达。三者关系,总的来说,事和文只不过是作为存义的材料和工具,有轻重主次之别,不能等同视之。他还举例说:"国史方志,皆《春秋》之流别也。譬之人身,事者其骨,文者其肤,义者其精神者也。"⑤这就非常生动而形象地说明了义、事、文三者的相互关系及轻重主次之别。正因如此,所以他提出了史家必须注意"作史贵知其意,非同于掌故,仅求事、文之末也"。⑥史家写史的首要任务要能体现出史义,体现出作史的观点与要求,不能与掌故等同而仅求事、文之

---

① 萧穆:《敬孚类稿》卷5《跋文史通义》。
② 《文史通义》外篇三《家书二》。
③ 《文史通义》内篇五《史德》。
④ 《文史通义》内篇四《言公上》。
⑤ 大梁本《文史通义》外篇一《方志立三书议》。
⑥ 《文史通义》内篇四《言公上》。

末。他说：

> 孔子作《春秋》，盖曰其事则齐桓、晋文，其文则史，其义则孔子自谓有取乎尔。夫事，即后世考据家之所尚也；文，即后世词章家之所重也。然夫子所取，不在彼而在此，则史家著述之道，岂可不求义意所归乎！①

因此，他认为"史氏之宗旨"，是"取其义而明其志，而事次文篇，未尝分居立言之功也"。② 重视史义的研究，并从理论上进行探讨，这在古代史家当中还是不多见的。

第七节 "六经皆史"说的阐明

一、对章学诚"六经皆史"说的争论

章学诚在《文史通义》的卷首，开宗明义第一句就提出"六经皆史"这个论断，而在书中其他许多篇章又一再论述"六经皆史"、"六经皆器"、"六经皆先王之政典"。对于他这一学术思想，长期以来众说纷纭，有的说这是章学诚"一种创见"而加以肯定，有的则说这是章学诚抄袭前人之语，并无功绩可言，并且认为"六经皆史"说本身也并非"了不起的高论"。前一看法以侯外庐先生的《中国早期启蒙思想史》为代表，反映了我国史学界许多同志对章氏"六经皆史"说的评价。后一看法当推喻博文同志发表的《两则史料辨证》一文为代表。侯外庐先生在书中说：

> 章学诚在史学上的重要见解，是在于他的古代文化史论。清初学者，如傅山，已经有五经乃王制的命题。学诚则更进了一步，演为"六

---

① 《文史通义》内篇四《申郑》。
② 《文史通义》内篇四《言公上》。

经皆史也"、"六经皆先王之政典也"和"六经皆器也"诸命题。这些是在当时被认为最放肆的学说，也是被后人所最注意的学旨。……他的"六经皆史"论，不但是清初反理学的发展，而且更有其进步的意义。他大胆地把中国封建社会所崇拜的六经教条，从神圣的宝座拉下来，依据历史观点，作为古代的典章制度的源流演进来处理，并把它们规定为"时会使然"的趋向。他反对人们崇拜那样"离事而言理"的经，更反对离开历史观点而"通"经。

而喻博文同志在《两则史料辨证》一文中说：

其实，"六经皆史"的首倡者不是清代的章学诚，最明确表示这一论点的人起码可以追溯到明代心学哲学家王守仁。据《传习录》上载："爱（徐爱）曰：先儒论六经以《春秋》为史，史专记事，恐与五经事体终或稍异？先生（王守仁）曰：以事言谓之史，以道言谓之经，事即道，道即事，《春秋》亦经，五经亦史，《易》是包牺氏之史，《书》是尧舜以下史，《礼》、《乐》是三代史，其事同，其道同，安有所谓异？"[①]王守仁这段议论是十分明确地宣示了"六经皆史"的论点（王认为某书属某代史的说法就不见得正确，这是囿于当时的历史见解所致），比章学诚的话讲得还要清楚明白一些，时间要早二百多年。更重要的是，王守仁说明了事与道、史与经的关系，指出两者是二而一，一而二，从不同的角度观察、说明，就有不同的称谓，或曰经，或曰史，这几部书不是说称为"经"就抬高到天上去了，称为"史"就打入十八层地狱中了，两种称谓对这几部书是一致的。在王守仁的心目中就是这样。可见"六经皆史"并不象有的同志所说的那么了不起的高论。"六经皆史"的"发明权"不属于章学诚，也早有学者言之矣，钱锺书先生的《谈艺录》《附说二十二》对此考证甚详[②]，不妨参阅，定会有启发的。既然"六经皆史"的论点首倡者不是章学诚，那末，上述对章氏因首倡

[①] 《王文成公全书》卷1。
[②] 见中华书局1988年重印本，第263页。

此著名论点所给予的一切评语就架空了，或者说，其立足动摇了。退一步说，就是学人评论这一论点所给予的高度赞扬可以成立的话，也不应当再赐给章学诚了。①

非常明显，上述两种评论观点是完全对立的。为了说明问题方便，避免断章取义之嫌，将双方有关论述整段加以摘引。对于这一问题，我们认为有下列几点需要说明：

第一，关于"六经皆史"的首创或最早提出者，我们也认为不是章学诚。笔者先后在《论章学诚的〈文史通义〉》②和《也谈章学诚"六经皆史"》③两文都有谈及，特别是后一篇中，叙述甚详，指出：

"六经皆史"说命题至迟明代中叶已经出现，王阳明《传习录》卷一，载与其弟子徐爱对话已提出此意，"爱曰：'先儒论六经，以《春秋》为史，史专记事，恐与五经事体终或稍异。'先生曰：'以事言谓之史，以道言谓之经，事即道，道即事，《春秋》亦经，五经亦史。《易》是包牺氏之史，《书》是尧舜以下史，《礼》、《乐》是三代史，其事同，其道同，安有所谓异'"④。王世贞在《四部稿》卷一四四亦云："天地间，无非史而已，三王之世，若泯若灭，五帝之世，若存若亡，噫，史其可以已耶，六经，史之言理者也。"而大思想家李贽，在《焚书》卷五《经史相为表里篇》说得就更加明显了，他说："《春秋》，一时之史也，《诗经》、《书经》，二帝三王以来之史也，而《易经》则又示人以经之所自出，史之所从来，为道屡迁，变易匪常，不可以一定执也，故谓'六经皆史'也。"据上所引，可见"六经皆史"的命题，既不是章学诚的"创见"，也不是到了章学诚才"大胆地提出"的。不过章学诚针对时弊，又重新提出这一命题，并真正赋予"六经皆史"以充实的内容和系

---

① 《学术月刊》1981年第5期。
② 《杭州大学学报》1979年第1、2期合刊。
③ 《史学月刊》1981年第2期。
④ 《阳明全书》卷1。

统理论。就是这样,当时已引起人们议论纷纭;有的指责其为邪说,有的则盛赞其具有创见。

这里既肯定"六经皆史"不是章学诚所首倡,又指出章学诚在当时重新提出这一命题并赋予充实内容和系统理论的重要意义。对喻博文同志那种观点,说章学诚在"六经皆史"说问题上毫无值得肯定之处,我们是不能同意的。特别是他说王阳明那段议论,"比章学诚的话讲得还要清楚明白一些",就更难表示首肯了。事实上章学诚关于"六经皆史"的论述内容很多,喻博文同志究竟列举了多少来同王阳明的议论作对比呢?若只从三两句话就轻下这样结论,自然不能令人信服。何况王阳明的议论,除这几句外,更无其他可言。

第二,喻博文同志说:"这几部书不是说称为'经'就抬高到天上去了,称为'史'就打入十八层地狱中了,两种称谓对这几部书是一致的。在王守仁的心目中就是这样。"这种说法,实际上否定了六经在长期封建社会中的特殊统治地位。众所周知,在中国长期封建社会里,经与史的地位是全然不同的。六经一直作为儒家的"经典"受到尊崇。所以会造成这种局面,根子自然还是在历代封建统治者的吹捧与扶持。从汉武帝"独尊儒术"以来,六经就成为封建国家的统治思想,"凡诸不在六艺之科、孔子之术者,皆绝其道"。① 在当时的太学里,还特地设置五经博士,专门讲授儒家经典《诗》、《书》、《易》、《礼》和《春秋》。东汉建初四年,汉章帝在白虎观曾召开了一次儒家代表人物讲论五经同异的辩论会,皇帝亲临裁决,制成定论。唐太宗曾对大臣们说:"朕所好者,唯尧、舜、周、孔之道,以为如鸟有翼,如鱼有水,失之则死,不可暂无耳。"② 他还常到国子学去听讲,学生能通儒家一经以上的都可做官,还令孔颖达等为五经作注,称《五经正义》,出现了"儒学之盛,古昔未之有"③ 的局面。上述情况表明,历代统治者都十分重视利用这几部儒家经典,来作为巩固他们封建统治的工具。它们在封建社会特

---

① 《汉书》卷56《董仲舒传》。
② 《资治通鉴》卷192 "贞观二年六月"条。
③ 《旧唐书》卷189上《儒学》。

殊地位，有哪一部史书可与之相比呢？我们不应当无视这个历史事实。正因为如此，谁敢触犯它，就被指控为"非圣无法"。司马迁的《史记》因为没有用儒家经典作指导思想，尽管书中并未批评过六经，但是班固还是批评《史记》"论大道则先黄老而后六经，序游侠则退处士而进奸雄，述货殖则崇势利而羞贱贫"①；刘知幾的《史通》因为写了《疑古》、《惑经》两篇，冒犯圣人"经典"，因而背上了"谤书"的罪名；王安石于《春秋》，"不列于学官，不用于贡举"，遂被指责为欲"诋圣经而废之"。②哪一部史书也没有取得这样的尊崇地位。总之，在长期的封建社会里，经与史一直是有严格区别的，从未相提并论过，这个事实是不能否定的。因此，"六经皆史"说这一思想的出现，具有一定的现实意义，绝不像喻博文同志所说那样，"两种称谓对这几部书是一致的"。称谓不同，也就反映了性质与地位的不同，怎么能说是一致的呢？对于"六经皆史"思想的产生，应与当时历史条件联系起来进行讨论，因为各种思潮、学说的出现，都不是偶然的，而是当时社会上阶级斗争和政治斗争在思想领域的反映。"六经皆史"说这一思想的产生也不例外。宋元以来，中国封建社会已经进入后期阶段，特别是明代中叶以后，社会发生了很大变化。由于商品经济的发展，出现了资本主义因素的萌芽，它反映在手工业、商业和农业生产等各个领域。由于手工业的不断发展，商品经济的流通，都市的日益繁荣，农业人口流入城市，使得从事工商业的人口日益增多，于是出现了以手工工人、小商品生产者、工场主和中小商人为主体的市民阶层。这一新阶层的出现，使封建社会后期的阶级斗争出现了许多前所未有的特点。由于社会各方面的变化，思想意识也随之发生变化，于是作为儒家经典的六经在人们心目中也开始动摇，许多人对它产生了怀疑，认为它并不是那么神圣，与其他史书相比，也没有什么特殊之处。"六经皆史"说的出现，正生动地说明了这一事实。大思想家李贽曾毫无顾忌地指出六经、《论语》、《孟子》，没有什么神奇可言，这些书"非其史官过为褒崇之词，则其臣子极为赞美之语；又不然，则其迂阔门徒、懵懂弟子记忆师说，有头无尾，得后遗前，随其所见，笔之于书。后学不察，便谓出自

---

① 《汉书·司马迁传》。
② 周麟之：《海陵集》卷22《跋先君讲春秋序后》。

圣人之口也,决定目之为经矣。孰知其大半非圣人之言乎!纵出自圣人,要亦有为而发,不过因病发药,随时处方,以救此一等懵懂弟子迂阔门徒云耳。药医假病,方难定执,是岂可遽以为万世之至论乎!然则六经、《语》、《孟》乃道学之口实,假人之渊薮也"。①他的这段议论,可以说是当时反经叛道最典型的代表。由此可见,正因为"经"被封建统治者吹捧成神圣不可动摇的"万世之至论",所以李贽才会如此加以驳斥。如果经与史像喻博文同志所说的"是二而一,一而二","两种称谓对这几部书是一致的",并无什么实质的区别,那也无须辩论了。

第三,王阳明提出"六经皆史"的本意如何,我们暂不作探讨,但必须注意的是,它的客观影响不可忽视。李贽是王学左派,他从左的一面接去了这一口号而加以发挥,这自然是王阳明所料想不到的。众所周知,程朱与陆王是唯心主义的两个不同派别,他们虽然都是为封建统治服务,但他们之间却一直存在着矛盾和斗争。王阳明十分反对程朱那套束缚人的教条,他曾说过"圣人之学不是这等捆缚苦楚的,不是装做道学的模样"。②既然"不是这等捆缚苦楚",不是这个模样,那么应是如何样子? 这就势必引导人们去独立思考。王阳明提出"六经皆史"的说法,自然与这一思想有密切关系。这种思想与当时一般士人要求思想解放,发挥个人见解,反对朱熹经注的束缚是一致的。这对于启发人们大胆思考,动摇长期以来程朱理学的教条统治,有一定的积极作用。他的弟子罗洪先作过一篇《答复古问》,说复古是"复古之六经而已"③,即恢复六经本来的思想面目,明确表示朱熹所注的经不可信。既然要复古之六经,人们就必然要去研究六经之源流,这也就是对程朱理学的一种反动。因此,这种经学思想上的变化,形式是要复古,实际上是为了达到解放思想。后来王学左派中所出现的人物如王艮、李贽等人,正是利用了这种反道学的积极因素,把反对程朱理学的斗争推到了一个新的阶段。因此,我们认为对于"六经皆史"说的研究,绝不能脱离历史条件而孤立的作名词解释,应当从它产生的历史背景来说明其产生的意义和作用。

---

① 《焚书》卷3《童心说》。
② 《传习录》下。
③ 《念庵集》卷3。

第四，关于经与史性质有别的争论，在宋代已经开始，如北宋苏洵就曾提出经与史自古有别，其理由是"经文简约，以道胜；史文详尽，以事辞胜"。对于苏氏这个观点，章学诚还曾作过批判，指出：

> 六艺皆古史之遗，后人不尽得其渊源，故觉经异于史耳。其云"经文简约，以道法胜；史文详尽，以事辞胜"，尤为冒昧。古今时异，故文字繁简不同，六经不以事辞为主，圣人岂以串言欺世者耶？后史不能尽圣人之道法，自是作者学力未至，岂有截分道法与事辞为二事哉！孟子言《春秋》之作。则云："其事齐桓晋文，其文则史，孔子曰：其义则某窃取之。"然则事辞犹骸体也，道法犹精神也，苟不以骸体为生人之质，则精神于何附乎？此亦止就《春秋》而言，为苏氏之所论及者耳，六经皆史，则非苏氏所可喻矣。①

他能用唯物论观点进行批判，所以论点十分令人信服。这一争论自宋以来，一直持续到明清。"六经皆史"说的陆续出现，遂使争论更加深入，争论的实质也日趋明朗。从这一历史事实也可看出，作为统治思想来说，一旦确立以后，就不会轻易退出历史舞台，总是要千方百计从各方面加以强化。这种正统与反正统两种思想斗争，可以说贯穿整个中国封建社会的始终。"六经皆史"说的思想出现，说明了这两种思想斗争达到了高峰。因此，我们认为对于"六经皆史"说产生的意义绝不应忽视，更不能否定。

第五，在讨论章学诚"六经皆史"的理论时，为了说明章学诚对此并无贡献，近来先后有人在文章中提及钱锺书先生的《谈艺录》，如牟润孙先生说："我读了钱锺书的《谈艺录》才知道六经皆史之说除袁枚持论与章氏相类似之外，认为经即是史的，早于章实斋者，有七人之多。"② 未读过《谈艺录》的人当然不知道内中情况，为了便于讨论问题，这里将《谈艺录》中有关"六经皆史"的考证部分摘引如下：

---

① 《章氏遗书》外编卷3《丙辰札记》。
② 牟润孙：《励耘书屋问学回忆》，《北京师范大学学报》1980年第6期。

"六经皆史"之说，刘道原《通鉴外纪序》未了了，王伯厚《困学纪闻》卷八始引《文中子·王道》篇、陆鲁望《复友生论文书》载其说，未下断语。卷十二引刘道原此数语。王阳明《传习录》卷一、王元美《艺苑卮言》卷一，"天地无非史而已，六经、史之言理者也"、胡元瑞《少室山房笔丛》卷二，"夏商以前、经即史也。周秦之际，子即集也。……"、顾亭林《日知录》卷三，"孟子曰：其文则史。不独《春秋》也，六经皆然"皆先言之。而阳明之说最为明切。略谓："以事言曰史，以道言曰经，事即道，道即事。《春秋》亦经，五经亦史。《易》是庖羲之史，《书》是尧舜以下史，礼乐即三代史，五经亦即是史，史以明善恶，示训戒，存其迹以示法"云云。"《春秋》亦经"，暗合董子《春秋繁露》之绪；"五经亦史"，明开实斋《易教上》之说，阳明极称《文中子》，《传习录》卷上推为"贤儒拟经之作，圣人复起，不可复易"。按《中说·王道》篇云："圣人述史三焉。其述《书》也，帝王之制备，故索焉而皆获。其述《诗》也，兴衰之由显，故究焉而皆得。其述《春秋》也，邪正之迹明，故考焉而皆当。"阳明"五经亦史"之说，殆有所承。而与程、朱之说，则如炭投冰。《程氏遗书》卷二上云："《诗》《书》载道之文，《春秋》圣人之用。五经之有《春秋》，犹法律之有断例。《诗》《书》如药方，《春秋》如用药治疾。"《朱子语类》卷一百二十一云："或问《左传》疑义。曰：公不求之六经《语》《孟》之中，而用功于《左传》；《左传》纵有道理，能几何。吕伯恭爱与学者说《左传》，尝戒之曰：《语》《孟》六经多少道理不说，恰限说这个；纵那上有些零碎道理，济得甚事。"……盖以经与史界判鸿沟也。程子亦以史为存迹示法，而异于阳明者：存迹示法，法非即迹，记事著道，事非即道。阳明之意若谓：经史所载虽异，而作用归于训戒，故是一是二，说殊浅陋。且存迹示法云云，只说得事即道，史可作经看；未说明经亦是史，道亦即事，示法者亦只存迹也。尝试言之，道乃百世常新之经，事为一时已陈之迹。《庄子·天运》篇记老子曰："夫六经，先王之陈迹也，岂其所以迹哉"；《天道》篇记桓公读圣人之书，轮扁谓书乃古人糟粕，道之精微不可得传。《三国志·荀彧传》注引何邵为《荀粲传》，记粲谓："孔子言性与天道，不可得闻，六籍虽存，固圣人之糠粃"云云。

是则以六经为存迹之书，乃道家之常言。六经皆史之旨，实肇端于此。经本以载道，然使道不可载，可载非道，则得言忘意之经，尽为记言存迹之史而已。且道固非事，然而孔子言道亦有"命"，道之"坠地"，人之"弘道"，其昌明湮晦，莫非事与迹也。道之理，百世不易；道之命，与时消长。此宋儒所以有道统之说，意谓人事嬗递，初无间断，而斯道之传，每旷世而后续，经也而有史矣。①

钱锺书先生这番考证，对于"六经皆史"说产生的研究作出了很大的贡献。但其中有些论据和提法，仍有值得商榷之处。

刘恕《通鉴外纪后序》中说：

案历代国史，其流出于《春秋》。刘歆叙《七略》，王俭撰《七志》，《史记》以下皆附《春秋》。荀勖分四部，《史记》、《旧事》入丙部；阮孝绪《七录》，《纪传录》纪史传，由是经与史分。夫今之所以知古，后之所以知今，因善恶以明褒贬，察政治以见兴衰，《春秋》之法也，使孔子赞《易》而不作《春秋》，则后世以史书为记事琐杂之语，《春秋》列于六艺，愚者莫敢异说而终不能晓也。

这段议论是从目录学的发展来说明经书与史书的分合。在四部分类法出现以前，目录学家一直将史部著作附于《春秋》类之后，自从荀勖四部分类法提出后，才脱离附庸地位。很明显，刘恕所说"由是经与史分"，是指经部著作与史部著作分别著录之意，与"六经皆史"所提的经史之别根本不同。而刘恕在《通鉴外纪后序》中还是认为《春秋》是圣人所作的"经"，序文开头就说：

孔子作《春秋》，笔削美刺，子游子夏，门人之高弟，不能措一辞。鲁太史左丘明以仲尼之言高远难继，而为之作《传》，后之君子不敢绍续焉。惟陆长源《唐春秋》，伊洙《五代春秋》，非圣人而作"经"，犹

---

① 中华书局 1988 年重印本，第 263—265 页。

春秋吴、楚之君,僭号称王,诛绝之罪也。

刘恕这个论点与"六经皆史"说关系不大,没有必要把它拉来凑数。

至于胡应麟在《少室山房笔丛》中所论述的则与刘恕有所不同,该书卷2云:"夏、商以前,经即史也,《尚书》、《春秋》是已。至汉而人不任经矣,于是乎作史继之。魏、晋其业浸微,而其书浸盛,史遂析而别为经。"这个说法比较含糊,虽然承认"夏、商以前,经即史也",但后来两者分家,"至汉而人不任经矣,于是乎作史继之",实际上还是肯定经史有别,并且经贵而史微,否则像司马迁这样才华出众的人怎么不能"任经"呢?因此,他的论述,仅仅看到现象,未能究其实质。他在该书卷22还说:"总之,史出于《春秋》、《礼》、《乐》,史则经也;子出于《大易》,《论语》,子亦经也;集出于《尚书》、《毛诗》,集又经也;百家之学,无弗本于经也,一以贯之,古今仲尼而已。"史出于《春秋》,前人早已讲了,而子出于《大易》、《论语》,集出于《尚书》、《毛诗》,百家之学,无不本于经,这个论断自然有其独特见解。按照他的推论,百家之学亦即经也。这个思想恐怕也是对宋元以来理学之反动。本来经书只有那么几部,而内容也是那么简单,可是后来越演越多,也就失去经典的意义了。经书多如牛毛,百家之学无不本于经,经也就不那么神圣了。

另外,钱锺书先生对于"六经皆史"说的考订,也是离开历史条件而单纯从名词演变作考察,因而得出结论说:"是则以六经当存迹之书,乃道家常言,六经皆史之旨,实肇端于此。"这个说法未免有些牵强。"糟粕"、"糠秕",明明是道家用来贬低儒家著作的语言,从说话人的语气,也无法把"糟粕"、"糠秕"理解成"史"的同义词。因此,如何能说"六经皆史之旨,实肇端于此"呢?

我们上面说明,王阳明提出"六经皆史"说,实出于对程朱理学斗争之需要,钱锺书先生书中也讲了,"阳明五经亦史之说","与程朱之论则如炭投冰",水火不相容也。然而由于观点上倾向于程朱,因而说王阳明"说殊浅陋"。我们认为,两者虽然均属唯心论,其学说亦都是出于维护封建统治,但就这一争论而言,王阳明的论述无疑更接近于事实,在客观上产生了积极影响。他说:"天下之大乱,由虚文胜而实行衰也,使道明于天下,则六经不必述。删述六经,孔子不得已也。"这说明,由于"虚文胜而实行衰",大道不明,天下大乱,孔子不得已而删述六经,目的自然很明显。"孔子以天下好文之风日盛,知其说之将无纪极,于是取文王周公之说而赞之,以为惟此为得其宗,于是纷纷之说尽废,而天下之言易者始一,《书》、《诗》、《礼》、《乐》、《春秋》皆然。……《书》、《诗》、《礼》、《乐》中孔子何尝加一语。今之《礼记》诸说,皆后儒附会而成,已非孔子之旧。至于《春秋》,虽称孔子作之,其实皆鲁史旧文,所谓笔者笔其旧,所谓削者削其繁,是有减无增。孔子述六经惧繁文之乱天下,惟简之而不得,使天下务去其文以求其实,非以文教之也。《春秋》以后,繁文益盛,天下益乱。……自秦汉以降,文又日盛,若欲尽去之断不能去,只宜取法孔子录其近是者而表章之,则其诸怪悖之说亦宜渐渐自废。"所谓繁文日盛,主要是指后儒对六经以私意传注附会,遂使六经失去了本来面目。宋代朱熹自称继承圣人之道统,因此对圣人的著作他不仅作了《四书集注》,而且对《诗经》、《周易》等儒家经典亦多作了注释,系统地解释了所谓圣人之道。后来明成祖命令编修的《五经大全》和《四书大全》,就是采用了朱熹之注,沿袭了程朱之说。这种注释当时被规定为科举考试的标准读物,影响极大。所以王阳明提出反对繁文,主张恢复六经本来面目。他说:"圣人只是要删去繁文,后儒却只要添上。"由此可见,其言皆有所指,句句针对程朱。他非常反对朱熹等人对圣人著作任意注释,认为圣人之道,本没有那么多条条框框,越是烦琐,圣人之道也就越加隐晦难明。他的"六经皆史"说正是在这种指导思想下提出的。他还说:"五经亦只是史。史以明善恶,示训戒,善可为训者,时存其迹以示法;恶可为戒者,存其戒而削其事以杜奸。"他要求其弟子们对于经典"不必泥着文句"。[①] 因为他认为"圣人教人,不是个束缚他通做一般,只如狂者便从狂处成就他,狷者便从狷处成就他。人之才气如何同得"。[②] 因此,学习圣人著作,必从领会精神入手。这些主张,客观上对于当时广大知识分子要求思想解放,反对程朱理学的束缚起了推动作用。

---

① 以上引文均见《阳明全集》卷1《传习录》上。
② 《阳明全集》卷3《传习录》下。

二、章学诚言"六经皆史"的论据

"六经皆史"说虽然不是章学诚首倡，但必须看到，前人均未对这一命题作过具体论述。而章学诚针对时弊，重新提出这一命题，详尽阐明，系统论述，并成为他经世致用史学思想的核心。他言"六经皆史"的论据是：第一，"古人不著书，古人未尝离事而言理，六经皆先王之政典"。① "后世文字，必溯源于六艺；六艺非孔氏之书，乃周官之旧典也。《易》掌太卜，《书》藏外史，《礼》在宗伯，《乐》隶司乐，《诗》领于太师，《春秋》存乎国史。夫子自谓'述而不作'，明乎官司失守，而师弟子之传业，于是判焉。秦人禁偶语《诗》、《书》，而云欲学法令者，以吏为师。其弃《诗》、《书》非也。其曰以吏为师，则犹官守学业合一之谓也。由秦人以吏为师之言，想见三代盛时，《礼》以宗伯为师，《乐》以司乐为师，《诗》以太师为师，《书》以外史为师，《三易》、《春秋》，亦若是则已矣！又安有私门之著述哉！"② "学者崇奉《六经》，以谓圣人立言以垂教；不知三代盛时，各守专官之掌故，而非圣人有意作为文章。"③ "古之所谓经，乃三代盛时典章法度见于政教行事之实，而非圣人有意作为文字以传后世。"④ "夫子之述六经，皆取先王典章，未尝离事而著理。"⑤ "六艺皆周公之旧典，夫子无所事作。"⑥ 第二，古代"无经史之别，六艺皆掌之史官，不特《尚书》与《春秋》也"。⑦ "三代以前，《诗》、《书》、六艺未尝不以教人，非如后世尊奉六经，别为儒学一门而专称为载道之书者。"⑧ 第三，"三代学术，知有史而不知有经，切人事也"。⑨ 既然六经是先王"旧典"，孔子不过根据这些"典章"、"政典"加以整理，那么当时也就不会像后世那样奉为神圣不可侵犯的经典。至于尊奉为经，章学诚

---

① 《文史通义》内篇一《易教上》。
② 《校雠通义》卷1《原道》。
③ 《文史通义》内篇五《史释》。
④ 《文史通义》内篇一《经解上》。
⑤ 《文史通义》内篇一《经解中》。
⑥ 《文史通义》内篇四《言公上》。
⑦ 《章氏遗书》卷5《论修史籍考要略》。
⑧ 《文史通义》内篇二《原道中》。
⑨ 《文史通义》内篇二《浙东学术》。

在《经解》篇作了详尽的论证,指出"六经之名起于孔门弟子","儒家者流乃尊六艺而奉以为经"。这里他既论证了古代无私人著作,无经史之别,人们知道的只有史而不见有经,六经只不过是孔子对先王之"旧典"加以整理而已,同时又指出了六经之名起于孔门弟子,这当然是后来之事。他还指出,经之本意,并非尊称,"当时诸子著书,往往自分经传,如撰辑《管子》者之分别经言,墨子亦有《经》篇,韩非则有《储说》、经传,盖亦因时立义,自以其说相经纬尔,非有所拟而僭其名也;经固尊称,其义亦取综要,非如后世之严也。圣如夫子而不必为经,诸子有经以贯其传,其义各有攸当也。……而儒者著书,始严经名,不敢触犯,则尊圣教而慎避嫌名,盖犹三代以后非人主不得称我为朕也"。①这就说明,"尊六艺而奉以为经是出于儒家者流",而经之尊称亦出于儒者之吹捧,这就把六经的老底与称经的来历一一揭了出来。

三、章学诚"六经皆史"说的意义

章学诚"六经皆史"说的意义,首先在于它扩大了历史研究、史料搜集的范围。因为六经既然都是先王的"政教典章",无疑都是研究当时社会政治制度的重要史籍。不过,他这里所讲的"史",含义如何,亦有争议。周予同、汤志钧二先生认为,"章学诚所指的'史',主要是指具有'史意',能够'经世'的史","同我们理解为'史料'的'史',自有区别"。②这样的结论是值得商榷的。我们认为,章氏"六经皆史"说是针对空谈性命的宋学和专务考索的汉学两种不良学风提出的。因此,"六经皆史"的"史",既具有"历史资料"的"史"的含义,用以矫正宋学空谈义理的弊病,又具有"经世致用"的"史"内容,以此反对乾嘉考据学派闭口不谈义理的不正之风。《章学诚"六经皆史"说初探》一文说:"章学诚提出'六经皆史',不以为'六经皆史料'。"如果这样来论证,我们也可以说,章学诚提出"六经皆史",并未说"六经皆史学"或"六经皆史意"。

---

① 《文史通义》内篇一《经解上》。
② 周予同、汤志钧:《章学诚"六经皆史"说初探》,《中华文史论丛》第一辑。

"六经皆史"的"史",其所以具有"史料"之史的含义,首先在于它是先王的"政典",孔子"表章六艺以存周公之旧典","不敢舍器而言道"。① 古代"未尝有著述之事",更不曾有"专称为载道之书",有的只是"官师守其典章,史臣录其职载"。② 孔子加以删订而成六经,所以六经是政教典章、历史事实的记录,而不是空洞的教条,是器而非道。这种"史"当然是具有"历史资料"的"史"。

其次,我们再从著书体例来看,章学诚再三说明,"夫子述而不作","夫子未尝著述",六经只不过是他删订而已。故六经是选辑,是掌故,是记注,而不是著述。他说:

> 名臣章奏,隶于《尚书》,以拟《训诰》,人所易知。撰辑章奏之人,宜知《训诰》之记言,必叙其事以备所言之本末,故《尚书》无一空言,有言必措诸事也。后之辑章奏者,但取议论晓畅,情辞慨切,以为章奏之佳也。不备其事之始末,虽有佳章,将何所用?③

这就是说,《尚书》只不过是像后来"名臣章奏"的选辑,并非属于某一人之著述。不仅如此,他更明确提出,"外史掌三皇五帝之书及四方之志,与孔子所述六艺旧典,皆非著述一类,其说已见于前"。④ 不是著述是什么呢?章学诚认为六经皆属掌故,"六经皆周官掌故,《易》藏太卜,《书》、《春秋》掌于外史,《诗》在太师,《礼》归宗伯,《乐》属司成,孔子删订,存先王之旧典,所谓述而不作"。⑤ 又《和州志艺文书序例》亦云:

> 三代之盛,法具于书,书守之官。天下之术业,皆出于官师之掌故,道艺于此焉齐,德行于此焉通,天下所以以同文为治。而《周官》六篇,皆古人所以即守官而存司法者也。不为官师职业所存,是为非

---

① 《文史通义》内篇二《原道中》。
② 《文史通义》内篇一《诗教上》。
③ 《文史通义》内篇一《书教中》。
④ 《文史通义》内篇一《诗教上》自注。
⑤ 《章氏遗书》外编卷17《和州志》二《六艺类》。

法。虽孔子言礼，必访柱下之藏是也。三代而后，文字不隶于职司，于是官府章程，师儒习业，分而为二，以致人自为书，家自为说，盖泛滥而出于百司掌故之外者，遂纷然矣。

自注曰："六经皆属掌故，如《易》藏太卜，《诗》在太师之类。"[①]选辑、汇编之为史料，固无须辩论，而掌故性质实属记注而不是撰述。他的方志分立三书，其中掌故、文征就是专为保存重要资料而设。记注、掌故之用，全在于"备稽检而供采择"，为撰述提供资料，他在《文史通义》中曾有专门论述，我们将在下面论述。

再者，"六经皆史"的"史"作史料之"史"理解，也可以从他的言论中得到证实。他在《报孙渊如书》中说："愚之所见，以为盈天地间，凡涉著作之林，皆是史学，六经特圣人取此六种之史以垂训者耳。子集诸家，其源皆出于史。"[②]这里所谓"盈天地间，凡涉著作之林，皆是史学"的"史"，与其把它理解为具有"经世"的"史"，毋宁把它解释为具有"史料"价值之"史"更为确当。就是说，盈天地之间，一切著作，都是史料，都是历史家编著史书时搜集研究的对象。既然如此，六经也不例外。关于这点，我们还可以从他所修之《史籍考》内容得到印证。他在《报孙渊如书》中说："承询《史籍考》事，取多用宏，包经而兼采子集，不特如所问地理之类已也。"而真正史部，仅占群籍四分之一。显而易见，他把经部与子集诸书也引入其中当作史籍。像这种"史籍"，我们有什么理由能说它不包含有"史料之史"而专具"史意"之史呢？

最后，还要说明的是，我们认为，史料本身就包含有史义，绝不会有脱离史料的抽象史义。反之，也没有不具史义的史料，否则将不称其为史料。史义不能离开史料而独自存在，正如精神不能脱离物质，其理相同。章学诚批判苏洵时已经指出："事辞犹骸体也，道法犹精神也，苟不以骸体为生人之质，则精神于何附乎？"由此可见，在研究章学诚"六经皆史"说时，若完全摒弃史料之史而奢谈史义，恐不妥当。

[①] 大梁本《文史通义》外篇一。
[②] 《文史通义》外篇三。

当然，"六经皆史"的"史"，又具有"经世"之"史"的内容。孔子所以删订六经，目的在于"存道"、"明道"、"以训后世"，让后人从先王政典当中得知治国平天下的道理。"先圣先王之道不可见，六经即其器之可见者也。后人不见先王，当据可守之器而思不可见之道，故表章先王政教与夫官司典守以示人。"①因而章学诚认为，在研究六经时，应从六经具体事实中去领会其精神实质，为当前政治服务，切不可死守经句，泥于古义，专搞名物训诂而脱离当今之人事。他要求人们要特别注意研究现实，"贵时王之制度"。他论证了"国家制度本为经制。李悝《法经》，后世律令之权舆；唐人以律设科，明祖颁示《大诰》，师儒讲习以为功令，是即《易》取经纶之意，国家训典，臣民尊奉为经，义不背于古也"。②如果只知"诵先圣遗言，而不达时王之制度"，所做之学问文章，则未必足备国家之用，这就失去了学习先王典章的意义。何况"事变之出于后者，六经不能言，固贵约六经之旨而随时撰述以究大道"。③

　　综上所述，我们说"六经皆史"的"史"，既具有具体的历史事实、历史资料的"史"，又具有抽象的、经世致用的"史"。正因为如此，我们才说它为历史研究、史料搜集打开了广阔的天地。

　　"六经皆史"的另一重要意义在于它一面反对宋学的空谈，一面又反对汉学的流弊。明末清初，在阶级矛盾和民族矛盾交织的复杂情况下，民间学术空气相当活跃，许多著名学者出于亡国之痛，对明季理学渐生反感，治学多倡"经世致用"，以矫其空疏玄谈之偏。大思想家顾炎武特重"当世之务"，黄宗羲则教导"受业者必先穷经，经术所以经世，方不为迂儒之学，故兼令读史"，并说："读书不多，无以证理之变化；多而不求于心，则为俗学。"④他们于经学史学兼收并重，其目的在于经世。后来清统治者为了加强控制，摧残反清复明思想，对经世致用的学术思想采取扼杀政策，极力提倡封建正统理学，配之以大规模类书、丛书的编纂，借以腐蚀人们故国之思，

---

①《文史通义》内篇二《原道中》。
②《文史通义》内篇一《经解中》。
③《文史通义》内篇二《原道下》。
④ 全祖望：《鲒埼亭集》卷11《梨洲先生神道碑文》。

扭转学风，转移研究现实的视线。与此同时，又大兴文字狱，对著名的思想家横加迫害。谈到经世，开口便触忌讳，遂使人人都有戒心，许多学者不敢正视现实，"竞为考订"，考据之学遂形成专门的学派——汉学，并得到当局大力提倡。到了乾嘉之际，这种汉学已是壁垒森严，足以与高居庙堂的宋学相抗衡了。长期以来，理学内部程朱陆王之论战，这时一变而为汉宋之争了。当然，不管哪一方，它们都是作为统治者利用的工具而得以存在。只不过汉学更加适合统治者此时此刻的需要，所以一跃而居于"显学"地位。

对于汉学、宋学之间各执一端毫无意义的纷争，章学诚曾作过这样的批评：

> 学问之途，有流有别，尚考证者薄词章，索义理者略征实，随其性之所近，而各标独得，则服郑训诂，韩欧文章，程朱语录，固已角犄鼎崎，而不能相下，必欲各分门户，交相讥议，则义理入于虚无，考证徒为糟粕，文章只为玩物，汉唐以来，楚失齐得，至今嚣嚣，有未易临决者。惟自通人论之则不然，考证即以实此义理，而文章乃所以达之之具，事非有异，何为纷然。①

在汉学、宋学之争非常激烈的时候，他发表了《言公》、《说林》等篇文章，他说，这些"十余年前旧稿，今急取订正付刊，非市文也，盖以颓风日甚，学者相与离跂攘臂于桎梏之间，纷争门户，势将不可已也。得吾说而通之，或有以开其枳棘，靖其噬毒，而由坦易以进窥天地之纯古人之大体也，或于风俗人心不无小补欤！"②章学诚认为，在做学问上，一定的师承关系是必要的，但切不可有门户之见。一旦有了门户之见，势必产生无穷无尽的纷争，给学术发展带来不利的影响。"学者不可无宗旨，而必不可有门户。"③至于门户之见，则产生于"好名"与"争胜"。为了抬高自己学派的地位，就不能不对别的学派和观点进行攻击诋毁。章学诚认为这样的人，并无真正学问，只不过借此虚张声势以吓人。他曾深有感触地说："且学问之途，本自

---

① 《章氏遗书》卷22《与族孙汝楠论学书》。
② 《文史通义》补遗续《又与朱少白》。
③ 《文史通义》内篇二《浙东学术》。

光明坦荡，人自从而鬼蜮荆棘，由于好名争胜，而于学本无所得故也。"① 争名而不去真正研究学问，"学问不求有得，而矜所托以为高"②，这样就会不问是非得失，盲从一家之言。

他对宋学末流的抨击毫不留情，他说，宋学之所以"见讥于大雅"，就在于它"空谈义理以为功"③，"第其流弊，则于学问、文章、经济、事功之外，别见有所谓'道'耳。以'道'名学，而外轻经济事功，内轻学问文章，则守陋自是，枵腹空谈性天，无怪通儒耻言宋学矣"。对于宋学那种舍器求道，舍今求古的学风，深表痛绝。他批判了宋儒轻视考据，忽视文辞的所谓"玩物丧志"、"工文则害道"的荒谬观点。这种观点是阻碍学术发展的大敌。但是，他又指出宋学的作用不应全盘否定，他说："君子学以持世，不宜以风气为重轻；宋学流弊，诚如前人所讥，今日之患，又坐宋学太不讲也。"他认为：

> 讲求文辞，亦不宜略去宋学；但不可坠入理障，蹈前人之流弊耳。《五子遗书》，诸家语录，其中精言名理，可以补经传之缺，而意义亦警如周秦诸子者，往往有之，以其辞太无文，是以学者厌之，以此见文之不可以已也。但当摘其警策，不妨千百之中存其十一，不特有益身心，即行文之助，亦不少也。④

以上论述，表明了他对宋学的看法，他主张吸取宋学的合理部分，对其末流之弊则坚决反对。

对于汉学，章学诚同样采取了既批判又肯定的态度，不过批判程度远远胜过宋学。其所以如此，一则是宋学此时已经一蹶不振，不占统治地位，再则是驱使人们竞相考据的汉学已经成为阻碍学术发展的症结所在。他在好多文章中，都以锋利的笔触，对当时的考据之风进行揭露和抨击，批判汉学家

---

① 《文史通义》补遗续《又与朱少白》。
② 《文史通义》内篇四《说林》。
③ 《文史通义》内篇二《浙东学术》。
④ 《文史通义》外篇三《家书五》。

脱离现实，盲目考订的作风。他说，"古人之考索，将以有所为也"，然而"今则无所为而竟言考索"。① 这么一来，便出现了"但知聚铜，不解铸釜；其下焉者，则沙砾粪土，亦日聚之而已"② 的奇怪现象。章学诚曾一再大声疾呼，要求学者们迅速扭转这种倾向，正确对待考据的作用，指出它只是学者求知所用之"功力"，本身并不是学问。需要指出的是，他没有对汉学或考据之学作全盘否定，相反，认为有意义的考证是不可缺少的。他说：

> 考索之家，亦不易易，大而《礼》辨郊社，细若《雅》注虫鱼，是亦专门之业，不可忽也。阮氏《车考》，足下以谓仅究一车之用，是又不然。治经而不究于名物度数，则义理腾空而经术因以卤莽，所系非浅鲜也。③

又说："义理必须探索，名数必须考订，文辞必须闲习，皆学也，皆求道之资，而非可执一端谓尽道也。君子学以致其道，亦从事于三者，皆无所忽而已矣。"④ 这表明，章学诚不仅没有简单地否定一切考据，相反，在考据之风盛行之时，他要人们在做学问时不要忽略考据，绝不能因其产生了流弊而弃置不用。上面我们曾引过他这样一段论述："学问文章，聪明才辨，不足以持世；所以持世者，存乎识也。所贵乎识者，非特能持风尚之偏而已也，知其所偏之中亦有不得而废者焉。"⑤ 这就是说，作为一个学者，不仅要能看出风尚之偏，而且要能看出所偏之中亦有不得而废者。他对前人或学术流派所持的态度是很可贵的。他在同沈枫墀讨论当时的学风时，一再强调不可偏废的重要性，甚至出人意外地说，当时学者趋风气而竟言考订，虽多非心得，也总比那些束书不观，空谈性命者好，"知求实而不蹈于虚，犹愈于掉虚文而不复知实学"。⑥

---

① 《文史通义》内篇六《博杂》。
② 《文史通义》外篇三《与邵二云书》。
③ 《文史通义》外篇三《答沈枫墀论学》。
④ 《章氏遗书》卷29《与朱少白论文》。
⑤ 《文史通义》内篇四《说林》。
⑥ 《文史通义》外篇三《答沈枫墀论学》。

综上所述，我们认为章学诚"六经皆史"说是针对空谈性命的宋学和务求考索的汉学两种不良学风提出的，主要锋芒是指向汉学流弊。

在封建统治非常顽固的乾嘉时代，一般学者守口如瓶，终日钻在故纸堆中做训诂名物工作，整个学术界处在万马齐喑的状态。章学诚标新立异，不为当时学风所囿，反而高唱"经世致用"，大谈"六经皆史"，要把学术变为切合实际，有益于当前社会风教的活学问。他提倡学术为政治服务，学者要面向现实，重发挥，重创造，反对死守经句，力主通经致用。这种主张，对于学术发展无疑是有好处的，在学术思想史上应占有一定的地位。

四、批评戴震不能说是章氏"六经皆史"的糟粕

由于章学诚在做学问上强调"经世致用"，对处于官学地位的考据学进行了系统、全面的分析和批判。在批判中，势必要涉及当时的社会名流和权威人物，所以他的这种批判精神，在当时社会不仅没有得到支持和欢迎，相反遭到了社会上很不公平的待遇，明枪暗箭，一齐袭来。特别是他批评了汉学大师戴震，长期遭到指责，说他批戴完全出于"门户之见"，目的在于"维持宋学"。直到现代，有的文章还把批戴笼统地说成是章学诚"六经皆史"说中的糟粕，如周予同、汤志钧先生在《章学诚"六经皆史"说初探》一文中说："戴氏用训诂学的形式以探求儒家'本义'，以建立自己的哲学，以痛斥当时代表统治地位的'宋学'，而章学诚却以为是其所病，这就和他的'校雠得失'不完全符合了。"于是他们肯定这是章氏"六经皆史"说的糟粕。柴德赓先生仅据《书朱陆篇后》一篇文章就轻下结论，说"从章的立场说，六经不可议，朱熹也不能议，何况当时皇帝重程朱之学，又怎么可以轻议呢？一件事情，两种看法，戴章的优劣显然可见"。[①] 我们觉得这些议论是很难令人信服的。由于它关系到对章学诚学术思想和治学态度的评价，所以有必要提出加以商榷。这些议论，只看表面，不究实质。他们只看到了章学诚批评了戴东原，不知道章学诚为什么批评戴东原，更不知道章学诚还赞扬了戴东原。因此，我们有必要从下列三方面加以分析。

---

① 《试论章学诚的学术思想》。

第一，章学诚为什么批评戴东原。

章学诚和戴震第一次见面是在乾隆三十一年（1766），这时戴氏已成为声重京师的学界名流了。这次会见是因郑成斋之言，章学诚前往戴氏馆舍拜访，"询其所学"，也就是特地上门求教，后来为了学术上的问题还当面进行过辩论。会见、交往和争论，自然是他们之间得以相互了解的好机会。戴震对章学诚的为人及其学术宗旨是否了解，今天已不得而知，因为他流传下来的文章中，都不曾涉及此事。而依章学诚自己所讲，真正了解他学术宗旨的只有他的老师朱筠、好友邵晋涵两人而已。至于章学诚对于戴震，自称是"真知戴氏"第一人。

戴震是乾隆时代第一流学者，是考据之风盛行时出现的一位不可多得的杰出唯物主义思想家。然而当时大家都把他当作汉学大师来推崇，很少有人知道他是思想家。梁启超说："当时学者虽万口翕然诵东原，顾能知其学者实鲜。"[1] 章学诚很想为戴申辩，他在给史余村的信中曾说：

> 近三四十年，学者风气，浅者勤学而暗于识，深者成家而不通方，皆深痼之病，不可救药者也。有如戴东原氏，非古今无其偶者，而乾隆年间，未尝有其学识，是以三四十年中人，皆视为光怪陆离，而莫能名其为何等学；誉者既非其真，毁者亦失其实，强作解事而中断之者，亦未有以定其是也。[2]

又在《书朱陆篇后》一文中指出：

> 戴君下世，今十余年，同时有横肆骂詈者，固不足为戴君累；而尊奉太过，至有称谓孟子后之一人，则不免为戴所愚。身后恩怨俱平，理宜公论出矣；而至今无能定戴氏品者，则知德者鲜。[3]

---

[1]《饮冰室文集·戴东原先生传》。
[2]《文史通义》补遗续《与史余村》。
[3]《文史通义》内篇二。

在这是非失主、公论未定之际，章学诚毅然肩负起评定戴氏学术地位的任务，这种举动难道能用自私的心理解释吗？他在给其好友邵晋涵一封信中，曾表白了自己批评戴震的用心。他说："夫爱美玉者，攻其瑕而瑜乃粹矣，仆之攻戴，欲人别瑕而择其瑜，甚有苦心，非好为掎摭也。"①

章学诚所以急于为戴震申辩，一则要辨明戴氏学术造诣之真迹，证明其学术贡献不在于训诂名物，而在"于天人理气，发前人所未发"。章学诚认为，在当时"不知诵戴遗书而得其解者，尚未有人，听戴口说而益其疾者，方兴未已，故不得不辨也"。②再则章学诚早年学习上受戴震影响很大，这在乾隆三十一年两人会见后章学诚写的《与族孙汝楠论学书》中表述甚明，这时章学诚年仅二十九岁。尽管这是第一次见面，而戴震对其学术宗旨的介绍，亦仅"粗言崖略"，但他已深感"在朱先生门，得见一时通人，虽扩大生平闻见，而求能深识古人大体，进窥天地之纯，惟戴氏可与几此"。他还发觉，当时与戴震关系甚密，推崇至深的人，亦"不足以尽戴君"。他们所推尊的，并不是戴震学术全貌。就连"大兴朱氏（筼河），嘉定钱氏（大昕），实为一时巨擘，其推重戴氏，亦但云训诂名物，六书九数，用功深细而已"。当他们看到戴氏《原善》诸篇，"则群惜其有用精神耗于无用之地"。这种情况使章学诚感到惶恐不安。为此，他曾"力争朱先生前"，认为他们对戴氏的评价，"似买椟而还珠"。他的力争，没有得到任何人支持，"人微言轻，不足以动诸公之听"。③尽管他很想为戴震申辩，并且写了专篇文章，毕竟还是担心社会舆论的压力太大而不敢示人。他在给史余村、邵晋涵两人信中都曾谈及此事，"别有专篇，辩论深细，此时未可举以示人，恐惊一时之耳目也"。④"已别具专篇讨论，箧藏其稿，恐惊曹好曹恶之耳目也。"⑤写好文章，不敢公开拿出示人，当时的遭遇和心情可想而知。

至于章学诚为什么要批评戴震，他自己讲得很清楚，是"攻其瑕"而使"瑜乃粹"。他的批判有下列几个方面：

---

① 《文史通义》补遗续《答邵二云书》。
② 《答邵二云书》。
③ 以上均见《文史通义》补遗续《答邵二云书》。
④ 《文史通义》补遗续《与史余村》。
⑤ 《文史通义》补遗续《答邵二云书》。

（1）批评戴震夸大考据学的作用。我们知道，考据是进行学术研究（主要是文史方面）中的一个环节，是做学问过程中所采用的一种手段。对于它的作用，应当给予恰如其分的评价。章学诚对此有过精确的评论，指出它是做学问过程中不可缺少的"功力"，本身不是学问。可是戴震在当时不恰当地夸大了它的作用，以权威自居，危言耸听地训斥道："今人读书尚未识字，辄目训诂之学不足为，其究也，文字之鲜能通，妄谓通其语言，语言之鲜能通也，妄谓通其心志。"①在戴震看来，所谓识字就"当贯群经，本六书，然后为定"。②他还振振有词地说：

> 诵《尧典》数行，至"乃命羲和"，不知恒星七政所以运行，则掩卷不能卒业；诵《周南》、《召南》，自"关雎"而往不知古音，徒强以协韵，则龃龉失读；诵古《礼经》先"士冠礼"，不知古者宫室、衣服等制，则迷失其方、莫辨其用；不知古今地名沿革，则《禹贡》、《职方》失其处所。③

一句话，如果对六书、训诂不作研究，古代典章制度不搞清楚，就没有读五经的资格。根据这种主张，提出了"由字以通其词，由词以通其道"④的治学方法，似乎只有这一渠道，才是求得学问的唯一正道。

章学诚对戴震这些主张，逐条加以驳斥。他首先指出，六书、七音自可成为专门学业，由少数专门人员去研究，一般人粗通大意即可。如果说"六书不明，五经不可得而诵"，那么六书"数千年来，诸儒尚无定论，数千年人不得诵五经乎？"况且即使那些"专门名家"，"竭毕生之力"，尚且"莫由得其统贯"，他们之间"犹此纠彼议，不能画一，后进之士，将何所适从乎？"⑤至于古代典章制度，同样属于"专门绝业"，更不能"以此概人"。"必如其所举，始许诵经，则是数端皆出专门绝业，古今寥寥不数人耳，犹

---

① 《戴东原集》卷3《尔雅注疏笺补序》。
② 《戴东原集》卷9《与是仲明论学书》。
③ 《戴东原集》卷11《惠定宇先生授经图》。
④ 《戴东原集》卷9《与是仲明论学书》。
⑤ 《文史通义》外篇二《说文字原课本书后》。

复此纠彼讼,未能一定,将遂古今无诵五经之人,岂不诬乎!"①寥寥数语,把戴震大言欺世、垄断学术的学阀作风批得淋漓尽致。章学诚还列举历史事实,非常辛辣地讽刺说:"孟子言井田封建,但云大略;孟献子之五人,忘者过半;诸侯之礼,则云未学;爵禄之详,则云不可得闻。使孟子生后世,戴氏必谓未能诵五经矣。"在批判中,对于戴震把马班之史、韩柳之文一律称"彼皆艺而非道"的错误论调亦予驳斥,指出"马班之史、韩柳之文,其与于道,犹马郑之训诂,贾孔之疏义也。戴氏则谓彼皆艺而非道,此犹资舟楫以入都,而谓陆程非京路也"。②我们认为,这些批评无论在当时还是现在来看都是正确的。

(2)批评戴震"心术未醇"。《书朱陆篇后》一文开头就说:"戴君学问,深见古人大体,不愧一代巨儒,而心术未醇,颇为今日学者之患,故余作《朱陆》篇正之。"③"心术未醇"指的是戴震"忘本"。他在给朱少白的一封信中说:

> 戴君之误,误在诋宋儒之躬行实践,而置己身于功过之外。至于校正宋儒之讹误可也,并一切抹杀,横肆诋诃,至今休歇之间,少年英俊,不骂程朱,不得谓之通人,则真罪过,戴氏实为作俑。其实初听其说,似乎高明,而细核之,则忘本耳。夫空谈性理,孤陋寡闻,一无所知,乃是宋学末流之大弊。然通经服古,由博反约,即朱子之教。……至国初而顾亭林、黄梨洲、阎百诗皆俎豆相承,甚于汉之经师谱系,戴氏亦从此数公入手,而痛斥朱学,此饮水而忘其源也。④

章学诚批评戴震心术不正,饮水忘源,这应当说批得不完全对。因为戴震的唯物主义思想突出贡献之一正是表现在抨击程朱理学,揭露它"以理杀人",比"以法杀人"更残酷。章学诚在《朱陆》等篇中,确实有些地方存

---

① 《章氏遗书》卷29《又与正甫论文》。
② 《章氏遗书》卷29《又与正甫论文》。
③ 《文史通义》内篇二《书朱陆篇后》。
④ 《章氏遗书》补遗《又与朱少白书》。

在替朱熹辩解之词，反映了他的封建卫道士思想色彩。

（3）批评戴震在修志上的看法。章学诚与戴震在地方志的编修问题上，分歧很大。他们曾针锋相对地当面进行过论战。乾隆三十八年（1773）夏，章学诚在宁波道署见到了戴震，是时戴氏年已五十，方主讲浙东金华书院，而章学诚此时年仅三十六岁。当时戴震新修成《汾州府志》和《汾阳县志》二部，当他看到章学诚《和州志例》时，很不以为然，说"修志但当详地理沿革，不当侈言文献"，于是两人当面争论起来，事后，章学诚写了一篇《记与戴东原论修志》，记述了当时两人争论的要点。戴震把方志看作地理书类，因此主张"志以考地理，但悉心于地理沿革，则志事已竟。侈言文献，岂所谓急务哉？"对此，章学诚曾予以反驳，指出："方志如古国史，本非地理专门。如云'但重沿革，而文献非其所急'，则但作沿革考一篇足矣，何为集众启馆，敛费以数千金，卑辞厚币，邀君远赴，旷日持久，成书且累函哉？"况且，"考沿革者，取资载籍；载籍具在，人人得而考之"。但是，"一方文献，及时不与搜罗，编次不得其法，去取或失其宜，则他日将有放失难稽，湮没无闻者矣"。他们争论的焦点，看起来不过是方志的性质和内容，但其实质仍反映了他们各自的治学方法和学术宗旨。按照戴震主张，其结果就是把当时考据学家那种专务考索、轻视文献、埋头书本、不问政治的不良学风带到修志领域。材料既是来自古籍，内容自然"厚古薄今"，不能反映当代社会情况。章学诚本着"经世致用"的观点，认为一方之志，要"切于一方之实用"，既要对社会起教育作用，又能为国史编修提供材料。因此，它的取材必须来自当时的一方文献。他说："考古固宜详慎，不得已而势不两全，无宁重文献而轻沿革耳。"① 就此争论而言，两者相较，章学诚的主张显然比戴震高上一筹。

第二，章学诚批评戴震并非出于"维持宋学"。

因为戴震是"汉学大师"，他攻击宋学，而章学诚则抨击汉学很激烈，又批评戴震，所以长期以来，几乎众口一致认为章学诚批评戴震是出于"维持宋学"，抱"门户之见"。我们认为这种结论不是从事实中得出，而是根据现象用推理的方法引申出来的，不能令人信服。戴震攻击宋学是事实，章学

---

① 大梁本《文史通义》外篇三《记与戴东原论修志》。

诚指责汉学、批评戴震也是事实。但由此而得出章学诚批评戴震是"维持宋学"、抱"门户之见"的结论则不是事实。

只要我们稍作研究就可发现，指责章学诚"维持宋学"的说法由来已久。当他在世时，此说已相当流行，有人批评他某些文章，特别是《原道》篇，实"蹈宋人语录习气"。为什么会产生这种看法呢？是因为他在这篇文章中从理论上论述"道"与"器"的关系。在当时，只能从事考据，而不能谈理论，谁谈理论就会被指责为"蹈宋人语录习气"，这本来是不正常的现象。遗憾的是，时至今日，有的同志不是去批判这种不正常现象，反而随声附和，指责章学诚是在"维持宋学"。事实上章学诚在《原道》篇的下篇，着重对宋儒一些主要论调作了批判，指出：

> （夫子所言）恐人舍器而求道也。夏礼能言，殷礼能言，皆曰"无征不信"，则夫子所言，必取征于事物，而非徒托空言以明道也。曾子真积力久，则曰"一以贯之"，子贡多学而识，则曰"一以贯之"，非真积力久与多学而识，则固无所据为一之贯也。训诂名物，将以求古圣之迹也，而侈记诵者如货殖之市矣；撰述文辞，欲以阐古圣之心也，而溺光采者如玩好之弄矣。……记诵之学，文辞之才，不能不以斯道为宗主，而市且弄者之纷纷忘所自也。宋儒起而争之，以谓是皆溺于器而不知道也；夫溺于器而不知道者，亦即器而示之以道斯可矣；而其弊也，则欲使人舍器而言道。夫子教人"博学于文"，而宋儒则曰"玩物而丧志"；曾子教人"辞远鄙倍"，而宋儒则曰"工文则害道"。夫宋儒之言，岂非末流良药石哉！然药石所以攻脏腑之疾耳。宋儒之意，似见疾在脏腑，遂欲并脏腑而去之。将求性天，乃薄记诵而厌辞章，何以异乎？……义理不可空言也，博学以实之，文章以达之，三者合于一，庶几哉周孔之道虽远，不啻累译而通矣。

请看，这样一段议论，怎么能分析出"维持宋学"、"蹈宋人语录习气"呢？可见当时人也不过是望文生义。后来胡适、姚名达在所著《章实斋先生年谱》中亦因其说，认为"先生是维持'宋学'的人，故对于此事最不满意"。这里必须指出的是，因为胡适非常欣赏考据学家的所谓"治学精神"，把它吹捧成什么"近代的科学方法"。而章学诚抨击汉学比较激烈,胡适有此议论,不足为奇。章学诚批评了汉学家逃避现实,盛气凌人,不可一世的傲世作风,指出"尊汉学、尚许郑,今之风尚如此,此乃学古,非即古学也"。① 讥笑汉学家"逐于时趋,而误以襞绩补苴谓足尽天地之能事也。幸而生后世也,如生秦火未毁以前,典籍具存,无事补辑,彼将无所用其学矣"。② 这些批评,全是针对当时社会风气提出的,不应遭到非议。他对戴震那样批评也是事出有因,即戴震把考据夸大到不适当的地步。基于这种社会学风,所以他才提出要学者们不应忽视宋学的作用。他认为宋学讹误,本当校正,"空谈性理,孤陋寡闻,一无所知",是宋学末流之大弊。但不能因末流之弊就采取"一切抹杀,横肆诋诃"的态度。他说:"君子学以持世,不宜以风气为重轻;宋学流弊,诚如前人所讥,今日之患,又坐宋学太不讲也。"他并没有说要维持宋学,只是对于宋学的一些长处,他认为做学问的人要继承下来。上面曾引过他一段话,最能说明这一问题:

> 往在京师,与邵先生言及此事,邵深谓然。……邵言即以维持宋学为志。吾谓"维持宋学,最忌凿空立说,诚以班马之业而明程朱之道,君家念鲁志也,宜善诚之"。……尔辈此时讲求文辞,亦不宜略去宋学;但不可堕入理障,蹈前人之流弊耳。③

非常明显,提出"以维持宋学为志"者是邵晋涵,而不是章学诚,当章学诚听到邵晋涵的说法以后,当即指出"维持宋学,最忌凿空立说"。他教导自己的子弟学习中"亦不宜略去宋学,但不可堕入理障,蹈前人之流弊耳"。他抨击宋学末流,认为宋学所以"见讥于大雅",是因为"空谈义理以为功"④,"舍器而求道,舍今而求古,舍人伦日用而求学问精微"。⑤ 可见章学诚也反对宋学,所要维持的只是宋学的有用部分。

---

① 《文史通义》内篇四《说林》。
② 《文史通义》内篇二《博约中》。
③ 《文史通义》外篇三《家书五》。
④ 《文史通义》内篇二《浙东学术》。
⑤ 《文史通义》内篇五《史释》。

至于说章学诚抱"门户之见",更属无稽之谈。他在当时的境遇,是"一时通人亦多不屑顾盼","人微言轻","一时通人所弃置而弗道"。讲话都无人听,哪里还谈得上树立什么"门户!"这种情况,使他十分义愤,他大声疾呼反对"门户之见"。关于这点,我们在叙述他的治学经验时已作了比较详细的论述。他认为学者不可无宗主,而必不可有门户,有了门户之见,就会影响自己的学业上进。如他说:"西河毛氏(毛奇龄),发明良知之学,颇有所得;而门户之见,不免攻之太过,虽浙东人亦不甚以为然也。"① 反对"门户之见"是清初浙东史学特色之一,章学诚身为浙东史学成员之一,也具有这一优良传统。

第三,章学诚对戴震褒大于贬。

现存的章学诚著作中论及戴震的文字很多,我们对其全部著作中有关这方面文字加以对比,深深感到他对戴震的评论褒扬多于批评。由于学术见解上有分歧,章学诚对戴震的批评也确实不少,但同他对戴震的学术造诣的赞扬推崇程度相比,那是不可同日而语的。章学诚肯定戴震是一位考据学家,深通训诂名物,不愧为一代巨儒。他的考订,"将以明道",与那些"无所为而竞言考索"者大不相同。既有征实,又有发挥,"其所考订与所发挥,文笔清坚,足以达其所见"②,并且其考订"实有见于古人大体"。因此,章学诚的结论是"近日言学问者,戴东原氏实为之最"。③ 戴震是考据之风盛行时出现的一位杰出思想家,当时人能从这方面认识和肯定的并不多。"众所推尊"的,仅在"训诂解经",不知戴氏杰出之处并不在此。而章学诚却明确指出:生平所见,"而求能深识古人大体,进窥天地之纯,惟戴氏可与几此"。"戴氏笔之与书,惟辟宋儒践屦之言谬尔,其他说理之文,则多精深谨严,发前人所未发,何可诬也。"④ 不仅如此,他还说:"有如戴东原氏,非古今无其偶者,而乾隆年间,未尝有其学识。"⑤ 这里所指的学识自然不是考据。非常明显,章学诚当时已经看出戴震的贡献不单纯是考据,更不单纯是位"汉学大

---

① 《文史通义》内篇二《浙东学术》。
② 《文史通义》外篇三《答沈枫墀论学》。
③ 《章氏遗书》卷29《又与正甫论文》。
④ 《文史通义》补遗续《答邵二云书》。
⑤ 《文史通义》补遗续《与史余村》。

师"。因为他"非徒矜考据而求博雅"。其著作《论性》、《原善》诸篇,"精微醇邃",实有发前人所未发。而一般学者则称这些都是"空言义理,可以无作"。①就是他的至亲挚友看法也都如此,"惜其有用精神耗于无用之地"。众所周知,这些文章都是研究戴震学术思想极为重要的资料。对于这样重要著作,别人指责,认为无用,章学诚却多方向人推荐,极力赞扬。

章学诚认为戴震研究学问,学术思想既学于古,又不曲泥于古,也没有蔑古,完全具有独创精神。在章学诚的眼里,当时学者中足以成家的并不多,而戴震"成家实出于诸人之上"。他在《郑学斋记书后》一文中对戴震有这样一段评论:

> 戴君说经不尽主郑氏之说,而其《与任幼植书》,则戒以轻畔康成,人皆疑之,不知其皆是也。大约学者于古,未能深究其所以然,必当墨守师说,及其学之既成,会通于群经与诸儒治经之言,而有以灼见前人之说之不可以据,于是始得古人大体而进窥天地之纯。故学于郑而不敢尽由于郑,乃谨严之至,好古之至,非蔑古也。②

在这篇文章中,章学诚批判了墨守陈言,因袭旧说,为戴震进行辩解。指出"学于郑而不敢尽由于郑",正是戴震高明之处。章学诚在学术上向来贵创造发明,反对因循守旧。他认为在做学问上,与其"安坐得十之七八,不如自求心得者十之一二"。至于必要的师承关系固不可缺少,但只能作为学问上"自求心得"的过渡而已。这种要求无疑是高标准的。在章学诚看来,戴震做到了这一点。

总之,我们认为章学诚对戴震的学术成就,肯定大于否定,褒扬大于贬斥。尽管批评的地方有的相当激烈,有的地方批得不对,但总的精神还是为了"攻其瑕而瑜乃粹"。他的批评除上面已列举者外,章学诚还认为戴震"不解史学","记传文字,非其所长,纂修志乘,固亦非其所解"。③这些批

---

① 《文史通义》内篇二《书朱陆篇后》。
② 《文史通义》外篇二《郑学斋记书后》。
③ 《文史通义》外篇三《答沈枫墀论学》。

评，都符合戴震的实际情况，无可非议。不应当因为他批评了戴震，就无分析地扣上"维持宋学"、抱"门户之见"等罪名。这不符合历史事实。

第八节　史家必须具备"史德"

章学诚在《文史通义》中，特意写了《史德》一篇，首先提出"史德"是史家不可缺少的条件之一。这是针对刘知幾提出的"良史"必备的三个条件而发的。作为一个优秀的历史学家，究竟应当具备哪些条件，刘知幾在答礼部尚书郑惟忠提问时曾提出了三点：

> 史才须有三长，世无其人，故史才少也。三长，谓才也，学也，识也。夫有学而无才，亦犹有良田百顷，黄金满籝，而使愚者营生，终不能致于货殖者矣。如有才而无学，亦犹思兼匠石，巧若公输，而家无楩柟斧斤，终不果成其宫室者矣。犹须好是正直，善恶必书，使骄主贼臣所以知惧。此则为虎傅翼，善无可加，所向无敌者矣。脱苟非其才，不可叨居史任，自夐古已来，能应斯目者罕见其人。①

不过这"三长"，他在代表作《史通》里没有明确说明。章学诚在《史德》篇中对此首先加以肯定，指出"才学识三者，得一不易，而兼三尤难。千古多文人而少良史，职是故也"。他说这是因为"史所贵者，义也；而所具者，事也；所凭者，文也。……非识无以断其义，非才无以善其文，非学无以练其事"。但他认为，具此"三长"，还不足以称良史，所以他在文中批评了刘知幾的"所谓才、学、识，犹未足以尽其理也"。并且感叹"文史之儒，竟言才、学、识而不知辨心术以议史德，乌乎可哉？"于是他在才、学、识"三长"之外，又特地提出一个"史德"来。什么是"史德"呢？就是"著书者之心术"，指史家作史，能否忠实于客观史实，做到"善恶褒贬，务求公正"的一种品德。他说："史之义出于天，而史之文不能不藉人力以

---

① 《旧唐书》卷102《刘子玄传》。

成之,……故曰心术不可不慎也。"①

对于章学诚在"三长"之外再增添"史德"的主张,近时有人颇不以为然,认为"史德"已经包含在"史识"之中,如邓瑞同志在《试论刘知幾对史学的贡献》②一文中说:

> 史才,可以解作泛指搜集、鉴别和组织史料的能力,也就是叙述事实,记载语言及写文章的能力,以及运用体例,编写史书内容的能力。史学,是指一个人掌握丰富的史料、历史知识等。史识,是指史家要具备秉笔直书,忠于史实的品德和应有的独立见解。他表示最难得的是史识,次为史才,再者为史学。清代学者章学诚曾谈到"史德",实已寓于刘氏的"史识"之中。

这样解释才、学、识恐不太妥当,尤其是说"史德""实已寓于刘氏的'史识'之中"则更值得商榷。我们认为,刘、章二人所谓"才",就是指写文章的表达能力。有了丰富的史料,如何进行分析、组织、整理、加工,使之成为一篇人人爱读的好文章,也就是刘知幾所谓"刊勒一家,弥纶一代;使其始末圆备,表里无咎"③,那是需要一定才能的,故章学诚说:"非才无以善其文。"所谓"学",是指具有渊博的历史知识,掌握丰富的历史资料,"博闻旧事,多识其物"。④所谓"识",则是指对历史发展、历史事件、历史人物是非曲直的观察、鉴别和判断能力。这里也可以用刘知幾本人的话来说明,他说:

> 假有学穷千载,书总五车,见良直而不觉其善,逢牴牾而不知其失,葛洪所谓"藏书之箱箧","五经之主人",而夫子有云:"虽多亦安用为?"其斯之谓也。⑤

---

① 均见《文史通义》内篇五《史德》。
② 邓瑞:《试论刘知幾对史学的贡献》,《学术月刊》1980年第10期。
③ 《史通·核才》。
④ 《史通·杂述》。
⑤ 《史通·杂识》。

这就是说，纵有极为丰富的知识，如果没有判别史料真伪抵牾的能力，那也是枉然，只不过是个书呆子。所以，章学诚说："非识无以断其义。"邓瑞同志对才、学、识的解释，恐有失于刘知幾原意，而"史识"更不会包含"史德"在内。

为了辨清问题，这里有必要指出，首先提出具有刘知幾才、学、识"三长"还不配称良史的并不是章学诚，而是明代万历年间胡应麟。胡氏曾明确地说：

> 才、学、识三长，足尽史乎？未也。有公心焉，直笔焉，五者兼之，仲尼是也。董狐、南史，制作无征，维公与直，庶几尽矣。秦汉而下，三长不乏，二善靡闻……直则公，公则直，胡以别也？而或有不尽符焉。张汤、杜周之酷，附见他传，公矣，而笔不能无曲也；裴松、沈璞之文，相许一时，直矣，而心不能无私也。夫直有未尽，则心虽公犹私也，公有未尽，则笔虽直犹曲也。其圣人乎，彼子西不害其为公，礼哀公无损其为直。……陈、范有史才而无史学，沈、魏赢史学而乏史才，左、马、班氏，足称具美，其识虽互有是非，然创始之难百倍因也，故非后人之所及也。①

在这里，我们且不去议论他的见解是否妥当，只着重指出一点，就是衡量一个史家的好坏，才、学、识三长这个标准还是不够的。"三长"之外，还要加上"二善"。当然，"公心"、"直笔"不必分而为二。所以到了清代，章学诚就概括前人所论，提出一个"史德"标准。这就说明，刘知幾的"史识"之内绝对没有把"史德"内容包括进去，所以后人提出补充意见。我们觉得，邓瑞同志所以会对史识产生这样误解，主要原因在于对刘知幾同郑惟忠的对话理解有误。因为在刘氏的那段对话中，除了对史学、史才作了比喻外，接着说："犹须好是正直，善恶必书，使骄主贼臣所以知惧。此则为虎傅翼，善无可加，所向无敌者矣。"恐怕邓瑞同志认为这是刘知幾所说的史识内容，其实这是误解。要知道，刘知幾从未明确地说明这就是史识的内

---

① 《少室山房笔丛》卷13《史书占毕》。

容，实际上它是对上述内容作的补充。从语法结构来看，"犹须"云云，都是补充上面未尽之意，而不是用来解释上面内容。刘知幾在这里是指除史才、史学、史识之外，"犹须好是正直，善恶必书……"。

另外，从字面或字义上看，"史识"也无法解释出具有"史德"的内容来。我们还是用刘知幾的言论来说明。他在《史通·鉴识》篇说：

> 夫人识有通塞，神有晦明，毁誉以之不同，爱憎由之各异，盖三王之受谤也，值鲁连而获申，五霸之擅名也，逢孔宣而见诋。斯则物有恒准，而鉴无定识，欲求铨核得中，其惟千载一遇乎？况史传为文渊浩广博，学者苟不能探赜索隐，致远钩深，乌足以辨其利害，明其善恶。

非常明显，刘知幾所说的"识"，显然还是指鉴别、判断而言。他说事物本身有一定的准则，由于每个人"识有通塞"，因而才产生"鉴无定识"，对于同样事物的看法各有不同，这当然就很难做到"辨其利害，明其善恶"。这种不辨利害、不明善恶，并不是本人主观上故意如此，而是由于识别能力所限，因而对历史事件、历史人物等不能作出正确评价，因为他反映出来的不是事物本身的"准则"。这就是刘知幾从正面对"识"所作的解释。为了说明问题，我们不妨再引一段他的论述。他说：

> 观刘向对成帝称武宣行事，世传失实，事具《风俗通》，其言可谓明鉴者矣。及自造《洪范》、《五行》及《新序》、《说苑》、《列女》、《神仙》诸传，而皆广陈虚事，多构伪辞，非其识不周而才不足，盖以世人多可欺故也。呜呼！后生可畏，何代无人，而辄轻忽若斯者哉。夫传闻失真，书事失实，盖事有不获已，人所不能免也。至于故为异说，以惑后来，则过之尤甚者矣。①

为什么会"故为异说，以惑后来"？刘知幾明明说是"非其识不周而才不足，盖以世人多可欺故也"。这不正是章学诚所说的"著书者之心术"不

---

① 《史通·杂说下》。

正吗？可见史识、史德是有区别的。

　　章学诚曾提出："盖欲为良史者，当慎辨于天人之际，尽其天而不益以人也。尽其天而不益以人，虽未能至，苟允知之，亦足以称著书者之心术矣。"写历史要"辨天人之际"，这是司马迁最早提出来的，章学诚更进一步提出史学家应当尽量做到"尽其天而不益以人"，这个要求就更高了。"慎辨于天人之际"，是指史学家应当慎辨自己主观与史实客观之间的关系，划清哪些是自己主观意图，哪些是客观史实。"尽其天而不益以人"，则是要史学家在分清主观与客观关系之后，要尽量尊重客观史实，如实反映客观史实，不要随心所欲地把自己主观意图掺杂到客观史实中去。只要抱着这个态度去努力，即使还有不足之处，也就可以称得上有"著书者之心术"了。当然章学诚也深知事情并不那么简单，因为人是有感情的，史实是复杂的。"史之义出于天，而史之文不能不藉人力以成之"。这中间"慎辨于天人之际"关系十分重大。他说：

　　　　盖事不能无得失是非，一有得失是非，则出入予夺相奋摩矣，奋摩不已而气积焉；事不能无盛衰消息，一有盛衰消息，则往复凭吊生流连矣，流连不已而情生焉。凡文不足以动人，所以动人者气也；凡文不足以入人，所以入人者情也。气积而文昌，情深而文挚，气昌而情挚，天下之至文也。然而其中有天有人，不可不辨也。①

　　这就是说，史学家在历史事实面前不能没有自己的想法和看法，特别是史实有是非得失之时，想法看法也就更多，甚至引起情感上发生深刻变化。在感情充沛的情况下写出来的文字往往是好文章，原因在于情感随着史事的是非得失而起变化，情感与史事几乎水乳交融，文字容易做到流畅动人。可是，这样一来，史实的"天"与感情的"人"，主观客观交杂在一起，因而这种史文"其中有天有人"，当然不可不辨。章学诚也看到史学家不可能没有自己的主观见解，见到史实是非得失不能不动感情，问题在于如何引导和防止，而不能任其自流。解决的办法就是要求主观尽量服从客观，史学家要

---

① 《文史通义》内篇五《史德》。

克制自己的感情，使自己的感情尽量符合事理，以理性来制约自己的感情。他说："气合于理，天也；气能违理以自用，人也；情本于性，天也；情能汨性以自恣，人也。"又说：

> 夫文非气不立，而气贵于平；人之气，燕居莫不平也，因事生感，而气失则宕，气失则激，气失则骄，毗于阳矣；文非情不得，而情贵于正；人之情，虚置无不正也，因事生感，而情失则流，情失则溺，情失则偏，毗于阴矣。阴阳伏沴之患，乘于血气而入于心知，其中默运潜移，似公而实逞于私，似天而实蔽于人，发为文辞，至于害义而违道，其人犹不自知也。故曰心术不可不慎也。①

这里他提出了要"气合于理"、"情本于性"，即主观服从于客观，反对"违理以自用"，"汨性以自恣"，强调"气贵于平"，"情贵于正"。总的精神就是要以理性制约感情，使感情符合于事理，力求做到"尽其天而不益以人"。上述这些情况表明，章学诚所提出的"史德"的内容是非常丰富的，是"史识"包含不了的。这种思想虽然是来源于刘知幾等人的"据事直书"精神，但它在内容上或精神上都大大超出了"直书"的范围，特别是"慎辨于天人之际，尽其天而不益以人"的要求，确实把我国古代史学领域的"据事直书"的优良传统发展到一个新的阶段，它确实是衡量一个史学家是否堪称"良史"的必不可少的重要条件，也是对古往今来历史经验的总结。章学诚和刘知幾一样，都看到了历史上许多史学家，具备才、学、识，唯独"心术不正"，缺少"史德"，遇到个人利害，不是屈从于权威势力，就是贪图于个人名利，存有私心，伪造史实，篡改历史，以个人主观意图取代客观的历史事实。他们看到了这种事实，都想设法加以防止。刘知幾在《史通》里大力提倡直书，反对曲笔。章学诚在前人经验基础上，看到单是提倡直书还不足以解决这一矛盾，便进一步提出作为一个良史"当慎辨于天人之际，尽其天而不益以人"，是要史学家作出主观努力，尽量辨清客观与主观的关系，防止把主观东西掺杂进客观史实中去。

---

① 《文史通义》内篇五《史德》。

才、学、识、德四者，在章学诚看来，有主次轻重之别。"史识"、"史德"比"史才"、"史学"重要，前者是灵魂，后者是躯体。单有好的文笔和丰富的历史知识，若没有观察历史的能力，对历史事件就无法作出正确的判断。但"著书者之心术不正"，没有史德，不辨主观客观，便不能如实描绘出客观历史面貌。当然作为一个优秀史学家，"史才"、"史学"同样不可缺少。文章不生动流畅，就达不到良好的教育效果；历史要通过具体史实来体现，没有丰富的史实，就无从编写。故章学诚说："史所载者事也，事必藉文而传，故良史莫不工文。"① 他还认为，"文非学不立，学非文不行，二者相须，若左右手"。② 总之，一个史学家所撰之史书，既要考虑到"自成一家"，又要做到"传人者，文如其人；述事者，文如其事"③，在做到这些要求的前提下，适当进行文辞修饰也是很必要的。但不能"舍本而逐末"，只追求文句的华丽，忽略内容的真实。

第九节　主张文人不能修史

文史结合，本是中国史学领域里一个优良传统，古代许多大史学家，本身就是著名的文学家，他们的著作，既是历史名著，又是文学作品，因而其人其书影响很大。后来随着时代变迁，学术发展，文史逐渐分道扬镳，正如刘知幾所说："昔尼父有言：'文胜质则史。'盖史者，当时之文也。然朴散淳销，时移世异，文之与史，较然异辙。"④ 当魏晋南北朝文风大变之时，许多文人参与写史，他们每"喻过其体，词没其义，繁华而失实，流宕而忘返，无裨劝奖，有长奸诈"⑤，影响史学的正常发展。在唐初设史馆修史以后，虽有不少著名史家参与其事，但文人修史之风仍然继续盛行，"大唐修《晋书》，作者皆当代词人。远弃史、班，近宗徐（徐摛、徐陵父子）、庾（庾

---

① 《文史通义》内篇五《史德》。
② 《文史通义》外篇三《答沈枫墀论学》。
③ 《文史通义》内篇二《古文十弊》。
④ 《史通·核才》。
⑤ 《史通·载文》。

信)。夫以饰彼轻薄之句,而编为史籍之文,无异加粉黛于壮夫,服绮纨于高士者矣"。① 对于这种状况,刘知幾非常反感,说:"喉舌翰墨,其辞本异,而近世作者,撰彼口语,同诸笔文。斯皆以元瑜(阮禹字)、孔璋(陈琳字)之才,而处丘明、子长之任。文之与史,何相乱之甚乎。"② 由于文人修史弊病很多,所以他在《史通》的许多篇章中作了反复的论述,认为此种现象必须终止。

文人修史,后来历代皆有,所以到了清代,章学诚继刘知幾之后,再次提出文人不能修史的主张。他曾多次指出史学家与文士在写作上要求不同,因此各自努力的方向与修养也都不同。他说:

余尝论史笔与文士异趣,文士务去陈言,而史笔点窜涂改,全贵陶铸群言,不可私矜一家机巧也。虽然司马生西汉而文近周秦战国,班陈范沈亦拔出时流,彼未尝不藉所因以增其颜色,视文士所得为优裕矣。③

他又说:"文人之文,与著述之文不可同日语也。著述必有立于文辞之先者,假文辞以达之而已。"④ 这就是说,文士作文,可以凭自己想象加以创作,而史家著作必有所本,绝不可以私意妄作增删。他曾批评苏洵不理解这个道理而对司马迁、班固妄加议论,实在可笑。他说:

次篇论迁固之义例,所见甚小,其所条举,亦有得有失,不足深辨。末篇谓迁不当割裂经传,比于剪裁文绣;谓固不当袭迁论赞,此全不识史家因袭之法。《尚书》、《左》、《国》之文,古者并不出于一人一手,当日旧史原文,使苏氏得尽见之,必疑六经不当剪裁古史矣。左氏论断,凡称君子曰者,岂尽出左氏一人之笔耶?⑤

---

① 《史通·论赞》。
② 《史通·杂说下》。
③ 《文史通义》补遗《跋湖北通志检存稿》。
④ 《文史通义》内篇六《答问》。
⑤ 《章氏遗书》外编卷3《丙辰札记》。

史学家著史必有依据，从事著作是否会比文士作文要来得容易呢？不是的。他在《与陈观民工部论史学》一文中说：

> 文士撰文，惟恐不自己出，史家之文，惟恐出之于己，其大本先不同矣。史体述而不造，史文而出于己，是为言之无征，无征且不信于后也。识如郑樵，而讥班史于孝武前多袭迁书。然则迁书集《尚书》、《世本》、《春秋》、《国策》、《楚汉牒记》，又何如哉？充其所说，孔子删述六经，乃蹈袭之尤矣，岂通论乎！夫工师之为巨室度材，比于燮理阴阳；名医之制方剂炮炙，通乎鬼神造化；史家诠次群言，亦若是焉已尔。是故文献未集，则搜罗咨访，不易为功。观郑樵所谓八例求书，则非寻常之辈所可能也；观史迁之东渐南浮，则非心知其意不能迹也，此则未及著文之先事也。及其纷然杂陈，则贵决择去取，人徒见著于书者之粹然善也，而不知刊而去者，中有苦心，而不能显也。既经裁取，则贵陶熔变化。人第见诵其辞者之浑然一也，而不知化而裁者，中有调剂，而人不知也。即以刊去而论，文劣而事庸者，无足道矣，其间有介两端之可，而不能不出于一途，有嫌两美之伤，而不能不忍于割爱，佳篇而或乖于例，事足而恐徇于文，此皆中有苦心，而不能显也。如以化裁而论，则古语不可入今，则当疏以达之，俚言不可杂雅，则当温以润之。辞则必称其体，语则必肖其人。质野不可用文语，而猥鄙须删；急遽不可以为宛辞，而曲折仍见；文移须从公式，而案牍又不宜徇；骈丽不入史裁，而诏表亦岂可废！此皆中有调剂，而人不知也。文至举子之四书义，可谓雕虫之极难者矣，法律细于茧丝牛毛，经生老儒，白首攻习，而较量于微茫秒忽之间，鲜能无憾，其故非他，命题虚实偏全，千变万化，文欲适如其题，而不可增损故也。史文千变万化，岂止如四书命题之数，而记言记事，必欲适如其言其事，而不可增损，恐左马复生，不能无遗憾也。故六经以还，著述之才，不尽于经解、诸子、诗赋文集，而尽于史学，凡百家之学，攻取而才见优者，入于史学而无不绌也。记事之法，有损无增，一字之增，是造伪也。往往有极意敷张，其事弗显，刊落浓辞，微文旁缀，而情状跃然，是贵得其意也。记言之法，增损无常，惟作者之所欲，然必推言者当日意中之所有，虽增千百

言而不为多。苟言虽成文，而推言者当日意中所本无，虽一字之增，亦造伪也。或有原文繁富，而意未昭明，减省文句，而意转刻露者，是又以损为增，变化多端，不可笔墨罄也。①

这里把文人之文与史家之文讲得一清二楚，并且表明史家之文虽必有所本，却比文人之文更为难作。因为它首先要搜罗咨访，占有丰富材料，这项工作，亦"不易为功"，"非寻常之辈所可能也"。接着还得"决择去取"，对群言加以陶铸，"而不可私矜一家机巧"。"记言记事"，必须做到"适如其言其事"。如此要求，当然不是轻易能做到的。

基于上述观点，章学诚与刘知幾看法一样，认为文人不能修史。他列举了唐宋时代第一流文学家韩愈、苏轼、欧阳修等人，予以论证。韩愈虽然作过《顺宗实录》，并不足以说明他懂得史学。欧阳修著有《新唐书》与《新五代史》，"其于史学，未可言也"。而苏轼于史裁更无所解，因此所作《苏氏族谱》亦不符史法。他说：

韩氏道德文章，不愧泰山北斗，特于史学，非其所长，作唐一经之言，非所任耳，其文出于孟荀，渊源《诗》、《礼》，真六经之羽翼，学者自当楷范。但史家渊源，必自《春秋》比事属辞之教，韩子所不能也。后如欧阳永叔，亦不愧为千古宗师，第其生平见解，不能出韩氏之范围，《唐书》与《五代史》，非不竭尽心力，而终不可与语史家之精微也。②

这一评论应当说是比较公允的，肯定他们在文学上一个是"不愧泰山北斗"，一个"不愧为千古宗师"，而对于史学，均"非其所长"。然而，欧阳修却认为自己所作《新五代史》，深得《春秋》之意，由于他名气很大，亦有人捧场，因此章学诚对其评论也就比较多。如他说：

宋韩淲作《涧泉日记》，谓东光张预作《百将传》，甚有旨趣。又记

---

① 《章氏遗书》卷14。
② 《章氏遗书》外编卷3《丙辰札记》。

欧阳公与徐无党书云："《五代史》昨见曾子固之议，今却重头改换，未有了期。"又与梅圣俞书云："闲中不曾作文字，只整顿了《五代史》，成七十四卷，不敢多令人知，深思吾兄一看，如何可得，极有义类，须要好人商量。此书不可使俗人见，不可使好人不见"云云。按《五代史》文笔尚有可观，如云极有义类，正是三家村学究技俩，全不可语于著作之林者也。其云不可使俗人见，其实不可使通人见也。梅圣俞于史学固未见如何，即曾子固史学，亦只是刘向、杨雄校雠之才，而非迁固著述之才。当时仅一吴缜，可备检校而不能用，以致《唐史》疵病百出。若《五代史》只是一部吊祭哀挽文集，如何可称史才也？而韩淲乃谓《五代史》与《史记》有微意；不知《五代史》之微意，正是村学究之《春秋》讲义，其文笔亦《史记》课蒙之选本也，岂可为所愚邪。

盖史家文字，原不责其尽出于己，但要学足该之，才足运之，而识足断之尔。欧公文笔，足以自雄，而史识、史学均非所长，故所争不在有人助力与否，而在大体之有合古人否耳。①

在章学诚看来，欧阳修于史识、史学均非所长，因此所著史书不伦不类。他说："《五代史记》，余所取者二三策耳，其余一切别裁独断，皆呜呼发叹之类也，而耳食者推许过甚，盖史学之失传已久，而真知者鲜也。"② 所以他的结论是"辞章之士，不可与论经史专门之学久矣。……八家文章，实千年来所宗范，而一涉史事，其言便如夏畦人谈木天清秘，令人绝倒，至于如是，人才之有区别，良有以也。"③ 这里他说得也很清楚，文人所以不能修史，是长期分工不同所造成，而不是个人聪明才智所不及，"史家叙述之文，本于《春秋》比事属辞之教，自陈范以上不失师传，沈魏以还，以史为文，古文中断，虽韩氏起八代之衰，挽文而不能挽史。欧阳作史，仍是文人见解。然则古文变于齐梁，而世界已一易矣，文人不可与言史事。而唐宋以

---

① 《章氏遗书》外编卷1《信摭》。
② 《章氏遗书》外编卷3《丙辰札记》。
③ 《章氏遗书》外编卷1《信摭》。

还，文史不复分科，太史公言好学深思，心知其意者，无其人矣。"①关于这一方面论述相当多，总的精神都在阐明文人不能参与修史工作，因为"文士为文，不知事之起讫，而以私意雕琢其间，往往文虽可观，而事则全非；或事本可观，而文乃不称其事"②，这都不符合史学家写史之宗旨。

第十节　对历史编纂学的贡献

一、对史体的评述

刘知幾在《史通》里对史书编写的各种体例进行了全面系统的评论，可以说自他开始，在中国封建社会的史学领域里建立起历史编纂学。如对编年、纪传二体的长短得失和纪传体各种体例的编纂方法等，几乎均有专篇论述。而章学诚对史学评论的重点在于阐明"史意"，故《文史通义》中对这些问题很少立有专章，因为他认为刘知幾已经"论之详矣"。尽管如此，每当论锋所及，他仍能畅抒己见，并对刘知幾的论述作了批判的继承和发展。

对于历史著作体裁的变化，章学诚能从发展的观点来看待，肯定它的演变都具有进步性。他说：

> 历法久则必差，推步后而愈密，前人所以论司天也；而史学亦复类此。《尚书》变而为《春秋》，则因事命篇，不为常例者，得从比事属辞为稍密矣。《左》、《国》变而为纪传，则年经事纬不能旁通者，得从类别区分为益密矣。
>
> 左氏编年，不能曲分类例。《史》、《汉》纪表传志，所以济类例之穷也。
>
> 司马《通鉴》，病纪传之分而合之以编年；袁枢《纪事本末》，又病

---

① 《章氏遗书》外编卷1《信摭》。
② 《章氏遗书》卷19《庚辛之间亡友列传》。

《通鉴》之合而分之以事类。①

这说明各种史体的变革都有相互因袭的关系，每种史体的产生，又都是适应史学发展和时代的要求，有其自身的创造性。

对于纪传体，章学诚说：

> 纪传之书，类例易求而大势难贯。刘知幾谓一事分书，或著事详某传，或标互见某篇，不胜繁琐，以为弊也。不知马班创例，已不能周，后史相沿，皆其显而易见昔耳。倘使通核全书，悉用其例，则不至于纪传互殊，前后矛盾，如校勘诸家所纠举者矣。刘氏不知其弊正由推例未广，顾反以为繁琐，所议未为中其弊也。②

他用一句话点出纪传体的优点及其不足之处。他虽然讲了编年纪传"各有其利与弊，刘知幾论之详矣"。但他觉得刘知幾所论仍有不妥之处，就以纪传而言，刘氏"所议未为中其弊也"。因此他还是发表了自己的不同看法。再如对于编年体，他说："编年之史，能径而不能曲，凡人与事之有年可纪有事相触者，虽细如芥子必书；其无言可纪与无事相值者，虽巨如泰山不得载也。"编年纪传，按时代而言，编年先于纪传，然而纪传问世之后，何以反跃居领先地位？他说："纪传之初，盖分编年之事实而区之以类者也。类则事有适从而寻求便易，故相沿不废；而纪传一体，遂超编年而为史氏之大宗焉。"③他对司马迁所创立的这种史体极为赞赏，称它"实为三代以后之良法"。可是后来学者袭用成法而不知变通，以致变成了如守科举之程式，如治胥吏之簿书，一味求全于纪表志传之成规，使这种史体不能得到进一步发展。到了南宋，史学领域又出现一种新的史体，即袁枢所创立的纪事本末体。这种史体的出现，为史学进一步发展开辟了另一条新的途径。章学诚对此极为重视，认为袁枢此举，起到了化腐朽为神奇之功。他说："本末之为

---

① 《文史通义》内篇一《书教下》。
② 《文史通义》外篇一《史篇别录例议》。
③ 《文史通义》外篇一《史篇别录例议》。

体也,因事命篇,不为常格,非深知古今大体,天下经纶,不能网罗隐括,无遗无滥。"它的优点在于"文省于纪传,事豁于编年,决断去取,体圆用神,斯真《尚书》之遗也"。①

对纪传体的各种体裁,章学诚也分别作了论述。对于本纪的性质、任务,他和刘知幾在看法上有很大不同。刘知幾在《史通·本纪》篇中云:"盖纪之为体,犹《春秋》之经,系日月以成岁时,书君上以显国统。……又纪者,既以编年为主,唯叙天子一人,有大事可书者则见之于年月,其书事委曲,付之列传,此其义也。"在刘知幾看来,唯独建年号有国统的天子方能列入本纪,否则是不可以的。因此,他对司马迁为项羽立本纪表示非常不满,认为是自坏体例。他说:"项羽僭盗而死,未得成君,求之于古,则齐无知卫州吁之类也,安得讳其名字,呼之曰王者乎?《春秋》吴楚僭拟,书如列国,假使羽窃帝名,正可抑同群盗,况其名曰西楚,号止霸王乎?霸王者,即当时诸侯,诸侯而称本纪,求名责实,再三乖谬。"他认为司马迁这个做法是"再三乖谬",可见他对司马迁的用意一无所知。毋庸讳言,这段议论,反映出刘知幾的封建正统史观。就这一问题而言,章学诚的看法较刘知幾高明。章学诚认为,"纪之与传,古人所以分别经纬,初非区辨崇卑。是以迁《史》中有无年之纪,刘子元首以为讥;班《书》自序称十二纪为《春秋考纪》,意可知矣。自班马而后,列史相仍,皆以纪为尊称,而传乃专属臣下,则无以解于《穆天子传》与高祖孝文诸传也。"②又说:"史有本纪,为一史之纲维。"③按照章学诚的看法,本纪只不过是按时间顺序编排的大事纪,"为一史之纲维",其他各体则详载事实,如同左氏之传经,以纬本纪。所以他说:"史部要义,本纪为经,而诸体为纬,有文辞者曰书曰传,无文辞者曰表曰图,虚实相资,详略互见。"④这就更进一步说明,本纪与其他诸体在一部史书中起着经纬互持的作用。他在《史学例议》一文中,特地批评了"纪传不过分别尊卑"的看法,指出:"'纪传不过分别尊卑,并不以纪编

---

① 《书教下》。
② 大梁本《文史通义》外篇二《永清县志恩泽纪序例》。
③ 《文史通义》外篇一《淮南子洪保辨》。
④ 大梁本《文史通义》外篇二《永清县志舆地图序》。

年'，乃浦起龙评《史通》语，其言本不甚确，不知某君何以取之。"①

书志一项，本是纪传体史书中不可缺少的组成部分，然而魏晋南北朝时期不少史书都缺而不作，说明这种体裁，难度较大。郑樵在《通志·总序》中说："江淹有言：'修史之难，无出于志。'诚以志者，宪章之所系，非老于典故者，不能为也。"所以文人作史，能为纪传，却不能为表志。这是郑樵当时的看法，历史事实证明了这一看法是正确的。章学诚认为"史家书志之原，本于官礼"②，这一看法与刘知幾相同，"刘氏《史通》谓书志出于三礼，其说甚确。郑氏《通志》，乃云志之大源出于《尔雅》，其说非也"。③明确源流，在于确定其性质与内容。由于郑樵认为源于《尔雅》，所以他把六书、七音、昆虫草木等都列入二十略之中，与书志性质实不相容。为此章学诚对书志的内容及其做法都提出了具体要求。他说："史家书志，自当以一代人官为纲领矣；而官守所隶，巨细无遗，势难尽著，则择其要者。若天文、地理、礼乐、兵刑，略如八书、十志例，而特申官守所系以表渊源；而文则举其梗概，务使典雅可诵，而于名物器数，无须屑屑求详，听其自具于专门掌故之书，始可为得官礼之意，而明于古人之大体者也。后史昧渊源而详名数，典雅不如班马之可诵，实用不如掌故之详明，秦人所谓驴非驴，马非马，是为骡也。"④

由于刘知幾在《史通》里对表谱的作用有两种不同的议论，因此引起后世学者发生了许多争执。他在《表历》篇说：

> 夫以表为文，用述时事，施彼谱牒，容或可取；载诸史传，未见其宜。何则？《易》以六爻穷变化，《经》以一字成褒贬，《传》包五始，《诗》含六义，故知文尚简要，语恶烦芜，何必款曲重沓，方称周备。观司马迁《史记》则不然矣，天子有本纪，诸侯有世家，公卿以下有列传。至于祖孙昭穆，年月职官，各在其篇，具有其说，用相考核，居然

---

① 《文史通义》外篇一。
② 《文史通义》内篇一《礼教》。
③ 《章氏遗书》外编卷2《乙卯札记》。
④ 《文史通义》内篇一《礼教》。

可知，而重列之以表，成其烦费，岂非谬乎？且表次在篇第，编诸卷轴，得之不为益，失之不为损，用使读者莫不先看本纪，越至世家，表在其间，缄而不视，语其无用，可胜道哉。既而班《东》二史，各相祖述，迷而不悟，无异逐狂。

而在《杂说》篇又说：

观太史公之创表也，于帝王则叙其子孙，于公侯则纪其年月，列行萦纡以相属，编字戢香而相排，虽燕越万里，而于径寸之内，犬牙可接，虽昭穆九代，而于方尺之中，雁行有叙，使读者阅文便睹，举目可详，此其所以为快也。

对这两段截然相反的说法，近代史家颇有争议。我们以为，从上面引文来看，很难说明刘知幾是重视史表的。《表历》篇专门讨论纪传体史书是否需要表谱，刘知幾对史表的看法，当然应以此为据。郑樵否定了刘知幾这一观点，认为编著史书，应当立表，他非常赞扬司马迁《史记》的十表，说"《史记》一书，功在十表，犹衣裳之有冠冕，木水之有本源"。① 到了章学诚，则把这一观点又进一步加以发挥。他把图、表两项，视为编写史书不可缺少的部分。在章学诚看来，史表的适用范围很广，不仅可以表人、表年，而且可以表解事类，尤其人表格外重要。他说："史之大忌，文繁事晦；史家列传，自唐、宋诸史，繁晦至于不可胜矣。使欲文省事明，非复人表不可；而人表实为治经业史之要册。"因为"人表入于史篇，则人分类例，而列传不必曲折求备；列传繁文既省，则事之端委易究，而马班婉约成章之家学可牵而复也"。② 至于为什么要强调人表的作用，他在《又上朱大司马书》中作了详尽的说明："同年汪进士辉祖所辑《同姓名录》，谨奉公余读史，备稽检也。小子曾为撰叙。……叙中极论名姓之书，古有专门，因欲史家急复班固人表之例，以清列传，觉于史学稍有扩清之功，而闻者多大笑之，《湖

---

① 《通志·总序》。
② 《文史通义》外篇二《史姓韵编序》。

北通志》，自用其法，遂为众射之的，谨质清严，当必有所取裁也。昔亭林顾先生之论史，则怪陈范沈魏诸书不立年表，以谓表废而列传遂繁，其言良允。然顾氏所指年表，乃宗室王侯将相列国诸表耳，未尝知人表之陷于众谤，宜急为昭雪，而当推为史家之法守也。充顾氏之所议，六朝诸史，诚无解矣，唐宋金元诸史，俱有年表，何以列传之繁，反比范陈沈魏无表之书增至数倍，则顾氏表废传繁之说，不足以为笃论，而小子争复人表之说，非好为异论矣。"①可见章学诚对于史表的作用，不是泛泛而论，而是特别强调人表的作用。在他看来，要作好纪传体史书，非作人表不足以使"文省事明"。况且"年表世表，亦仅著王侯将相，势自不能兼该人物，类别区分。是以学者论世知人，与夫检寻史传，去取义例，大抵渺然难知，则人表之不可缺也，信矣"。②

古代史家对于图的作用，都未予以足够的注意，因而在纪传体史书中无一席之地。南宋郑樵却相当重视，他说："古之学者，为学有要，置图于左，置书于右，索象于图，索理于书，故人亦易为学，学亦易为功。"③所以他在二十略中特地作有《图谱略》。到了章学诚便大力提倡，认为编写史书，图是不可缺少的重要组成部分，它是无文之史，可以起到语言文字所无法表达的作用。他认为："史不立表，而世次年月，犹可补缀于文辞；史不立图，而形状名象，必不可旁求于文字。此耳治目治之所不同，而图之要义所以更甚于表也。古人口耳之学，有非文字所能著者，贵其心领而神会也。至于图象之学，又非口耳之所能授者，贵其目击而道存也。……虽有好学深思之士，读史而不见其图，未免冥行而擿埴矣。"当然，这里主要还是从读史的效果而言，若从史书的编纂来说，那就更为重要，"列传之需表而整齐，犹书志之待图而明显也，先儒尝谓表阙而列传不得不繁，殊不知其图阙而书志不得不冗也"。他对司马迁《史记》没有立图很为不满，批评"司马氏创定百三十篇，但知本周谱而作表，不知溯夏鼎而为图，遂使古人世次年月可以推求，而前世之形势名象无能踪迹"。所以他非常惋惜地说："呜呼！马班以

---

① 《章氏遗书》补遗。
② 大梁本《文史通义》外篇二《亳州志人物表例议中》。
③ 《通志·图谱略·索象篇》。

来，二千年矣，曾无创其例者，此则穷源竟委，深为百三十篇惜矣！"①

刘知幾在《史通·载言》篇中提出正史要立书部，这种书部类似文选。他感到从《史》、《汉》以后，史传往往大量载入长篇的"制册诰命"、"群臣章表"等方面的文章，这势必有害于行文气势，使纪传文章臃肿而冗长，结果是"唯上（尚）录言，罕逢载事"。为了克服这一弊病，遵照古法，言事分载，"于表志之外，更立一书"，将"人主之制册诰命"，"群臣之章表移檄"，以及著名的诗文佳章，分别选录，以类区分，各立为制册书、章表书、诗颂书等等，既可以保存大量宝贵的文献资料，又可使文章写得简明扼要。章学诚对此十分赞赏，他说："唐刘知幾尝患史体载言繁琐，欲取朝廷诏令，臣下章奏，仿表志专门之例，别为一体，类次纪传之中，其意可谓善矣。"②又说："讨论所谓诏诰章表，不便杂入纪传，别自为篇之义，盖诸家杂纂，不局于纪传成规，而因事立例，时有得于法外之意，可以补马班义例之不及者，不可忽也。"③他认为这个倡议十分重要，可补马班纪传体义例之不足，不应忽视。他不仅在理论上加以肯定和发挥，而且还在修志当中付诸实践。他的方志学的核心——方志分立三书的主张，无疑就是受到刘氏的启发。三书当中的掌故、文征，就是刘知幾所讲的书部的内容。他还认为这种方法可以在纪传、编年史中普遍推广。他说："为史学计其长策，纪表志传，率由旧章，再推周典遗意，就其官司簿籍，删取名物器数，略有条贯，以存一时掌故，与史相辅而不相侵，虽为百世不易之规可也。"④在《为毕制军与钱辛楣宫詹论续鉴书》中又说："推孟子其事其文之义，且欲广吕伯恭氏撰辑，别为《宋元文鉴》，将与《事鉴》（指《续资治通鉴》）并立，以为后此一成之例。"⑤

史书作注，其来已久，许多好的史注，确实大有功于后学。然而刘知幾在《史通·补注》篇中对史注的作用，几乎全加否定。在他看来，"大抵撰史加注者，或因人成事，或自我作故，记录无限，规检不存，难以成一家之

---

① 大梁本《文史通义》外篇二《永清县志舆地图序例》。
② 大梁本《文史通义》外篇一《和州文征序例》。
③ 《章氏遗书》外编卷2《乙卯札记》。
④ 大梁本《文史通义》外篇二《亳州志掌故例议中》。
⑤ 《文史通义》外篇三。

格言"。所以他指骂补注者为"好事之子，思广异闻，而才短力微，不能自达，庶凭骥尾，千里绝群，遂乃掇众史之异辞，补前书之所阙"。而于自我作注者，则一律讥讽为"志存该博，而才阙伦叙，除烦则意有所吝，毕载则言有所妨，遂乃定彼榛楛，列为子注"。总之，在他看来，史书作注，毫无价值可言，"此缺一言，彼增半句，皆采摘成注，标为异说，有昏耳目，难为披览"。章学诚对史注看法，与刘知幾不同，他认为史书作注，亦自具"史学家法"，不能忽视它的作用与价值。如补注一项，"迁书自裴骃为注，固书自应劭作解，其后为之注者犹若干家，则皆阐其家学者也"，不能忽视。这些注本，对于后人研究迁书班史，都有所补益。他特别提倡自注之法，列举出两点理由："文史之籍，日以繁滋，一编刊定，则征材所取之书，不数十年，尝失亡其十之五六，宋元修史之成规可覆按焉。使自注之例得行，则因援引所及而得存先世藏书之大概，因以校正艺文著录之得失，是亦史法之一助也。且人心日漓，风气日变，缺文之义不闻，而附会之习且愈出而愈工焉。在官修书，惟冀塞责；私门著述，苟饰浮名，或剽窃成书，或因陋就简，使其术稍黠，皆可愚一时之耳目，而著作之道益衰。诚得自注以标所去取，则闻见之广狭，功力之疏密，心术之诚伪，灼然可见于开卷之顷，而风气可以渐复于质古，是又为益之尤大者也。"由此可见，章学诚对于写史自注之法是何等重视。他意味深长地说："然则考之往代家法既如彼，揆之后世繁重又如此，夫翰墨省于前而功效多于旧，孰有加于自注也哉！"①

二、创立新史体，改造旧史籍

章学诚不仅是一位史学评论家，而且是一位杰出的史体创造者。他想克服从前史体之短，尽取前代史体之长，创立一种新的体裁。他在《与邵二云论修宋史书》中曾谈及此事，打算"仍纪传之体而参本末之法，增图谱之例而删书志之名，发凡起例，别具《圆通》之篇"。② 为了表明"所著之非虚语"，还择定赵宋一代为试点，用新创立之体裁义例来改编《宋史》。可惜

---

① 均见《文史通义》内篇五《史注》。
② 《文史通义》外篇三。

《圆通》篇和新编的《宋史》因终日为生活奔波而均未写成。

关于新的史体，从《书教》篇尚可窥其大略。它是由三个部分组成：（1）本纪。它相当于按年编排的大事纪要。他对于本纪含义的理解不同于一般史家。在他看来，司马迁初创本纪，"意在绍法《春秋》"，另"著书表列传以为之纬"。所以他说："史部要义，本纪为经，而诸体为纬。"①他创立新纪传体，正是这种主张的具体化。（2）因事命篇的纪事本末。"略如袁枢《纪事》之有题目，虽不必尽似之，亦贵得其概而有以变通之也。"②他认为"史为记事之书，事万变而不齐，史文屈曲而适如其事，则必因事命篇，不为常例所拘，而后能起讫自如，无一言之或遗而或溢也"。所谓因事命篇，就是按照事类分别写成专题，如"考典章制作"、"叙人事终始"、"究一人之行"、"合同类之事"、"录一时之言"、"著一代之文"。③（3）图、表。"人名事类，合于本末之中，难于稽检，则别编为表以经纬之；天象、地形、舆服、仪器，非可本末该之，且难以文字著者，别绘为图以表明之。"④章学诚对图表的作用特别重视，把它作为新史体三大组成部分之一，他认为"图象为无言之史，谱牒为无文之书，相辅而行，虽欲阙一而不可者也"。⑤他大力提倡史书中要给图表应有的地位。当然，三个部分当中，后两者又是共同"以纬本纪"。

这种新史体的优点，据他自己所讲，"较之左氏翼经，可无局于年月后先之累，较之迁史之分列，可无歧出互见之烦，文省而事益加明，例简而义益加精"。他曾自负地说："盖通《尚书》、《春秋》之本原，而拯马史班书之流弊，其道莫过于此。"邵晋涵亦非常推崇，说："纪传史裁，参仿袁枢，是貌同心异；以之上接《尚书》家言，是貌异心同。是篇所推，于六艺为支子，于史学为大宗，于前史为中流砥柱，于后学为蚕丛开山。"⑥此种评论，虽不无溢美之处，但确实为后来新史学的编纂开了先河。因为这种新的纪传

---

① 大梁本《文史通义》外篇二《永清县志舆地图序例》。
② 《文史通义》外篇三《与邵二云论修宋史书》。
③ 《文史通义》内篇一《书教下》。
④ 《文史通义》内篇一《书教下》。
⑤ 大梁本《文史通义》外篇一《和州志舆地图序例》。
⑥ 《文史通义》内篇一《书教下》。

史体，就是企图编出纲举目张、图文并茂的史著。

我国旧史浩如烟海，单就编年、纪传二体，卷帙已很浩繁，长期以来，读史者往往感到漫无头绪。如何对这些旧史进行整理，以利人们阅读和研究，是有待解决的一个难题。章学诚当时对此曾进行了探索，他说："编年纪传，同出《春秋》；二家之书，各有其利与弊，刘知幾论之详矣。古书无多，读者精神易彻，故利易见而弊不甚著；后史江河日广，揽挹不易周详，利故未能遽领，而弊则至于不可胜言。是以治书之法，不可不熟议也。"① 可见他当时对这一问题是相当重视的。为了便于人们整理旧史，补救编年、纪传的缺陷，他还设计了一种写"别录"的方法。他说："纪传之史，分而不合，当用互注之法以联其散；编年之史，浑灏无门，当用区别之法以清其类。"② 他特地写了《史篇别录例议》一文，纵论编年纪传之流弊及如何改造，具体论述了"别录"的做法。文中提出"微言为著书之宗旨，类例为治书之成法"。这就是说，治书的办法在于区分类例。如"于纪传之史，必当标举事目，大书为纲，而于纪表志传与事连者，各于其类附注篇目于下，定著别录一篇，冠于全书之首，俾览者如振衣之得领，张网之挈纲。治纪传之要义，未有加于此也"。"今为编年而作别录，则如每帝纪年之首，著其后妃、皇子、公主、宗室、勋戚、将相、节镇、卿尹、台谏、侍从、郡县、守令之属，区别其名，注其见于某年为始，某年为终，是亦编年之中可寻列传之规模也。其大制作、大典礼、大刑狱、大经营，亦可因事定名，区分品目，注其终始年月，是又编年之中可寻书志之矩则也。至于两国聘盟，两国争战，亦可约举年月，系事隶名，是又于编年之中可寻表历之大端也。如有其事其人不以一帝为终始者，则于其始见也注其终详某帝，于其终也注其始详某帝可也；其有更历数朝，仿其意而推之可也。必以每帝为篇而不总括全代者，《春秋》分纪十二，传亦从而分焉。"所作之"别录"，一律冠于原有史书目录之后，"诸家之史，自有篇卷目录冠于其首以标其次第，今为提纲挈领，次于本书目录之后，别为一录，使与本书目录相为经纬"。③ 如果真能按此办

---

① 《文史通义》外篇一《史篇别录例议》。
② 《文史通义》外篇三《为毕制军与钱辛楣宫詹论续鉴书》。
③ 以上均见《史篇别录例议》。

法对旧史加以整理，无论对人们读史或研究工作，都会带来很大方便。司马光作《通鉴》，为了便于人们寻检，作有《目录》和《举要》。章学诚认为编年史若作"别录一篇，冠于各帝纪首，使人于编年之中隐得纪传班部，以为较涑水《目录》、《举要》诸编尤得要领，且欲广其例而上治涑水原书以为编年者法，其说甚新"。[①] 可惜这一创造与新史体一样，都没有得到人们应有的重视。

三、主张编修通史

唐宋以来，由于社会经济的发展，典章制度的演变，学术思想的进步和史学本身的发展，人们产生了明变思想。反映在史学上，通史观念逐渐为人们所重视。刘知幾的《史通》，是这一时期以"通"命名的第一部史书，接着产生了杜佑的《通典》。刘知幾"通"的观念达到何等程度，很难断言，因为他在《史通》里很少从理论上作过论述。南宋郑樵就很明确地提出了"会通"的概念。他在《通志总序》中第一句就说："百川异趋，必会于海，然后九州无浸淫之患；万国殊途，必通诸夏，然后八荒无壅滞之忧。会通之义大矣哉。"又在《上宰相书》里说："水不会于海，则为滥水。途不通于夏，则为穷途。""天下之理，不可以不会。古今之道，不可以不通。会通之义大矣哉！"[②] 值得注意的是，他这里提出了"古今之道，不可以不通"，这说明他认为"古今之道"是有内在联系的。既要通"古今之道"，断代史无法完成这一任务，因此他极力主张编修通史。他对孔子和司马迁推崇备至，认为他们两人为会通工作作出了典范，而对班固创立断代为史则大加诋毁。章学诚在前人所积累的宝贵经验基础上，将"通"的观念作了进一步的发展。他在《文史通义》中论述了历史发展、学术变化、制度沿革等等，无不表现了明显的历史进化论观点。文化艺术，礼法制度，古简今详，古无今有者，理属当然。他叙述了历史发展是经过了许多社会阶段，每个社会阶段，都出现了一些相应的制度，即使每个朝代，制度亦不尽相同。后者对前

[①] 《文史通义》外篇三《为毕制军与钱辛楣宫詹论续鉴书》。
[②] 《夹漈遗稿》卷下。

者都有继承和发展,"建官制典,决非私意可以创造,历代必有沿革,厥初必有渊源"。① 因此,典章制度和国家机构越到后来越完备。章学诚不仅企图描绘出社会发展的趋势是不断进步的,而且也想说明历史发展是一个有连贯的整体。因此,只有通史才能反映出它的面貌。基于这种观点,在历史编纂学上,他主张编写通史。他要求通史要做到"纲纪天人,推明大道,所以通古今之变而成一家之言"。② 这就是说,一部通史,不仅要能揭示出人与自然的关系,更重要的要能说明历史的发展和变化,即"通古今之变"。他对郑樵倍加称颂,认为:"郑樵生千载而后,慨然有见于古人著述之源,而知著作之旨,不徒以词采为文,考据为学也,……而独取三千年来遗文故册,运以别识心裁,盖承通史家风,而自为经纬,成一家言者也。"他感到遗憾的是,"学者少见多怪,不究其发凡起例,绝识旷论,所以斟酌群言,为史学要删;而徒摘其援据之疏略,裁剪之未定者,纷纷攻击,势若不共戴天"。③

他在《文史通义》中还专门写了《释通》一篇,论述"通"的概念,历叙书名标"通"的由来,阐明编写通史的长短得失。他曾批评刘知幾对通史概念不清,故将通史与集史相混杂。他说:

> 刘知幾六家分史,未为笃论。《史记》一家,自是通史,其家学流别,余别有专篇讨论,刘氏以事罕异闻,语多重出讥之,非也。至李氏《南北史》,乃是集史,并非通史,通史各出义例,变通亘古以来,合为一家记载,后世如郑樵《通志》之类,足以当之。集史虽合数朝,并非各溯太古,自为家学者可比。欧氏《五代史记》,与薛氏《旧史》,是其同类,与通史判若天渊者也。盖通史各溯古初,必须判别家学,自为义例,方不嫌于并列,否则诚不免于复沓之嫌矣。集史原有界画,李延寿行之于前,薛欧行之于后,各为起讫,无所重复,虽一家凡例,两书可

---

① 《文史通义》内篇一《礼教》。
② 《文史通义》内篇四《答客问上》。
③ 《文史通义》内篇四《申郑》。

通用也，刘氏牵合为一，非其质也。①

这里章学诚再次提出，通史不仅要变通古今，而且要"自为家学"，"自为义例"，并不是把几个朝代历史拼凑在一起就可称为通史，必须做到"通古今之变而成一家之言"。他说："梁武帝以迁固而下断代为书，于是上起三皇，下讫梁代，撰为《通史》一编，欲以包罗众史。史籍标通，此滥觞也。嗣是而后，源流渐别，总古今之学术，而纪传一规乎史迁，郑樵《通志》作焉；统前史之书志，而撰述取法乎官礼，杜佑《通典》作焉；合纪传之互文，而编次总括乎荀袁，司马光《资治通鉴》作焉；汇公私之述作，而铨录略仿乎孔萧，裴潾《太和通选》作焉。此四子者，或存正史之规，或正编年之的，或以典故为纪纲，或以词章存文献，史部之通，于斯为极盛也。"此四家在他看来，都是精于义例，自成一体，各具渊源流别，非它书所能比拟。

关于编修通史，章学诚认为有六便、二长。所谓六便是：一曰免重复，二曰均类例，三曰便铨配，四曰平是非，五曰去牴牾，六曰详邻事。所谓二长是：一曰具剪裁，二曰立家法。总之，通史之修，不仅可以做到"事可互见，文无重出"，而且更重要的还在于历代人物，学术典制，皆可依照时代，"约略先后，以次相比"。这样，"制度相仍"，"时世盛衰"，均"可因而见矣"。②

四、纪传体史书应增立《史官传》

在我国封建社会，史著如林，但都没有史官专传。章学诚从"辨章学术，考镜源流"的角度出发，认为这会使"史学渊源，作述家法"中断，对史学发展是莫大的损失。他说："经师有儒林之传，辞客有文苑之篇，而史氏专家，渊源有自，分门别派，抑亦古今得失之林，而史传不立专篇，斯亦载笔之缺典也。夫作史而不论前史之是非得失，何由见其折中考定之所从。"③因此，他再三倡议，今后编修史书必须建立《史官传》。他向来主张编

---

① 《章氏遗书》外编卷3《丙辰札记》。
② 均见《文史通义》内篇四《释通》。
③ 《章氏遗书》卷27《湖北通志检存稿·前志传》。

写历史应当反映社会现实，各种学术发展和文风的变化，都应得到如实的反映。史书建立各种类传，就是为了达到这个目的。司马迁创作《史记》，班固编著《汉书》，都只有《儒林传》而无《文苑传》，这也是从当时需要出发。"迁固之书，不立文苑，非无文也。老、庄、申、韩、管、晏、孟、荀、相如、扬雄、枚乘、邹阳所为列传，皆于著述之业未尝不三致意焉。不标文苑，所以论次专家之学也。文苑而有传，盖由学无专家，是文章之衰也。"自从范晔《后汉书》创立《文苑传》以后，"文士记传，代有缀笔，而文苑入史，亦遂奉为成规"。①《宋史》虽然芜杂，但作者能根据时代特点创立《道学传》。对此章学诚大加赞扬，认为"儒术至宋而盛，儒学亦至宋而歧。《道学》诸传人物，实与《儒林》诸公迥然分别，自不得不如当日途辙分歧之实迹以载之"。②因为"史家法度，自学《春秋》据事直书，枝指不可断，而兀足不可伸，期于适如其事而已矣"。③章学诚深感遗憾的是，"史学流别，讨论无闻，而史官得失，亦遂置之度量之外"。④他认为这种局面绝不应当继续下去。他指出：

> 纪述之重史官，犹儒林之重经师、文苑之重作者也。《儒林列传》当明大道散著，师授渊源；《文苑列传》当明风会变迁，文人流别。此则所谓史家之书，非徒纪事，亦以明道。如使《儒林》、《文苑》不能发明道要，但叙学人才士一二行事，已失古人命篇之义矣。况史学之重，远绍《春秋》，而后史不立专篇，乃令专门著述之业，湮而莫考，岂非史家弗思之甚耶？⑤

班固作《司马迁传》，范晔作《班固传》，都能做到家学俱存。"及《宋书》之传范蔚宗，《晋书》之传陈寿，或杂次文人之列，或猥编同时之人，而于史学渊源，作述家法，不复致意，是亦史法失传之积渐也。至于唐修晋

---

① 大梁本《文史通义》外篇一《和州志前志列传序例中》。
② 《章氏遗书》外编卷3《丙辰札记》。
③ 《丙辰札记》。
④ 《和州志前志列传序例中》。
⑤ 大梁本《文史通义》外篇二《永清县志前志列传序例》。

隋二书，惟资众力；人才既散，共事之人，不可尽知，或附著他人传末，或互见一二文人称说所及，不复别有记载，乃使《春秋》家学，塞绝梯航，史氏师传，茫如河汉。"至于《史官传》的内容，要能阐明师儒传授，祖述渊源。他说："马班《儒林》之篇，能以六艺为纲，师儒传授，绳贯珠联，自成经纬，所以明师法之相承，溯渊源于不替者也（自注曰：《儒林传》体，以经为纲，以人为纬，非若寻常列传详一人之生平者也）。后代史官之传，苟能熟究古人师法，略仿经师传例，标史为纲，因以作述流别，互相经纬。试以马班而论，其先藉之资，《世本》、《国策》之于迁史，扬雄刘歆之于《汉书》是也。后衍其传，如杨恽之布迁史，马融之受《汉书》是也。别治疏注，如迁史之徐广裴骃，《汉书》之服虔应劭是也。凡若此者，并可依类为编，申明家学，以书为主，不复以一人首尾名篇，则《春秋》经世，虽谓至今存焉可也。"①由此可见，章学诚要建立《史官传》，并非出于为一二史官或史学家叙始末，而是要使史学的渊源流别、作史家法得以保存。他列举写后汉历史的除范晔而外，还有刘珍、袁宏、华峤、谢承、司马彪等，而作晋史者，著名的就有十八家之多，可谓盛矣。可是由于无专篇论述，后人修史，既无从条别诸家体裁，更不能论次群史之得失，这是无可弥补的重大损失。特别是唐朝开始，设馆集众修书，这一工作就更少不了。他说：

聚众修书，立监置纪，尤当考定篇章，覆审文字，某纪某书，编之谁氏，某表某传，撰自何人。乃使读者察其臧否，定其是非，庶几泾渭虽淆，淄渑可辨；末流之弊，犹恃堤防。而唐宋诸家，讫无专录，遂使经生帖括，词赋雕虫，并得啁啾班马之堂，攘臂汗青之业者矣。②

历史事实证明，章学诚的论述是正确的，自设馆监修制度建立以来，对于历代正史，人们但知监修人员，而真正编修者却湮没无闻。这样一来，是非莫辨，真假难分，坚持直书者不得留名，肆意曲笔者逃脱罪责，这些现象不仅很不合理，而且使一部史书的编纂过程全然无知。所以他说："前史

---

① 大梁本《文史通义》外篇一《和州志前志列传序例上》。
② 《和州志前志列传序例上》。

不列专题，后学不知宗要，则虽有踪迹，要亦亡失无存，遂使古人所谓官守其书而家世其业者，乃转不如文采辞章，犹得与于常宝鼎文选著作人名之列也。"由于对以前史书著作不立专传，遂使前人经验教训无从吸取，所以他非常惋惜地说："欲成一家之作，而不于前人论著，条析分明，祖述渊源，折衷至当，虽欲有功前人，嘉惠来学，譬则却步求前，未有得而至焉者也。"①

我们认为，章学诚建议编写史书应立《史官传》，确实很有见解。作为一个史学家，对前史得失不作评论，甚至茫然无知，什么史学法度，家学渊源，自然都无从谈起。特别是"唐后史学绝而著作无专家，后人不知《春秋》之家学，而猥以集众官修之故事，乃与马班陈范诸书并列正史焉"。②在这种情况下，史书立《史官传》就显得特别重要。不立《史官传》，不仅对后世史学家带来不利的影响，而且对史学本身的发展造成不可弥补的损失。我们现在对许多历史学家和历史著作产生这样或那样的争执，除了评价高低以外，好多问题都应当说是由此而造成的。

五、区分史籍为撰述、记注两大类

长期以来，我国史籍大都按史体进行分类。而章学诚在《文史通义》中却提出把史籍分为"撰述"（著作之书）和"记注"（为著作提供材料的资料汇编）的主张。刘知幾虽然也讲过"书事记言，出自当时之简，勒成删定，归于后来之笔"③，但并未作深入论述。后来郑樵也想辨明"史"和"书"的不同，他说："有史有书，学者不辨史书。史者官籍也，书者书生之所作也，自司马以来，凡作史者，皆是书，不是史。"④其实两者有何区别，也并未讲清楚。只有章学诚才明确提出从史籍性质与作用之不同来区分为两大类。他在《报黄大俞先生》书里说：

---

① 《和州志前志列传序例中》。
② 《文史通义》内篇四《答客问上》。
③ 《史通·史官建置》。
④ 《夹漈遗稿》卷中《寄方礼部书》。

古人一事必具数家之学，著述（即撰述）与比类（即记注）两家，其大要也。班氏撰《汉书》，为一家著述矣；刘歆贾护之《汉记》，其比类也；司马撰《通鉴》，为一家著述矣，二刘范氏之《长编》，其比类也。两家本自相因而不相妨害。①

为了说明两者的性质与任务的不同，他用圆神方智来作比拟："撰述欲其圆而神，记注欲其方以智也。夫智以藏往，神以知来，记注欲往事之不忘，撰述欲来者之兴起，故记注藏往似智，而撰述知来拟神也。藏往欲其赅备无遗，故体有一定而其德为方；知来欲其决择去取，故例不拘常而其德为圆。"②他认为撰述较记注难而可贵。因为撰述应当有观点、有材料、有分析、有组织，是具有一定创造性的著作活动。而记注只不过是原始资料的记录、整理、选辑、汇编而已。他这种区分的理论根据是认为学问分为"藏往之学"与"知来之学"两种，"夫名物制度，繁文缛节，考订精详，记诵博洽，此藏往之学也；好学敏求，心知其意，神明变化，开发前蕴，此知来之学也。可以藏往而不可以知来，治《礼》之尽于五端也。推其所治之《礼》，而折中后世之制度，断以今之所宜，则经济人伦，皆从此出，其为知来，功莫大也。学者不得具全，求其资之近而力能免者斯可矣。"③他还指出，这两种学问又互相依存，相互促进，特别是知来之学必须以藏往之学作为基础，他说："神以知来，学者之才识是也；知以藏往，学者之记诵是也。才识类火日之外景，记诵类金水之内景；故才识可以资益于人，而记诵能受于人，不能授之于人也。然记诵可以生才识，而才识不能生记诵。"④经过上述反复举例，著述、比类性质之不同显然可见。关于比类的作用，他曾作过明确叙述，指出："若夫比次之书，则掌故令史之孔目，簿书记注之成格，其原虽本柱下之所藏，其用止于备稽检而供采择，初无他奇也。然而独断之学，非是不为取裁；考索之功，非是不为按据。"⑤他还指出：比次之道，大约有三：

---

① 《文史通义》外篇三。
② 《文史通义》内篇一《书教下》。
③ 《文史通义》内篇一《礼教》。
④ 《文史通义》内篇六《杂说》。
⑤ 《文史通义》内篇四《答客问中》。

其一，"及时撰集以待后人之论定者"，其要求是"详略去取，精于条理而已"；其二，"有志著述，先猎群书以聚薪楛者"，只要做到"辨同考异，慎于覈核而已"；其三，"陶冶专家，勒成鸿业"，则要求"钩玄提要，达于大体而已"。① 至于撰述，则为经过整理加工的高级成品，应当反映别出心裁，具有独创精神，可以嘉惠后学。可见，由于两者性质不同，其作用也不相同，"著述譬之韩信用兵，而比类譬之萧何转饷"②，两者都很重要，缺一不可。章学诚所以极力辨清两者区别，是因为看到学者们长期以来不解其意，只知一意模仿迁史班书，以致出现了不少"于记注撰述两无所似"的作品。"以云方智，则冗复疏舛，难为典据；以云圆神，则芜滥浩瀚，不可诵识。"③

六、重视工具书的编纂工作

工具书的用途很广，是人们做学问过程中不可缺少的良师益友，它能帮助人们迅速地、完满地找到所需要的资料，从而大大节省时间和精力。人们通过工具书还可以找到很多寻求知识的线索和途径，开拓知识的领域，扩大研究的视野。所以它在我国古代学者中间，很早就引起了注意。东汉许慎的《说文解字》，为我国古代最系统最完整的古代字书；刘向、刘歆父子所著《别录》和《七略》，班固因之而编成《汉书·艺文志》，总列了古代的书籍目录；班固的《汉书·古今人表》和梁元帝的《古今同姓名录》则是最早的人名索引。当然，其他方面工具书还很多。章学诚对这些工具书的编纂，非常重视。还在和州修志期间，就曾编纂《明史列传人名韵编》，原计划将全史人名均依此例加以编制，后虽未能如愿，他仍希望其族孙守一将廿二史列传人名，均仿此例编之。他在《与族孙守一论史表》一文中说："仆在和州时，病诸史列传人名错杂，难于稽检，曾令人将《明史》列传人名编韵为书，初意欲取全史人名通编为韵，更取诸篇人名重复互见者遍注其下，则不特为读史要领，且为一切考订关人事者作资粮也。后以为功稍繁，先将列传

---

① 《文史通义》内篇四《答客问下》。
② 《文史通义》外篇三《报黄大俞先生》。
③ 《文史通义》内篇一《书教下》。

所著人名编为一卷，今录本呈览。足下如治《年表》之暇，再能将廿二史列传人名，亦仿此例编之，可与《年表》互相经纬。史部自唐宋以来，浩博难罄，毋论能读者未见其人；即授书而令其按籍稽索，亦不易易。今得足下为之经纬条理，使考古之士，于棼如乱丝之中，忽得梳通栉理，则足下嘉惠后学之功为何如邪。"① 尽管全部计划未能实现，但他对这项工作重要性的评论却于此可见。后来他在撰著《校雠通义》时，便将这一方法推广到治书校书中去，他在该书卷1《校雠条理》篇说："窃以典籍浩繁，闻见有限，在博雅者，且不能悉究无遗，况其下乎？以谓校雠之先，宜尽取四库之藏，中外之籍，择其中之人名、地号、官阶、书目，凡一切有名可治，有数可稽者，略仿《佩文韵府》之例，悉编为韵；乃于本韵之下，注明原书出处及先后篇第；自一见再见，以至数千百，皆详注之，藏之馆中，以为群书之总类。至校书之时，遇有疑似之处，即名而求其编韵，因韵而检其本书，参互错综，即可得其至是。此则渊博之儒，穷毕生年力而不可究殚者，今即中才校勘可坐收于几席之间，非校雠之良法欤？"这就是今天广为流传的索引之法。他在武昌时，曾编成《历代纪年经纬考》一书，并为之作一索引，名曰《历代纪元韵览》。他在《报谢文学》书中还建议采用此法去治经传，可见他对此法之重视。汪辉祖编纂《史姓韵编》、《三史同姓名录》、《九史同姓名略》应当说都是受到他的启发。特别值得提出的是，他曾花费了很多的时间和精力编修了《史籍考》，书虽不存，但其体例与概况仍可从保留下来的《史考释例》得以窥见，它是研究我国古代史籍的重要工具书。

七、扩大史学的范围

刘知幾在《史通》里，已把史部以外的许多著作都列入史学研究的对象，作为史料搜集的范围。章学诚的视野则更加扩大，他在《报孙渊如书》里提出"盈天地间，凡涉著作之林，皆是史学"的主张。所以他编修《史籍考》时，将经、子、集三部许多著作都列入其中。他在《论修史籍考要略》中曾拟议例十五条，明确提出"经部宜通"，"子部宜择"，"集部宜裁"，"方

---

① 《文史通义》外篇三。

志宜选","谱牒宜略",作为该书内容取舍之原则,这就是他所说"包经而兼采子集"。关于古代经典和州县志书作为历史研究的资料,我们在"六经皆史"说和"方志学的建立"两节中都已分别论述,此外,还有下列几个方面需要略加叙述:

第一,官府案牍。官府案牍之作为史料,古代史家早已重视,司马迁著作《史记》,曾采用大量汉代官府文书档案。这一点章学诚已经指出。他认为研究历史,文书档案是不可缺少的重要史料。他在《答客问中》说:"若夫比次之书,则掌故令史之孔目,簿书记注之成格,其原虽本柱下之所藏,其用止于备稽检而供采择,初无他奇也。然而独断之学,非是不为取裁;考索之功,非是不为按据;如旨酒之不离乎糟粕,嘉禾之不离乎粪土;是以职官故事、案牍图牒之书,不可轻议也。"①他在编修方志当中,非常强调搜集当地机关的章程条例和重要文件,并专门收入掌故之内加以保存。

第二,金石图谱。利用金石图谱来研究历史,刘知幾和郑樵都相当重视。他们在《史通》和《通志》中都有论述。章学诚在他们的基础上,又进一步加以发挥,说明金石图谱在史料上的重要价值。他说:"三代钟鼎,秦汉石刻,款识奇古,文字雅奥,……取辨其事,虽庸而不可废。"②又说:"古物苟存于今,虽户版之籍,市井泉货之簿,未始不可备考证也。"③至于他对谱牒的看法,上文已经讲了,他认为"图象为无言之史,谱牒为无文之书。相辅而行,虽欲阙一而不可者也"。

第三,私家著作。大量的私人著作,在章学诚看来,研究历史时都应充分加以利用。特别是文集,更不可忽视。他说:"文集者,一人之史也;家史、国史与一代之史,亦将取以证焉,不可不致慎也。"④在《论修史籍考要略》中又说:"汉魏六朝史学,必取专门,文人之集,不过铭、箴、颂、诔、诗、赋、书、表、文、檄诸作而已。唐人文集,间有纪事,盖史学至唐而尽失也。及宋元以来,文人之集,传记渐多,史学文才,混而为一,于是古人

---

① 《文史通义》内篇四。
② 《文史通义》内篇四《言公中》。
③ 大梁本《文史通义》外篇二《亳州志掌故例议中》。
④ 《文史通义》外篇二《韩柳二先生年谱书后》。

专门之业，不可问矣。然人之聪明智力，必有所近，耳闻目见，备急应求，则有传记志状之撰。书事记述之文，其所取用，反较古人文集征实为多，此乃史裁本体，因无专门家学，失陷文集之中，亦可惜也。"① 既然如此，作为史料取用，自然是可以的。对于此种看法，在《史考释例》中他又作了进一步申述，认为文集当中，自唐以后，实兼有子史之内容。他说："文集昉于东京，至魏晋而渐广，至今则浩如烟海矣。然自唐以前，子史著述专家，故立言与记事之文，不入于集，辞章诗赋，所以擅集之称也。自唐以后，子不专家，而文集有论议，史不专家，而文集有传记，亦著述之一大变也。彼虽自命曰文，而君子以为是即集中之史矣。况内制外制，王言通于典谟，表状章疏，荩臣亦希训诰，是别集之通乎史矣。至于总集，尤为同苔异岑，人知汉晋乐志，分别郊庙房中，而不知乐府之集，实备诸志之全；人知金石著录，创于欧赵诸目，而不知梁元碑集，已为宋贤开创，是则集部之书，又与史家互出入也。"② 他又在《和州文征序例·征述》说："征述者，记、传、叙、述、志、状、碑、铭诸体也。其文与别传图书，为互详略。盖史学散，而书不专家，文人别集之中，应酬存录之作，亦往往有记传诸体，可裨史事者。"③ 通过这些论述，文集与史事的关系已显然可见。因此，编修史书时，文集应成为重要史料。另外，章学诚十分注意年谱的作用，他认为这是知人论世之学。他说："文人之有年谱，前此所无，宋人为之，颇觉有补于知人论世之学，不仅区区考一人文集已也。"④ 他在好多地方都说明家乘谱牒属于史的范围。事实也确是如此。家谱年谱如果编写得体，其价值远不止是研究一人一家之史。以年谱而言，一个学者的年谱，如果编纂得好，不仅体现出他个人一生的活动和学术思想面貌，还可以反映出一个时代的精神面貌和学术发展趋势。一个政治家的年谱，不仅是他个人一生政治活动和政治主张的记录，而且也是当时整个社会政治斗争和政治局势的写照。因此，对于家乘谱牒，绝不能把它看成是一家一人的历史记录。章学诚把它看作是"知人论

---

① 《章氏遗书》卷13。
② 《章氏遗书》补遗。
③ 大梁本《文史通义》外篇一。
④ 《文史通义》外篇二《韩柳二先生年谱书后》。

世之学"或"论世知人之学"是非常确切的。

值得提出的是，章学诚不仅扩大了史料搜集的范围，而且还总结出一套审核史料真伪的宝贵方法。他说："载笔之士，蕲合乎古人立言之旨，必从事于择与辨。而铢黍芒忽之间，不苟为炳炳烺烺，饰人耳目，盖有道矣。古人之书具在，于当日所谓择与辨者，吾不能知。其有自名家者，凡所论述，往往别见史书传记，按以重轻详略，则未有直以臆为之者，古人于斯，盖其慎也。夫志状之文，多为其子孙所请，其生平行实，或得之口授，或据其条疏；非若太常谥议，史官别传，确然有故事可稽，案牍可核也。采择之法，不过观行而信其言，即类以求其实，参之时代以论其世，核之风土而得其情，因其交际而察其游，审其细行而观其忽，闻见互参而穷虚实之致，瑕瑜不掩而尽扬抑之能，八术明而《春秋》经世之意晓然矣。生平每谓文采未优，古人法度不可不守；词章未极，三代直道不可不存。其于斯文，则范我驰驱，未尝不为是凛凛焉。"① 所议八点，都是经验之谈，对于分辨私人著作真伪提供了良好的办法。

随着社会的向前发展，人们对采用史料的范围越来越广泛，有文献，有口碑，有实物，有官府案牍，亦有私家野史、民间歌谣谚语，等等。生活在乾嘉时代的章学诚，能够认识并很重视广泛地搜集史料，应当说是难能可贵的。

第十一节　阐发方志理论，创立方志学

章学诚一生不得志，一直过着苦饥谋食、笔墨为生的生活。平生精力除了论史、讲学外，多用于方志的编纂和讨论。他把自己的史学理论，在编修方志中加以实践。正如他自己所说："丈夫生不为史臣，亦当从名公巨卿，执笔充书记，而因得论列当世，以文章见用于时。如纂修志乘，亦其中之一事也。"② 在总结前人修志经验的基础上，加以自己实践所得，提出了一套修志理论，创立了修志体例，建立起方志学。

---

① 《章氏遗书》卷21《金君行状书后》。
② 大梁本《文史通义》外篇三《答甄秀才论修志第一书》。

一、方志的起源和演变

我国的方志起源很早，章学诚从"志为史体"角度出发，认为春秋战国时期那些记载一个地方历史的书籍，如晋之《乘》、楚之《梼杌》、鲁之《春秋》等，就其性质和作用来看，应是最早的方志。从后来方志所具有的内容来看，它是记载某一地区的有关历史、地理、社会经济等内容的著作。这种亦地亦史的著作特点，实际上在西汉以来出现的"地记"中已经体现。这种"地记"，一般都是既载人物，又言风土。东汉后期，由于地方经济的发展和地方豪族势力的成长，这种"地记"有了显著的发展，内容也比原来充实。特别是魏晋南北朝时期，地方经济有了进一步发展，地方门阀豪族势力的扩大，为产生这类地记提供了社会基础，因而这一时期这种著作得到发展，各个重要地区都出现"风土记"、"风俗记"，边远地区还有"异物志"。著名的晋代历史学家习凿齿所撰的《襄阳耆旧记》是一部代表作，据马端临说，其书"前载襄阳人物，中载其山川、城邑，复载其牧守"。[①] 后来，这种地记发展成为"图经"。最早的图经是以图为主，用图表示这一地区的山川物产等，配之以简要的文字说明，这就是"经"。后来文字说明逐渐增多，最后取代图而成为主要内容。隋代这种图经已很普遍，虞世基、郎茂等人当时曾编成《隋诸州图经集》一百卷，里面是包含了当时各地的许多图经。图经的编纂，唐代益趋普及和完善，如敦煌发现的《沙州都督府图经》和《西州都督府图经》两部图经残卷，可以看到当时图经的大致面貌。它们除了记载行政区划外，还叙述了该地的河流、堤堰、湖泊、驿道、古城、学校、歌谣等。五代到北宋，这种著作仍称图经。到了南宋，图经始改称地方志，如《严州图经》南宋绍兴年间的刻本，改称《新定志》。这时出现了许多著名的方志，如《乾道临安志》、《淳祐临安志》、《咸淳临安志》都是成于这个时期。不过图经变为地方志，在内容上并无多大变化，南宋时期所修的方志，基本上保持图经的内容。元明清三代，由于编纂全国性的区域志，对于地方志的编修影响很大。元人修《元大一统志》，同时又肇创镇志。明朝纂有《大明一统

---

① 《文献通考·经籍考》。

志》，两省的总志，一省的通志，府、州、县各都修志，江南好多地方还编修乡镇志。从此以后，方志的种类和形式才基本上趋于定型。清代的《一统志》，经康熙、乾隆、嘉庆三次纂修，每次纂修之前都诏令全国各地郡县修志。雍正时期，命令各省府州县志要六十年一修。这促使地方志得到更大的发展，清代各级地方行政单位都普遍修志，省有通志，府有府志，直隶州、直隶厅还有州志、厅志，县、市、镇亦都有志。此外，就连山、水、寺庙、古迹也都修有志书。现存的八千多部地方志中，成于清代的有四千三百多种。清代以前的学者，一直把方志归入地理类，在史学上地位并不重要，也不为史学家所重视，被看作不能登大雅之堂的著作。直到清代章学诚，才提出方志是地方史的重要创见，辨明了方志在史学上应有的地位和作用，并使它进一步发展成为一种专门的学问——"方志学"。

二、方志的性质和作用

章学诚第一次提出"志属信史"的意见，认为方志乃"封建时列国史官之遗"，"志乘为一县之书，即古者一国之史也。而后人忽之，则以家学不立，师法失传，文不雅驯，难垂典则故也"。① 他在《方志立三书议》中说："余考之于《周官》，而知古人之于史事，未尝不至纤析也。外史掌四方之志，注谓若晋《乘》、鲁《春秋》、楚《梼杌》之类，是一国之全史也。"② 因此，它既不属地理书类，又有别于隋唐以来的图经，而是"国史羽翼"，其价值应与国史相同。他在《州县请立志科议》中说："有天下之史，有一国之史，有一家之史，有一人之史。传状志述，一人之史也；家乘谱牒，一家之史也；部府州县，一国之史也；综纪一朝，天下之史也。"③ 在《为张吉甫司马撰大名县志序》里又说："夫家有谱，州县有志，国有史，其义一也。"④ 所不同者，不过一记全国之事，一叙地方之事，只有范围广狭之殊，绝无内容

---

① 大梁本《文史通义》外篇二《永清县志前志列传序例》。
② 大梁本《文史通义》外篇一。
③ 大梁本《文史通义》外篇一。
④ 大梁本《文史通义》外篇三。

本质之异。既然如此,其内容就不应当限于地理沿革的考证,更不应成纂类之书。可是长期以来,学者一直把它看作是"地理专书"或"纂类家言"。对此章学诚深为不满,他说:"方志一家,宋元仅有存者,率皆误为地理专书;明代文人见解,又多误作应酬文墨;近代渐务实学,凡修方志,往往侈为纂类家言。纂类之书,正著述之所取资,岂可有所疵议。而鄙心有不能惬者,则方志纂类诸家,多是不知著述之意,其所排次襞绩,仍是地理专门见解。……故方志而为纂类,初非所忌;正忌纂类而以地理专门自画;不知方志之为史裁,又不知纂类所以备著述之资,而自以为极天下之能事。"① 在章学诚看来,方志不仅属于史体,本非地理专书,而且它是词尚体要的著作,绝不是纂类家言所可比拟。他说:"国史方志,皆《春秋》之流别也。譬之人身,事者其骨,文者其肤,义者其精神也。断之以义而书始成;书必成家而后有典有法,可诵可识,乃能传世而行远。故曰:'志者,志也,欲其经久而可记者。'"② 可是章学诚这个看法,在他同时代的学者中间,不是人人都能接受的,大学者戴震就是代表人物,他认为方志仍属地理书类,主张"志以考地理,但悉心于地理沿革,则志事已竟。侈言文献,岂所谓急务哉!"③为此章学诚曾当面和他进行辩论。

方志性质既属史体,它的作用也就无异于国史。因此,它的任务首先就要具有"经世"之史的作用,能对社会进行教育。他说:"史志之书,有裨风教者,原因传述忠孝节义,凛凛烈烈,有声有色,使百世而下,怯者勇生,贪者廉立。《史记》好侠,多写刺客畸流,犹足令人轻生增气。况天地间大节大义,纲常赖以扶持,世教赖以撑柱者乎!"④ 章学诚所谓教育,就是利用方志来对广大人民灌输封建的忠孝节义思想,从而巩固封建统治。其次,方志还负有为朝廷修国史提供资料的任务。"方州虽小,其所承奉而施布者,吏户礼兵刑工,无所不备,是则所谓具体而微矣。国史于是取裁,方将如《春秋》之藉资于百国宝书。"⑤ "比人而后有家,比家而后有国,比国而

---

① 《文史通义》外篇三《报黄大俞先生》。
② 《方志立三书议》。
③ 引自《记与戴东原论修志》。
④ 大梁本《文史通义》外篇三《答甄秀才论修志第一书》。
⑤ 《方志立三书议》。

后有天下。惟分者极其详，然后合者能择善而无憾也。谱牒散而难稽，传志私而多讳。朝廷修史，必将于方志取其裁，而方志之中，则统部取于诸府，诸府取于州县，亦自下而上之道也。然则州县志书，下为谱牒传志持平，上为部府征信，实朝史之要删也。"① 于此看来，章学诚对方志是寄托了很大的希望。州县志书若能按要求编修，这个希望是可以实现的。

然而，以前的方志并没有起到上述作用，章学诚认为原因是多方面的。归纳起来，有如下三点：其一，修志诸家未辨清方志的性质，误仿唐宋州郡图经，把方志当作地理之书。其二，方志成了文人游戏、应酬文字或私家墓志寿文的汇集。他说："方志久失其传。今之所谓方志，非方志也。其古雅者，文人游戏、小记短书、清言丛说而已耳；其鄙俚者，文移案牍，江湖游乞，随俗应酬而已耳，缙绅先生每难言之。"② 其三，修志者并无真才实学，多为滥竽充数，而且多旨在名利，舞弊曲笔，成为风气，记载"全无征信"。他说："志乃史体，原属天下公物，非一家墓志寿文，可以漫为浮誉，悦人耳目者。闻近世纂修，往往贿赂公行，请托作传，全无征实。此虽不肖浮薄文人所为，然善恶惩创，自不可废。"③ 由于这些原因，方志当然起不到"善恶惩创"的作用，更谈不上为修国史提供材料。

关于修志的断限问题，当时有人提出"方志统合古今，乃为完书"。章学诚不同意这种看法。他认为"修志者，非示观美，将求其实用"，不必每部方志都从古修起，"如前志无憾，则但当续其所有；前志有阙，但当补其所无"。为了切合实用，必须多修当代之书，多记当代之事。所以，一般说来，"方志之修，远者不过百年，近者不过三数十年"。他还举例说明，"史部之书，详近略远，诸家类然，不独在方志也。太史公书，详于汉制。其述虞、夏、商、周，显与六艺背者，亦颇有之。然六艺俱在，人可凭而证史迁之失，则迁书虽误，犹无伤也。秦楚之际，下逮天汉，百余年间，人将一惟迁书是凭；迁于此而不详，后世何由考其事邪？"④ 他还进一步指出："方志诸家，例宜详近

---

① 《州县请立志科议》。
② 《方志立三书议》。
③ 《答甄秀才论修志第一书》。
④ 《记与戴东原论修志》。

略远，古人见于史传，不藉方志表扬。"① 这种修志求其实用，详近略远的主张，正是他"经世致用"的史学思想在修志问题上的具体表现。

三、方志分立三书

章学诚在方志学上另一杰出贡献，是创立了一套完整的修志义例，提出方志分立三书的主张。《方志立三书议》，可以说是章学诚所创立的方志学之精义所在，标志着他方志理论的成熟，修志体例的完备和方志学的建立。我们知道，他的修志理论是在长期辩论和具体实践中逐渐完备起来的。他早年《答甄秀才论修志》二书和《修志十议》②一文，对编修方志已提出了不少卓越见解，为后来的主张开了先河。如"志乃史体"、"立志科"、另立"文选与志书相辅而行"等重要创见，是时均已提出。此后，在方志的性质、内容、体例等方面，与戴震、洪亮吉等人曾专门进行过论战，也与甄松年等人多次进行探讨。屡次主修方志的实际经验，不断丰富了他的理论。

章学诚经过长期的研究和实践，总结出欲撰好方志，必须分立三书。他说："凡欲经纪一方之文献，必立三家之学，而始可以通古人之遗意也。仿纪传正史之体而作志，仿律令典例之体而作掌故，仿文选文苑之体而作文征。三书相辅而行，阙一不可；合而为一，尤不可也。"③ 这种主张，是针对当时修志中存在的问题提出的。在《报黄大俞先生》书里，章学诚批评了当时许多方志只是纂类家言，是记注，而不是著述。更有甚者，"猥琐庸陋，求于史家义例，似志非志，似掌故而又非掌故，盖无以讥为也"。④ 这与"志乃史体"，"体裁当规史法"的要求是不相符合的。为什么会出现这种现象呢？他认为"自唐宋以后，正史之外，皆有典故会要，以为之辅，故典籍至后世而益详也"。可是"方志诸家，则犹合史氏文裁，与官司案牍，混而为一，文士欲掇菁华，嫌其芜累，有司欲求故实，又恐不详，陆机所谓'离

---

① 《章氏遗书》卷27《湖北通志检存稿四·文征甲集哀录正史列传论》。
② 见大梁本《文史通义》外篇三。
③ 《方志立三书议》。
④ 大梁本《文史通义》外篇二《亳州志掌故例议下》。

之则双美，合之则两伤'也"。若要防止这种现象发展，必须采用陆机所谓"离之则双美"的办法，于志文之外，别立掌故、文征，这样，"则义例清而体要得矣"。① 所以，方志分立三书，解决了"不失著述之体"与保存重要资料之间的矛盾。

三书当中，"志"是主体，是"仿纪传正史之体而作"，"是《春秋》之流别"，因此，它是"词尚体要"，成一家之言的著述。他说："志者，志也，其事其文之外，盖有义焉。所谓操约之道者此也。"② 他在《方志立三书议》中说："国史方志，皆《春秋》之流别也。譬之人身，事者其骨，文者其肤，义者其精神也。断之以义而书始成家；书必成家而后有典有法，可诵可识，乃能传世而行远。故曰：志者，志也，欲其经久而可记也。"这里章学诚将其修史的理论在方志的编修中加以推行，他认为方志既属史体，就应当按史家法度要求。上述两段引文中，都强调"义"的作用，"其事其文之外，盖有义焉"，"断之以义而书始成家"。大家知道，写历史离不开义、事、文三者。但这三者是有主次的，义是理论与观点，事是具体的史实，文仅是用来表达观点反映史实的工具。因此，任何一部史书，必须能体现出作者的观点用意，否则就失去了作书的宗旨。他曾说过："载笔之士，有志《春秋》之业，固将惟义之求，其事与文，所以藉为存义之资也。"③ 这说明，章学诚认为志是成一家之言的著作，它必须具有经世目的，起到有裨社会风教的作用。它与撰史一样，不仅在体例上有所讲求，更重要的是注意内容、文字上的"属辞比事"，把作史修志的观点意图充分体现出来，要"断之以义"。因此，章学诚认为，志书的编纂工作，只有具有史才、深通史法的人才能胜任。

"掌故"如同会要、会典，目的在于既使志书做到简洁明要，又使重要材料得以保存。它是在志书之外，将当地机关的章程条例和重要文件，按类编选，勒成专书，与"志"相辅而行。章学诚认为，不整齐掌故，别为专书，则志亦不能自见其意。只有"修其掌故，则志义转可明矣"。④ 这种方法，

---

① 《章氏遗书》卷27《湖北通志检存稿四·湖北掌故叙例》。
② 《亳州志掌故例议下》。
③ 《文史通义》内篇四《言公上》。
④ 《亳州志掌故例议下》。

他认为应当推广到写史当中去，他说："为史学计其长策，纪表志传，率由旧章，再推周典遗意，就其官司簿籍，删取名物器数，略有条贯，以存一时掌故，与史相辅而不相侵，虽为百世不易之规可也。"①

"文征"则类似文鉴、文类，其"大旨在于证史"。它是挑选那些足以反映本地生活民情，"合于证史"的诗文，以及那些即使"不尽合于证史"，而实属"名笔佳章，人所同好"的文章，汇编成书，以辅志书而行。②这一主张，他早年在《答甄秀才论修志第二书》已经提出："文有关于土风人事者，其类颇夥，史固不得而尽收之。以故昭明以来，括代为选：唐有《文苑》，宋有《文鉴》，元有《文类》，明有《文选》，广为铨次，巨细毕收。其可证史事之不逮者，不一而足。故左氏论次《国语》，未尝不引谚证谣，而十五《国风》，亦未尝不别为一编，均隶太史，此文选志乘交相裨益之明验也。"后来他在《为毕制军与钱辛楣宫詹论续鉴书》中，还主张把这种做法在编年史中普遍采用。

综上所述可以看出，三书性质与任务是不同的，然而有人把章氏的方志三书解释为："'志'指地方行政制度；'掌故'指地方行政文件；'文征'指本地人和外地人描述该地生活的诗文。"③这样解释势必把"志"同"掌故"、"文征"的性质等同起来，违背了章学诚的原意。何况"志"指"地方行政制度"一语本身就不确切，哪有方志是单单记载地方行政制度的呢？我们知道，方志分立三书，"志"与"掌故"、"文征"有别，乃是章学诚论史时认为撰述（或著述）与比类（或记注）之不同在方志上的体现。由于两者的性质与任务有殊，就决定了对其要求有所不同，"撰述欲其圆而神，记注欲其方以智也。夫智以藏往，神以知来，记注欲往事之不忘，撰述欲来者之兴起，故记注藏往似智，而撰述知来拟神也。藏往欲其赅备无遗，故体有一定而其德为方，知来欲其决择去取，故例不拘常而其德为圆"。④关于这点，上面我们已作了专门论述。我们觉得，只有明白这一点，才更有利于辨清方志

---

① 《亳州志掌故例议中》。
② 详见《方志立三书议》。
③ 王重民：《中国的地方志》，《光明日报》1962年3月14日。
④ 《文史通义》内篇一《书教下》。

三书的性质及任务的不同。其实章氏所撰的《湖北通志》已对三书的性质和内容作了很好的回答。他在《湖北通志凡例》中说："志者识也，简明典雅，欲其可以诵而识也。删繁去猥，简帙不欲繁重。簿书案牍之详，自有掌故专书；各体诗文，自有文征专书。志则出古国史，抉择去取，自当师法史裁，不敢徇耳目玩好也。"① 又在《为毕制府撰湖北通志序》中说："今参取古今史志例义，剪截浮辞，禀酌经要"，分二纪、三图、五表、六考、四略、五十三传，"以为《通志》七十三篇，所以备史裁也。……今于《通志》之外，取官司见行章程，分吏户礼兵刑工，以为'掌故'六门，凡六十六篇，所以昭典例也。……取传记论说诗赋箴铭之属，别次甲乙丙丁上下八集，以为'文征'，所以俟采风也。……臣愚以谓'方志'义本百国春秋，'掌故'义本三百《官礼》，'文征'义本十五《国风》。……唐宋以来，正史而外，有《会要》、《会典》以法《官礼》；《文鉴》、《文类》以仿《风》诗。盖不期而合于古也。惟方志厘剔未清，义例牵混，猥骈失次，难为典则，不足以备国史要删，臣……与从事诸臣，丁宁往复，勒为三家之书，以庶几于行人五物之义，他日柱下发藏，未必无所取也"。② 上述引文，既说明了《湖北通志》的内容，又复述了三书的含义，这与他在《方志立三书议》所讲精神完全一致，无论从哪一点着眼，也无从把作为主体的"志"解释成是"指地方行政制度"。可以肯定地说，"志"是主体，是"词尚体要"的著作，"掌故"、"文征"是两翼，是保存史料的资料汇编，两者相辅而行，构成一部完备的地方志。

除三书之外，章学诚建议把修志过程所搜集的多余材料立为《丛谈》，以作附录。他说："古人书欲成家，非夸多而求尽也。然不博览，无以为约取地。既约取矣，博览所余，拦入则不伦，弃之则可惜，故附稗野说部之流而作丛谈，犹经之别解，史之外传，子之外篇也。其不合三书之目而称四何邪？三书皆经要，而丛谈则非必不可阙之书也。前人修志则常以此类附于志后，或称余编，或称杂志。彼于书之例义，未见卓然成家，附于其后，故无

---

① 《章氏遗书》卷 24《湖北通志检存稿》。
② 《章氏遗书》卷 24《湖北通志检存稿》。灵鹣阁《文史通义补编》本将此序题为《为毕制府拟进湖北三书序》，文字亦略有出入。

伤也。"① 他所修的《湖北通志》，有《丛谈》四卷，该志序中特地加以说明："至于畸说剩言，采撮所余，虽无当于正裁，颇有资于旁证。志家附于余编闰位，义亦未安。今编考据轶事，琐语异闻，别为《丛谈》四卷，所谓先民有言，询于刍荛，稗官小说，亦议政者所参听也，附于三家之后，不以累经要也。"

总之，方志分立三书，确实是一种创见。按照这一新的体例结构来编修方志，既可防止内容的重叠杂乱，又可避免疏失遗漏，使修志有理论可循，有体例可依。这对充实方志的内容，保证方志的质量，有很大的好处，为方志学的发展开辟了广阔的天地。

四、志书的体裁和内容

章学诚既然确立了"志属史体"，因此提出在编修中必须遵循"史家法度"。他认为，方志是一个地方的历史，因此，这个地方"政教所施，经要所重"，都必须在书中予以反映。他在《为张吉甫司马撰大名县志序》里曾对修志内容的详略去取提出了几条意见："知方志非地理专书，则山川都里坊表名胜，皆当汇入地理，而不可分占篇目失宾主之义也；知方志为国史取裁，则人物当详于史传，而不可节录大略，艺文当详载书目，而不可类选诗文也；知方志为史部要删，则胥吏案牍，文士绮言，皆无所用，而体裁当规史法也。"② 至于全书体裁，他提出"仿纪传正史之体而作"，并且必须做到"邑志虽小，体例无所不备"，就是说纪传体史书所包括的几种体裁，方志一定都要具备，因为它与国史相较，只是"所谓具体而微也"。纪传正史之体，在他看来，是比较好的一种史体。他在《永清县志舆地图序例》中说："史部要义，本纪为经，而诸体为纬。有文辞者曰书曰传，无文辞者曰表曰图；虚实相资，详略互见，庶几可以无遗憾矣。"统观章氏所编诸志，确是纪表志传，诸体俱备，一如正史之规，《湖北通志》尤为完备。唯书志之名，《和州》、《永清》诸志称"书"，《湖北通志》则改称"考"。这里需要说明一点，

---

① 《方志立三书议》。
② 大梁本《文史通义》外篇三。

有的同志将章氏所提"三书"与"四体"并论，以为章氏主张主体的"志"就包括四种体裁，其根据是章学诚在《答甄秀才论修志第一书》中曾说："窃思志为全书总名，则皇恩庆典，当录为外纪；官师铨除，当画为年谱；典籍法制，则为考以著之；人物名宦，则为传以列之。变易名色，既无僭史之嫌；纲举目张，又无遗漏之患。"其实这个论点在《答甄秀才论修志第二书》和《修志十议》中都先后出现过。要知道，这三篇全是章氏早年著作，这个论点后来已经变了，从他所编修的几部方志来看，没有一部局限于"四体"。

现对其诸体，略加论述：

纪，是指按年编写的大事记。他说："一方之志，将记一方之事也，古今理乱，亦既粗具于编年纪矣。抑事以人举者也，编年文字简严，传以申述其未究，或则述事，或则书人，惟用所宜。"①他又在《湖北通志·凡例》中说："史以纪事为主，纪事以编年为主，方志于纪事之体，往往缺而不备，……今取自汉以后，凡当以年次者，统合为编年纪，附于《皇朝编年纪》后，备一方之纪载。"②既然纪仅是按年代编排的大事记，当然与一般正史的本纪全然不同。"方志撰纪，只是以为一书之经"而已，而一书之首所以必冠以编年纪，亦在于"存史法也"，因为"志者，史所取裁，史以记事，非编年弗为纲也"。③这说明，在章学诚看来，方志所以要纪，目的在于为全书起提纲挈领的作用。不过，他最初所撰的几部方志并没有做到这一点，这也说明他的方志理论是在不断发展的。

传，"邑志列传，全用史例"，它的设置在纬本纪未尽之事宜。故"史之有列传，犹《春秋》之有左氏也。左氏依经而次年月，列传分人而著标题，其体稍异，而其为用则皆取足以备经（《春秋》）纪（本纪）之本末而已矣"。④编年文字简严，传以申其未尽之事宜，或述事，或书人，惟用所宜，而不应执于一端。章学诚认为，传分记人记事，是司马迁立传之本意。然而后世史家，往往有失于此意，谈到列传，则仅拘于为个人具始末，无复言记事之传矣。他

---

① 《章氏遗书》卷25《湖北通志检存稿二·序传》。
② 《章氏遗书》卷24。
③ 大梁本《文史通义》外篇三《为毕秋帆制府撰石首县志序》。
④ 大梁本《文史通义》外篇二《亳州志人物表例议中》。

为了复司马迁之旧观，故于《湖北通志》中曾身体力行，既有事类相从，亦有数人合传。记明末农民起义之事，曾立《明季寇难传》，述明季党争者，则有《复社名士传》。而《欧魏列传》，名为欧阳东凤、魏运昌二人合传，实则言"湖北水利之要害，与《水利考》相表里"，他们"一为明代沔阳之人，一为国朝景陵之人，以论水利，合为一传，亦史家比事属辞之通义"。①

为了写好列传，对于内容详略取舍诸问题，章学诚也提出了严格要求。首先，他认为撰写中应本着"详今而略古"、"详后而略前"的原则。尤其是以往人物，"史传昭著，无可参互详略施笔削者，则但揭姓名为人物表；其诸本传，悉入文征以备案检"。"方志家言，搜罗文献，将备史氏之要删"，如果"史之所具，已揭日星，复于方志表扬，岂朝典借重于外乘耶？"②其次，既然"方志为国史所取裁，则列人物而为传，宜较国史加详"。可是当时一般方志，既不能达到为国史所取裁的目的，也无法收到"有裨风教"的效果。"至于品皆曾史，治尽龚黄，学必汉儒，贞皆姜女，面目如一，情性难求"③，这更是一般方志的通病。再者，所志之人物，应当有所选择，"列传亦以名宦乡贤，忠孝节义，儒林卓行为重；文苑方技，有长可见者次之"。"如职官而无可纪之迹，科目而无可著之业，于法均不得立传"。无可纪之迹的职官之所以不得立传，一则因"志属信史，非如宪纲册籍，一以爵秩衣冠为序者也"。④再则是"方志为一方之政要，非徒以风流文采，为长吏饰儒雅之名也"。⑤这个观点在当时是相当杰出的。为了做到这点，材料必须严加核实，"取舍贵辨真伪"，立一名宦传，一定要说明此人"实兴何利，实除何弊，实于何事有益国计民生，乃为合例"。⑥章学诚认为"修志自是公事，断不因其子孙之妄，而没其先人之善"。⑦要撰好方志的列传是很不容易的，一个史学家的才能高下，可以在撰写列传中体现出来，因为"列传包罗巨细，

---

① 《章氏遗书》卷26《湖北通志检存稿三·欧魏列传》。
② 《湖北通志检存稿·序传》，《文史通义》内篇五《传记》。
③ 《亳州志人物表例议下》。
④ 《修志十议》。
⑤ 《为毕秋帆制府撰石首县志序》。
⑥ 《修志十议》。
⑦ 《丙辰札记》。

品藻人物，有类从如族，有部分如井。……具人伦之鉴，尽事物之理，怀千古之志，撷经传之腴，发为文章，不可方物，故班马之才，不尽于本纪表志，而尽于列传也"。①

考，考之为体，乃仿书志而作。至于为什么改志称考，章学诚自己作过说明："《通志》有表有传，皆用史裁，诸考则史家书志之体，全书既名曰志，故变例称考，其所以备典实者一也。"②他认为要写好书考必须注意书法，"典故作考，人物作传，二体去取，均须断制尽善，有体有要，乃属不刊之书，可为后人取法"。③当时州县书志，有失于体要，一则是分题过细，"失之繁碎"，以致"浩无统摄"。再则变成选文类纂，非复志乘之体。"志艺文者，多取长吏及邑绅所为诗赋，记序杂文，依类相附，甚而风云月露之无关惩创，生祠碑颂之全无实征，亦胥入焉。"④志田赋者，尽取各府州县赋役全书挨次排纂，财赋大势沿革利病茫然无可求⑤，如此等等。要改变这种现象，首先分题不宜过细，其次内容必须澄清，笔削亦当审慎。书考应"但重政教典礼，民风土俗"，凡是"浮夸形胜，附会景物者，在所当略"。⑥至如撰艺文者，"取是邦学士著撰书籍，……删芜撷秀，掇取大旨，论其得失，比类成编，乃使后人得所考据，或可为馆阁雠校取材，斯不失为志乘体尔。至坛庙碑铭，城堤纪述，利弊论著，土物题咏，则附入物产、田赋、风俗、地理诸考，以见得失之由，沿革之故"。⑦志田赋者，既要采摘州县赋役全书，又得吸取私门论撰，加以别裁，做到文简事明，这样，财赋沿革利病，就可洞若观火了。

表，章学诚对于表的作用十分重视，把它看成是编写史书必不可少的组成部分。方志既仿纪传正史之体而作，因此必须充分发挥史表的作用。他不仅在理论上再三强调，而且所撰诸志，部部有表，《湖北通志》仅人物就立

---

① 大梁本《文史通义》外篇二《永清县志政略序例》。
② 《章氏遗书》卷27《湖北通志检存稿四·湖北掌故叙例》。
③ 《修志十议》。
④ 《答甄秀才论修志第一书》。
⑤ 《章氏遗书》卷14《方志辨体》。
⑥ 《修志十议》。
⑦ 《答甄秀才论修志第一书》。

有五表，对于《食货考》中头绪纷繁的赋役一门，还作了《赋役表》以相统摄。① 对于史书的编写，他特别强调人表的作用，认为纪传体史书，"欲文省事明，非复人表不可"。对于方志，他也强调多作人表，认为"方志之表人物，将以救方志之弊"，并且提出方志作了人表可以收到三大好处："前代帝王后妃，今存故里，志家收于人物，于义未安，削而不载，又似阙典，是以方志遇此，聚讼纷然。而私智穿凿之流，往往节录本纪，巧更名目，辗转位置，终无确当。今于传删人物，而于表列帝王，则去取皆宜，永为成法，其善一也。史传人物本详，志家反节其略，此本类书摘比，实非史氏通裁；然既举事文归于其义，则简册具有名姓，亦必不能一概而收如类纂也。兹于古人见史策者，传列苟无可登，列名人物之表，庶几密而不猥，疏而不漏，其善二也。史家事迹，目详于耳，宽今严古，势有使然。至于乡党自好，家庭小善，义行但存标题，节操止开年例，史法不收，志家宜具。传无可著之实，则文不繁猥；表有特著之名，则义无屈抑，其善三也。凡此三者，皆近志之通病，而作家之所难言。"②

图，章学诚认为，编著史书，图是不可缺少的组成部分，它的作用是文辞所代替不了的，而方志用到它的地方就更多了，诸如建置的沿革，水道的变迁，都邑官庙的兴废，如果以图表之，可使读者一目了然。他在《永清县志水道图序例》中说："地理之书，略有三例：沿革、形势、水利是也。沿革宜表，而形势、水利之体宜图，俱不可以求之文辞者也。迁固以来，但为书志而不绘其图，是使读者记诵，以备发策决科之用尔。天下大势，读者了然于目，乃可豁然于心。今使论事甚明，而行之不可以步，岂非徇文辞而不求实用之过欤？"这说明，史书能配之以图，读者于天下大势，可以做到了然于目，否则尽管可以高谈阔论，"而行之不可以步"，自然无济于事。所以他接着说："地名之沿革，可以表治；而水利之沿革，则不可以表治也。盖表所以齐名目而不可以齐形象也；图可得形象，而形象之有沿革，则非图之所得概焉。是以随其形象之沿革而各为之图，所以使览之者可一望而周知

---

① 《方志辨体》。
② 大梁本《文史通义》外篇二《亳州志人物表例议下》。

也。"①他又在《永清县志建置图序例》中说："盖古今宫室异宜，学者求于文辞而不得其解，则图阙而书亦从而废置矣。后之视今，亦犹今之视古。城邑衙廨，坛壝祠庙，典章制度，社稷人民所由重也。不为慎著其图，则后人观志，亦不知所向往矣。"②图在方志里地位之重要，显然可见，难怪他把图像称之为"无言之史"。

当时许多方志尽管也都有图，但实际上并未起到图的应有作用，其原因正如章学诚所说："近代方志，往往有图，而不闻可以为典则者，其弊有二：一则逐于景物，而山水摩画，工其绘事，则无当于史裁也；一则厕于序目凡例，而视同弁髦，不为系说命名，厘定篇次，则不可以立体也。夫表有经纬而无辞说，图有形象而无经纬，皆为书志列传之要删；而流俗相沿，苟为悦人耳目之具矣。"③这就是说，当时许多方志作图，不是从实用出发，而是作为装饰点缀品，这自然难为典则。所以他指出，图之所作，应当"取其有关经要而规方形势所必须者，详系之说，而次之诸纪表之后"，这样，才可以"用备一家之学"。在章学诚看来，可以起到文辞表格所无法起到的作用，只要史书作图，既可做到文省而事明，又可使读者从形象中一目了然，它可以和文辞相互补充，"图不详而系之以说，说不显而实之以图，互著之义也。文省而事无所晦，形著而言有所归，述作之则也。亥豕不得淆其传，笔削无能损其质，久远之业也。要使不履其地，不深于文者，依检其图，洞如观火，是又通方之道也"。④在古代史学家中，能从理论上详细论述图的作用，可以说无过于章学诚了。更为可贵的是，他在方志编修中，都能付诸实践，他纂修的方志每部都作有多种图像。

这里还值得一提的是，章学诚在早年总结前人修志经验的基础上，曾于《修志十议》中别具匠心地提出了一个修志纲要。从这个纲要可以看出他想象力的丰富，才能的卓绝。虽然其中不少论点后来都有了很大的发展，但仍不失为研究他方志理论发展过程的重要资料。他说："修志有二便：地近

---

① 大梁本《文史通义》外篇二。
② 大梁本《文史通义》外篇二。
③ 大梁本《文史通义》外篇二《永清县志舆地图序例》。
④ 大梁本《文史通义》外篇一《和州志舆地图序例》。

则易核,时近则迹真。有三长:识足以断凡例,明足以决去取,公足以绝请托。有五难:清晰天度难,考衷古界难,调剂众议难,广征藏书难,预杜是非难。有八忌:忌条理混杂,忌详略失体,忌偏尚文辞,忌妆点名胜,忌擅翻旧案,忌浮记功绩,忌泥古不变,忌贪载传奇。有四体:皇恩庆典宜作纪,官师科甲宜作谱,典籍法制宜作考,名宦人物宜作传。有四要:要简,要严,要核,要雅。"他认为作者在编修过程中,应尽力做到"乘二便,尽三长,去五难,除八忌,而立四体,以归四要"。我们综观他的方志理论,除了"四体"一说后来已经有了发展外,其他诸点精神,一直成为他方志理论的重要核心。这个纲要即使在今天,仍有借鉴价值。

综上所述,章学诚理想中的方志,实际上是一部图文并茂、纲举目张的地方史。旧的方志按照他的理论改造后,成为一种具有史义、能够经世的史学著作。

五、"方志辨体"的贡献

章学诚的方志论著中,有一篇叫《方志辨体》的文章,在这篇文章中他提出了应当分清各种地方志编纂的体例,认为各部通志和府、州、县志,各有不同的详略义例,不能混淆不分。这个看法是他方志理论重要的组成部分。明清两代,方志编修发展很快,省有通志,府、州、县也各自有志,甚至重要的乡镇和名山古寺也都纷纷修志。但是这些志书相互之间关系如何,各自体例有何特点,内容上如何分工等等,从来无人过问,纂修中出现了一系列混乱现象,有的将各个县志机械地合并就成了府志或州志,将府志凑合又成通志。又有将通志析为府志,又将府志分成县志。这样一来,方志的编修就如同搭积木一样的方便,哪还谈得上什么学术价值。针对这一情况,章学诚写了《方志辨体》一文,决心辨清各类方志编修的体例,划清各类方志的内容界限,做到义例有别,任务分明。他在这篇文章中一针见血地指出:"今之通志,与府州县志,皆可互相分合者也,既可互相分合,亦可互相有无,书苟可以互相有无,即不得为书矣。"章学诚认为,各类方志有各自的编修义例,内容繁简要求亦各不相同,如关于通志,他说:"自有统部志例,非但集诸府、州志可称通志,亦非分析统部通志之文,即可散为府、州志也。""所贵乎通志者，为能合府、州、县志所不能合，则全书义例，自当详府、州、县志所不能详。既已详人之所不详，势必略人之所不略。譬如揖左则必背右，挥东则必顾西，情理必然之事。"至于府志，他认为"诸府之志，又有府志一定义例，既非可以上分通志而成，亦不可以下合州、县属志而成"。①这就是说，通志的编修，是从全省角度出发，提纲挈领地概括全省的情况，它详人之所详，又略人之所略，若把它分析成所属府志是不可能的。同样，县志有县志的详略和去取要求，撰述府志如果照抄所属县志也是不可能成为一部好的府志。为了说明问题，他在《湖北通志·凡例》中还多次举例说明："山川古迹陵墓，皆府县所领之地也，城池坛庙祠宇，皆其地所建也，此则例详府州县志，通志重复详之，失其体矣。兹举其大，而略其琐细，各属专志。譬之垣墉自守，详于门内，而不知门外。通志譬之登高指挥，明于形势，而略于间架，理势然也。""艺文为著录之书，唐宋史志，嫌其太略，若仿陈氏《书录题解》，晁氏《读书志》，各为题跋考订，施于州县之志，可资博览，通志包罗既富，不可贪多失剪裁也。""金石亦自专门之学，然如欧赵诸家，题跋考订，亦可施于州县志，而难行于通志也。"②章学诚的"方志辨体"对于澄清方志编纂的义例，划清各类方志的体例，纠正方志编修中所出现的混乱现象，起了积极的作用。

六、建议州县设立志科

　　史学家撰史与文士作文，要求有所不同，史学家贵在征信，只有具备丰富的史料，始可言一事之始末，考一事之得失。章学诚在修志的具体实践中，深感搜集资料的困难与及时收集资料的重要性。他认为要修好方志，以往的正史典籍固然"俱须加意采访"，"他若邑绅所撰野乘，私记文编，稗史家谱，图牒之类，凡可资搜讨者，亦须出示征收，博观约取。其六曹案牍，律令文移，有关政教典故，风土利弊者概令录出副本，一体送馆，以凭详慎

---

① 《章氏遗书》卷14。
② 《章氏遗书》卷24。

铨次，庶能巨细无遗，永垂信史"。① 方志内容既要详近略远，多写当时之事，那么材料就应取之于当时现实生活。因此，他主张除了搜集现行的乡邦文献以外，还需要进行实地访问调查。他十分赞扬司马迁修史之前的"东渐南浮"精神。他在纂修《永清县志》时，亦曾"周历县境，侵游以尽委备"。通过实践，他体会到史料搜集，贵在及时，"一方文献，及时不与搜罗，编次不得其法，去取或失其宜，则他日将有放失难稽，湮没无闻者矣"。② 为了解决修志过程中所遇到的材料来源困难，他建议清政府在各州县建立志科，专门掌握搜集乡邦文献，储备史料，为修志创造方便条件。他在《州县请立志科议》中说："州县之志，不可取办于一时，平日当于诸典吏中，特立志科。佥典吏之稍明于文法者以充其选，而且立为成法，俾如法以纪载，略如案牍之有公式焉，则无妄作聪明之弊矣。积数十年之久，则访能文学而通史裁者，笔削以为成书，所谓待其人而后行也。如是又积而又修之，于事不劳，而功效已为文史之儒所不能及。"关于志科平时搜集范围，他也开列一个清单："六科案牍，约取大略而录藏其副可也；官长师儒去官之日，取其平日行事善恶有实据者，录其始末可也；所属之中，家修其谱，人撰其传志状述，必呈其副；学校师儒采取公论，核正而藏于志科可也；所属人士或有经史撰著，诗辞文笔，论定成篇，必呈其副，藏于志科，兼录部目可也；衙廨城池，学庙祠宇，堤堰桥梁，有所修建，必告于科，而呈其端委可也；铭金刻石，纪事摘辞，必摩其本而藏之于科可也；宾兴乡饮，读法讲书，凡有举行，必书一时官秩及诸名姓，录其所闻所见可也。"至于储藏保管方法，他也提出具体建议："置藏室焉，水火不可得而侵也；置锁楗焉，分科别类，岁月有时，封志以藏，无故不得而私启也。"在志科之外，四乡还要设置采访一人，聘请"绅士之公正符人望者为之"，平日负责采集遗文逸事，及时上呈志科。

这个建议非常重要，他是从修史全局考虑的。方志为国史取裁，各地方志能有丰富史料，全国修史也就有所寄托。他在这个建议中曾指出，"今天下大计，既始于州县，则史事责成，亦当始于州县之志"，"朝廷修史，必将

---

① 《修志十议》。
② 《记与戴东原论修志》。

于方志取裁","惟分者极其详,然后合者能择善而无憾也"。可见,他的着眼点虽在于为方志编修储备材料,其实更重要的还在于为修史着想。可惜的是,这种具有独创性的建议,并没有为清政府所采纳。

第十二节　章学诚史学思想的局限性

《文史通义》是一部杰出的文史评论著作,集中反映了章学诚在学术上的造诣,在史学方面创造性地发展了刘知幾的史学理论,提出了不少精辟的见解,丰富了祖国史学理论的宝库。但书中存在不少封建糟粕。

章学诚是一个封建主义史学家,他论史不能不从其地主阶级立场观点出发。他力主学术必须经世,发挥"六经皆史"说,对于针砭当时学术界的不良学风,自有其积极作用,但其目的仍在于维护封建专制的统治。清代乾嘉时期,已进入了封建社会末叶,资本主义因素已经萌芽,预示着封建制度行将崩溃。作为地主阶级一员的章学诚,既然不愿意做本阶级的叛逆,自然就要用其史学理论来为封建统治说教,这就是他精心研究史意的实质所在。在章学诚看来,空谈义理会误国,埋头考据同样害事,只有重视研究现实,才能使学术为封建政治服务。他曾毫不掩饰地宣扬,史志之书,其所以有裨风教者,就在于能"传述忠孝节义",使"百世而下,怯者勇生,贪者廉立","纲常赖以扶持,世教赖以撑柱"。可见他对封建史书的教育作用所寄托的希望是何等之大。他认为为封建统治提供史鉴,维持封建秩序,是封建史学家天经地义的事。他本人也是本着这一信条做的。他在晚年编纂的《湖北通志》中,就曾用明王朝灭亡的历史事实,劝诫清统治者。他说:"民穷财尽,而上不知恤,明之所以亡也。湖襄虽曰四战之地,然流贼一呼,从者数十百万,亦贪虐之吏,有以驱使然也。盖朋党纷而国是乱,民隐之不上闻也久矣。呜呼!民隐苟不上闻,虽无朋党,亦足以亡国矣。"[①] 从这一观点出发,章学诚六十二岁那年先后六次向统治当局上书谈论时务,要求清朝当局倾听民情,实行政治变革,整顿吏治。他警告清统治者:"必待习气尽而人心厌

---

① 《章氏遗书》卷 25《湖北通志检存稿二·明季寇难传》。

而气运转，而天下事已不可为矣，岂不痛哉！"①可见他强调写史修志要详近略远，切合适用，要能经世，足以鉴戒，其目的是为封建统治者总结和提供历史的经验教训。

《文史通义》中的许多篇章，如《妇学》、《妇学篇书后》、《诗话》、《书坊刻诗话》等等，很明显地在维持封建道德，宣扬封建伦理。他毫不掩饰地说："《妇学》之篇，所以救颓风，维世教，饬伦纪，别人禽，盖有所不得已而为之，非好辨也。"②他在《湖北通志未成稿》中所立的《义仆传》，则旨在表彰忠心耿耿为统治者效劳的封建奴才，向广大人民灌输忠于统治者的封建道德教育。他在方志编写中十分重视列传及列女传的撰写，借以宣扬封建的伦理纲常。在编纂《永清县志》时，他曾亲自四处奔走，搜求妇女的贞节材料，几乎达到狂热的程度。

《文史通义》是为著作之林校雠得失而作，书中对许多著作及作者的评价比较中肯。但其中亦有不少校雠得并不确当。他对郑樵及《通志》捧得太高，而对马端临的《文献通考》贬得太低。如他说："郑樵无考索之功，而《通志》足以明独断之学，君子于斯有取焉。马贵与无独断之学，而《通考》不足以成比次之功，谓其智既无所取，而愚之为道又有未尽也。且就其《通典》而多分其门类，取便翻检耳；因史志而裒集其论议，易于折衷耳；此乃经生决科之策括，不敢抒一独得之见，标一法外之意，而奄然媚世为乡愿，至于古人著书之义旨，不可得闻也。"③又说："《文献通考》之类，虽仿《通典》，而分析次比，实为类书之学。书无别识通裁，便于对策敷陈之用。"④这样的评论是很不公正的。关于这点，金毓黻先生已经指出："马书所载宋制最详，多为宋史各志所未备，所下案语，亦能贯穿古今，折衷至当，是又《通考》之长，非《通志》之所能尽具也。章学诚讥《通考》无别识通裁，实为类书，便于对策敷陈之用（《释通》），此殊不然。章氏尝许《通志》一书有别识通裁矣，而二十略多抄自《通典》，不易一字，不识所谓别识通裁

---

① 《章氏遗书》卷25《湖北通志检存稿二·复社名士传》。
② 《文史通义》内篇五《妇学篇书后》。
③ 《文史通义》内篇四《答客问中》。
④ 《文史通义》内篇四《释通》。

者果何在，而《通考》之于《通典》，则无是也。浅学之士，贵耳贱目，其轻视《通考》，实由章氏启之。"①

　　《文史通义》为评论之体，其中有些问题立论过于偏激，言过其实。他在家书里就承认"向来立说过高"。在《跋丙辰山中草》中表示"他日录归《文史通义》，当去芒角"。由于《文史通义》非经手自删订，故"芒角"、"英华"一并留存，书中所论之事有"失是非之平"的地方，就在所难免了。

　　《文史通义》没有一个严密的义例，大多为应时借题而作。该书又是文、史兼论，没有一个明确的中心可寻。外篇有关方志的论文，中心思想比较明确，另外一部分则多是以平时读书随感、序言题跋等形式来发挥自己的学术主张，故内容尤其庞杂，组织更加松弛，从形式上看，类似一部互不相关的序跋书信汇编，很难说是一部严整的著作。

---

①《中国史学史》第七章《唐宋以来之私修诸史》。

第五章
章学诚是浙东史学的殿军

我们认为章学诚是浙东史学的殿军，但有人却认为章学诚算不上浙东史学的成员。为了辨清事实，有必要将浙东史学的特点及章学诚与浙东史学的关系加以阐明。

第一节 清代浙东史学的概况

清代浙东史学，在清代史学发展上占有主导地位。有清一代史学家中，有创见、有贡献、有作为、有影响的大多出自浙东学派。黄宗羲生于明清之际，为清代浙东史学的开山祖，也是有清一代史学开山之祖。自宋以来，江浙一带经济、文化的发展一直居全国首位，不仅人才辈出，各地藏书亦为全国之冠。特别是宋南渡以后，遂为"文物荟萃之邦"，当时的"永嘉学派"、"金华学派"等学术思想对浙东有深远影响，他们当中不少人物亦多专心于史学的研究，特别是吕东莱的文献之学，陈傅良、叶适的经制之学，陈亮等人的功利主义思想，对于清代浙东史学影响尤大。全祖望对于黄宗羲学术思想的渊源就曾这样说过："以濂洛之统，综会诸家，横渠（张载）之礼教，康节（邵雍）之数学，东莱（吕祖谦）之文献，艮斋（薛季宣）止斋（陈傅良）之经制，水心（叶适）之文章，莫不旁推交通，连珠合璧，自来儒林所未有。"[①] 关于这点，章学诚在其著作中亦曾多次提及，他在《与阮学使论求遗书》里说："浙中自元明以来，藏书之家不乏，盖元、明两史，其初稿

[①] 《鲒埼亭集》卷11《梨洲先生神道碑文》。

皆辑成于甬东人士，故浙东史学，历有渊源，而乙部储藏，亦甲他处。"① 又在《邵与桐别传》中说："南宋以来，浙东儒哲讲性命者，多攻史学，历有师承，宋明两朝，记载皆稿荟于浙东，史馆取为依据，其间文献之征，所见所闻，所传闻者，容有中原耆宿不克与闻者矣。"② 因为他是以浙东史学成员自居，所以在谈论或叙述这些情况时，有自豪之感。有一点值得指出，两浙为边远省份，去京城北京较远，又临东海，清入关后，这里一度成为明末遗民反清复明的重要根据地。黄宗羲就曾多次于此处起兵抗清，失败后，先后主讲于绍兴证人书院、余姚姚江书院，并"闭户著述，从事国史，将成一代金石之业"。③ 他有感于明季学风衰微，好为游谈，束书不观，以致最后亡国，故教育生员博览经史，从事核实之学。全祖望在《梨洲先生神道碑文》中说："公谓明人讲学，袭语录之糟粕，不以六经为根柢，束书而从事游谈，故受业者必先穷经，经术所以经世，方不为迂儒之学，故兼令读史。又谓读书不多，无以证斯理之变化，多而不求于心，则为俗学。"又在《甬上证人书院记》里说："自明中叶以后，讲学之风，已为极敝，高谈性命，直入禅障，束书不观，其稍平者则为学究，皆无根之徒耳。先生始谓学必原本于经术，而后不为蹈虚，必证明于史籍，而后足以应务。原原本本，可据可依。前此讲堂痼疾，为之一变。"④ 由于讲学风气大变，一时前来受业者云集，且多父子相传，兄弟相继，其高座皆得携其子弟听讲，或有以生徒来者，学风之盛可谓空前。全祖望在叙述梨洲在甬上讲学之风影响时说："先生自言生平师友，皆在甬上。及风波稍息，重举证人之席，虽尝一集于会稽，再集于海昌，三集于石门，而总不甚当先生之意。尝曰：'甬上多才，皆光明俊伟之士，足为吾薪火之寄。'而吾甬上当是时，经史之学蔚起，雨聚笠，宵继灯，一振前辈之坠绪者，亦以左提右挈之功为大。"⑤ 黄宗羲确实为浙东培养出一大批有才有识之士。其中最著名者为万氏兄弟，他们直接承继了梨洲经史之业。万斯大专治经学，斯同博通诸史，尤熟于明代掌故。与万氏同

---

① 《章氏遗书》卷29。
② 《章氏遗书》卷18。
③ 《南雷文定》附录。
④ 《鲒埼亭集外编》卷16。
⑤ 《续甬上耆旧诗》。

时，尚有邵念鲁，亦尝问业于梨洲，而传其文献之学。继邵氏之后，又有全祖望，私淑黄、万，向慕其风，于晚明文献，搜罗贡献尤大。其后出者则有邵晋涵、章学诚，而章学诚实为浙东史学之殿军。非常明显，从黄宗羲到章学诚，史学宗旨一脉相承。章学诚在叙述清代浙东史学之统系时就曾这样说过："梨洲黄氏，出蕺山刘氏之门，而开万氏兄弟经史之学，以至全祖望辈尚存其意。"又说："世推顾亭林氏为开国儒宗，然自是浙西之学；不知同时有黄梨洲氏出于浙东，虽与顾氏并峙，而上宗王刘，下开二万，较之顾氏，源远而流长矣。"① 这不仅指出了清代浙东史学的统系，而且说明这个学派有源有流，"源远而流长"。所以后来梁启超也说："浙东学风，从梨洲、季野、谢山起以至于章实斋，厘然自成一系统，而其贡献最大者实在史学。"②

综观清代史学阵容，如果抽掉了富有生气的浙东史学，便会黯然失色。众所周知，乾嘉史学是清代史学发展史上的顶峰，如果排除浙东史学名将全祖望、章学诚等人，剩下的就只有以考史称著的钱大昕、王鸣盛、赵翼等人了。这些史学家虽说在整理古籍、考订真伪方面作出了贡献，但毕竟只是"襞绩补苴"的工作，并无发挥创造精神，这是大家所公认的。至于浙东学派的史学家则不然，他们大多贵创造发明，并且在史学上亦多有重大贡献。黄宗羲是开一代史学新风的创始人，提倡学术经世致用，他在史学上贡献尤大者还在于开创学术史的编纂，中国有完善的学术史是自他的《明儒学案》和《宋元学案》两书开始的。万斯同在史学上的杰出贡献，也是众所周知的，他以布衣参修《明史》，不署衔，不受俸，五百卷《明史稿》，皆出其手定。因此，现行《明史》，虽属官局分修，实际上最初全靠万斯同总其成。对此钱大昕就说过："乾隆初，大学士张公廷玉等奉诏刊定《明史》，以王公鸿绪史稿为本而增损之，王氏稿大半出自先生手。"③ 至于史学方面著作重要的还有《历代史表》、《儒林宗派》等书。全祖望在史学上的贡献更是多方面的，他续补《宋元学案》，在编纂学术史体例上有创见，他是继黄、万而重视采集文献的代表人物，用碑传记序等形式，把搜罗来的大量晚明史事记录

---

① 《文史通义》内篇二《浙东学术》。
② 《中国近三百年学术史》第八章《清初史学之建设》。
③ 《潜研堂文集》卷38《万斯同先生传》。

下来。他还七校《水经注》,三笺《困学纪闻》。作为浙东史学殿军的章学诚,单就他的《文史通义》和《校雠通义》两书,就足以说明他在史学上的巨大贡献,何况他还编了一部规模宏大的《史籍考》,书虽不存,但其功却不能抹杀。梁启超说:"实斋以清代唯一之史学大师而不能得所借手以独撰一史,除著成一精深博大之《文史通义》及造端太宏未能卒业之《史籍考》外,其创作天才,悉表现于《和州》、《亳州》、《永清》三志及《湖北通志》稿中,方志学之成立,实自实斋始也。"① 从以上简单概述可以看出,清代浙东史学在清代史学发展上占有举足轻重的地位。而每位浙东史学家,又都各自具有不同创见与建树。

第二节 清代浙东史学的特点

关于这一问题,章学诚在《浙东学术》一文中言之甚详。我们把它归纳起来,有如下三个方面:一是反对门户之见,二是贵专家之学,三是主张学术要经世致用。

一、反对门户之见

章学诚在《浙东学术》一文中指出:"浙东之学,虽出婺源,然自三袁之流,多宗江西陆氏,而通经服古,绝不空言德性,故不悖于朱子之教。至阳明王子揭孟子之良知,复与朱子牴牾;蕺山刘氏本良知而发明慎独,与朱子不合,亦不相诋也。梨洲黄氏出蕺山刘氏之门,而开万氏弟兄经史之学,以至全氏祖望辈尚存其意,宗陆而不悖于朱者也。惟西河毛氏,发明良知之学,颇有所得;而门户之见,不免攻之太过,虽浙东人亦不甚以为然也。"又说:

> 顾氏宗朱而黄氏宗陆,盖非讲学专家各持门户之见者,故互相推服

---

① 《中国近三百年学术史》第十五章《清代学者整理旧学之总成绩》三。

而不相非诋。学者不可无宗主，而必不可有门户，故浙东浙西道并行而不悖也。

这说明，浙东学派的史学家虽然有自己的宗旨，但却反对树立门户，主张学派之间，相互尊重，互相推服。众所周知，学术上一旦存在门户之见，必然产生相互攻击。宋明以来，程朱陆王两派之间交相攻讦。到了清代，一变而为汉宋门户之争，至乾嘉之世，越演越炽，争论到了顶峰。可是浙东学派不仅不介入，而且对这种无谓的纷争表示反对，他们主张在学术上兼取朱陆之长，并蓄汉宋精华。就以清代浙东史学开创人黄宗羲而言，他研究历史，书院讲学，都本着这一精神。对于程朱陆王学问之不同，他有这样一段议论："非尊德性则不成学问，非道学问则不成德性，故朱子以复性言学，陆子戒学者束书不观。周程以后，两者固未尝分。"又说："陆学之尊德性，何尝不加功于学古笃行；朱子道学问，何尝不致力于反身修德。特以示学之入门，各有先后，此其所以异耳。"① 特别在所著有明一代学术思想史《明儒学案》一书中，基本上反映了这一精神。他在该书《凡例》中说："此编所列，有一偏之见，有相反之论。学者于其不同处，正宜着眼理会，所谓一本而万殊也。以水济水，岂是学问？"这说明，他主张做学问时，对于不同学者、不同学派都应加以研究，一视同仁，反对"必出于一途"的作风。他在《清溪钱先生墓志铭》中表述得更加明显了，他说："昔明道泛滥诸家，出入于老释者几十年，而后返求诸六经，考亭于释老之学亦必究其归趣，订其是非。自来求道之士未有不然者。盖道非一家之私，圣贤之血路散殊于百家，求之愈艰，则得之愈真。虽其得之有至有不至，要不可谓无与于道也。"② 这段话说得多么恳切而入理。黄宗羲在这里提出"道非一家之私，圣贤之血路散殊于百家"的说法，就是反对树立门户，反对学术垄断。各家学说总都有其所长，应当取长而补短。"虽其得之有至有不至，要不可谓无与于道也"。这个精神是多么可贵啊！这对于那些一意吹嘘自己、专事贬斥他人的作风是严厉的批判。他肯定百家之说都得圣贤之传授，只不过所得多少深浅不同而

---

① 《南雷文定·复无锡秦灯岩书》。
② 《南雷文定》三集卷2。

已。所以他教导学者说经则宗汉儒，立身则宗宋学，所谓"读书不多，无以证斯理之变化；多而不求于心，则为俗学"的主张，正是兼收并蓄，会通汉、宋之长的具体表现。梁启超在论述学术史著述时说：

> 著学术史有四个必要条件：第一，叙述一个时代的学术，须把那个时代重要各学派全数网罗，不可以爱憎为去取。第二，叙述某家学说，须将其特点提挈出来，令读者有很明晰的观念。第三，要忠实传写各家真相，勿以主观上下其手。第四，要把各人的时代和他一生经历大概叙述，看出那人的全人格。梨洲的《明儒学案》，总算具备这四个条件。①

《明儒学案》的编纂，基本上是按照作者反对宗派、反对门户之见的精神在实践的。梁启超提出的四个条件都很重要，尤其是一、三两条，要真正做到是很不容易的。"不可以爱憎为去取"，"勿以主观上下其手"，"要忠实传写各家真相"，这本是历史学家撰写历史的神圣职责，但千百年来的历史学家真正做到这点的能有几个人？有了宗派，就必然产生偏见，有了偏见，就不可能"忠实传写各家真相"，必然要以"爱憎为去取"，"以主观上下其手"。因此，宗派、门户，是学术发展的大敌，是真理的大敌。浙东史学各位大师当时能在学术上提出反对门户之见，这不仅是他们对历史学发展的一大贡献，而且对整个学术发展都有巨大贡献。需要指出的是，门户之见与学术宗旨是两回事，反对门户之见，不等于连学术宗旨也不要了，也不等于说反对所有学派。章学诚在《浙东学术》一文中已经指出："学者不可无宗主，而必不可有门户。"有不同学派的存在，可以相互竞争，互相促进，取长补短，共同提高，以推进学术的发展和繁荣。至于学术宗旨，黄宗羲在《明儒学案》的《凡例》中论述得非常明白，他说："大凡学者有宗旨，是其人之得力处，亦是学者之入门处。天下之义理无穷，苟非定以一二字，如何约之使其在我，故讲学而无宗旨，即有嘉言是无头绪之乱丝也。学者而不能得其人之宗旨，即读其书，亦犹张骞初至大夏，不能得月氏要领也。是编分别宗旨，如灯取影，杜牧之曰：'丸之走盘，横斜圆直，不可尽知，其必可知者，

---

① 《中国近三百年学术史》第五章《阳明学派之余波及其修正——黄梨洲》。

是知丸不能出于盘也。'夫宗旨亦若是而已矣。"又说："每见钞先儒语录者，荟撮数条，不知去取之意谓何，其人一生之精神，未尝透露，如何见其学术。"这确实是经验之谈，一个学者的学问，必定都有其宗旨，否则学问再深，也不过是"无头绪之乱丝"。作为学习者来说，要研究一个人的学术思想，必须把握其学术宗旨之所在，所学才能有所得。万斯同是黄宗羲的得意门生，学术上亦无门户之见。《四库全书总目》说："明以来谈道统者，扬己凌人，互相排轧，卒酿门户之祸，斯同目睹其弊，著《儒林宗派》，凡汉唐前传经之儒，一一具例，持论独为平允。"邵念鲁曾亲受黄氏史学，又以推宏王学为己任。然于朱子之学，也倍加推崇，亦无门户之恶习。曾谓阳明致良知之旨，无殊朱子存心致知之教。他对当时学派之间相互攻击的不良学风视若仇敌，说：

> 立名真伪，学术异同，海内后贤自有定论，吾党不任其责。至于随事得师，虚心广见，何德不宜。……若近梨洲门庭者，便谤晚村（吕留良，治程朱之学，故宗程朱而攻陆王者多附之）；依晚村门庭者，专毁梨洲，且非毁阳明以和之。先生以其人为何人也。①

他主讲姚江书院时，为书院所订《训约十则》中，专列"识量宜弘"一条。条文说："从来朱陆之辨，洛蜀之党，此等客气，俱要扫除。好学之士，只问自家得力何如，过失何如，安得道听口传，坐论他人是非同异。"② 看来他的所谓"师惟希圣，何纷纷朱陆之异同；道在证人，讵仅仅文章之工拙"③ 两句话正是他讲学的宗旨。作为黄氏私淑弟子的全祖望，对于汉宋门户之见，更能破除无余。他替黄宗羲续成《宋元学案》，能够做到不定一尊，各家各派都能平等看待；而在表章遗献方面，无论宋代大儒，还是清初经师，都能并为重视。至于章学诚是否也反对门户之见呢？学术界看法有所不同。上面我们讲了，由于他著作中很多地方批评了当时的汉学大师戴东原，而抨

---

① 《思复堂文集》卷7《谢陈执斋先生书》。
② 《思复堂文集》卷10《姚江书院训约》。
③ 《思复堂文集》卷7《复韦明府启》。

击汉学的流弊又很激烈，故长期以来，几乎众口一致认为他在"维持宋学"，抱有"门户之见"，其实这是不符合历史事实的，我们已经作了较详细的辩驳。我们认为，章学诚与浙东史学的前辈一样，也是反对门户之见的，单以《浙东学术》一文就足以说明。这里有必要指出的是，既然柴德赓先生已提出章学诚与全祖望"无共同点"，"摆在一起很不相称"，那么也许会有人说，章学诚反对门户之见的观点，只不过与浙东几位大师在观点上偶尔巧合而已。其实不然，单从表面现象上看，浙东诸大师的学术思想似乎对他无直接影响，但只要仔细研究其学术思想，就会发现不仅有直接影响，而且影响还是多方面的。特别是邵念鲁的学术文章，对他影响尤大，他对邵氏推崇备至，几乎达到无以复加的地步。他在家书中自述其学术上承受关系时说：

> 吾于古文辞，全不似尔祖父。然祖父生平极重邵思复文，吾实景仰邵氏而愧未能及者也。盖马班之史，韩欧之文，程朱之理，陆王之学，萃合以成一子之书，自有宋欧曾以还，未有若是之立言者也；而其名不出于乡党，祖父独深爱之，吾由是定所趋向；其讨论修饰，得之于朱先生，则后起之功也，而根柢则出邵氏，亦庭训也。①

邵念鲁对其影响之大于此可见。邵氏受业于黄宗羲，而章学诚又"根柢则出邵氏"，不正是一脉相承吗？章学诚对于那些自我标榜、树为门户、相互攻击的风气十分气愤。他揭露了产生门户的根源在于争名争利。他为了反对门户之见，做了许多工作。对于汉宋之争，他认为应各取所长而去其流弊。他在《浙东学术》一文中特别强调"浙东之学，言性命者必究于史，此其所以卓也"，这正是他引以为豪的。而史学又无不切于人事，所以他指出："知史学之本于《春秋》，知《春秋》之将以经世，则知性命无可空言，而讲学者必有事事，不特无门户可持，亦且无以持门户矣。"那些无真才实学的人，"但空言德性，空言问学，则黄茅白苇，极面目雷同，不得不殊门户以为自见地耳，故惟陋儒则争门户也"。②事实上正如章学诚所言，那些无真才

---

① 《文史通义》外篇三《家书三》。
② 《浙东学术》。

实学的人，往往会装腔作势，故弄玄虚，为了相互吹捧，必然树立门户。这可说是章学诚的一大发现，所以他对扫除门户之见做得最为积极。清代浙东史学反对门户之见的这一特点，对学术文化的发展自然起着有益的作用。

二、贵专家之学

章学诚在《浙东学术》一文中指出："浙东贵专家，浙西尚博雅，各因其习而习。"这道出了浙东史学的另一特点。所谓"贵专家"，其实就是贵有独创精神的专门之学，贵创造发明，不停留在单纯为前人的著作注释考订上。章学诚有一句话是对这一精神的很好注脚，他说："吾于史学，贵其著述成家，不取方圆求备，有同类纂。"① 当然，要成专家之学，必然要有渊博的知识为基础，有了丰富的学问，才能择一而专；同样，如果单纯追求学问的渊博，而不进一步从专精着眼，那也无从成专家之学。对两者关系，章学诚作过十分精确的论述："学贵博而能约，未有不博而能约者也；以言陋儒荒俚，学一先生之言以自封域，不得谓专家也。然亦未有不约而能博者也。"

清初浙东诸家，于学问莫不博大而精深，并能自成一家之说。作为一代大师黄宗羲，其学识可谓博大精深，上下古今，天文地理，九流百家，无不精研，阮元说他"博览群书，兼通步算，能古文词，尤工为诗"。② 全祖望亦说他"于书无所不窥者"，"兼通九流百家，皆能不诡于纯儒，所谓杂而不越者是也。故以其学言之，有明三百年无此人，非夸诞也"。③ 他对历史，自二十一史以至明十三朝实录所载史事都很熟悉，对于学术思想史上的各家流变离合更是了如指掌，自云"自濂洛至今日，儒者百十家，余……皆能知其宗旨离合是非之故"。④ 当然，这些只不过说明他的学识渊博。可是他在学术上并不是以渊博而享盛名，更重要的在于他的独创精神。他自己就曾说过，做学问不患不博，但患不精，可见他认为可贵的在于专精。他在学术上是以

---

① 《文史通义》外篇三《家书三》。
② 《畴人传》。
③ 《鲒埼亭集》外编卷44《答诸生问南雷学术帖子》。
④ 《南雷文定前集》卷8《前乡进士泽望黄君圹志》。

多方面的专精而著称的，他的《明儒学案》开创了我国学术思想史编纂的先河，像这样有组织的学术思想史，在整个中国封建社会还是第一部。为中国史学史开辟了一条新的途径。所以梁启超说，黄宗羲"在学术上千古不磨的功绩，尤在两部学案"。他的《明夷待访录》一书，则是中国封建社会末期具有浓厚启蒙思想的杰出著作，在清末的民主革命运动当中，该书被大量印刷散布，成为传播革命思想的工具，起过很大的作用。

万斯同博闻强识，尤长于史，"自两汉以来，数千年之制度沿革，人物出处，洞然腹笥。于有明十五朝之实录，几能成诵。随举一人一事问之，即详述其曲折始终，若悬河之泻"。① 由于他是黄宗羲最得意的弟子，所以黄氏在明史研究上的成就，几乎全数由他所继承。清代《明史》的编纂，他实际上起了主编的作用。单就这点而言，他的功绩已经足以永载史册。他的著作很多，其中《历代史表》六十卷，《纪元汇考》四十卷，单从体例而言，这两书都具有开创性质。全祖望在学术上贡献也是多方面的，"其学渊博无涯涘，于书靡不穿贯"，他的学问有"今之刘元父"②之称。阮元在《鲒埼亭集序》中极口称赞他兼经学、史学、词章者之长，是"百尺楼台，非积年功力不可"。严可均亦说："余观古今宿学，有文章者未必本经术，通经术者未必具史裁，服郑之于迁固，各自沟浍，步趋其一，足千古矣，祖望殆兼之，致难得也。……自祖望殁后至今五十余年，其遗书出而盛行，知不知皆奉为浙学之冠。"③ 声誉之高，影响之大，于此可见。他一生当中贡献最大的亦在史学方面。他搜集晚明文献，表彰明季忠烈，《鲒埼亭集》中所载文字，强半皆为明清间掌故，可视为明末史料之汇集，亦是清初思想史的最好资料。他以十年时间续编了《宋元学案》，这项工作虽说是替黄宗羲续作，但在体例和组织上比《明儒学案》有很大发展，完全体现了他的独创精神与专家之学。

这一精神，章学诚更加发扬光大。他在理论上专门论述了博与约的辩证关系，他所著《文史通义》和《校雠通义》两书，提出了许多很有价值的独到见解，无论在史学史还是学术史上都有其重要的地位。可见清代浙东史学

---

① 黄百家：《万季野先生墓志铭》。
② 刘光汉：《全祖望传》，《国粹学报》第11期。
③ 《铁桥漫稿》七《全绍衣传》。

的几位大师，都是各有所长的专门名家。

三、主张学术要经世致用

　　清初浙东史学的第三个显著特点，就是主张学术研究要"经世致用"。这一优良传统，也是"源远而流长"的。众所周知，永嘉学派治学精神就在于"经世致用"，他们治学的根本宗旨就是"必弥纶以通世变"。① 这一精神得到了清代浙东史学家的继承和发扬，并成为他们治学的宗旨。我们在叙述这一问题时，有必要说明一点，有人把"民族思想之精神"也作为清代浙东史学的特色之一，这样的说法恐不太确切。我们认为所谓"民族思想之精神"，只不过是"经世致用"思想的表现形式之一。因为各人所处的时代不同，因而学术思想上的"经世致用"表现形式也就不同。关于这一点，章学诚在《浙东学术》一文中已经指出：

　　　　浙东之学，虽源流不异而所遇不同，故其见于世者，阳明得之为事功，蕺山得之为节义，梨洲得之为隐逸，万氏兄弟得之为经术史裁，授受虽出于一，而面目迥殊，以其各有事事故也。

　　各人"经世致用"的表现，与其所处的时代密切相关。这在黄、万二人身上表现得尤为明显。黄宗羲在清兵南下后，曾纠合同志共同抗清，组织世忠营，据四明山寨防守，为反清复明奔走呼号。明朝既亡，便闭门从事学术研究工作。他晚年在回忆这一段遭遇时说："自北兵南下，悬书购余者二，名捕者一，守围城者一，以谋反告讦者二三，绝气沙蝉者一昼夜。其他连染逻哨所及，无岁无之，可谓濒于十死者矣。"② 他奔走国难，死里逃生，不受清朝的诏旨，坚持"身遭国变，期于速死"的爱国思想，自然是完全可以理解的。就是在这种思想指导下，他所从事的学术研究，具有十分明显的"经世致用"色彩。他总结了东林、复社的思想，树立了富有启蒙色彩的反封建

---

① 《水心文集》卷10《温州新修学记》。
② 《南雷余集·怪说》。

的民主思想，代表作《明夷待访录》集中体现了这一点。一代大师顾炎武对此书十分称颂，他在给黄氏信中云："大著《待访录》，读之再三，于是知天下之未尝无人，百王之敝，可以复起；而三代之盛可以徐还也。"① 黄宗羲研究历史更是如此，曾编纂《明史案》二百四十四卷（已佚），其中有《行朝录》八种，记南明经营恢复事迹。而所著文集，对明季忠烈之士，亦多所表彰。其自云著作目的时说："余多叙事之文，尝读姚牧庵、元明善集，宋元之兴废，有史书所未详者，于此可见。然牧庵、元明善，皆在廊庙，所载多战功；余草野穷民，不得名公巨卿之事以述之，所载多亡国之大夫，地位不同耳，其有裨于史氏之缺文一也。"② 康熙十八年（1679）开明史馆，他虽不应聘，但却同意得意门生万斯同以布衣参与其事，而许多明史上重大疑难问题，"总裁千里贻书，乞公审正而后定"。③ 虽身未赴史局，而对于《明史》编纂之贡献，实非浅显。黄、万不愿食清俸禄，而所以要参与《明史》的编纂，志在保存故国历史之完整，如实反映明代历史之真相。万斯同说：

> 昔迁固才既杰出，又承文学，故事信而言文。其后专家之书，才虽不逮，犹未至如官修者之杂乱也。譬如入人之室，始而周其堂寝匽湢，继而知其蓄产礼俗，久之其男女少长，性质刚柔，轻重贤愚，无不习察，然后可治其家之事。若官修之史，仓卒而成于众人，不暇择其材之宜与事之习，是犹招市人而与谋室中之事也。吾所以辞史局而就馆总裁所者，惟恐众人分操割裂，使一代治乱贤奸之迹，暗昧而不明耳。④

对于此事，黄宗羲深有感慨："嗟夫！元之亡也，危素趋报恩寺，将入井，僧大梓云：'国史非公莫属，公死，是死国史也。'素以此不死。后修《元史》，不闻素赞一词。及明亡，朝廷之任史事者甚众，顾独藉一草野之万季野以存之，不亦可慨耶。"⑤ 这些事实证明，他们论史治史无不刻意于治乱

---

① 《顾亭林集·与黄梨洲书》。
② 《南雷文定·凡例》。
③ 详见全祖望：《梨洲先生神道碑》。
④ 《潜研堂文集》卷38《万先生斯同传》。
⑤ 《南雷文定·补历代史表序》。

兴衰，利病得失，教人以"有用之学"。邵念鲁亦称学术文章必须为时所用，自云所作《治平略》十二篇，"皆时所当先者，不欲仿苏氏直入议论，乃名之曰略。盖政与世移，旬月之间，情势万变；吾之所论，未必遂可施行。而今所难行，又未必不可施于后：故每两存其论，令识时务者，会心而自择取之。不然，书陈充栋，如不用，何益？"①与《治平略》同性质的还有《史略》六篇。前者泛论上下古今，后者畅论明代政治得失，尤足表明其经世之志。他说："经史子集，淹贯惟今，……凡士习民风之大，并人心天理之微，要归当时之有关世道，不可不作施行，宁止书生之空论？"②他对人说："文章无关世道者，可以不作；有关世道，不可不作；即文采未极，亦不妨作。"③这一主张，对章学诚影响极大，章氏在《与邵二云论学》一文中说：

> 君家念鲁先生有言："文章有关世道，不可不作；文采未极，亦不妨作。"仆非能文者也，服膺先生遗言，不敢无所撰著，足下亦许以为且可矣。④

这就是说，章学诚为了响应邵念鲁的提倡，"不敢无所撰著"，这进一步说明章学诚的学术思想与浙东学派诸大师的学术渊源关系。他的《文史通义》一书，集中反映了"经世致用"的思想，许多篇章在理论上从不同角度论述了"经世致用"的重要意义，把浙东史学诸大师的这一思想特色推到了一个新的高峰，真正做到了集浙东史学之大成。他的论著，大多有关当前学术发展及社会风尚。他认为"学业将以经世，当视世所忽者而施挽救焉"⑤，千万不能赶风头以趋时好。乾嘉时代，人人竞言考订，甚至达官贵人都要借此显示自己的身价。可是他不为此风所围，坚定地走自己所主张的"经世致用"道路，"世之所重而非吾意所期与，虽大如泰山，不遑顾也；世之所忽

---

① 《思复堂文集》卷6《治平略序》。
② 《思复堂文集》卷7《复韦明府启》。
③ 王揆：《思复堂文集序》。
④ 《文史通义》外篇三。
⑤ 《文史通义》外篇三《答沈枫墀论学》。

而苟为吾意所期与,虽细如秋毫,不敢略也"。①他始终要求学术研究能与当前社会需要密切结合起来,不要脱离社会现实去闭门造车。做学问如果无益于社会,"虽极精能",也毫无价值。他自己学术所长是在史学,这一精神落实到史学上,他提出了"史学所以经世"的主张。

综上所述可以看出章学诚的史学思想显然与浙东史学有着密切的渊源关系。章学诚与浙东史学先辈不仅共同生活在浙东地区,更重要的在于学术上具有师承关系。因此,我们认为,他的史学思想与浙东诸大师绝不是偶尔的巧合,而完全是属于同一个学派,章学诚是名副其实的浙东史学的一个成员。

第三节　需要辨清的几个问题

柴德赓先生认为,章学诚的学术思想与浙东史学"无共同之处"。柴先生一个论据是说章学诚"反对遗民的议论",又批评全祖望。他说:"章学诚不了解全祖望,仅仅从《鲒埼亭集》中看到全氏所撰碑传事的重复,《乙卯札记》说:'谢山不解文章详略之法','所撰神道墓碑,多是拟作,而刻石见用者十居其五,是又狃于八家选集之古文义例,以碑志为古文中之大著述也'。把全祖望表彰民族气节的深心,看成是为自己的文集争体面,更暴露他自己思想浅陋。"②为了便于说明事实的真相,我们有必要将章学诚《乙卯札记》那段原文全部抄录如下:

全谢山文集,近始阅其详,盖于东南文献,及胜国遗事,尤加意焉。生承诸老之后,渊源既深,通籍馆阁,闻见更广,故其所见,较念鲁先生颇为宏阔。而其文辞不免冗蔓,语亦不甚选择,又不免于复沓,不解文章互相详略之法,如鲁王起事,六狂生举义始末,见于传志诸作,凡三四处。又所撰神道墓碑,多是拟作,而刻石见用者十居其五,是又狃于八家选集之古文义例,以碑志为古文中之大著述也。汪钝翁辈

---

① 《文史通义》外篇三《与朱沧湄中翰论学书》。
② 《试论章学诚的学术思想》。

且欲以《汉书》诸传,削去论赞,而增以韵铭作好碑志,同一惑矣。乃嗤念鲁先生为迂陋,不知其文笔未足抗衡《思复堂》也。然近人修饰边幅,全无为文之实,而竟夸作者,则全氏又远胜之矣。①

就整段文字来看,章学诚在这里并无故意贬斥全祖望之意,而在文章的首尾,有称颂或肯定之词。原文具在,无须多作分析。而中间如柴先生所列举的,章学诚是从文章的体裁、史学的义例方面所作的批评,纯属技术性问题,对于全氏表彰明季忠义,保存东南文献,已经作了足够的肯定,说他"生承诸老之后,渊源既深,通籍馆阁,闻见更广,故其所见,较念鲁先生颇为宏阔"。大家知道,邵念鲁是浙东史学之一员,而其表彰明季忠烈,保存故国之文献也是不遗余力,他又是章学诚最推崇之人物。而在这个问题上,章氏却肯定全祖望"较念鲁先生颇为宏阔",这就充分说明章学诚对全祖望文集大量表扬明末抗清的忠义之士,是完全了解的,绝对不是什么"不了解"。我们上面已经指出,章学诚所干的行当,是文史校雠,而他的《文史通义》宗旨,就是为著作之林校雠得失。他曾一再表白,"鄙人所业,文史校雠"。既然如此,章学诚批评全祖望文集中存在的某些缺陷,有什么理由值得非难呢?况且章学诚所指出的几点,又都是事实。全祖望的文辞,确实不甚高明,所记事实,重重叠叠。为了把问题辨明,不妨再看看章学诚批评全祖望的另一段话:

> 全氏通籍馆阁,入窥中秘,出交名公巨卿,闻见自宜有进;然其为文,虽号大家,但与《思复堂集》不可同日语也。全氏修辞饰句,芜累甚多,不如《思复堂集》辞洁气清;若其泛滥驰骤,不免漫衍冗长,不如《思复堂集》雄健谨严,语无枝剩。至于数人共为一事,全氏各为其人传状碑志,叙所共之事,复见叠出,至于再四,不知古人文集虽不如子书之篇第相承,然同在一集之中,必使前后虚实分合之间互相趋避,乃成家法。而全氏不然,以视《思复堂集》,全书止如一篇,一篇止如一句,百十万言若可运于掌者,相去又不可以道里计矣。至于闻见有所

---

① 《章氏遗书》外编卷2。

出入，要于大体无伤，古人不甚校也。王弇州之雄才博学，实过震川，而气体不清，不能不折服于震川之正论。今全氏之才，不能远过弇州，而《思复堂集》，高过震川数等，岂可轻相非诋，是全氏之过也。①

这段文字同样说明章学诚批评全祖望的是在于文章的技巧义例，说他文集不成"家法"，是技术性问题，并无涉及思想、人品。况且全祖望对《思复堂集》有过贬议，即所谓"轻相非诋"，因此章学诚便发此段议论。确实，邵念鲁的传记文章比全祖望高明，姚名达就曾说过："念鲁作传记，极尽文章之能事，梁任公先生推为中国第一，实非谀辞。"②关于此事，李慈铭亦曾为之不平，他在《越缦堂日记》同治四年十一月十八日记曰："全谢山讥念鲁为学究，颇抉摘是集之谬误。念鲁腹笥俭隘，其学问诚不足望谢山津涯，而文章峻洁，则非谢山所及。"又十九日记曰："念鲁私淑梨洲，自任传姚江之学。尤勤勤于残明文献，掇拾表章，不遗余力。虽终身授徒乡塾，闻见有限，读书不多，其所记载，不能无误；要其服膺先贤，专心一志，行步绳尺，文如其人，前辈典型，俨然可想；《鲒埼》以'固陋'二字概其一生，其亦过矣。"可见章学诚批评全祖望文章不及邵念鲁是正确的，尽管全祖望"讥念鲁为学究"，以"固陋"二字概其一生，但章学诚对全祖望仍无过激之词，只是指出"岂可轻相非诋？是全氏之过也"。两段引文也都足以表明这一精神。何况章学诚在其著作当中，引用、肯定、称颂全祖望的文章、论断、见解的地方还是很多的，在《乙卯札记》中，就不下二十条以上。

我们觉得有一点必须明确，一个学派中的成员，在学术宗旨一致的前提下，对于某些具体事件有不同的看法，是很自然的。何况闻道有先后，认识有深浅。众所周知，全祖望私淑黄、万，对黄宗羲极为崇拜。但对其短处，照样提出批评。他在《答诸生问南雷学术帖子》中说："先生之不免余议者则有二：其一，则党人之习气未尽，盖少年即入社会，门户之见，深入而不可猝去；……其一，则文人之习气未尽，不免以正谊明道之余枝，犹留连于枝叶。"这样中肯的批评并无损于他对黄氏的推崇。当然，也不会有人因此

---

① 《章氏遗书》卷18《邵与桐别传》跋。
② 《邵念鲁年谱》附录。

就说"黄全两人无共同处"。章学诚服膺邵念鲁,对邵氏十分景仰,自愧不及,但在学术见解上也有不同看法。元人修《宋史》,于《儒林传》之外,另立《道学传》,对此一举,邵念鲁很不以为然。他说:"元人修《宋史》于《儒林》外别立《道学传》,此后遂为定名,专家似当去之。吾道一贯,孰非道学中事,而以此立儒家标帜乎?同父(陈亮)所以谓人不当专学为儒,正为此也。"① 章学诚对此表示了完全相反的看法,他从史学家写史应当反映社会现实情况的原则出发,肯定了《宋史》这一做法。他说:"《道学》、《儒林》分为二传,前人多訾议之,以谓吾道一贯,德行文学,何非夫子所许,而分门别户以启争端。此说非是。史家法度,自学《春秋》据事直书,枝指不可断,而兀足不可伸,期于适如其事而已矣。儒术至宋而盛,儒学亦至宋而歧。《道学》诸传人物,实与《儒林》诸公迥然分别。自不得不如当日途辙分歧之实迹以载之。夫道学之名,前人本无,则如画马,自然不应有角。宋后忽有道学之名之事之宗风派别,则如画麟,安得但为麕而角哉?如云吾道一贯,不当分别门户,则德行文学之外,岂无言语政事?然则《滑稽》、《循吏》,亦可合于《儒林传》乎?"② 这段话说得入情入理,完全以理服人。可见,即使同一学派人物,学术上持有不同见解,乃是正常现象,只要总的学术宗旨一致,对于具体事物持有不同看法也是许可的。

可以肯定,章学诚与浙东史学有着极为密切的师承关系,他的主要史学思想与浙东诸大师都是一脉相承的。他以浙东史学的殿军而集浙东史学之大成,把浙东史学诸大师的杰出思想和优良传统都从理论上加以发扬光大。他在史学理论上的贡献,可与刘知幾相媲美。他在校雠学上成了中国封建社会的集大成者,而在方志学上更成了开山之祖。他的《文史通义》与刘知幾的《史通》,被视为中国封建社会中史学理论的"双璧"。

---

① 《思复堂文集・候毛西河先生书》。
② 《丙辰札记》。

附 章学诚评传（与仓晓梅合著）

前　言

　　章学诚是我国封建社会后期杰出的史学评论家，方志学的奠基人。出身于中小地主家庭，父亲章镳，为人忠厚，乾隆七年（1742）中进士后，过了10年，方才得了个湖北应城知县。为官清廉正直，上任仅5年，就因断狱主持公道而丢了乌纱帽。因贫穷无力回归故里，只得主讲于天门、应城等书院，并死于应城。青年时代章学诚对于科举考试非常反感，但父亲的去世，为全家生活计，又不得不把希望寄托在科举考试上，企图通过这一途径取得一官半职。生活好像总是故意在捉弄着他，每次考试总是落选，直到41岁那年方中进士。又自以迂拘，学问不合世用，终究未敢进入仕途。仅在国子监时任过国子监典籍（即今日之图书管理员）。章学诚的一生就是通过主讲书院，为人修志，担任幕僚而走完艰辛困苦的人生旅程。他的著作也就是在这样恶劣的环境中写出来的，有许多更是"写于车尘马足之间"。他在入湖广总督毕沅幕府后，曾协助毕沅编修《续资治通鉴》，为其主编《湖北通志》，并借其力编修《史籍考》。本计划改编《宋史》，因生活的不安定，未能如愿。他在35岁的时候，就立下志愿要在文史校雠方面有所发明，"成一家之言"。尽管代表作《文史通义》在去世前未能修完，但"成一家之言"的目的却是实现了。在史学理论上章学诚提出了一系列杰出见解，诸如史书编修必须重视"史义"、优秀历史学家必须具备"史德"、系统阐发"六经皆史"说、扩大史料范围等等，都做到了发前人所未发；虽有丰富的史学理论，却无处实践，因而肆力于方志的编纂，用以检验自己的史学理论。章学诚强调，修志当中要实地调查，重视乡邦文献，要求内容详近略远，反对形式主义。在总结前人修志得失前提下，结合自己的修志经验的升华，提出了系统的修志义例和理论，建立起方志学。章学诚在校雠学上的成就很大，代表作《校雠通义》成为我国封建社会校雠学集大成之作。此书内容对我国目录学的方法和理论一直起着重大影响。在学术研究上，章学诚认为应当坚持

"经世致用"原则，故对当时专务考索和空谈义理两种不良学风都予以反对。他认为，要在学问上有所建树，就不能赶风头，更不能趋炎附势，否则将一事无成，这都是宝贵的经验之谈。其著作除《文史通义》和《校雠通义》外，大多散失。全部文稿生前委托萧山王宗炎代为校订，1922年嘉业堂主人刘承幹依王氏所定之目加以补订，刻为《章氏遗书》。

此书是小女仓晓梅和我共同撰著，她除了撰写近二分之一的初稿外，又做了定稿后的全部誊写工作。李侃先生对本书撰写大纲提出了十分宝贵的意见。叶建华同志对书稿提了不少宝贵的修改意见。在此一并表示感谢！

仓修良

1993年6月8日于杭州大学寓所

第一章
时代·故里·童年

第一节 生活的时代

明清之际是我国封建社会晚期一个急剧动荡的时代,天下政治风云瞬息万变。明末社会经济的疾速崩溃,政治的黑暗腐朽,加之文化思想领域的心学泛滥、学风空疏,迫不及待地向那个时代的学者、思想家提出一系列尖锐的问题:如何抑制土地的兼并,如何合理分担赋役,如何更易国家的政治制度、官吏制度、教育制度,以及如何去扭转空疏的学风……

反理学思潮的勃兴,成为这一时期思想界的历史标志。

宋明理学是整个中国封建社会晚期的统治思想。它发端于北宋,历经元明两代,迄于明清之际,"尊德性"的陆王之学,固已流于禅释,演变成为虚无缥缈的玄谈;"道问学"的朱学,也已支离破碎,成了迂儒的章句之学。程朱陆王之学僵化了,腐朽了,朱明王朝也终于灭亡了。理学最终回天乏力,没有能挽救封建统治的严重危机,也没有能制止满洲贵族的崛起,更没有能够消弭人民的反抗。严酷的现实,迫使地主阶级思想家们去寻觅维护封建统治的有力武器。时值明朝末季,一些有见识的思想家,就已经集矢于心学、理学之的。入清,黄宗羲、顾炎武、王夫之诸大师脱颖而出,沿波继起,将反理学的声浪推向巅峰。他们反对浮夸空谈的不良学风,主张研究对国计民生有用的实学,提倡"经世致用",并不同程度地对封建专制主义和民族压迫进行了批判。

黄宗羲激烈反对君主专制制度,以愤激的椽笔将其思想倾注于《明夷待访录》一书中。他提出以万民之忧乐为主的重视民权的民主思想,并发表君主乃百姓之公仆的新见解,在《原君》中谈到"有生之初,人各自私也,人各自利也;天下有公利而莫或兴之,有公害而莫或除之。有人者出,不以一己之利为利，而使天下受其利，不以一己之害为害，而使天下释其害；此其人之勤劳必千万于天下之人"。① 他批判了"君为臣纲"的封建教条，反对无条件的忠君思想，主张做官的应该是"为天下，非为君也；为万民，非为一姓也"。② 黄宗羲还进一步批判了封建专制主义的法制，指出专制帝王的法，是为维护其统治而制定的，是"一家之法"，因而是非法的。在《原法》中，他说："后之人主，既得天下，唯恐其祚命之不长也，子孙之不能保有也，思患于未然以为之法。然则其所谓法者，一家之法而非天下之法也。"③ 他认为这种"非法之法"不仅是祸乱的渊薮，而且束缚了天下人的手足。因之，他强调应建立"天下之法"的法制，认为"有治法而后有治人"。只有法制完善了，才能够治平天下。这一系列思想在当时可以算是相当激进，并且给中国近代的改革带来不可忽视的影响，梁启超等在搞维新运动时，就曾把《明夷待访录》一书大量印刷，作为推翻封建君主专制的宣传品。

较黄宗羲晚三年出生的顾炎武，也激烈地反对君主专制，主张限制君权，扩大地方权力。他说："人君之于天下，不能以独治也；独治之而刑繁矣，众治之而刑措矣。"④ 他认为只有"以天下之权，寄之天下之人"，即皇帝同各级官吏共同掌握政权，才能达到"天下治"的目的。顾炎武还具有强烈的民族思想，他把封建社会中"亡国"与"亡天下"作了区别。他说："有亡国，有亡天下。""易姓改号，谓之亡国。仁义充塞，而至于率兽食人，人将相食，谓之亡天下。"⑤ 这就是说，"亡国"仅是改朝换代，是一个封建集团代替另一个封建集团的问题；而"亡天下"则是民族、文化的沦亡，是关系到整个民族命运的大问题。因此，他提出，"保国"与"保天下"不同，"保国者，其君其臣肉食者谋之"⑥，一般人不必参加那种斗争；"保天下者，匹夫之贱，与有责焉"⑦，是人人都应当关心的，"天下兴亡，匹夫有责"，就是这

---

① 黄宗羲：《明夷待访录》。
② 黄宗羲：《明夷待访录》。
③ 黄宗羲：《明夷待访录》。
④ 《日知录》卷6《爱百姓故刑罚中》。
⑤ 《日知录》卷13《正始》。
⑥ 《日知录》卷13《正始》。
⑦ 《日知录》卷13《正始》。

样被顾炎武提了出来。这些议论与主张,不仅在当时具有一定的进步意义,其内涵的民族凝聚力一直影响着以后中国历史的发展。在治学方面,顾炎武反对空谈,提倡实学,主张"经世致用"。他指斥明末心学的弊害是"不习六艺之文,不考百王之典,不综当代之务","以明心见性之空言,代修己治人之实学",结果造成了"股肱惰而万事荒,爪牙亡而四国乱,神州荡覆,宗社丘墟"。① 故此他强调踏实钻研的学风,提出"凡文之不关于六经之指,当世之务者,一切不为"。② 他的《天下郡国利病书》就是以有益于世用为目的而写成的。

与此同时,唐甄、颜元、方以智、吕留良等一大批著名学者,亦纷纷著书立说。当时的学术空气异常活跃,各种有价值的著作也都应时出现。中世纪某些被视作金科玉律的制度、原则和学说发生了动摇,加之生产力水平的提高,自然科学的进步,西洋近代文明的输入,学术上进入一个可以"坐集千古之智,折中其间"的佳境。从思想学术领域来看,确是一种十分可喜的现象。

可是这种局面的出现却使清朝统治者感到惶恐不安,他们很快意识到,如果让这种局面自由发展下去,势必将冲击封建统治秩序,对政权的巩固将会产生极其不利的影响。于是便决定以高压手段,对"掉弄笔墨"的士人给以惩创,以此来打击"经世致用"的思想,残杀富有民族思想的知识分子,加强对学术思想的控制。这种手段就是在中国文化史上留下殷红血迹的文字狱。

残酷的文字狱,灭绝人性。吴晗先生曾在《朱元璋传》中作过这么一段概括:

> 所谓文字狱,就是统治者挑剔文字的过错而兴起的大狱,大的像几十本的专著、诗文集,小的则一篇短文、一首诗、一封信,甚至一字半句的言语,不管是自己作的,还是抄别人的,甚至是从古人那里抄来的,都可以作为文字狱的罪证。文字自然出自文人之手,所以可以说文字狱是专门对付文人的"特刑庭",是封建帝王进行政治镇压、钳制思

---

① 《日知录》卷7《夫子之言性与天道》。
② 《亭林文集·与人书二》。

想以巩固封建独裁统治的手段。文字狱的处理是非常残酷的，逮捕、抄家、坐牢、受审，制罪极重，至少是终身监禁，流放边远，充军为奴，大多数则是杀头凌迟。已死的人，则开棺戮尸；而且往往一人得罪，株连甚广，近亲家属，不管是否知情，即使目不识丁，也一概"从坐"。作者犯了罪，写序、跋、题诗、题签之人都有罪，所有与刻印、买卖、赠送书籍有关的人，也都有罪。地方官有牵连的自然有罪，没有牵连的也犯了"失查"罪。总之，一个案件的罪犯，常常是百十成群。①

文字狱几乎历代都有，但各代文网的疏密有所不同。清代顺治、康熙、雍正、乾隆四朝，文字狱频繁发生，愈演愈烈，在数量和规模上都是空前的。尤其乾隆一朝，文字狱几乎被提到封建国家政策的高度。当时借编纂《四库全书》之机在全国范围内收缴"违碍书籍"，在四库开馆期间十年内奏准禁毁书近三千种，总数在十万部左右。我们今天所能看到的有关清代文字狱比较详细的材料，主要是作为专案记录在封建朝廷档案里的案例，还有些散见于公私文书中的，总计逾100案。至于历朝奏本或作文因"文理荒谬"，"应抬之字竟不抬写"，"妄用不应用语"，"所言不惬朕心"，甚至超过字数"违例"而获谴得罪的，更是不胜枚举。

康熙二年（1663）发生庄氏明史案。浙江归安（今吴兴）富商庄廷鑨购得明万历年间大学士朱国桢编著的《明史》，心中甚喜。但因原书未完，颇感遗憾，遂请人续完刻印，如实编写明末天启、崇祯两朝的历史，其中涉及李成梁与建州卫的关系和明末抗战事迹。这事却被落职归安知县吴之荣告发，龙颜大怒，遂降下罪名有意反清。当时庄廷鑨已死，仍被剖棺戮尸。可怜其父兄弟侄等家属亦皆处极刑。此外，凡作序者、校补者、刻印者，甚至售书者、买书者都惨遭杀戮，共死72人，充军发配不计其数。更可惜的是，被顾炎武"视为畏友"的吴炎、潘柽章两位年轻有为的史学家，亦不幸命丧此案。两人俱为吴江名士，本未参与庄氏《明史》的参校工作，当时二人正专意撰著《明史记》。由于庄氏倾慕二人盛名，将其名刊于序中，遂招致杀身之祸，康熙二年五月，"俱磔于杭州弼教坊"。在这之前，由于顾炎武对他们十分敬

---

① 吴晗：《朱元璋传》。

慕，将自己所藏有关史料千余卷借给他们，《明史记》于二人遇难时被抄没焚毁，顾氏藏书亦一并焚为灰烬，这无疑是明史研究上的一大损失。

发生在康熙晚年的有"南山集案"。清翰林院编修桐城人戴名世著有《南山集》，书中多处引用同乡人方孝标《滇黔纪闻》所记永历政权抗战事迹，并主张弘光、隆武、永历三帝在《明史》中应立本纪。戴氏为人正直，敢于傲视卖弄权势的达官贵人，常道一般人不能说不敢说的话，这不能不引起老于世故的当权人物和钻营奔走者的恐惧，加之赵申乔本与戴名世有过嫌隙，恰好借此机会大加发挥。戴名世及其族人皆被杀戮；方孝标早已死亡，但仍被戮尸，族人被杀的亦很多。方、戴两族未被屠戮的皆流放宁古塔（今黑龙江宁安）等地充作奴役。这次文字狱死者100多人，流放者达数百人。

与"明史案"、"南山集案"同为清初大案的在雍正时期有"吕留良案"。雍正六年（1728），湖南人曾静得到明末清初理学家吕留良遗稿，对其中有关"夷夏之防"及"井田"、"封建"等学说颇有共鸣，遂著有《知新录》一书，提出清朝入主中原，使人民陷于水深火热之中，中国的文化传统遭到破坏，号召恢复"井田封建"。书中还揭发了清廷统治下人民生活的种种痛苦，并列举雍正皇帝九条罪状：一害父夺位，二逼母殉死，三阴弑其兄（胤礽），四屠弟（胤禩、胤禟），五贪财，六好杀，七耽酒，八淫色，九诛忠用奸。雍正七年（1729），曾静派遣其弟子张熙到西安拜访清川陕总督岳钟琪，劝他起兵反清，不料岳钟琪反向清廷告发，曾静、张熙及吕留良之子吕毅中皆被逮捕。在抄出的吕留良诗文中又有"清风虽细难吹我，明月何尝不照人"等句，更成为残酷镇压的口实。雍正亲自审问后，杀害了吕毅中等人，把吕留良发棺戮尸，全家杀尽，著作也都毁版。吕氏子孙则被发配宁古塔为奴，但却把曾静、张熙释放了，搞了个曾静等悔罪的供词，派刑部侍郎杭奕禄押送曾静到江宁、苏杭等地"宣讲"。雍正还自撰长篇谕旨，和曾静的"悔罪供词"等合刊成《大义觉迷录》颁行天下。雍正除自辩其继承帝位的合法性，借以打击皇族内部的反对派外，尤其强调君臣伦理，"不得以华夷异心"。此书一直发至全国各地学校，迫令士人阅读，从雍正不惜以皇帝之尊自著长文与囚徒的"谬说"哓哓辩论这一异常的举动上，可以看出清朝统治者对思想统治的重视。对此梁启超曾发表过评论，认为作为一个帝王亲自著书数十万言与一位儒生打笔墨官司，在中外历史上真算得绝无仅有。

自此以后，文网愈密，动辄犯忌，令人心寒。尤其是"明"、"清"二字，更不可随意使用，由于清统治者猜疑过甚，往往望文生义，为了一两个字就可以把人定为"大逆"。用当时办案大员的话来说，就是"推求其意，悖逆显然"。于是，许多人就因为"推求其意"而命丧九泉。

雍正时江西考官浙江海宁人查嗣庭因出试题涉嫌，被拿问罪。据《永宪录》载，查嗣庭在江西主考时以"维民所止"命题，这下被同"雍正"年号联系起来，"维""止"正是去"雍正"之首，因此定为叛逆，加之又搜检其笔札诗抄，认为他语多悖逆，心怀怨望，因此被革职拿问，死于狱中，戮尸枭示，亲属或杀或被流放。次年，雍正以查嗣庭、汪景祺均为浙江人，认为浙省士风浇薄，玷辱科名，下诏停止浙江乡试、会试六年。

以后又有翰林院庶吉士徐骏诗中因有"清风不识字，何得乱翻书"之句，被指为有意讥讪而遭残杀。据史料记载，仅乾隆一朝即兴文字狱七十一起，真是空前绝后。案件缘由大多为"妄议朝政"或"讥讪朝政"，往往经过"推求其意"而定的案。徐一夔《一柱楼诗集》里有"大明天子重相见，且把壶儿搁半边"，"明朝期振翮，一举去清都"；李驎《虬峰集》里有"杞人惊转切，翘首待重明"等诗句，都因涉及"明"、"清"字样，被定为重案。更有甚者，卓长龄《忆鸣诗集》案，则是把"忆鸣"二字经过仔细"推求"之后，变成了"忆明"，然后按"大逆"定了罪。最高统治者意图如此，各级官吏、爪牙自然纷纷迎合。办案官吏往往轻罪重办，从重拟罪，有些无耻之辈为了营谋私利，乘机挟嫌诬陷，遂使告讦之风盛行。将文字狱作为取媚争功的奇货是文字狱盛行时封建官僚普遍的心理和行动。海成在江西巡抚任内，收缴"禁书"带头卖力，一年就搜缴八千余部，还说"尚不能一时尽净"，要继续尽力罗掘购求。因而得到乾隆"查办遗书一事，惟海成最为认真，故前后购获应毁书籍较江浙尤多"的奖谕。但在次年的王锡侯《字贯》案中，乾隆却嫌他不够苛刻而翻脸。由此可见，由于文字狱的屡兴，告讦之风的盛行，学者们的思想自由、著作权利，被剥夺得一干二净，清初学者所提倡的"经世致用"的学风，亦被扫荡无遗。大家深具戒心，钳口不谈时政。于是"人人低首，家家颂圣，专制之乐，其乐无穷！"

清初统治者的文化专制主义政策采用高压与怀柔两手，用高压手段控制社会舆论，以怀柔姿态粉饰社会太平。文字狱效果"卓著"，故此收买和笼络知识分子的工作也大规模展开。康熙初,重新刊行《性理大全》、《朱子全书》,编印《性理精义》等,企图以程朱理学闭塞民心。康熙十二年(1673),又诏举"山林隐逸",一些地主士绅不经考试就可以直接做官。第二年,更颁布捐纳制度,使地主子弟可以通过捐银得官。康熙十七年(1678),又开设特科——博学鸿儒科,给地主阶级知识分子中的所谓"名士"以更大的优遇,一经录取,俱授以翰林院的官职,罗致全国"名士"143 人,录取了50 名。当然,诚如梁启超所说,被收买的都是些二三等人物。此外,还召集大批文士编辑《古今图书集成》、《康熙字典》、《全唐诗》等许多大部头书籍。雍正、乾隆朝除继续举行博学鸿儒科外,又有《永乐大典》的缮写、"续三通"的编修、武英殿的刻书等。特别是《四库全书》的编纂,竟网罗学者 300 余人参与其事。乾隆三十八年(1773)清政府下令设置《四库全书》馆,以纪昀为总裁,编纂《四库全书》,名义上是为了作一次古今图书的结集,实际上仍是在于实行文化专制主义政策,借机检查各种文献,进而销毁反清和反对封建统治的著作。当时销毁、篡改、抽毁、禁绝的范围,不独限于反清文献,就是宋人言金事、明人言元事的书籍亦在其列,甚至内容与封建制度有所抵触或"辞含激愤,意存感慨"者亦不免于被销毁。鲁迅先生在《且介亭杂文·病后杂谈之余》中说:"现在不说别的,单看雍正乾隆两朝的对于中国人著作的手段,就足够令人惊心动魄。全毁,抽毁,剜去之类也且不说,最阴险的是删改了古书的内容。乾隆朝的纂修《四库全书》,是许多人颂为一代盛业的,但他们却不但捣乱了古书的格式,还修改了古人的文章;不但藏之内廷,还颁之文风颇盛之处,使天下士子阅读,永不会觉得我们中国的作者里面,也曾经有过很有些骨气的人。"从乾隆三十九年至四十七年(1774—1782)的 8 年间,根据当时清政府报告,共烧书 24 次,被焚毁的书籍约 538 种,13862 部。实际被毁之书远远超过这个数字。据孙殿起辑《清代禁书知见录·自序》,乾隆时期"在于销毁之例者,将近三千余种,六七万部以上,种数几与四库现收书相埒"。这无疑是中国古代文化典籍的一次大浩劫。

清政府推行镇压和怀柔相结合的文化专制政策,其结果严重禁锢了人民的思想。在这种情势下,一部分犯忌讳的学者,惨遭杀害,一部分趋附朝廷权贵的学者,为封建统治者所重用,而绝大多数学者为了明哲保身,避嫌免祸,被迫钳口不言,噤若寒蝉,不敢问今,而一头钻进故纸堆中,大搞训诂名物,专事三代秦汉文献的整理和考订,唯有这一工作才保险,也唯有这一工作才有出路,因为这是当权者所提倡的。于是在乾嘉时期,逐渐形成了一代学风——考据学。

梁启超曾说:"凡当权者喜欢干涉人民思想的时代,学者的聪明才力,只有全部用去注释古典,欧洲罗马教皇权力最盛时,就是这种现象,我国雍乾间也是一个例证。记得某家笔记说:'内廷唱戏,无论何种剧本都会触犯忌讳,只得专排演些《封神》、《西游》之类,和现在社会情况丝毫无关,不至闹乱子。'雍乾学者专务注释古典,也许是被这种环境构成。"① 当时的学术界,各种学科,无不是千篇一律的考证。不独做学问的人个个竞言考订,在整个社会上亦形成一种不可逆转的风气。对于这种社会风气,梁启超又风趣地说:

> 乾嘉间之考证学,几乎独占学界势力,虽以素崇宋学的清室帝王,尚且从风而靡,其他更不必说了。所以稍微时髦一点的阔官乃至富商大贾,都要"附庸风雅",跟着这些大学者学几句考证的内行话。②

乾嘉考据学实质上是一种严重畸形发展的学术文化,与真正学术繁荣的宋代所呈现的书院林立、学派众多、讲学之风盛行、各种思想观点互相争鸣、相互并存景象形成鲜明的对比。而乾嘉考据学的成就,乃是许多聪明才智之士为了逃避现实之嫌,将自己毕生精力葬送在故纸堆中取得的。鲁迅先生在《三闲集·无声的中国》中指出:

> 这不能说话的毛病,在明朝还没有这样厉害的;他们还比较地能说些要说的话。待到满洲人以异族侵入中国,讲历史的,尤其是讲宋末的事情的人被杀害了,讲时事的自然也被杀害了。所以,到乾隆年间,人民大众便更不敢用文章来说话了。所谓读书人,便只好躲起来读经,校

---

① 《中国近三百年学术史》三《清代学术变迁与政治的影响》中。
② 《中国近三百年学术史》三《清代学术变迁与政治的影响》中。

刊古书，做些古时的文章，和当时毫无关系的文章。有些新意，也还是不行的。

乾嘉时代的整个学术界几乎全部被纳入考据的轨道，考据之风笼罩着整个学术领域，成为一种时代精神，诚如梁启超所言："乾嘉以来，考证学统一学界。"

考据之风达到极盛，正是"家家许郑，人人贾马，汉学烂然如日中天"。考据学成为官方的御用学术，成为清廷用来粉饰所谓"乾嘉盛世"的点缀品，成为统治者歌颂"升平气象"的工具。这时，却有一个叫章学诚的人敢于独树一帜，出来高唱"六经皆史"，大谈"经世致用"，很具有反潮流的精神。章学诚对流于烦琐考据的学风非常不满，在写给朋友的书信和许多文章中都很费了一番笔墨来批评这个怪现象。他指出："自四库馆开，寒士多以校书谋生，而学问之途，乃出一种贪多务博，而胸无伦次者，于一切撰述，不求宗旨，而务为无理之繁富，动引刘子骏言'与其过废，无宁过存'，即明知其载非伦类，辄以有益后人考订为辞"。[①] 他还将考据者比喻成桑蚕食叶而不能抽丝，考据者只是整理资料，而未能根据事实，探索出理论及规律。这种把补缀古书作为学问的目的、学问的全部，并舍此别无他求，俨然成为不可移易的社会观念的观点，在章学诚看来是绝对错误的。但在当时，整个学术界，学者们对考据趋之若鹜，像章学诚这样的"异端分子"，敢于同尊为御用学术的考据学分庭抗礼的，终究是凤毛麟角，寥寥无几。

号称"盛世"的乾嘉时代，其政治和学术文化既是如此的"盛世"不盛，"万马齐喑"。我们再来看一下当时的社会矛盾和阶级矛盾又是一种什么状况。

18世纪中叶，清乾隆帝继承了康熙、雍正两朝的励精图治，封建社会的经济有了很大的发展，煊赫的武功和灿烂的文治盛况空前。但是，也就是在乾隆、嘉庆两朝，土地高度集中，统治阶级奢侈腐化，大小官吏贪污成风，在全国范围内，阶级矛盾和民族矛盾日益尖锐，各族人民的反抗斗争此起彼伏，整个国家府库空虚，缓急俱不可待，清王朝长期积弱的局面其实正是形

---

① 《章氏遗书》外编卷3《丙辰札记》。

成于乾隆一朝。

满族贵族不仅在入关之初大量圈占土地,以后更倚仗其权势继续抢占民田。乾隆时,怀柔地主郝氏霸占良田至万顷,有名的奸贪宠臣和珅,兼并土地达八千顷,就连他的两个家丁,也仗势掠夺土地六百顷。嘉庆时,广东巡抚百龄,到任不足一年,占田就有五千顷。江苏省博物馆存有乾隆十二年(1747)的常熟县陆氏置产簿,上面记载:此地主在康熙五十一年(1712)分家时,分得土地八百三十九亩七厘三毫,到雍正三年(1725)增加至二千二百四十亩三分,到乾隆六年(1741),又增至三千六百五十五亩六分三厘六毫。短短的三十年,他的土地竟然增加了四倍多,这个置产簿是当时地主阶级残酷掠夺农民土地的缩影和罪证。

农民一旦沦为佃户,就要承受地主阶级高额地租的剥削。高额地租的残酷压榨几至变本加厉。除正租外,尚有许多巧立名目的额外剥削,有"冬牲钱"、"轿钱",逢年过节还要索取"送节钱",嫁女要送"出村礼",甚至佃户家里死人也要纳"断气钱"。预交押租金和送揽田礼,更是佃农们的沉重负担。农民要想租种土地,需要向地主送揽田礼。江苏崇明县有一个农民张三要租种地主施某的土地,因事先未送礼,施便说:"此田不与张三种。"后来张三赶快送上几只鸡。地主马上改变口气说:"不与张三却与谁?"张三问施某何以前后说法不一?施大言不惭道,先说那句话"无稽(鸡)之谈"。

在以满族贵族为首的封建统治阶级的残酷剥削压迫下,农民被逼得几至走投无路。这造成阶级矛盾日益激化,加之政治的极端混乱和黑暗,乾嘉时全国各地先后发生了各族人民的武装起义,其中影响较大的有:乾隆三十九年(1774)山东清水教(白莲教的一支)首领王伦领导农民举行起义;乾隆四十六年(1781)西北甘肃青海地区苏四十三和田五领导回族、撒拉族人民起义;乾隆五十一年(1786)林爽文领导台湾人民起义;乾隆六十年(1795)石柳邓在贵州领导苗民起义,并曾控制了贵州、湖南、四川三省的广大地区。清政府曾动用了云、贵、川、湘、鄂、粤、桂七省十余万兵力进行围剿。特别是嘉庆元年(1796)爆发的川、楚、陕、甘、豫五省白莲教起义。这次起义是正当湘黔苗族人民反清斗争激烈进行的时候发生的一次规模更大、组织更加严密的农民起义,波及五省,历时九年,是清朝中期规模最大的一次起义。清廷为对付这次起义,耗费二万万两银子,屠杀几十万人民。嘉庆十八年（1813），在北方的河南、河北、山东等地又爆发了李文成、林清领导的天理教起义。虽然这些起义都被清廷残酷镇压下去，但它大大削弱了清朝的统治力量。此后不久，爆发了规模更大的太平天国农民大起义。

这就是"乾嘉盛世"的真实写照。章学诚就是生活在这样的一个时代。也就是这样一个特殊的时代和独特的大背景造就了他不随波逐流，走自己道路的坚定性格，写下了乾嘉时期史学的精彩篇章，成就了他在史学上举足轻重的历史地位。

第二节　道墟故里

陶渊明笔下的桃花源是世人共同仰慕向往的世外仙域。而道墟镇的自然环境倒很类似于桃花源。

宋朝光宁年间，章氏的祖先为躲避突然而至的祸难，挈妇将雏，从福建浦城辗转迁至会稽东乡。东乡属于典型的江南水乡，又兼融山海，有称山、稷山掎角南北，加之曹娥江绕东缓缓而过，环境竟是出奇的好。于是，章氏祖先便在此安居下来，以耕种读书为业，世代礼义传家，逐渐变成旺族。

天下政治风云瞬息万变。元代末年，在刀光剑影的闪烁中，群雄逐鹿，英雄辈出。章氏的族祖章慎一（字德卿），亦不甘寂寞，在血雨腥风中，协同布衣起家的朱元璋，"提三尺剑，同打天下"。朱元璋任用能臣，壮大军力，击败陈友谅、张士诚等，最终成者为王。章慎一在朱元璋功成定鼎之时，就有心效仿范蠡、严光，遂归家隐居，从事农耕。日后身为明太祖的朱元璋，念及共同的出生入死，很想将章慎一招至身边辅政，一来出于谢意，二来也是章慎一确有才干。哪知事与愿违，此时的章慎一功名之心淡薄至极，加之伴君如伴虎的忧虑，他更欣赏恬然自乐、无忧无虑的归隐生活。朱元璋派人两次礼聘，皆被章慎一婉言相辞，谦让不出。明太祖好奇心大发，耕田种地何以有如此大吸引力，竟能让人抛却荣华富贵，于是他决定亲自前去邀请。当他率一班臣子来到乡里，但见良田连片，河渠成网，岭松坡茶，苍翠葱郁，江边沙地种满瓜果蔬菜，泻绿流灿，在那一片稻花香里，竟有说不出的繁荣。远处又传来孩子们朗朗的读书声和牛车盘的辘辘声，过往的人们一个个知书达礼，教养有素。在这太平祥和的气氛里，明太祖不禁为之深深打动，此时他渐渐明白了田园生活的魅力所在，同时亦打消了游说章慎一的念头。在打道回京之际，他不禁啧啧赞道："真是有道之墟也！"因了皇上的金口玉言，也为了图个吉利，从此，东乡便改名作"道墟"。

章学诚的故里便在这个类似世外桃源的道墟镇上。

道墟隶属上虞市。上虞位于浙江省东北部，东邻余姚，南接嵊县，西连绍兴，北濒钱塘江河口，隔水与海盐县相望。南部的低山丘陵与北部的水网平原面积各执一半，故有着"五山一水四分田"的地形。上虞的建置情况在历史上亦有过多次变化，据《上虞县志》记载：秦王嬴政二十五年（前222），置上虞县，属会稽郡。新（莽）始建国元年（公元9年），废上虞入会稽县，属会稽郡。东汉建武（公元25—56年）初恢复上虞县，属会稽郡。永建四年（129），分上虞南乡入始宁县，同属会稽郡，历三国两晋南北朝不变。隋开皇九年（589），废上虞、始宁入会稽县，先后属吴州、越州、会稽郡。唐初，今上虞境仍为会稽县的一部分，属越州。唐武德四年（621）曾以剡县与故始宁地为嵊州，八年州废。天宝、至德年间（742—758），属会稽郡。乾元元年（758）后，仍属越州。贞元元年（785）分会稽复置上虞。长庆元年（821）并入余姚，次年复置，属越州。五代时属吴越国东府。北宋仍属越州。南宋绍兴元年（1131）改越州为绍兴府。元至元十三年（1276）改绍兴府为绍兴路，元至正二十六年（1366）复为绍兴府，上虞皆为其属县，清承明制。

上虞建置的变迁似乎已隐含着其悠久的历史，上虞文风甚古，文化源远流长。早在父系氏族社会后期，部落联盟首领虞舜为躲避唐尧之子丹朱的暴乱来到了上虞的百官镇。部落首领外出往往排场极大，自然有文武百官浩浩荡荡尾随身后，百官镇与百官桥于是因此得名。舜与诸侯常常在商讨完政事之后进行休息时，彼此互相娱乐，因"娱"恰好通"虞"，为取吉祥之意，便将这个地方称作上虞。上虞之名由此而来。虞舜之后，又有大禹曾因治水而居住于夏盖山。后晋天福四年（939），人们在山南建立见明寺纪念大禹。宋治平三年（1066），宋英宗赐额净众寺，南宋书法家张即之书寺匾："大禹峰"。山的东西建了夏盖夫人庙，用以怀祭大禹的妃子涂山氏。春秋时期，越王勾践在积山（今属道墟镇）筑斋戒坛，在称山、炼塘等地称炭铸剑，

"称山"、"炼塘"也是在那个时候得的名。称山南麓有称山石亭,系明太仆寺寺丞章公墓表的保护亭,建于明代弘治二年(1489),全石料结构,面向南方,通高4.1米,面宽与进深均为2.3米。顶作单檐歇山,四角略翘,共有4根柱子,方形的抹角,亭前与两侧均有高0.55米的雕花石栏。

文化气息浓郁的地方往往士人云集。上虞东山曾是东晋士族、名士的聚居地。谢安41岁前长期隐居此山。王羲之、孙绰、李充、支遁、许询、阮裕等在山中亦皆有各自居室,一时之间文化精英荟萃,海内瞩目。东晋升平四年(360),谢安离开东山,加入茫茫政海,并迅速转至中央直接为东晋王朝服务,一跃成为著名政治家,成语"东山再起"即源出于此。谢安出仕后对故居东山仍念念不忘,竟耗费巨资在东晋首都建康(今南京)附近,仿照东山的形势筑起一座土山,上置楼馆竹木,每当思乡之情顿起,便上山游憩宴饮,寄怀欣赏,聊以自慰。晚年,曾欲率领谢氏家族回归东山,不幸的是,未等荣归故里,便因病去世。《晋书·谢安传》记载:"及镇新城,尽室而行,造泛海之装,欲须经略粗定,自江道还东,雅志未就,遂遇疾笃。"谢安以后,谢氏家族仍长期居留东山,其间涌现出谢灵运、谢惠连、谢朓等诗人和文学家,使东山的盛名历久不衰。谢氏家族曾在东山留下了众多的建筑和名胜景观,诸如国庆寺、始宁国、蔷薇洞、洗屐池、调马路、东西二眺亭等,这些便成为后世诗人即兴吟咏的最好题材。唐代李白有《忆东山》:"不向东山久,蔷薇几度花?白云还自散,明月落谁家?"宋代陆游亦作《吟东山》:"岂少名山宇宙间,地因人胜说东山。江拖银练秋波淡,峰削芙蓉翠嶂环。别墅有棋莎缉缉,断碑无字藓斑斑。几更梵宇勋名在,不与蔷薇一样残。"

谢氏家族的优秀杰出给上虞带来无上的光彩,然而,在这块土地上,类似大小谢一般具有别才别趣的人才,何止三两人。上虞文风历来很盛,秦汉迄今,真可谓蓝田生玉,代有名人,梁代高僧、佛教史学家慧皎的涅槃境界的修习,曾"盛行于世,为时所轨";三国魏文学家、"竹林七贤"之一的嵇康,一曲《广陵散》弹断古今多少士人的肝肠。或许是应了人杰地灵的俗语,在上虞道墟那个世外桃源一般的地方,定是凝聚了山水间的钟灵之气。世代祖居道墟的章学诚,莫不是在骨子里已浸染了这份影响。

其实,章学诚居住道墟的日子并不多,他甚至不是在那里出生,但对道墟,却有着一种深深的眷顾与留恋。他晚年曾于乾隆六十年(1795)和嘉庆元年（1796）两次回道墟镇。第一次作"象赞"多篇；第二次"适宗人修葺家庙告成"，"摄主献酬"主持了祭祖仪式，并作神堂、神主议及传记序多篇。道墟对章学诚来说，不仅仅只是一个简单的地理位置，更是他祖祖辈辈劳动和生活的地方，一种根的所在。

章学诚出生于绍兴城里。自从他父亲章镳先生从道墟移居城内后，他们全家一直生活在那里。据《绍兴县志资料》中提到章学诚"遂回绍兴，卜居塔山之下"，章学诚的故居即在"塔山下"。塔山下辛弄18号清朝时是章家台门，清以后章姓子孙零落，遂售于陶姓人家。20世纪50年代后期已杂居，当然，这是后话。

"塔山下"的章氏宅院，虽非豪门大户，却也布局合理。坐南朝北的基本结构，三开间屋面。进得大门，为堂前间，中间还颇为讲究地隔有木门，门木楣，刻有各种各样花纹，精细至极。堂前间的南面，一块大石铺满天井，左右两侧有厢房互相对拱。天井的北面，是三间楼屋，因高度不足，所以略显憋气。除了天井石板铺地外，其余底屋的各房均为泥地。各房的房门都是花格木门，中间浮刻花卉，功夫极精。走到后门，但见石框竹门，面对塔山，情境颇幽雅可人。后墙的东面及北墙的西南面，各有一块界石，上刻"章界"二字，这恐怕是章氏宅院拥有者的极好标志了。

章学诚的童年一直在塔山下度过。日后游走他方也曾回来过数次，在里面整理自己的著作，并修改定稿，请钞胥工进行抄写。"塔山下"的章氏宅院对章学诚来说，有着实实在在的意义，记载着他童年时的快乐和成长后的艰辛，它在他心目中的分量，同道墟故里一样重要。

第三节　无忧无虑的童年

章学诚是中国18世纪末封建王朝禁锢思想最严重时期的启蒙思想家，具有"不宜以风气为重轻"的精神。他将中国二千年来材料和著作畛域不分的习惯和流弊完全廓清，以自己敏锐地反映时代脉搏的史学著述，同究心于考证的"乾嘉史学"形成鲜明对照。

章学诚平生眼高一世，瞧不起那班"擘绩补苴"的汉学家。然而他想不到的是，那班"攈绩补苴"的汉学家的权威竟能使他的著作迟至他死后120年方才有完全见天日的机会，竟能使他的生平事迹埋没了120年无人知道。诚如宋代王安石所言"世间祸故不可忽，簀中死尸能报仇"。第一次替章学诚作年谱，将他介绍给人们的，竟是一位外国的学者。当胡适、姚名达所作的《章实斋先生年谱》发行后，学者们争读争刊《文史通义》，大有"洛阳纸贵"的气象，至此，章学诚终于为众多的人所接受。

五代时候，在中国南方的福建浦城，有一支章姓家族在慢慢兴起，渐渐地繁衍和发展。作为始祖的章仔钧也不会想到，他的子孙后代会因为生活以及其他种种原因而离开故土远迁他乡。北宋末年，章綜移居到浙江山阴。到了南宋光宗宁宗年间，章彦武又再次迁移，也就是从这时候起，章姓家族开始在会稽称山南面的道墟镇扎下根来，从而开始了他们简单又朴素的生活。

到了清朝乾隆年间，居住在道墟镇的章氏已逾万人。相对于有限的土地，势必也产生了一定的矛盾，人多地瘦，种稻不足以自给。道墟本是个山明水秀的地方，虽谈不上人才济济，但这里的人们亦大都聪明睿智，敏锐放达，于是在这个地方，便产生了它特有的三种职业：种木棉、酿酒、做师爷。

乾隆三年（1738）六月二十八日，章氏家族又有一条小生命降临了，这是个男孩。在他之前，曾有过一个姐姐。但作为长孙，他的出生的确给这个家族带来了极大的喜悦。即便是他父亲，也因为他的诞生而冲淡了前一年因会试落第而带来的种种不快。他，就是我们这部书的主人公章学诚。

章学诚，字实斋，号少岩。他既没有显赫一时的家世替他支撑，亦未有在历史上曾留声名的列祖列宗让他荣耀。他的家族平凡而又普通，维持着朴素恬淡的生活。章学诚长相并不特殊，但很丑，日后曾有人替他作诗，将他的丑陋面貌刻画得淋漓尽致，一览无余。在这张丑得让人心酸的脸上，似乎已预示了他贫苦而不得志的一生。

章学诚的祖父章如璋，字君信，曾担任候选经历。经历是一种官名，明清之布政使司、按察使司均设经历，执掌为出纳文书。大约也就相当于今天的秘书一职。章如璋品性敦厚，行为持重，在当地德高望重。他嗜书如命，尤其爱好史学。在晚年的时候，往往闭门谢客，沉溺于书海之中，恣意驰骋，整日看不见他的人影。一部司马光的《资治通鉴》，从头看过来，又从尾看过去，其中有关自然界与人类的关系，他颇能产生某种共鸣，于是看得津津有味，深入其间。这在那个人们笃信天命和天意的封建时代，亦可算是相当难得的了。

　　章学诚的父亲章镳，字骧衢。他秉承章老先生如璋的习性，亦是个酷爱读书的人。只可惜祖上传下来的书籍在岁月的流光中悄悄散佚，而贫困的家庭没有足够的钱来满足他读书的热望。于是借书便成了一条获得书源的极好途径。边看书边做笔记，随时将警言妙语记录下来，竟也是乐此不疲。他曾经借到过《郑氏江表志》以及五季十国时候的杂文史籍数种，当时心中之喜自不必提，但因了它们的文体破碎，心中很是遗憾，便索性边抄阅边修改边增删，经过他这一番文笔浸润，文章更显练达而其中所涵盖的内容也更充分翔实了。于是，将手抄本整整齐齐装订起来，端端正正写上原来的名字，端的是一章氏别本。除了喜欢遍览史书，章镳对于书法也甚是钟情，常常用方方正正的正楷将五经清清楚楚誊缮下来。《毛诗》、《小戴记》是他最喜欢的，因此他抄的遍数便格外多些。因了这两种雅致的爱好，心思便常常牵在上头，这样他便没有足够的时间去寻觅和发现更好的书籍，即使有了书籍，也不能尽心地去看。常常会有这样的情形，借来的书要还了，而笔札尚未做好，书籍的主人一再催还不能拖延，他只得叹口气无奈地将书归还。在以后的几天里，他常常会独自沉浸在一片惆怅之中，苦闷之心如同丢失了什么值钱的物事。同学诚的爷爷章如璋老先生比起来，章镳对书籍的痴迷真是有过之而无不及。

　　乾隆七年（1742）章镳中了进士，在当时也颇欢喜了一阵，可是在以后的十年间，却是一直居住乡间以教授为生。乾隆十六年，章镳暂时告别他的教授生涯前往湖北应城担任知县——一个小小的七品芝麻官。祖上没有传袭他奸诈刁滑的为官习性，有的只是一如既往的诚实厚道，于是，即便是这么一个食之无味，弃之可惜的"鸡肋"小官，也未能在他身上持续多久，上任仅仅五年，便以"以疑狱失轻"而免官。在这五年中，换一个略为活络一点的人士，多少总能捞到一些油水，可章镳却连本都未能保住，穷得连回乡的盘资都没有。迫不得已，只能仍留居应城，先后靠在天门、应城等书院主讲来维持生计。十余年之后，终因贫病交加而客死应城。

　　章学诚的母亲史氏，出身官宦人家，是赠朝议大夫颍州府知府史义遵第九个女儿，浙江会稽人。史氏知书达礼，很是娴淑，且颇有远见，在日常经济方面，节衣缩食，尽量减少开支，以维持一家人的生计，长时间下来，竟也有了千两银子的积蓄。日后章镳罢官时负债累累，这笔钱竟也派了不小的用场。

章家近亲不多，学诚也没有叔伯，只有一个姑妈。到了学诚这一代，只有他一个男丁，姐姐嫁给山阴一个叫夏同的。妹妹倒是有不少，学诚成年后到处漂泊，跟她们接触的机会自然不多，便也没有了多大联系。

学诚长至两三岁，虽未出落得伶俐可爱，但那一派童真的意趣，倒也惹得不少远房长辈的喜爱。传言有个远房叔叔章衡一非常喜欢喝酒，但常年买酒喝，自然也是一笔不小的开支，终是舍不得，于是便常常带着学诚，仗着人们对学诚的怜爱，到邻家一个姓朱的老头开的酒店去讨酒喝，久而久之，便也习以为常，朱老头见学诚憨态可掬，便也不作计较。学诚长大后擅长喝酒，怕也是因了这段趣事，况且会稽山阴乃是酒乡，颇能大快朵颐一番。

学诚渐渐长大，由于父亲章镳忙于传道授业解惑，所以终于没有足够的时间顾上学诚的早期智力开发。母亲史氏成了学诚幼时的启蒙教师。第一课从《百家姓》学起。遗憾的是，学诚没有很好的天资，甚至算得上是驽钝，领会能力也极差，加之体弱多病，一年之中所习得到的知识竟还没有别人两个月学得的多。

乾隆十六年（1751），学诚14岁了。父母见他家居的学习无多大长进，便将他送到同县的私塾先生王浩处学习。读书的地点设在远亲杜秉和的家中，一个有着别致名字的"凌风书屋"。王浩先生时常以古训自勉，免不得有点迂腐，加上他的讲课一点也不生动，拖着长长的调子照本宣科，极其乏味。这些好动的顽童们自然有了不听课的理由，七八个孩子在一起，很是快活，有时候无端地也会生出些好玩的事情。有板有眼的王先生怎禁得他们如此胡闹，便常常拿出他的杀手锏，用冷冰冰的戒尺侍候。孩子们对于挨揍自然害怕，然而好动的心却又常常使得他们一再冒犯这位迂阔的王先生。终于有一次，小伙伴杜秉和挨了打，打在脑袋上，差一点没死掉，等到伤口痊愈后，终因先生下手太重，脑袋顶上有一块骨头永远地隆起在那里。这件事留给学诚的印象很深，日后他只要一想起这件事，总会有心惊肉跳的感觉。中国古代迂腐残酷的封建教育制度在学诚幼小的心灵上刻下了深深的烙印。但那些与小伙伴共同读书的无忧无虑的日子终究是美好而又温馨的。

这一年，学诚在父母的授命下，同一个姓俞人家的女儿早早地结了婚。

也就是在这一年，学诚的父亲升任应城知县。学诚跟着父亲离开家乡前往应城。童年的一切悲欢就此画上了句号。

第二章
坎坷仕途

第一节　自命不凡，眼高手低

　　湖北应城位于浙江的西北方向。对于离开生活了14年的故乡，章学诚并未感到有特别的恋恋不舍，相反，一种极大的新鲜感在吸引着他。他将面临的是一个陌生而又全新的环境。

　　学诚跟随父亲住在应城的官舍。与所有在这个年纪的少年一样，学诚的愚顽心重，怕读文章。他不能将心思用在读书写文章上面。作为应城的知县，章镳家中的宾客自是不少，一旦问及膝下小儿，再看看学诚如此行性，众人皆摇头叹息，无不为章知县感到惋惜。

　　学诚虽是令人失望，却也并非完全无可救药。渐渐地，他开始对书本知识有了某种程度的感性上的喜欢。由于仅凭好感与兴趣选择，他所浏览的书籍，范围广，内容杂，数量多。在章镳看来，这样的看书是没有好处的，正所谓"业患不精"，于是他告诫学诚，并让他有选择地阅读。可是，刚刚对读书有了好感的学诚，要放下手中五花八门对其甚有诱惑的书本，谈何容易？

　　为了能让学诚系统地学习一些经义时文，以便为世俗所接受，章镳花费心思，绞尽脑汁。德安知府施延龙见状，便推荐江夏生员柯绍庚，说此人博览工书，尤其精通举业时文。闻听此讯，章镳大喜，连忙亲自前往礼聘延请。哪晓得章学诚极讨厌应举的时文。在他看来，不如精工雕琢一些诗词歌赋更来得风流雅致，颇具文人风采。他那时的世界观与人生观尚处于混沌状态，连"了然于心"尚且做不到，又怎谈得上"了然于口，了然于手"。于是，即使好不容易写了一些诗词歌赋，在旁人看来，也不过是些东施效颦的玩意儿。

　　十五六岁时，学诚的资质依然呆滞，反应还是不快，但他却非常不屑与俗学共伍。更难得的是，自他迷上书本后，兴趣就一直停留在上面，且慢慢地对史学有了不小的兴趣。学诚曾经私自拿《左传》加以删节，碰巧被章镳看见，他告诉学诚，编年体书仍旧按照编年体进行删节，没有丝毫创意，因此也就谈不上有何价值，不如尝试着按照纪传体体裁重新编纂。父亲的这一鼓励与指导，不啻是给了学诚一臂之力。官舍之中多的是经义之类的书籍，除了《春秋》内外传及衰周战国子史，很少有学诚需要的。

于是学诚私下协同其妻将她的金银首饰送进了典当行，换来大量的纸笔，让他父亲手下的文职人员日夜赶抄，将《春秋》内外传等抄录下来。而他自己则利用课余时间将这些材料打乱，重新按照纪、传、表、志的体裁编写下来，一共有一百多卷，并堂而皇之地将其命名为《东周书》。苦心经营了三年的《东周书》，终于未能正式成书，这在当时学诚的心中，未尝不是件憾事，更何况他还因为此事被馆师苛责，在他们看来，此行为是很有点不务正业的。教授他的柯先生义正词严地教训他："文无古今，期于通也。时文不通，诗古文辞又安能通耶？"① 并且又引经据典，大量灌输他时文的重要性。对此，学诚是很不以为然的，他甚至开始以史才自居，并且常常"口出狂言"。柯先生对于自己在教育上的失败，常常引为憾事。

其实，从我们今天的角度去看章学诚自编《东周书》，非但不认为这是一种胡闹，相反，却是他成长过程中一件非常有意义的事。它虽属"少年儿戏之作"，却使他对辨析史书体例有所领悟，从而影响到他一生的治学道路。

那时，章镳虽说只是个小小的知县，但在当地，却算得颇有声势。官舍中空闲的时候较多，往往有宾客前来拜会章镳，见学诚依旧如此"不求上进"，一方面慑于章知县的官衔，一方面亦碍于面子，只好说些不负责的奉承话。赞誉声渐渐多起来，涉世未深的学诚哪懂得这些，见有人夸奖，心里自然很是欢喜，于是沉浸在一片阿谀声中顾自陶醉。浮山有个典史姓张，他的儿子与学诚是同学，比起学诚，他的驽钝更甚三分，私塾先生以为孺子不可教也。而学诚见有不如自己的，益发觉得自己非同寻常之辈。遇到春暖花开或是秋高气爽的明媚佳日，大家一起出游。而每当归来时，学诚总会仿效古人以诗词助兴的雅致，敷衍出一些诗词文章，得意之余拿给旁人欣赏，每次换来的，总是啧啧的赞叹声。成年后的章学诚追思旧事，每当忆起这些细

---

① 《章氏遗书》卷17《柯先生传》。

节，亦会为自己的心气浮躁、年轻不懂事而感到好笑。

当时的学风仍然崇尚时文，章学诚所能听到的，无非是老生宿儒所推崇的通经服古为杂学，诗古文辞为杂作，士不通四书文，不得为通人。只有乖乖遵循老生宿儒之业，方才能成为他们规范下的"有用人才"。学诚根本不吃这一套，依然我行我素。有一年秋冬之际，学诚在一个偶然的机会买到了朱崇沐校刊的《韩文考异》，很是欢喜。然而私塾有规矩，除了举业之书，其他一律不准看。这根本难不倒学诚，他将书藏匿在自己的书箱里，然后晚上坐在油灯下偷偷地看，尽管不很看得懂，但一卷在手，再也舍不得放下。

按照章学诚的自述，他对史部书籍的研读，好像是有天才的成分在内，其实不然。他对史学的接受，主要来自家教。学诚在给儿子的信中说：

> 祖父尝辨《史记索隐》，谓"十二本纪法十二月，十表法十干"诸语，斥其支离附会。吾时年未弱冠，即觉邓氏《函史》上下篇，分配阴阳老少为非。[①]

《函史》为明邓元锡撰，仿郑樵《通志》而作，舛谬颠倒之处很多。学诚认为邓元锡以阴阳、老少来配合《函史》的上下篇有点牵强附会，值得商榷。但自己在当时亦仅仅出于感性上的认识，加之语言表达尚未运用自如，所以未能将自己的设想记录下来。不仅是祖父，学诚的父亲亦是"嗜史学"的，潜移默化加上亲自教导，学诚独立思考的能力渐渐加强。20岁时，学诚用节省下来的钱购得吴注《庾开府集》，其中有"春水望桃花"的句子，吴注引《月令章句》云："三月桃花水下。"父亲抹去其注另加评语："望桃花于春水之中，神思何其绵邈！"[②]这使得学诚顿悟，再回视吴注，已意味索然。从此他更体会到：读书要能别出意见，不为训诂牢笼。这，乃成为他一生的治学宗旨。日后章学诚遍览书籍不陷于支离破碎的训诂，能够识其大体，家学渊源是极重要的原因。

乾隆二十一年（1756），也就是学诚19岁那年，章镳因故被罢官，穷得

---

① 《文史通义新编》外篇三《家书三》。
② 《文史通义新编》外篇三《家书三》。

连回浙江的路费都难以凑齐，全家只好侨居在应城。从此章学诚与贫困结下了不解之缘。从这时候起，章学诚的思想以及在学识上的追求慢慢开始步上正轨。对此，他曾经做过回顾，20岁以前，性情迟滞识趣寡淡，每天所能看的书不超过二三百字，时间长了，还容易忘记，文字方面尤其是对于虚字，一窍不通。二十一二岁，渐渐开了窍，有了长足的进步，纵览群书，尽管对于经训依旧很难懂得，但阅读史部书籍却有特殊领会，并能将其中的利病得失信手拈来，随口分析，一一列举。对于这种前后判若两人的情状，学诚自己也不免叹道："乃知吾之廿岁后与廿岁前，不类出于一人，自是吾所独异。"①

第二节　国子监岁月

乾隆二十五年（1760），23岁的章学诚开始第一次离家远游。在顺道拜访了汜水县署的陈执无，并小留数日后，他来到北京，参加顺天的乡试。乡试是明清两代每三年一次在各省省城举行的考试。凡本省生员与监生、荫生、官生、贡生，经科考、录科、录遗考试合格者，均可应考。逢子、午、卯、酉年为正科，遇庆典加科为恩科。考期在八月，分三场。考中的称为举人。成竹在胸的学诚本以为自己定能考上，孰料落了第。虽说有点沮丧，但过了些时候，便也不放在心上了。加上当时道墟镇的章氏家族住在京城的不下百家，学诚住在从兄章垣业家中，常常有机会与同样爱好的族孙章文钦、章守一、章汝楠共同探讨文章，切磋学业。尽管辈分不同，却俨然如同兄弟，热热闹闹。谈论的话题亦很丰富，记得曾经有一次就养气炼识的要旨展开了热烈的讨论，并提出了"学者只患读书太易，作文太工，义理太贯"②的主张。这与后来学诚的老师朱筠所提到的"甚恶轻隽后生枵腹空谈义理，故凡所指授，皆欲学者先求征实，后议扩充"③实属殊途同归，道理是一致的。

与同族孙侄的共同探讨交流，带给学诚一定影响，这在某种程度上通过

---

① 《文史通义新编》外篇三《家书六》。
② 《文史通义新编》外篇三《与族孙汝楠论学书》。
③ 《文史通义新编》外篇三《与族孙汝楠论学书》。

讨论的形式开阔了他的知识面。二十三四岁的学诚提出的见解已经颇有些独创性了，他认为诸史除纪表志传之外，还应当发挥图的作用。而正史于《儒林》、《文苑》之外，更应当立《史官传》，这确实称得上卓见。在我国漫长的封建社会，史官的设置及其作用，一直居于举足轻重的地位。但是长期以来，各类史书从未为史官单独列传，这不能不说是一种缺漏。章学诚在晚年编修《湖北通志》时，还在《前志传》中对这一观点作了进一步发挥：

> 夫经师有《儒林》之传，辞客有《文苑》之篇，而史氏专家，渊源有自，分门别派，抑亦古今得失之林，而史传不立专篇，斯亦载笔之阙典也。夫作史而不论前史之是非得失，何由见其折中考定之所从？昔荀卿非十二子，庄周辨关尹、老聃、墨翟、慎到之流，诸子一家之书，犹皆低昂参互，衷其所以立言，况史裁囊括一世，前人成辙，岂可忽而置之。①

而当时，由于学诚涉猎的书籍尚且有限，所以难以旁征博引来论证他的观点。但对于那时的表现，学诚自己都叹道："其识之卓绝，则有至今不能易者。"

乾隆二十七年（1762），25岁的学诚再次北上应顺天乡试，结果与第一次一样，又落了第。这年冬天便进入国子监读书。学诚的父亲自从1756年被罢官，就寄居在应城，后来虽说主应城讲席，其家庭的经济生活却一直极其拮据。学诚的生活费和购书费亦自然而然成了家庭开支中的一项难题。在国子监有不少好处，可获得些微的生活费，并且学习制艺，对科举亦有好处。但是，长期生活在父母身边的学诚，从未见过世面，生活阅历肤浅，对于世道的艰难，人心的叵测一无所知，而人际关系的处理对他来说，也是一窍不通。依旧凭着少年单纯而浮躁的心性去面对生活，加之学诚有文史特识，又好图书目录，因此不能专心学习制艺，结果在国子监中，洋相百出，举步维艰。日后学诚回忆起这段经历，总是既含心酸又颇多感慨。

国子监的学员大约数千人，学员在学习过程中经常会遇到考试，学诚的成绩被排在下等。每次大考，三四百人中总有五至七个人是不能通过而被训斥的，学诚却总是这五至七个人中的一员，往往遭人嘲笑。同在一起学习的

---

① 《文史通义新编》外篇六《湖北通志·前志传序》。

学员，大多对他视而不见，很少跟他接触，祭酒以下的官员亦多看不起他。对于这些，落落寡合的学诚亦置之不理，每到考试放榜后，他依旧跑去看自己是否有幸得了甲等或乙等。正所谓"狗眼看人低"，连放榜的皂隶对学诚的学业不佳亦有所风闻，于是便也不放过羞辱他的机会，他们会在一边阴恻恻地讪笑，阴阳怪气地说："你也来看甲、乙呀！"

其实，由于章学诚在学习上不愿为"法律若牛毛"的"举业文艺"所束缚，总喜欢滔滔不绝地发表个人见解，自然难合时好，不仅乡试不录取，即便在国子监中，也难以获得好评。这些都不是偶然的。

"几二十年，历同舍诸生，以千百计，而真相知契者，德阳曾君及新宁甄君松年二人而已。"①乾隆二十八年（1763）二月，学诚结识了曾慎。起初是曾慎来拜访他，见了学诚放在桌案上的文稿，不看则已，一看之下，大有相见恨晚之感，竟迟迟不肯离去，于是彼此成了学问上的朋友，常常秉烛夜谈，往往到深夜还不能尽兴。以后，曾慎又将甄松年介绍给学诚。甄松年才情很高，工文善书，当时在国子监颇有声名，名声喧于六堂，国子监的学员都争着同他交往，向他请教问题。他们看见曾、甄二位与学诚甚是友善，便怪罪道："何以同这种人在一起。"两人并不在意，依旧在闲时同学诚一起探讨学问得失。当时学诚掌握的知识尚且有限，难以用旁征博引来巩固自己的论点，每当遇有疑惑，举棋不定时，曾慎总在一旁支持鼓励，助其一臂之力。学诚后来想起，其实那时的观点离自己以后在学术上的发展已经不远，只是尚不太成熟。在以后的两年中，他们一直忙着议论文章，激扬文字，并且将其记录下来，成果累累，颇有"烂然盈篋笥"之观，并将之辑录为一卷，名之为《壬癸展牍》。

后来，学诚告假回湖北探亲，并曾去陕西访游，作《碑洞杨太尉墓》、《望西岳》等诗。等他再返回国子监时，曾、甄二人都已各自回老家去了。形单影只的学诚想起当初在一起热烈讨论的情景，心中很是惆怅。这年甄松年在家乡中举，以后他官至中书，并一直同学诚有往来。曾慎亦在家乡成为举人，但过早地去世。章学诚曾作《庚辛之间亡友列传》，其中言辞真切动人，充满深情厚谊，读来屡屡撩人心弦：

---

① 《章氏遗书》卷19《庚辛之间亡友列传》。

是时，余馆梁文定家。君下第后，补正黄旗教习。甄君故寓东城。三人每相念，辄过从为酒食谈宴，酒酣意慊，忘略形骸。禁城严夜，往往止宿不去，意甚乐也。是冬，君以卒岁无资，有知己为鱼台知县，君于岁杪往投之。甄君置酒夜饯，余亦在坐。时余辞文定馆，方窘岁事，第三女又病痘，心绪扰扰，座间黯然尠欢。俄家人来告痘剧，余不终席而去，君明日遂行，留札慰余，而余家殇亡疾病，卒岁凄凉，今忆之犹恻恻也。明年春，余图事辄蹶，三月狼狈走河南，迟君逼会试期方至，鱼台之行不遇矣。叙逼远行，闻君至，仓促走试场，拉君立语场门，要约后期而别，中心恶作，登程忽忽，如有所失焉。俄君又下第，五月欲西归，闻余且至京，则勉留以待，日复一日，至七、八月，犹以余为且至也，后闻肥乡知县张君维祺固留余，君始怏怏而归，且语甄君，癸卯秋冬决再相见。俾余勿忘约。而余留滞肥乡，无日不为归计，终不得遂，则君所未悉矣。癸卯期君不至，余与甄君皆以为讶，甲辰余至京师，甄君乃言，君于癸卯之冬逝矣，哀哉！①

乾隆二十九年（1764），学诚的父亲章镳在湖北天门县讲学。这年冬天，天门知县胡君议修县志。章学诚亦协助父亲修《天门县志》，并作了《修志十议呈天门胡明府》：一议职掌，二议考证，三议征信，四议征文，五议传例，六议书法，七议援引，八议裁制，九议标题，十议外编。十议之中，征信一条注重核实，征文一条主张"一仿班志刘略，标分部汇，删芜撷秀，跋其端委，自勒一考"。②此时起，章学诚已初步有了自己的修志主张，这为他以后在修志理论上的深入开了先路。

第三节　由子之道，任子之天

乾隆三十年（1765），28岁的章学诚三上京师，仍居于国子监中。应顺天乡试，同考官沈既堂将学诚的文章大力推荐给主司，遗憾的是，学诚并未

---

① 《章氏遗书》卷19《庚辛之间亡友列传》。
② 《文史通义新编》外篇四。

有幸成为千里马，终究未被录用。沈既堂很为惋惜，请他到家中教自己的子弟。沈既堂可以说是章学诚成年后步入人生道路的第一个良师益友。学诚因此机会，得以努力学习和写作，致力于学问上的研究。这时，章学诚开始涉猎刘知幾的《史通》，并作有《读史通》，文章开头便道："凡有推奖于人，不难屈己，凡欲求知于人，不嫌炫己，人之情也。有所为而言之，不必遽为定论，圣人所不免也。而炫己者人情所易，故闻者不甚取平，屈己者人情所难，故闻者多据为实，而不知其不尽然也。"① 读来颇有大家风范。

　　学诚私下常常以为，自己在史学上，颇有天分，"史部之书乍接于目，便似夙所攻习然者"。头脑中的某些观点及看法，似乎与生俱来，并非传袭前人的成就。他曾理直气壮地说："吾于史学，盖有天授。自信发凡起例，多为后世开山。而人乃拟吾于刘知幾，不知刘言史法，吾言史意；刘议馆局纂修，吾议一家著述，截然分途，不相入也。"② 他强调了史法与史意的不同，强调了馆局纂修与一家著述的相异，也强调了自己在发凡起例上的独特创新。语气虽然狂点，但事实亦的确如此。

　　这一年，学诚在生活的道路上出现了一个转折点，就是结识了翰林院编修朱筠。由于学诚待人接物诚恳厚道，颇得沈既堂好感。他将学诚介绍给朱筠，希望学诚能从朱筠身上有所得益。朱筠，字美叔，学者称为笥河先生。生性坚忍有执，儿时聪明伶俐，天分极高，悟性之强使塾师惊异，成年后声名益噪，中朝达官司衡监者争欲一识颜面。朱筠奖掖后进，团结了一批学者在他的周围，俨然是当时学术界领袖，能得朱筠点拨一二，学诚自然求之不得，从此，跟着朱筠学习古文。朱筠从学诚的言谈及对史学的种种见解中看出，此人学术观点颇有新意，不落前人窠臼，不涉人云亦云之嫌，前途发展不可小觑，如能得到正确指点，最终必能成其大器，于是，学诚甚得朱筠厚爱。一次，学诚在闲时同朱筠谈及时文，并表露有意尽力攻习时文，不知从何处下手，希望能有所指教。哪知朱筠一脸正色道："足下于此无缘，不能学，然亦不足学也。"闻听此言，学诚面有难色，不禁讷讷道："家贫亲老，不能不望科举。"尽管如此，朱筠依然认为，学诚如再一味地将时间花费于

---

① 《文史通义新编》外篇一《读史通》。
② 《文史通义新编》外篇三《家书二》。

营造时文上，无异于暴殄天物。家贫亲老固然重要，眼看一个人才因要顾及家贫亲老而就此湮没，更是一件痛心的事。朱筠打定主意一定要打消学诚这个念头，于是他继续告诫道："科举何难？科举何尝必要时文？由子之道，任子之天，科举未尝不得，即终不得，亦非不学时文之咎也。"①

时文并不能成为科举成败的标准，苦攻时文未必一定金榜题名，不涉时文亦并非肯定名落孙山，科举失败不能一味归咎于是否研习时文。至关紧要的是要"由子之道，任子之天"。这无疑给章学诚指明了发展方向，要发挥自己的专长，沿着自己感兴趣并有所作为的道路迈进。然而，现实生活最是残酷，当家中小儿嗷嗷待哺的情状浮现眼前，章学诚清楚地知道，前景不容乐观，等待他的并非海阔天高，去路茫茫，前途充满荆棘。封建社会中，负担起养家糊口的最好途径，便是参加应举考试。为了不违背自己对理想的追求，为了不辜负老师朱筠至为殷切的期望，章学诚最终决定，"鱼"和"熊掌"皆要，他迈着沉重的脚步走上了这条坎坷的求学道路。

乾隆三十一年（1766），29岁的章学诚终因生活贫困所迫，投靠到朱筠门下。当时的朱家，是学界名流讨论学问的场所，朱氏之门常常高朋满座。朱筠虽手下弟子不少，然尤爱学诚，总随带于身侧，将其一一介绍于人前，京城对于章学诚的名字，已渐有所闻。由于学诚在史学上另辟蹊径，未遵循前人老路，而当时在学识上又尚且有限，未能旁征博引清晰流利地将自己的观点阐述出来，终究没有引起多大反响。这一时期，学诚在学业上大有长进，常常有学友之间的互相拜访，从中获益匪浅。与舍人程晋芳、吴烺，大理冯廷函等曾作燕谈之会，"晏岁风雪中，高斋欢聚，脱落形骸，若不知有人世"。每每谈至酣畅淋漓，他的见识与观点亦在这一点一滴中慢慢滋长。在《任幼植别传》中，他谈道："余自乾隆丁亥，旅困不能自存，依朱先生居，侘傺无聊甚。然由是得见当时名流及一时闻人之所习业。"②

随着岁月的流逝，生活的困苦及世道的艰难，磨去了章学诚身上的棱棱角角。早年那种"意气落落，不可一世"的锐气，早已随流光逝水消失殆尽。然而对于史学的酷爱，却与日俱增。他在当时写的《与家守一书》中谈道：

---

① 《文史通义新编》外篇三《与汪龙庄简》。
② 《章氏遗书》卷18《任幼植别传》。

"仆南北奔走，忽忽十年，浮气嚣情，消磨殆尽，惟于学问研搜，交游砥砺之处，不自知其情之一往而深，终不能已。"①此时的章学诚，已渐渐去掉性格中的浮躁之气，慢慢沉淀下来，为了生存，他甚至可以委屈自己的个性而去适应生活，尽管他依旧耻于同市井屠沽小儿同流合污，但他却已能接受一些自己本不愿做的事。在朱筠老师的撷英书屋待了一年又一年，眼见得时光不等人而自己依旧一无所成。值此时节，国子监志局刚刚开馆。学诚的另一个老师朱棻元亦对他赏识良久，打算让他担任执笔，由于人事关系复杂，负责人三两个，大家皆推三阻四，很不爽快。要是早几年，学诚定会不屑一顾拂袖而去，终因生活贫困，为谋衣食出路，只能勉为其难。章学诚逐渐走向成熟。

生活尽管如此颠簸，却从未动摇学诚对史学的爱好。他立下宏志，要对二十一家正史义例加以评论。他的《与族孙汝楠论学书》即写于这个时期，这是他早年第一篇值得注意的文章。此时的学诚颇有自己一些心得，尤感读书札记，最重要在于日积月累，融会贯通，他不再满足于借书抄书。读书人希图深造，谋求发展，常用之书必须自备。在学诚刚刚步上求学生涯的前几年，他尚没有家庭拖累，无经济之忧，每每有所收入，除必需的人事应酬开销之外，他统统积蓄起来，作购书用。"史部书帙浩繁，典衣质被，才购班马而下欧宋以前十六七种。"②"累朝正史，计部二十有三，非数十金不能致，则层累求之，凡三年而始全。"③到了京师之后，繁重的家累迫使章学诚只能常常望书兴叹。治学环境如此艰苦，实非常人所能想象。

学诚的视力极差，用眼不能过度，加之家庭经济拮据，常常要为衣食担忧，故此不能将所有精力放在书本上，看过的东西时常会忘。可他并未因此气馁，不厌其烦地循环往复，来回一遍遍巩固。在京城数年，他已将二十一史"丹铅往复，约四五通"。正因如此，他发现其"义例不纯，体要多舛"，并立志要"遍察其中得失利病，约为科律"，"讨论笔削大旨"。此时的学诚颇为踌躇满志，加上年轻气盛，意气风发之时，常常会在大庭广众之下，发表滔滔不绝的议论，讲至浓酣之处，却发觉众宾客相视愕然，而他的老师朱

---

① 《章氏遗书》卷29《与家守一书》。
② 《文史通义新编》外篇三《与族孙汝楠论学书》。
③ 《章氏遗书》卷22《瀹云山房乙卯藏书目记》。

筠却总站在一边，微笑着用欣赏的眼光鼓励他讲下去。朱筠的指点，使学诚确立了治学"贵识古人大体"，"重别识心裁"，"辨章学术，考镜源流"的志向。他不去效法考据家们作训诂、制度这些问题的研究，而要从大的方面去探求学问的义理、学术的源流。由于他的学术主张与时代精神格格不入，因此所写的文章多不合时好，除了"归正朱先生外"，很少出示他人，否则，亦只能落得"朋辈征逐，不特甘苦无可告语，且未有不视为怪物，诧为异类者"①的结果。学诚不打算动摇自己的心志，因为他相信"学者祈向，贵有专属"。自己应该有自己的发展方向和学识志趣。

在旅居京城的几年中，章学诚得到朱筠的大力帮助和支持，并通过他见到了不少学者和名流，同时亦结识了一些学术界朋友。学诚的视野逐渐开阔，知识的厚度也慢慢增加。他曾经为学习上的问题去拜访戴震。此次造访，给正处在发展阶段的学诚带来的影响是颇大的。他在《与族孙汝楠论学书》中曾谈及此事，初涉学界，他总以为读书只需要搞懂大意便大功告成，加上年少气盛，尤其对广泛涉猎感兴趣，四部九流，看了一部又一部，然后便开始发一些高而不切合实际的议论，往往还因夸夸其谈而沾沾自喜心满意足，以为自己已抓住学问的要领，探到学识的真谛。正当此时，却有棒喝当头而下，安徽休宁戴震振臂而呼："今之学者，无论学问文章，先坐不曾识字。"学诚闻听此说，很是困惑。戴震是当时著名的学者，对天文、数学、历史、地理均有深刻研究，尚且精通名物训诂。因此学诚萌发了拜访他的念头。戴震告诉他：

> 予弗能究先天后天，河洛精蕴，即不敢读元亨利贞；弗能知星躔岁差，天象地表，即不敢读钦若敬授；弗能辨声音律吕，古今韵法，即不敢读关关雎鸠；弗能考三统正朔，周官典礼，即不敢读春王正月。②

如果不精通语言，如果对天文、地理、典制、历法、音乐等知识没有大致的了解与掌握，又怎能遍览群书，深知其中的精义。戴震的话给学诚以很

---

① 《文史通义新编》外篇三《与族孙汝楠论学书》。
② 《文史通义新编》外篇三《与族孙汝楠论学书》。

大的触动，他感到非常惭愧，自己连四书一经，尚且未尝精通，又谈何挥斥古今。恩师朱筠对他亦常常教诲，后生学子最忌讳空谈义理而腹中空空，最重要的是要脚踏实地，从征实做起，然后在此基础上加以发挥，谋求发展。假如对古代历史尚且不太了解，又怎能对六经加以怀疑并提出问题。戴震与朱筠二者对基础知识、对征实的强调，给予学诚很大的影响。至此，学诚从泛览转至征实，由博返约，渐渐坚定了自己的见解，慢慢走向成熟。日后他所写的文章虽然大多为理论方面，论史重点又偏于史意，但他对"征实"却从不忽略，更不敢轻视。后来他在学问的研究上，一直高声疾呼义理、考据的重要性，并一再强调它们在学问中乃是不可缺少的组成部分。

乾隆三十三年（1768），31岁的章学诚已是两个孩子的父亲。这对学诚来说是一生中影响很大的一年。他从老师朱筠的家中搬出来，迁至族兄章垣业家中，并作了《与家守一书》。然后，他放下手中所有事情，专心攻读应试以待秋闱。尽管学诚的老师朱筠和朱棻元都前往担任顺天乡试的同考官，遗憾的是，学诚依旧仅中副榜。后来朱棻元从邻座看见学诚的答卷，评论《国子监志》的成败得失，一看之下，惊叹不已，于是责怪六馆师儒竟错过这么好的一个人才。但事已至此，好比木已成舟，无法挽回。经过这次事件，章学诚慢慢地为人们所熟识，并渐渐地有了点小名气。从这次事情，也说明章学诚乡试屡试不中，很大程度上是因为他的见解不能投考官所好。

正当章学诚在学业上蒸蒸日上时，这年冬天，忽有噩耗传来，学诚的父亲病死于应城。丧父之痛尚在，更可悲的是由于生活上的贫困，使他在闻讣之后，难以前往奔丧，可谓痛上加痛。父亲的死，不仅带给学诚精神上的打击，从此，养家糊口的重担落到了他的肩上。以前他的收入绝大多数用来购买书籍，今后他这个小小的购书"奢望"怕也是难以兑现了。既无一官半职，又无大量固定田产，全家生活，仅靠他一人以文墨相谋。如此难以想象的压力，对他今后学术成就，无疑将产生重大影响。

第三章
茫茫学海

第一节　始撰《文史通义》

乾隆三十四年（1769），章学诚率全家扶灵柩搭乘湖北粮船北上。途中种种艰辛疲累尚且不说，父亲章镳生前极为眷爱、一直形影不离的数千卷书籍，由于被漏水所浸，损失三分之一。终于于六月全家到达北京。学诚租朋友冯君彌家的房子，将家眷暂且安顿下来，便开始了一家人在北京的生活。

这期间章学诚仍以国子生的身份参与《国子监志》的编修工作。然而在编纂过程中，由于意见屡屡与诸学官不合，很不得意，尽管有老师朱棻元的支持，但最终学诚还是离开了志局。事后他在《候国子司业朱春浦先生书》中解释自己离开志局情由，实出于迫不得已。当初进馆编志，仅从谋取衣食生计出发，但日久天长，在朱棻元的启发诱导下，学诚的观点日渐成熟，他希图能施展自己的抱负，但志局的实际情况却令他大失所望。

每慨刘子玄以不世出之史才，历景云、开元之间，三朝为史，当时深知，如徐坚、吴兢辈，不为无人，而监修萧至忠、宗楚客等，皆痴肥臃肿，坐啸画诺，弹压于前，与之锥凿方圆，牴牾不入，良可伤也。子玄一官落拓，十年不迁，退撰《史通》，窃比元撰，盖深知行尸走肉，难与程才，而钓弋耕渔，士亦有素故耳。欧宋之徒，不察古人始末，以为子玄工诃古人，而拙于用己。嗟乎！使子玄得操尺寸，则其论六家二体，及程课铨配之法，纵不敢望马班堂奥，其所撰辑，岂遽出陈寿、孙盛诸人下，而吴缜得以窃其绪论，纠谬致于二十有四也哉。向令宗萧又使子弟族属，托监领之势，攘臂其间，颠倒黑白，子玄抑而行之，必须愤发狂疾，岂特退而不校已耶！假而事非东观之隆，官非太史之重，以升斗之故,与睢盱一辈进退其间,宜子玄无所尤不屑矣。①

他列举了唐朝刘知幾(字子玄)所受的种种遭遇,以此揭露唐代史馆的黑幕。实际借此说明国子监的人事关系,天下乌鸦一般黑,唐朝的萧至忠、宗楚客一类的行尸走肉在国子监中亦是大肆繁衍,肆虐横行。他们执掌实权,依托监领之名,颠倒黑白,排挤打击具有真才实学之士。为人正直的章学诚,如何能看得这些,既然自己的学术见解难以发挥,丢掉饭碗亦不足惜,于是一气之下,拂袖离开了国子监。

其实,章学诚只要略微做些让步,稍稍变通一下,学会"贬抑文字,稍从时尚",未尝不能委曲求全。那样,至少养家糊口不成问题。然而,固执的学诚似乎抱定了与刘知幾"一官落拓,十年不迁"一般的决心。难怪后来周作人要说:"章实斋是一个学者,然而对于人生只抱着许多迂腐之见。"②在有些人眼里,他太过于正直了。

离开国子监志局后,章学诚又得为生计而奔忙,家中十七八口人眼巴巴等着他养活。他曾给朱筠去信求救,希望"夫子大人,当有以援之"。捉襟见肘的贫寒境遇,简直令人难以想象。为生活计,这年学诚开始为座师秦芝轩校编《续通典》中的《乐典》。此完全属"征实"的工作,难度相当大。他在《上朱先生》中曾谈及此事:"现为秦芝轩师校编《乐典》,其歌舞杂曲、铙歌清乐诸条,吴本原稿直钞杜氏《通典》,而宋元以来,全无所为续者,此亦可为难矣乎哉也焉而已。"③年仅32岁的章学诚,由于学历不足,未经过系统训练,要从事如此专门学问的研究考订,确实相当困难。既是《续通典》,就不能照抄《通典》,而史志又多不详细,于是就得从宋元明其他有关著作来进行研究和考订,前后必须涉及的工作既大量又繁杂。正因为学诚着手了这项工作,所以日后在论学中,他一直认为考证不可忽视。在《答沈枫墀论学》中他指出:

考索之家,亦不易易,大而《礼》辨郊社,细若《雅》注虫鱼,是

---

① 《文史通义新编》外篇三《候国子司业朱春浦先生书》。
② 周作人:《笠翁与兼好法师》(《雨中的人生》,湖南文艺出版社)。
③ 《章氏遗书》补遗。

亦专门之业，不可忽也。阮氏《车考》，足下以谓仅究一车之用，是又不然。治经而不究于名物度数，则义理腾空而经术因以卤莽，所系非浅鲜也。①

章学诚一直将刘知幾当作自己的偶像。刘知幾在史馆不得志，便退撰《史通》。章学诚离开国子监后，遂按自己的计划，开始撰写《文史通义》。他在离开国子监次年给朱春浦的信中讲道："是以出都以来，颇事著述。斟酌艺林，作为《文史通义》。书虽未成，大指已见辛楣先生候牍所录内篇三首，并以附呈。先生试察其言，必将有以得其所自。"②这年，章学诚35岁。当时他在给钱大昕的信《上辛楣宫詹书》中谈道：

> 学诚从事于文史校雠，盖将有所发明。然辩论之间，颇乖时人好恶，故不欲多为人知。所上敝帚，乞勿为外人道也。……世俗风尚必有所偏。达人显贵之所主持，聪明才隽之所奔赴，其中流弊必不在小。载笔之士不思救挽，无为贵著述矣。苟欲有所救挽则必逆于时趋，时趋可畏，甚于刑曹之法令也。③

当时世俗风尚已产生流弊，学诚指出由于"达人显贵之所主持，聪明才隽之所奔赴，其中流弊必不在小"。可是对于这种情况，载笔之士又多不思救挽，情形更加岌岌可危，力思救挽，就必然要冒风险，逆时趋。在当时情形下，"时趋可畏，甚于刑曹之法令"。所谓的识时务者自然争着趋炎附势。于是，不合时宜的章学诚决定冒天下之大不韪著作《文史通义》，与当时社会风尚形成针锋相对之势。从作《与族孙汝楠论学书》至学诚35岁的7年间，他的学识愈渐丰富，见识亦愈趋坚定，被时人所视为"怪物"、"异类"的章学诚终于将成一家之言的《文史通义》逐渐写出。这是他第一次向他的老师国子监司业朱棻元，和他认为可能赏识他的当代大史学家钱大昕请教，可惜的是并没有引起他们的注意。

---

① 《文史通义新编》外篇三。
② 《文史通义新编》外篇三《候国子司业朱春浦先生书》。
③ 《文史通义新编》外篇三《上辛楣宫詹书》。

乾隆三十六年（1771）秋天，朱筠奉命提督安徽学政，从游学者很多，章学诚与好友邵晋涵等人亦以学生身份随朱筠一道前往太平使院。在此期间，学诚学识大进，《文史通义》的撰写进展顺利，颇得邵晋涵赞誉。章学诚曾说："君每见余书，辄谓如探其胸中之欲言，间有乍闻错愕，俄转为惊喜者亦不一而足。"①

离开京城的第二年初，章学诚经朱筠的介绍，应和州知州刘长城之聘编修《和州志》。这是章学诚生平第一次独立用自己提出的方志理论进行实践，纪、表、图、书、传一应俱全。书成后，还编辑《和州文征》八卷。可惜的是书稿刚成，朱筠便失官左迁四库全书处行走，新上任的安徽学政秦潮，不满于如此编纂，与章学诚意见多不一致。这样一来，往复驳诘，志事遂中废。他只好将志稿删存为二十篇，名曰《志隅》，今存于《章氏遗书》外编。而全部叙例则都收入《文史通义》之中。

现今残留的《和州志》二十篇，若单从一部方志来说，它确无多大价值，但若从理论上来研究，它不仅体现了章学诚的方志理论，且反映了他丰富的史学思想。如他在《和州志舆地图序例》中详细论述了图谱之学的发展演变及其在史书中的地位与价值，指出"图象为无言之史，谱牒为无文之书，相辅而行，虽欲阙一而不可者也"。②他认为图表的作用不可忽视，无论是编修方志还是撰修国史都不可缺少。更为可贵的还在于他在每种体裁或每一组成部分都必冠以叙言或小序，历叙历史演变及学术价值，这是以前方志所罕见的，尤其是他拟之于史，故每一部分都从史学角度进行论述。如《文征》之前，已有一篇叙言，论述志书之外另立《文征》的意义、依据和要求。而在每个部分内容之前又有小序，都与史学密不可分，《和州志隅》二十篇，不仅是研究章学诚方志理论的重要著作，亦是探讨他的史学思想不可多得的资料。他的论文《和州志艺文书序例》也直然可看作是后来《校雠通义》的初稿，它的重要性在于不但代表着章学诚初次形成的系统的目录学思想，还可看出从这一年到1779年写成《校雠通义》的六年之间，他的目录学思想的变化，若说1779年著成《校雠通义》是他的目录学方法和理论

---

① 《章氏遗书》卷18《邵与桐别传》。
② 《文史通义新编》外篇四。

逐渐发展，逐渐趋于成熟的时期，则 1779 年以后写成的若干篇《文史通义》稿，就都是他继续深入，和对其中某些问题的专门研究时期。

就在这年夏天，章学诚到宁波道署，拜访友人冯君弼，结果遇见戴震。当时戴震年近 50，这位雄视一代的著名学者正主讲于浙东金华书院。两人进行了长时间交谈。戴震刚刚主修完《汾州志》，见学诚的《和州志例》，便说："修志当详地理沿革，不当奢言文献。"学诚则认为："方志如古国史，本非地理专门。……若夫一方文献，及时不与搜罗，编次不得其法，去取或失其宜，则他日将有放失难稽，湮没无闻者矣。"① 二人难以达成一致意见，结果谈话并不投机。后来章学诚由宁波返回和州，道经杭州，听说戴震与人谈话间痛诋郑樵《通志》，于是便撰《读〈通志〉叙书后》，后改为《申郑》，肯定郑樵"发凡起例，绝识旷论"，并驳斥有学者少见多怪，"以斟酌群言为史学要删，而徒摘其援据之疏略，裁剪之未定者，纷纷攻击，势若不共戴天"。② 学诚的心直口快可见一斑。

乾隆四十年（1775）春天，章学诚带着疲倦的心情回到会稽家中。正赶上乡里的春社，于是便与乡人共同祭祀土神，大大地热闹了一番。在此期间，他校编了《章格菴遗书》，并为《刘忠介公年谱》作了序。过了近半年时间，这年秋天，章学诚闻说四库馆已开，便匆匆赶回北京。这时，随着交游的日渐增广，所需费用不断增加，他的家境亦愈加贫寒，举家迁至金鱼池陋巷。四库馆之开，济济人才广集于北京，遗籍秘册亦都荟萃京都，文人学士饱览观瞻，讲求史学蔚然成风。

章学诚的其他师友朱珪、邵晋涵、周永年、任大椿等也都进了四库全书馆。乾隆纂修《四库全书》是以继承刘向校书的事业做号召的，但他是醉翁之意不在酒，其真正目的是一手焚毁有民族思想的书籍，一手拉拢士大夫，叫他们禁锢思想，离开政治，钻到故纸堆中搞考据。章学诚当然尚不能从政治与民族立场上认识这一问题，但由于他的学术思想接近唯物，是重视寻求文史学的发展规律，反对材料的堆积和脱离实际的考据工作的。当时他虽未发言指责，但在后来所做的文章中，有不少地方追述了当时的风气。他曾在

---

① 《文史通义新编》外篇四《记与戴东原论修志》。
② 《文史通义新编》内篇四《申郑》。

《邵与桐别传》中谈道：

> 四库征书，遗籍秘册荟萃都下，学士侈于闻见之富，别为风气，讲求史学，非马端临氏之所为整齐类比，即王伯厚氏之所为考逸搜遗。是其研索之苦，襞绩之勤，为功良不可少，然观止矣！至若前人所谓决断去取，各自成家，无取方圆求备，惟冀有当于《春秋》经世，庶几先王之志焉者，则河汉矣！①

章学诚在这里没有否定整理图书资料的作用，因为他是真能认识图书资料的作用。但问题是"观止"在图书资料上面，谈到"去取"，谈到"成家"，谈到"经世"，就认为"河汉"了！章学诚还进一步说明其影响所及，不过是用"名物考订"、"声音文字"等代替了"诗赋举子艺业"而已，换句话说，这样的转移风俗，与经世之学的宗旨大相径庭。

章学诚的朋友周永年，家中有藏书近10万卷，美其名曰"藏书园"。藏书园中精本荟萃，主人的用意在于能够起流通作用，给大家提供方便，端的一个私人图书馆。学诚为其新意所打动，颇感兴趣，于是为其作《藉书园书目叙》，其中讲道："尝患学之不明由于书之不备，书之不备由于聚之无方，故弃产营书，久而始萃。""群书既萃，学者能自得师，尚矣；扩四部而通之，更为部次条别，申明家学，使求其书者可即类以明学，由流而溯源，庶几通于大道之要，……斯则周君之有志而未逮，读其书者可不知其义也。"②

第二节　四十一岁中进士

贯穿章学诚求学生涯的一个极其重要的旋律便是谋职。学诚一生中从未有过一个可以长期养家糊口的较为固定的职业。家庭经济的拖累使他无法安心于他的文史校雠之业。跟随朱筠在使院校文，终究不是长远之计。在太平

---

① 《章氏遗书》卷18。
② 《文史通义新编》外篇二。

使院，他四处拜托友人帮忙谋职。在《与严冬友侍读》中他曾讲道：

> 邵与桐、庄似撰诸君相守终年，竟无所遇，文章憎命，良可慨也。锁院校文，生计转促，以此悒悒，思为归计。正恐归转无家，足下能为我谋一官书旧生业否？①

然而，结果多不尽如人意。后来朱筠失官左迁，对学诚亦不啻是个重大打击。"自乙未入都，交游稍广，余僻处穷巷，门不能迎长者车，四方怀才负异之士，多见于故学士大兴朱先生筠家。"②朱筠一直对学诚照顾有加，朱筠的失官，使得学诚的生活更无着落。乾隆四十一年（1776），援例授国子监典籍。照今天的话讲，按章学诚的资格，只能得一个国子监图书管理员的差事。国子监没有多少书，不值得章学诚来整理，而即便连这个小差事也不能养活他的一家。后几经周折，才于第二年春由周震荣介绍，主讲于定州之定武书院，这样，捉襟见肘的穷困日子又暂告一段落。不久，周震荣又延请学诚主修《永清县志》。

这年秋天，学诚又一次入京应顺天乡试。可喜的是这次的主考官亦是山阴人，姓梁名国治。与以前的迂腐考官大为不同的是，梁国治平生最厌恶经生墨守经义，将书束之高阁，却偏爱大发空谈。有如此主考官，亦算是章学诚之大幸。发榜那天，他看到自己的名字清清楚楚排在其中，也算是意料中事。为行谢师之礼，章学诚前去拜谒梁国治。梁考官见了学诚，喜出望外，便道："余闻中得子文，深契于心。启弥封，知出吾乡，讶素不知子名。询乡官同考者，皆云不知。闻子久客京师，乃能韬晦如是！"③原来梁国治看了学诚的试卷，卷中所答甚合他意，后来又得知是同乡中人，便愈发觉得亲近。加之学诚久居京城，一直默默埋头于钻研学问，如此精神，亦使他觉得可嘉可佩。二人谈得甚为投机。

从23岁起，章学诚第一次应试直至41岁中试，前后共18年，曾经历

---

① 《文史通义新编》外篇三《与严冬友侍读》。
② 《章氏遗书》卷19《庚辛之间亡友列传》。
③ 《梁国治传》，转引自胡适：《章实斋先生年谱》"乾隆四十二年（1777年）"条。

7次应试，最终在41岁考中进士。说来或许辛酸，但却终于如愿以偿。中了进士后的章学诚反倒变得惘然。十多年来，他一直为着能进入仕途，能有薪资来养活家小而不懈地努力，考了一次又一次，不曾泄气，但现在目的达到了，自己终于考取，他又不知如何是好。从这一次次的考试中，他终于明白，他的学问，他的知识，他的观点都与当时社会潮流格格不入，不合时宜，不为人所接受。假若他真的谋了一官半职，到那时或许吃饭穿衣不成问题，但他却得改变初衷，违背自己的信念和理想，随波逐流，人云亦云，跟随大流亦步亦趋，不能讲自己所想，干自己所爱干的事，这是他所不能接受的。况且，官场黑暗腐败，他亦耻于涉足。于是，"自以迂疏，不敢入仕"。18年的"仕途梦"便在此宣告结束。

　　章学诚依然过着他清贫而充实的生活，除了邵晋涵、任大椿，他广交学友，诸如胡士震、沈棠臣、裴振及洪亮吉等。每逢空闲之时，大家济济一堂，互道长短，共事切磋，却也不亦乐乎。洪亮吉的《北江诗集》中曾有诗赠章学诚：

> 自君居京华，令我懒作文。我前喜放笔，大致固不淳。君时陈六艺，为我斧与斤。不善辄削除，善者为我存。仪真有汪中，此事立绝伦。藐视六合间，高论无一人。前者数百言，并致洪与孙。勖其肆才力，无徒嗜梁陈。我时感生言，一一以质君。君托左耳聋，高语亦不闻。君于文体严，汪于文体真。笔力或不如，识趣固各臻。别君居三年，作文无百幅，以此厚怨君，君闻当瞪目。

　　洪亮吉时常感念章学诚在学识上对他的帮助与提携，但对于学诚那种乖戾的文人脾气，却又无可奈何。由于学诚在学识观点上与汪中最为不合，曾不遗余力地对其抨击过一番，所以当洪亮吉要与他谈论起汪中时，便以自己左耳甚聋，不胜耳力为由，拒绝交谈。从这里，或许可以看出，学诚作为文人，很有文人的"迂腐之气"。他同圆滑无缘，假若他稍思"变通"，他的处境便会大为改观，但那样，或许就不是我们今天所谈的章学诚了。

　　章学诚生性忠厚。尽管在他身上，也不免有着旧式文人的某种弊端，但却不失为一个大度的人。乾隆四十二年（1777）五月，戴震在北京去世。闻此消息，学诚心中很感可惜，作为清代朴学大师，戴氏的学问一直为学诚所看好，尽管亦时有贬词，但终究不过因为学问上彼此见解的冲突。学诚在学术见解上，与戴震是很有一点分歧的。首先，在修志上，由于戴氏有"僧僚不可列之人类，因取旧志名僧入于古迹"之语，当然，这种见解的确是不对的。胡适在《章实斋先生年谱》中说道："此言若确，戴氏真该骂了。"其次，戴氏论古文，有"古文可以无学而能，余生平不解为古文词，后忽欲为之而不知其道，乃取古人之文反覆思之，忘寝食者数日。一夕忽有所悟，翌日取所欲为文者振笔而书，不假思索而成，其文即远出《左》、《国》、《史》、《汉》之上"。或许是戴氏天分极高，否则，此话听来，颇有些狂妄。"无学而能使其文远出《左》、《国》、《史》、《汉》之上"，平常人看来，总有些难以置信。何况学诚自认为生性驽钝，一向刻苦惯的，对于如此经验之谈，闻所未闻，因此认为戴震不仅矫情虚荣，而且是很有点自欺欺人的。最重要的是戴震攻击朱子，有"自戴氏出而朱子侥幸为世所宗已五百年，其运亦当渐替"之言，学诚二话不说，便驳了回去："至今徽歙之间自命通经服古之流，不薄朱子则不得为通人，而诽圣谤贤，毫无顾忌，流风大可惧也。"学诚在这里，很有一点"卫道"的面貌，但他那种简单的心性与爱憎是非于此可见一斑。正因为如此，章学诚对于戴震的学问，亦能排除偏见，达到卓绝的了解。他在《朱陆篇书后》中谈道："凡戴君所学，深通训诂，究于名物制度得其所以然，将以明道也。时人方贵博雅考订，见其训诂名物有合时好，以为戴之绝诣在此。及戴著《论性》、《原善》诸篇，于天人理气实有发先人所未发，时人则谓空说义理，可以无作。是固不知戴学者矣。"这同章学诚平日的论学宗旨是一致的。学诚深恨当时学者误把"功力"看作"学问"。见了"学问"反而不认识，反以为不如"功力"。

清代朴学至戴氏而始大成；至戴氏诸弟子——段玉裁、王念孙等，而始光大。戴氏对于朴学，功不可没。所以，尽管章学诚对戴震的感情颇为复杂，但他还是作了《朱陆篇》，以示纪念：

> 宋儒有朱陆，千古不可合之同异，亦千古不可无之同异也。末流无识，争相诟詈，与夫勉为解纷，调停两可，皆多事也。然谓朱子偏于道问学，故为陆氏之学者，攻朱氏之近于支离；谓陆氏之偏于尊德性，故

> 为朱氏之学者，攻陆氏之流于虚无，各以所畸重者争其门户，是亦人情之常也。但既自承朱氏之授受而攻陆王，必且博学多闻，通经服古，若西山、鹤山、东发、伯厚诸公之勤业，然后充其所见，当以空言德性为虚无也。今攻陆王之学者，不出博洽之儒，而出荒俚无稽之学究，则其所攻与其所业相反也。问其何为不学问，则曰支离也。诘其何为守专陋，则曰性命也。是攻陆王者，未尝得朱之近似，即伪陆王以攻真陆王也。是亦可谓不自度矣……

《朱陆篇》前半部分论戴学为朱学的正传，真所谓特识。《章实斋先生年谱》中胡适有注云："非研究渊源有所得者，不能为此言。"后来，章学诚在晚年时，又作了《书陆篇后》，这已是后话了。

章学诚思想中有唯物的倾向，相信现实存在的东西而不作虚幻的假想。当时京城非常流行梵学，成为一种时尚。友人们聚会，话题总是围绕梵学而展开。在众人中，周永年对此钻研最深，首推渊奥至极，仅次于他的是罗有高。两人颇为投契。罗有高此人面貌清癯，坚持长斋不吃肉类。学诚见此有心要讥笑他，便道："佛氏言人死为羊，羊死为人。信乎君所食者，来生则反报乎？"[1] 罗有高给以肯定回答，于是，学诚又问："然则贫欲求富，但当杀掠豪贾；贱欲求贵，但须劫刺尊官来生反报，必得富贵身矣。"[2] 罗有高见学诚如此"不开窍"，大有"朽木不可雕也"的遗憾，便也只得无奈地作罢。而每每在罗有高等人相谈甚为投机之时，学诚以戏谑之语掺和进来，引得众人大笑不已。

乾隆四十三年（1778），章学诚返回永清，续修《永清县志》。周震荣待学诚甚厚，不仅在生活上多加关怀，并给他修志提供一切便利。章学诚编修方志，不仅重视搜集现有的各种文献，且注重实地调查，并不主张闭门造车，或单纯抄录古典文献。他在《周筤谷别传》中提到当时修志的情形：

> 以族志多所挂漏，官绅采访，非略则扰，因具车从橐笔载酒，请余

---

[1] 《章氏遗书》卷19《庚辛之间亡友列传》。
[2] 《章氏遗书》卷19《庚辛之间亡友列传》。

周历县境侵游，以尽委备。先是宪司檄征金石文字上续通志馆，永清牒报荒僻，无征久矣。至是得唐宋辽金刻画一十余通，咸著于录。又以妇人无闻外事，而贞节孝烈，录于方志，文多雷同，观者无所兴感，则访其见存者，安车迎至馆中，俾自述其生平。其不愿至者，或走访其家，以礼相见，引端究绪，其间悲欢情乐，殆于人心如面之不同也。前后接见五十余人，余皆详为之传，其文随人变易，不复为方志公家之言。①

西汉太史公为著作《史记》，访察名山大川，接触民情风俗，实地考察古代历史，于是一部《史记》声震古今中外。章学诚承继司马迁的实践精神，强调方志的编修，必须有裨于风教，这就使他的方志理论更富有现实意义。

第二年七月，《永清县志》大功告成。凡六体，共二十五篇，另有《文征》五卷。与前次的《和州志》相比较，除六书不同外，两志在分类和称呼上也不尽相同。章学诚不拘名号，重在求其实用，编修中从实际出发，有内容则写，无内容则阙。《永清志》不列《艺文书》，田赋归之于《户书》之内。《文征》五卷，包括奏议、征实、论说、诗赋、金石各一卷。这与《和州志》亦略有不同。他很注意为旧志写传，所编志书大都有《前志列传》，出发点在于"史家著作成书，必取前人撰述汇而列之，所以辨家学之渊源，明折衷之有自也"。②

《永清志》顺利修成后，章学诚即到顺义役次拜访周震荣。周震荣听说志已修成，大喜过望，忙设宴款待，并邀请众宾客为之庆贺。席间，震荣捧出《永清志》让在座各位饱览，举座哗然。于是有张维祺、周棨争相聘请学诚前去修志，但因已应馆座师梁国治家之约，均未能答应。两人甚为遗憾。但"两君遂各就其所治，采缀成书"。后来，周棨因降职并母丧，悲哀之事接踵而至，因此书虽已写成，但一直放着未取出与人共睹。在他前往广东曲江任知县之前，周震荣前去看他，并问起这件事。周棨颇有感慨地说："我从实斋处得到很多。"周震荣于是便问他："得到些什么？"周棨答道：

---

① 《章氏遗书》卷 18《周筤谷别传》。
② 大梁本《文史通义》外篇《永清县志前志列传序例》。

实斋云，志者志也，其事其文之外有义焉，史家著作之微旨也，国史所取裁也，史部之要删也。序人物，当详于史传，不可节录大概，如官府之点卯簿；载书籍，当详其目录卷次凡例，不可采录华词绮言，如诗书之类选册本；官名、地名，必遵一朝制度，不可假借古称；甲子、干支，必冠年号，以日纪事，必志晦朔，词赋膏粉，勿入纪传，文乡里以桑梓，饰昆弟以埙篪，苟乖理而恣义，则触讳于转喉。①

这的确将章学诚方志理论的精神实质一语道破。至于张维祺所撰《大名县志》，从章学诚所著《为张吉甫司马撰大名县志序》可以看出，亦是按照章学诚方志理论而作。由此可见，章学诚的方志理论在当时颇具影响，并不像有些学者所说，章氏的方志理论，在当时和以后均无人问津。

第三节　河南遇盗

章学诚在《与史余村论学书》中谈道：

　　学问之事，正如医家良剂，不特志古之道，不宜中辍，亦正以其心力营于世法，不胜其疲，不可不有所藉，以为斯须活泼地也。如云今困于世，姑且止之，俟他日偿其夙愿，则夙愿将有不可得偿者矣。仆困于世久矣，坎坷潦倒之中，几无生人之趣，然退而求其所好，则觉饥之可以为食，寒之可以为衣，其甚者直眇而可以能视，跛而可以能履，已乎！已乎！旦暮得此，所由以生，不啻鱼之于水，虎豹之于幽也。②

坎坷潦倒的章学诚处于饥寒交迫之中，自有对学问的一番独到的诠释。在仕途道上疲于奔命数十载，终于以"自以迂疏，不敢入仕"之由而放弃。从此，退出仕途，静静潜心于学问研究。学诚只有在对典籍查考的全力以赴

---

① 《章氏遗书》卷19《书庚辛之间亡友传后》。
② 《文史通义新编》外篇三《与史余村论学书》。

中才能忘却衣食之忧，并油然而生如鱼得水的快慰，生活条件之恶劣，令人难以想象，章学诚的著作事业却从未因此而中断，尤其是他对文史校雠之爱好，使他产生了战胜困难的信心和力量。正是在这种精神鼓舞之下，于颠沛流离之时，《校雠通义》诞生了。

《校雠通义》成书于乾隆四十四年（1779），原书共四卷。章学诚著此书的目的在于宗刘、补郑、正俗，故此《校雠通义》集封建社会中校雠学之大成。书中许多重要见解往往与《文史通义》互相发明，例如《原道》篇说古代"官守学业皆出于一，……私门无著述文字"，"六艺非孔氏之书，乃《周官》之旧典也"等等，都是《文史通义》的重要论点。《文史通义》的《原道》篇，是从宇宙的起源和人类社会的起源说起的；《校雠通义》的《原道》篇则是从人类社会进化到古代文明的时期，从有文字以后说起的，主要阐述了书籍的起源和发展过程。《校雠通义》开宗明义提出了校雠学的任务是"辨章学术，考镜源流"。校雠学本身是一门学问，它所进行的研究为其他科学研究服务，起到"聚粮"、"转饷"的作用。如整理图书，编写提要，目的在于能够"推论其要旨，以见古人所谓言有物而行有恒者，编于著录之下，则一切无实之华言，牵率之文集，亦可因是而治之，庶几辨章学术之一端矣"。① 既然这是一门学问，也就不是任何人均可担当得了的，所以他说：

> 校雠之义，盖自刘向父子，部次条别，将以辨章学术，考镜源流，非深明于道术精微，群言得失之故者，不足与此。后世部次甲乙，纪录经史者，代有其人，而求能推阐大义，条别学术异同，使人由委溯源，以想见于坟籍之初者，千百之中，不十一焉。②

这就是说校雠之学，不单纯是为了寻求、整理、保管书籍而已。要能做到"辨章学术，考镜源流"，就得对这些著作有所研究，否则难以达成效果。在章学诚看来，各类书籍经过整理、校勘，加以分类，写出叙言，人们才可从中看出学术类别之源流。他对这点非常强调，说"由刘氏之旨，以博求古

---

① 《校雠通义》卷1《宗刘》。
② 《校雠通义》卷1《叙》。

今之载籍，则著录部次，辨章流别，将以折衷六艺，宣明大道，不徒为甲乙纪数之需，亦已明矣"。①

书中对于图书的管理、分类、辑佚等方面也都作了专门的论述，难怪许多人把它作为一部研究目录学的著作，而把章学诚推崇为清代杰出的目录学家。王重民先生曾这样说：

> 章学诚正是批判地继承了郑樵的方法和理论，因此，他认为考辨古书的"篇卷参差，叙列同异"，正是校雠学的一部分；校雠学的主要内容是"辨章学术，考镜源流"，所以他承认校雠学，反对那种狭义的目录学，有时还用卑视的口吻称之为"甲乙著录"。可是正在这个时期，比章学诚稍前的有王鸣盛、金榜，比章学诚稍后的有黄丕烈、顾千里、龚自珍，都承接着刘向、刘歆、班固、郑樵的传统，把这门学科正名为目录学。章学诚的"校雠心法"正代表着这一时期我国目录学方法和理论中的最高成就。②

如此评价虽高，却不过分，因为《校雠通义》一书，若从目录角度着眼，不仅可以看作目录学史，而且更是一部具有现实价值的目录学，其中许多方法和理论在今天仍具有很高的参考价值。这使它在我国目录学史上占有很高的地位。如关于书籍的分类，并不是随便都可以分的，而是要求通过分类能够达到"部次流别，申明大道，叙列九流百氏之学，使之绳贯珠联，无可缺逸，欲人即类求书，因书究学"。③这就说明，他对图书分类，提出了很高的要求，而这个要求又很合理。郑樵对图书的归类，曾提出四大原则，但仍有几种难分而易混之书未能得到解决。章学诚在《校雠通义》中从"辨章学术，考镜源流"的角度出发，提出了互注之法，他说：

> 至理有互通，书有两用者，未尝不兼收并载，初不以重复为嫌，其

---

① 《校雠通义》卷1《原道》。
② 王重民：《论章学诚的目录学》，《光明日报》1963年7月17日。
③ 《校雠通义》卷1《互著》。

于甲乙部次之下，但加互注，以便稽检而已。古人最重家学。叙列一家之书，凡有涉此一家之学者，无不穷源至委，竟其流别，所谓著作之标准，群言之折衷也。如避重复而不载，则一书本有两用，而仅登一录，于本书之体，既有所不全，一家本有是书，而缺而不载，于一家之学，亦有所不备矣。①

这就是说，如遇一书的内容论及两种主题或涉及两类以上时，该书即应在有关的各类中互为著录。书中还进一步说明了互注法主要是用在"书之易淆者"与"书之相资者"的情况下，他说："书之易混者，非重复互注之法，无以免后学之牴牾；书之相资者，非重复互注之法，无以究古人之源委。"②又说："部次群书标目之下，亦不可使其类有所阙，故详略互载，使后人溯家学者可以求之无弗得，以是为著录之义而已。"③如《太公》既见于兵家，又见于道家，《荀卿子》则互见于兵家和儒家。王重民先生说：

> 在分类著录的过程中，一书著录在一类好象是不可动摇的规律；但为了使各类书的内容互相发生联系，非到图书的分类著录发展到一定高的水平，是不容易被人发现的，所以互著别裁法的发见标志着分类法的进一步提高。章学诚对于互著别裁的阐述，并企图使这一先进方法在分类著录中普遍使用起来，是他在我国目录学上的另一大贡献。④

此外，他还有一条极重要的意见：

> 窃以典籍浩繁，闻见有限，在博雅者且不能悉究无遗，况其下乎？以谓校雠之先，宜尽取四库之藏，中外之籍，择其中之人名地号官阶书目，凡一切有名可治有数可稽者，略仿《佩文韵府》之例，悉编为韵，乃于本韵之下，注明原书出处及先后篇第；自一见再见，以至数千百，

---

① 《校雠通义》卷1《互著》。
② 《校雠通义》卷1《互著》。
③ 《校雠通义》卷1《互著》。
④ 王重民：《论章学诚的目录学》，《光明日报》1963年7月17日。

皆详注之；藏之馆中，以为群书之总类。至校书之时，遇有疑似之处，即名而求其编韵，因韵而检其本书，参互错综，即可得其至是。此则渊博之儒穷毕生年力而不可究殚者，今即中才校勘可坐收于几席之间，非校雠之良法欤？①

此即今所谓"索引"之法，后来汪辉祖有《史姓韵编》，阮元有《经籍纂诂》，都是一类的书。

继之章学诚31岁那年父亲病故所带来的打击，乾隆四十六年（1781），亦是章学诚一生中极不幸的一年。困苦于工作无着落，故此去河南谋事，亦不得志而归。途中遇强盗，所有行李皆被抢走，所带44岁以前的文稿荡然无存，《校雠通义》四卷也在其中，幸好有朋友钞存前三卷，但第四卷却不可复得。此次遇盗，文字上损失惨重，至于精神上，自更不必提。学诚狼狈地穿着短葛衣走投同年生张维祺。所幸张维祺待学诚甚好，见学诚身处患难，伸出援助之手，热情接待，使学诚有归家之感。后经张维祺介绍，暂时得到清漳书院教席。当时，学诚一家十五口寄居北京，嗷嗷待哺，冬季将至，寒衣无着，境况十分凄凉。章学诚曾多方致书师友求救。其中给座师梁国治的一封信最为悲愤：

> 驰驱半载，终无所遇，一家十五六口，浮寓都门，嗷嗷待哺。秋尽无衣，数年遭困以来，未有若此之甚者，目今留滞肥乡，至于都门内外一切糊口生涯，无论力不能谋，且地处僻远，消息亦无从刺访。当此水火急迫之际，不得仰望长者知己一为拯援，先生当不以为躁也。学诚自蒙拂拭，幸得大贤以为依归，妄自诩谓，稍辨菽麦，不甘自弃。又自以为迂拘，不合世用，惟是读古人书，泾渭黑白，差觉不诬。若不逼于困苦饥寒，呼吁哀号，失其故态，则毛生颖故投囊，张仪舌犹在口，尚思用其专长，殚经究史，宽以岁月，庶几勒成一家，其于古今学术，未必稍无裨补。若使尘封笔砚，仆仆风霜，求一饱之无时，混四民而有愧，则不过数十寒暑，便无此身，以所得之甚难而汩没之甚易，当亦长者之

---

① 《校雠通义》卷1《校雠条理》。

所恻然悯惜者也。①

然而事实是那位梁相公似乎并不"恻然悯惜"他,亦未有任何实质性的援助,当时的学诚处境之难可想而知。

这回遇盗,是章学诚一生中最最不幸的一次遭遇。视作性命一般的文字资料通通失去。后来虽从故旧家存录的别本中借抄,并名为《辛丑年钞》,但十成之中,也仅能留得四五成。现如今章学诚留存下来的著作,44岁以前的专篇极少,有的也不过是些应酬文字。其中唯有《金君行状书后》,论择辨史料方法还颇有些价值。从这年以后,章学诚每每有文章写成,必定要留下副本,免得遗失,而朋友当中有喜爱他文章的,亦多前来抄存,其中,周震荣与史致光抄藏得最多。

章学诚人愈穷而志弥坚,他的思想仍在学术的殿堂上驰骋。一次,他前去南乐县衙拜访同学邱向阁,见屋中贴有"通达"二字,问起缘由,邱向阁回说是因了朱竹君的"学者读书求通,当如都市逵路,四通八达无施不可"之言。故此,章学诚为邱君作《通说为邱君题南乐官舍》:"薄其执一,而舍其性之所近,徒泛骛以求通,则终无所得矣。惟即性之所近而用力之能勉者,因以推微而知著,会偏而得全,斯古人所以求通之方也。"②文中讲,治学要根据自己的特点,发挥自己的长处,把专与博结合起来,这正是饱含他一生甘苦的经验之谈。章学诚在清漳书院授课,对学生循循善诱,有《清漳书院会课策问四书大义六道》,从中可以看出学诚的教育方法。《策问》中有:"问古人教学,启发是资。请业之际,先问尔所谓达;侍坐之余,则云盍各言志。"③他让学生讲述自己的志向,颇有儒家祖师爷孔老夫子的"侍坐"遗风,并提出自己在学习中所遇到的困惑。"诸生自反平日必有入识最先而程功较易者;经于何道最有关心?史于何事最所惬意?高山景行,所言正不必今日之所已能者也。"④学诚用自己的经验去启发学生扬长避短,选择最有发展前途的求学门径。其中四书大义策问六道,都是很能引起学子的怀疑态度与思考

---

① 《文史通义新编》外篇三《上梁相公书》。
② 《文史通义新编》外篇一《通说为邱君题南乐官舍》。
③ 《章氏遗书》卷22。
④ 《章氏遗书》卷22。

力的。第一道有:

> 问《论语》记言之例:夫子所言,皆称"子曰";其有对君之言,则称"孔子"。说者谓君臣之际,记者致其谨严。然耶?否耶?《颛臾》一篇不皆对君之言,而皆称孔子,岂有说欤?①

第五道:"问孔门之教,言行相符。弟子亲承,有疑斯问。"②此种策问既可见学诚自己读书善疑,而在教学上亦从思考和疑问下手。这其中学诚强调学子的志愿理应同其长处相结合,然后加以发挥,这与他在《通说为邱君题南乐官舍》中所谓"即性之所近而用力之能勉者"的意思,正好相符。

乾隆四十六年(1781)六月二十六日,朱筠在北京逝世。这消息对章学诚来说,是个极大的打击。自学诚28岁起,成长的道路中少不了老师朱筠的热情关怀。他告诉学诚"由子之道,任子之天",要发挥自己的专长,使学诚明确了自己前进的目标。同时在为人方面亦渐渐走向成熟。每当学诚经济发生困难时,朱筠老师总会向学诚伸出热情的双手,并将学诚引进了学术界,开始了漫长的学术生涯。而朱筠本人亦是个极有文化素养的有才之士。学诚在悲痛之际,作了《朱先生墓志铭》,在其中给予了老师很高的评价:

> 有所述作,心契乎理,手请于心,如不得已;懔于所奉,承而布之,不可意为加损,余力所至,神明变化。绚春拭秋,纤缕钜拓,陶冶万象,不为一律,并能令气之至符心之初。呜呼至矣,有宋欧阳氏以来,未有能媲者矣!③

朱筠的死,加之这一年在谋职方面亦未有大的改观,经济困难一直是学诚所面临的问题,心理负担极重。恰好第二年春天,乾隆皇帝前往东陵谒拜后返回,要过盘山。周震荣作为畿县县令奉命清道迎驾。因此,周震荣邀学诚出来踏青散心。当时正值桃李盛开,冬季的寒冷已一去不再,四周围山

---

① 《章氏遗书》卷22。
② 《章氏遗书》卷22。
③ 《章氏遗书》卷16《朱先生墓志铭》。

坡上一片春色，周震荣兴致甚高，大摆宴席，并邀来同僚共同畅饮，觥筹交错，酒至酣处，大家吟诗作词以助酒兴，并遍走山岭寻访名胜。值此欢乐时光，学诚亦沉浸其中，忘了家中已无第二日的餐饮。

乾隆四十八年（1783）春天，积劳成疾的章学诚大病一场，几至气息奄奄，好友邵晋涵忙用车将学诚载至家中，并请来医生予以治疗。生病本是件不幸的事，但于学诚却有意外之喜，因为这样一来，他便有大把的时间与邵晋涵在一起研讨学问。白天交谈难以尽兴，每每延至深夜，常作秉烛之谈。邵晋涵打算重修《宋史》，学诚便问其立言宗旨，邵回说以维持"宋学"为宗旨。学诚在勉励之余让他"以班马之业而明程朱之道"。

学诚病愈后，回永平敬胜书院讲学。这一时期写了《与乔迁安》、《论初学课业》等文，并有《答周筤谷论课蒙书》二篇，其中有"此间生徒难与深言"之语，可见学诚在永平教书并不很得意。秋季学生多赶去赴试，偌大个书院，来者竟廖寥无几。于是，学诚补苴《文史通义》内篇，撰写《言公》上中下三篇，以及《诗教》上下二篇。自七月初三至九月初二，共得《文史通义》草稿十篇，总共二万多字。并用五色笔逐篇自为义例，加以圈点，遇到有改动大的地方，便涂掉旧迹，重新书写。每章写完后，还标注早晚时节以及风雨阴晴气候。在这十篇当中，今唯有《言公》、《诗教》五篇尚可查考。

总之，自河南遇盗以后的五年中，章学诚的生活和职业都极不稳定。由于人事的变动，在这短短的五年中，曾先后主讲过清漳书院、敬胜书院和莲池书院，几乎一年左右换一个地方。但他并未停止笔耕，而是始终坚持文史校雠的研究著作。他给朱沧湄写《与朱沧湄中翰论学书》说：

> 学问之事，非以为名，经经史纬，出入百家，途辙不同，同期于明道也。道非必袭天人性命诚正治平，如宋人之别以道学名，始谓之道，文章学问，毋论偏全平奇，为所当然而又知其所以然者，皆道也。①

他又曾对邵晋涵说，自己虽在江湖疲于奔走，却"能撰著于车尘马足之间"。②

---

① 《文史通义新编》外篇三《与朱沧湄中翰论学书》。
② 《文史通义新编》外篇三《与邵二云论学》。

第四章
贫病交加，终老山林

第一节 毕沅幕僚

乾隆五十二年（1787），对于章学诚来说，又是具有重要转折的一年。50岁的章学诚，已渐渐步入老年阶段。在学业上，亦进入更加成熟稳健的时期。他当时最大的愿望，便是拥有较好的经济条件以及相当充分的自由时间，从事著作活动，以便将一生中治学的经验和成果总结出来。然而，不幸的事情却接踵而至，章学诚一次又一次被卷入生活奔波的漩涡。

由于前一年十二月座师梁国治去世，他又失去了依靠，不得不辞去莲池书院的讲席，侨寓保定，寄居旅店。在走投无路的情况下，他听说戊戌进士开选，出于无奈，往北京吏部投牒，"遇宵小剽窃"，生计索然，被困在京师几乎一年光景，全靠在朋友家转流食宿得以维持。50岁那年，到甄松年家教书，逢其生日那天，甄松年为他置办酒宴聊以尽兴，生活中并非完全没有乐趣。那年冬天，学诚得到一个任知县的机会，然而，让大家感到意外的是，他放弃了这份不错的职业。当时，学诚自己心情非常矛盾，若只为生活计，一个知县养活家小可谓绰绰有余，从此，他便可与他相伴相依的贫穷生活告别。可是，一旦做了知县，文史校雠的工作将如何处置，岂非前功尽弃，何况他的学问又全然不合时好，倘使让他为生活考虑，极尽媚俗之能事，最终亦将失去自我，这在学诚看来，难以想象，孰轻孰重，再三斟酌，二者之间，章学诚最终选择了贫穷，他离不开自己的文史校雠之业，亦不忍背叛自己的理想。

十月，周震荣从永清出发来到保定。在留居保定的日子里，章学诚与他之间走动得非常勤。一天，他们二人就教育方法的问题开展讨论，学诚针对周震荣旧作《养蒙术》有感而发，认为作为启蒙教材，诸如宋代金华学派吕祖谦的《东莱博议》以及唐宋学人在论人论事时所做文章，万万不能入选，否则将步揠苗助长之后尘。从高标准出发，企图一步登天，最终必定事与愿违。从易处着手，慢慢深入，方才是明智之举。周震荣亦是个性格固执的人，他并未因学诚的反对而予以退让，相反却更加坚持，学诚见如此情形，面有怒色，且开始出言不逊。正在此时，周荣、张维祺从门外进来，学诚亦顾不得迎接他们，仍振振有词。张维祺明白他们的话题后，自然站在周震荣的立场，附和其观点。学诚见状兴致大振，言辞愈发犀利。周荣在一旁做和事佬："纷争至此，案何由定。"如此争执下去，必定无甚结果。正在此时，有两个童仆立在窗外，用讥诮的口气说："如此大的省城，不去追求功名利禄，而为这些毫无意义的话争执，真是！"说着还都举起各自的囊橐摇摇说："难怪我们吃不饱。"大家听了这话，均忍俊不禁失声大笑，学诚举酒豪饮，喝个大醉而后踽踽归去。

连童仆尚且有了微词，可见得生计成了当务之急。幸好这年冬天承周震荣的介绍与极力举荐，章学诚前往河南见毕沅，欲借其力编纂《史籍考》。当时写了一封《上毕抚台书》，略事自我介绍：

> 鄙人闻之，物无定品，以少见珍，遇无常期，以知见贵。……阁下人文炉冶，当代宗师，鄙人倾佩下风之日久矣。尝以私语侪辈，生平尺寸之长，妄诩所得，亦非偶然，不得有力者稍振拔之，卒困于此。……爱才如阁下，而不得鄙人过从之踪；负异如鄙人，而不入阁下裁成之度，其为阙陷，奚翅如昔人所论庄屈同孟子时，而不得一见孟子，受其陶铸为可惜哉。鄙人职业文墨，碌碌依人，所为辄蹶，巧于遇者，争非笑之，鄙人不知所悔，以谓世不我知无害也。然坐是益困穷甚，家贫累重，侨寓保阳，疾病饥寒，颠连失措，濒沟壑者亦几希矣。岂无他人，恐非真知，易地犹是耳。用是裹粮跋涉，不远千里，窃愿听命于下执事。阁下引而进之，察其所长，而试策之，虽不敢拟空青火浣，陈仓石鼓之奇，抑闻王公大人，饱尝刍豢，偶进薇蕨，转以为美，庶几其一当也。阁下之客，多与鄙人往还，闻有道鄙人者，阁下未尝不知之也。而鄙人犹复云云者，盖窃所感也。昔李文饶恶白乐天，缄置其诗，不以寓目，以谓见诗则爱，恐易初心，是爱其文而不爱其人也；郑畋之女，喜诵罗隐之诗，及见隐貌不扬，因不复道，是弃其貌因弃其才也。鄙人既无白氏之

诗，而有罗隐之貌，坐困于世，抑有由矣。然尺短寸长，不敢妄自菲薄，而必欲合轨于大匠之门，以其所操，亦有似为于举世不为之日，而及其见知，虽三年之无所短长，不为病也，况向者未尚一日居门下哉。①

当时学诚迫切希望能得到毕沅的知遇，以便早日完成多年夙愿。他讲述了自己的设想，并历数自己在茫茫学海中泛舟而上，身受种种坎坷而不改初衷，为能博取同情与好感，字里行间，也颇有那么几句廉价的歌颂，却终究渗透着读书人的淳朴与厚道。既无不切实际的自我吹嘘，也无哗众取宠之意。为增强说明效果，文中还引以典故，李文饶喜欢白乐天的诗，但却对其本人无甚好感；郑畋有个女儿，喜读罗隐所作的诗，一个偶然的机会，见到罗隐其貌不扬，从此便不再诵读其作品。学诚称自己无白氏之诗，然有罗隐之貌，尽管如此，但坚信尺有所短，寸有所长，天生我材必有用，对学问的拳拳之心一直不改。

提起学诚的长相，也确实丑得有点名气。说是奇丑无比，也算是名副其实。有个叫曾燠的写过一首《赠章实斋国博》诗，将其之"丑"活灵活现展于人前：

  章公得天秉，赢绌迥殊众。岂乏美好人？此中或空洞。君貌颇不扬，往往遭俗弄。王氏鼻独齇，许丞听何重？话仿仲车画，书如洛下讽。又尝患头风，无檄堪愈痛。况乃面有瘿，谁将玉瑊耷？五官半虚设，中宰独妙用。试以手为口，讲学求折衷。有如遇然明，一语辄奇中。古来记载家，庋置可充栋。歧路互出入，乱丝鲜穿综。散然体例纷，聚以是非讼。孰持明月光，一为扫积雾？赖君雅博辨，书出世争诵。笔有雷霆声，訇訇止市哄。《续鉴》追温公，选文驳萧统。乃知貌取人，山鸡误为凤。武城非子羽，谁与子游共？感君惠然来，公暇当过从。②

不独耳聋又患头风病，加之面部皮肤粗糙长瘿，也真真是难看极了。长相的丑陋，无疑给章学诚的学习生活招致许多不必要的麻烦。

---

① 《文史通义新编》外篇三《上毕抚台书》。
② 杨钟羲：《雪桥诗话》三集卷8。

对于投书毕沅门下，学诚后来写诗追述道："戟门长揖不知惭，奋书自荐无谦让。"①生活所迫只好如此。所幸的是，这位毕沅先生倒并未"以貌取人，失之子羽"，且待学诚颇厚。事情一切进行得很顺利。第二年二月学诚便前往归德，就职于归德府的文正书院，《史籍考》的编纂也在开始紧锣密鼓地展开。章学诚主持其事，而洪亮吉、凌廷堪、武亿等也参加了编纂。这段时间，是章学诚生活中颇为志得意满的时期，著述事业如日中天，家庭生活安定和谐，一切似乎都上了轨道。宽敞的书院幽雅清静，可以合家而居。窗明几净，是编摩文史的良好场所。环境人事的变换，加之生活中一些问题的解决，章学诚的心境变得舒畅而踌躇满志。用他自己的话说就是"乃如盆鱼移置池塘，纵不得江湖浩荡，亦且免曳尾触四围矣"。②对过去十二三年内，所经验、所讨论、所积累的资料和心得，到此可以完全使用在《史籍考》的编纂工作中。再说，过去所从事编纂的都是地方志，学诚只能借着地方史发挥关于正史或通史的编纂学方法理论；现在所从事的是历史书籍的专科目录，他积蓄已久的史料学，文史书籍编纂学与他所谓校雠学的方法和理论，都可运用到这一工作之中了。英雄终于有了用武之地。如鱼得水的章学诚开始大显身手。

在编辑《史籍考》及检阅《明史》和《四库子部目录》的过程中，章学诚屡有体会，新的见解渐渐增多。他很希望能有朋友与他共同切磋交流。在《与洪稚存博士书》中他讲道：

> 惜不得足下及虚谷、仲子诸人，相与纵横其议论也。然蕴积久之，会当有所发泄。不知足下及仲子此时检阅何书？《史部提要》已钞毕否？《四库集部目录》，便中检出，俟此间子部阅毕送上，即可随手取集部发交来力也。《四库》之外，《玉海》最为要紧。除艺文史部毋庸选择外，其余天文、地理、礼乐、兵、刑各门皆有应采辑处，不特艺文一门已也。此二项讫工，廿三史亦且渐有条理，都门必当有所钞寄。彼时保定将家迁来，可以稍作部署。端午节后，署中聚首，正好班分部别，竖起大间

---

① 《章氏遗书》卷28《丁巳岁暮书怀投赠宾谷转运因以志别》。
② 《章氏遗书》卷22《与洪稚存博士书》。

架也。至检阅诸书，采取材料，凡界疑似之间，宁可备而不用，不可议而不采。想二公有同心也，兹乘羽便，先此布闻，其余一切，须开学后，接见诸生，与此间人士，多有往返，性情相喻，乃可因地制宜，此时固无课业纷扰，然亦颇少文墨接谈，得失参半，亦势之无如何耳。①

书信往来成了章学诚与朋友进行学术讨论的独特方式。他屡致书信给邵晋涵、孙星衍等人。《与孙渊如书》中叹道："鄙人不能诗，而生平有感触，一寓于文。"的确，学诚的诗作水平不高，自青年以来并未长进，终究是件憾事。于是每当心中有感，抑或是有见解要抒发，均借助文章得以完成。《报孙渊如书》中有："愚之所见，以为盈天地间，凡涉著作之林，皆是史学。六经特圣人取此六种之史以垂训者耳，子集诸家，其源皆出于史。"②在给邵晋涵的信《与邵二云论学》中则谈道：

  鄙性浅率，生平所得，无不见于言谈。至笔之于书，亦多新奇可喜。其间游士袭其谈锋，经生资为策括，足下亦既知之，斯其浅焉者也。近则遨游南北，目见耳闻，自命专门著述者，率皆阴用其言，阳更其貌，且有明翻其说，暗剿其意。③

章学诚在学问的研习中，品尝到无穷的乐趣，在其心目中，文史校雠之业高于一切。当时他的好友邵晋涵、周书昌，学生史余村均在京师做官，宦海争雄，他却很不以为然，担心他们如此下去定会荒废学业。他在《与邵二云论学》书中曾说：

  岁月不居，节序川逝，足下京师困于应酬，仆亦江湖疲于奔走，然仆能撰著于车尘马足之间，足下岂不可伏箧于经摺传单之际？此言并示余村，策以及时勉学，无使白首无成，负其灵秀之钟，而与世俗之人归

---

① 《章氏遗书》卷22《与洪稚存博士书》。
② 《文史通义新编》外篇三《报孙渊如书》。
③ 《文史通义新编》外篇三《与邵二云论学》。

趣不相远也。①

在给他学生史余村的信中说得更加恳切，真是语重心长苦口婆心：

> 闻足下入官以来，身为境累，不复能力于学。而恬淡之性，拘入于世法，不得所性之安，此非细故！……十年远客孤寒，一旦身登上第，服官以后，事与寒素殊科，外有应酬，家增日用，精神疲于酬酢，心力困于借筹，足下淡定天怀，如胶泥入水，日夕搅之，何日得以澄彻。②

章学诚用自身经历现身说法，不慕荣利的自己，虽"坎坷潦倒之中，几无生人之趣"，然一旦想到学问之事，便又如鱼得水、豁然开朗，对于子孙后代，他亦同样教诫他们尽力于学问之事，不必追求于官场中之名利，"今吾不为世人所知，余村、虎脂又牵官守，恐未能遂卒其业，尔辈于斯，独无意乎？"③这种精神，在封建社会寥寥无几。他将那些一意在官场追名逐利的人，称之为"世俗之趣"。人的精力有限，若是做官，势必将把"精力分于声色与一切世俗酬应"。因此，要想做官，就无法治学，要治学就不必做官。即使有才有识之士，一旦进入官场，必然影响其学术成就。而学问好比是铜，文章则犹如釜，"要知炊黍苇羹之用，所谓道也"。做学问，是要集中精力的。这是章学诚一贯的看法。

这一年，章学诚不仅在学术上有所发展，在思想上亦步入晚境成熟的状态，他的人生观也已清晰地展现出来，创作于这一年的《刘氏书楼题存我额记》中反映得相当突出，这篇文章用富有哲理性的笔法论述了人生的变化。最后指出："然则欲存我者，必时时去其故我，而后所存乃真我也。"④

书院的生活异常平静。章学诚在秋尽冬初时候，写文章最勤。平时积累下来的文债，尽量在秋冬之际还清，但"终未能悉扫无余"。在写作内容上，他交叉地写作涉世之文与著作之文，力求使笔墨有所变化。

---

① 《文史通义新编》外篇三。
② 《文史通义新编》外篇三《与史余村论学书》。
③ 《文史通义新编》外篇三《家书二》。
④ 《文史通义新编》外篇二。

这年秋天，荆州发大水，毕沅升任湖广总督，章学诚归德府文正书院的讲席遂失，《史籍考》的编纂不得不随之中断，而学诚所谓的如鱼得水的宁静生活亦将告一段落。

第二节 《湖北通志》的编修

自离开归德府文正书院后，章学诚又开始了他四处奔波的生活。他先移家至亳州，依靠知州裴振；后又辗转于太平安庆之间，始终无职业可谋；最后才在安徽学使署中找到一份差使。学使徐立纲正逢编辑宗谱，于是，请章学诚来参与其事。学诚因此得以暂且安顿下来。每逢空余时间，他都拿来续写文章。从乾隆五十四年（1789）四月十一至五月初八的二十几天时间里，共写得《文史通义》内外二十三篇，共二万多字。这是他一生中作文速度最快的一次。尽管是时正为徐太史经纪家谱，颇有传志文字，亦并不相妨也。桐城张中翰小令，左选贡良宇，皆一时名隽，朝夕比屋而处，皆有文章之役，暇则聚谈，谈亦不必皆文字，而引机触兴，则时有所会。章学诚还尖锐地批评当时学者沉溺于烦琐考据的风气，说："逐于时趋，而误以襞绩补苴为足尽天地之能事也。""指功力以为学，是犹指秋黍以为酒也。"这些议论，都一针见血地切中当时学者随波逐流的弊病。学诚著作愈丰，《原道》、《原学》、《博约》、《经解》、《史释》、《史注》、《说林》等重要篇章大都成于这一时期。

十月，章学诚又回到亳州。秋冬为知州裴振编修州志，约于翌年二月全书告成，为时不到半年。对于《亳州志》，章学诚自己甚为得意。他在给周震荣的书信《又与永清论文》中写道：

> 近日撰《亳州志》，颇有新得，视《和州》、《永清》县志，一半为土苴矣。主人雅相信任，不以一语旁参，与足下同。而地广道远，仆又逼于楚行，四乡名迹，未尽游涉，而孀妇之现存者，不能与之面询委曲，差觉不如《永清》；然文献足征，又较《永清》为远胜矣。此志拟之于史，当于陈范抗行，义例之精，则又《文史通义》中之最上乘也；世人忽近贵远，自不察耳。后世是非，终有定评，如有良史才出，读

《亳志》而心知其意，不特方志奉为开山之祖，即史家得其一二精义，亦当尊为不祧之宗；此中自信颇真，言大实非夸也。①

遗憾的是由于知州裴振是年去任，书未及刊版，竟至散佚，致使我们今天难以窥其全豹，因此，自然也就很难评定其等第之高低。就章学诚本人来说，《亳州志》的编修之所以能如鱼得水，游刃有余，很重要的一点是"主人雅相信任，不以一语旁参"。这或者可谓经验之谈。

至于《亳州志》究竟有何长处，我们从章学诚写给史余村的一封信中，可看到一些梗概，信中谈道：

> 近撰《亳州志》，更有进境。《新唐书》以至《宋》、《元》诸史书、志之体不免繁芜，而汰之又似不可，则不解掌故别有专书，不当事事求备也。列传猥滥，固由文笔不任，然亦不解表例，不特如顾宁人所指班马诸年表已也。班氏《古今人表》，史家诟詈，几如众射之的；仆细审之，岂惟不可轻訾，乃大有关系之作，史家必当奉为不祧之宗。颇疑班氏未必出于创造，于古必有所受，或西京诸儒治《春秋》者所传，班氏删改入《汉书》耳。此例一复，则列传自可清其芜累，惜为丛毁所集，无人进而原其心尔。今州县创立其例，便觉旧撰诸志列传，不免玉石杂而不分，正坐不立人表故尔。②

不难看出，这封信中他强调"掌故"和"人表"在史书和方志中的作用，只要"掌故"立为专书，则书志之体可以免去繁芜，而不必事事求备；人表一入史志，则史书、州县之志列传自可清其芜累。这部方志如今所留下的只有《人物表例议》和《掌故例议》各三篇。从中可以看出其精义所在。他在《和州》、《永清》二志的编写中，除志书以外，均作有"文征"。而现在又提出更立"掌故"，这就为后来作《方志立三书议》打下了基础。他在后来的《方志立三书议》中谈道：

---

① 《文史通义新编》外篇三。
② 《文史通义新编》外篇三《又与史余村》。

凡欲经纪一方之文献，必立三家之学，而始可以通古人之遗意也。仿纪传正史之体而作志，仿律令典例之体而作掌故，仿文选文苑之体而作文征。三书相辅而行，阙一不可。①

乾隆五十六年至五十七年（1791—1792），章学诚先后撰写《史德》、《与邵二云论修宋史书》、《书教》上中下篇、《方志立三书议》、《史学别录例议》等重要论文。这些论著最突出的贡献，是他对两千年来历史编撰作了详细的纵贯分析，提出了史书编撰和评论改革的方向。

自毕沅升任湖广总督后，《史籍考》的编纂被迫中断。第二年，章学诚去信恳请能否再得毕沅助一臂之力。毕沅回复并给以援助。乾隆五十五年（1790）在武昌开馆继续编修。在武昌的几年中，章学诚很大一部分精力用在编纂《湖北通志》上。他除主修这部通志外，尚修了湖广的几种府县志，诸如《常德府志》、《荆州府志》等。不过，《湖北通志》凝聚了他更多的心血。此志编于《方志立三书议》提出以后，全面体现了《方志立三书议》的精神。《方志立三书议》的提出，标志着章学诚方志理论的成熟和方志学的建立。因此，《湖北通志》可视作其方志理论成熟阶段的代表作，这里自有必要多说几句。此志纪图表考传一应俱全，除志的主体外，尚有《文征》、《掌故》和《丛谈》。现将其目录列于下：

《湖北通志》七十四篇
　　二纪：皇言纪、皇朝编年纪（附前代）。
　　三图：方舆图、沿革图、水道图。
　　五表：职官表、封建表、选举表、族望表、人物表。
　　六考：府县考、舆地考、食货考、水利考、艺文考、金石考。
　　四政略：经济略、循绩略、捍御略、师儒略。
　　五十三传：（目多，从略）。
《湖北掌故》六十六篇
　　吏科：分四目：官司员额、官司职掌、员缺繁简、吏典事宜。

---

① 《文史通义新编》外篇四。

户科：分十九目：赋役、仓庾、漕运、杂税、牙行、钱法、盐法、武昌厂及游湖关税额等。

礼科：分十三目：祀典、仪注、文闱事宜、科场条例、学校事宜、书院、禁书目录、外国贡使等。

兵科：分十二目：将备员额、各营兵丁技艺额数表、武弁例马、营汛图、武闱仪注、各营战巡船只、驿站图等。

刑科：分六目：里甲、编甲图、囚粮衣食、三流道里表等。

工科：分十二目：陵寝祠庙、修建衙署贡院、城工、塘汛、江防、关榷、开采铜铁矿厂、采办硝磺、军械工料银两等。

《湖北文征》八集

甲集：（上、下）：裒录正史列传论。

乙集：（上、下）：裒录经济策画论。

丙集：（上、下）：裒录词章诗赋论。

丁集：（上、下）：裒录近人诗文论。

为何作此编排，他在《湖北通志·凡例》和《为毕制府撰湖北通志序》中都有详细论述。对于《湖北通志》所记载的内容，序中谈道："其山川物产，风俗人文，与夫政教所施，经要所重，具次于斯志者，披文可省。"至于分立三书，序中说：

今参取古今史志例义，剪裁浮辞，禀酌经要，分纪表图考略传，以为《通志》七十三篇，所以备史裁也；臣又惟簿书案牍，不入雅裁，而府史所职，周官不废。汉臣贾谊，尝谓古人之治天下，至纤至悉，先儒以谓深于官礼之言。今曹司吏典之程，钱谷甲兵之数，志家详之，则嫌芜秽，略之又惧缺遗。此则不知小行人之分别为书法也。今于《通志》之外，取官司见行章程，分吏户礼兵刑工，以为"掌故"，六门，凡六十六篇，所以昭典例也。臣又惟两汉而后，学少专家，而文人有集，集者，非经而有义解，非史而有传记，非子而有论说，无专门之长，而有偶至之诣，是以尚选辑焉。志家往往选辑诗文为艺文志，而不知艺文仿于汉臣班固，乃群籍之著录，而方志不知取法，猥选诗文，亦失古人分别之义。今取传记论说诗赋箴铭之属,别次甲乙丙丁上下八集,以为"文征",所以俟采风也。

这里把设立"掌故"、"文征"的来龙去脉说得非常清楚,比之《方志立三书议》似更有新意,如云"两汉而后,学少专家,而文人有集。集者,非经而有义解,非史而有传记,非子而有论说,无专门之长,而有偶至之诣"。这就无疑把唐宋以来文集的学术价值作了恰如其分的评价。许多文集的作者在学术上确实无专门之长,但在某一方面却往往有一得之见,能够把它及时选出,予以发扬,这就不会埋没他们各自在学术上的贡献。

《湖北通志》成书于乾隆五十九年(1794)初,三月中乾隆巡幸天津,毕沅入觐,行前将章学诚托于湖北巡抚惠龄。而惠龄不喜章氏之文,于是谗毁者遂乘机源源而来。当时有进士嘉兴人陈熷曾恳求章学诚推荐他为校刊之事,学诚出于同情,婉转荐于当道,未料想陈熷受委后,忘恩负义,过河拆桥,乃大驳《湖北通志》之不当,将一部通志批得体无完肤,一无是处,并提出重修建议。当事者赞赏其议,批云"所论具见本源"。章学诚气愤至极,想不到竟有如此恩将仇报的无耻小人。这里需要指出的是,有人曾在评论章学诚方志理论的文章中,把陈熷说成是《湖北通志》的编纂人员,曾参与通志编纂工作,这是没有丝毫根据的。毕沅回省后,得知此事,便要章学诚答复陈熷的"驳议"。章学诚在极其愤怒的心情下,奋笔疾书,写出《驳议》一卷,对陈熷的指责,逐条加以驳斥,现附《湖北通志检存稿》之后,名曰《湖北通志辨例》。章学诚在《方志辨体》一文中清楚写道:

> 余撰《湖北通志》,初恃督府一人之知,竟用别裁独断,后为小人谗毁,乘督府入觐之隙,诸当道凭先入之言,委人磨勘,而向依督府为生计者,只窥数十金之利,一时腾跃而起,无不关蒙弓而反射,名士气习然也。如斯学识,岂直置议,然所指摘,督府需余登复,今存《驳议》一卷,见者皆胡卢绝倒也。①

---

① 《文史通义新编》外篇四。

起初因毕沅尚在，同意章学诚一人"别裁独断"，按照自己的方志理论予以实践，所以并无一人敢有异议。后持反对态度的人皆源于个人好恶，并非想尽力于《湖北通志》的编纂。

这年八月，毕沅以湖北"教案"奏报不翔实，受到降补山东巡抚的处分，并罚交湖广总督养廉五年，再罚山东巡抚养廉三年。这么一来，自然无心再顾及编书之事。毕沅既走，章学诚只得离开湖北。当时《湖北通志》问题仍悬而未决，武昌知府胡齐仑曾请于当道，将此事交于陈诗校定，章学诚对此尚属满意，自幸此书落于陈诗之手。临别时，陈诗曾对他说："吾自有书，不与君同面目。然君书自成一家，必非世人所能议得失也。吾但正其讹失，不能稍改君面目也。"①因此章学诚对陈诗相当尊重，在《丙辰札记》中说："蕲州陈工部诗者，楚之宿学，曾以十年之功，自撰《湖北旧闻》，博洽贯通，为时推许，陈闻众谤群哄，而独识余之书之非苟作。"可见有识之士还是深知《湖北通志》之价值。陈诗费十年之功，方编成一部《湖北旧闻》，深知编志中之甘苦，因而也就懂得章氏所编《湖北通志》"自成一家，必非世人所能议得失也"。可是后因人事变迁，《湖北通志》仍未得以刊行，章氏多年心血，只得付诸东流。后来他将自己保存的志稿汇订为《湖北通志检存稿》二十四卷，又得《湖北通志未成稿》一卷。我们今天就是根据留存下来的残卷得以窥见其当日全貌。对于《湖北通志》，章学诚自己也并未看成尽善尽美，他当时给陈诗的信中（此信后编入《章氏遗书》时称《与陈观民工部论史学》，亦有选本将其称为《与陈观民工部论修志》）就曾列举其中不足之处：

> 《通志》之役，则负愧多矣。当官采访者，多于此道茫如，甚且阴以为利。……府县官吏疲懒不支。其有指名征取之件，宪司羽檄叠催，十不报六，而又逼以时限，不能尽其从容……
>
> 夫著述之事，创始为难，踵成为易。仆阙然不自足者，传分记人记事，可谓辟前史之蹊矣；而事有未备，人有未全。盖采访有阙，十居七八；亦缘结撰文字，非他人所可分任，而居鲜暇豫，不得悉心探讨，以极事文之能事，亦居十之二三也……

---

① 《章氏遗书》外篇卷3《丙辰札记》。

《文征》之集，实多未备，则缘诗文诸集送局无多，藏书之家又于未及成书而纷纷催还原集，是以不得尽心于选事也。然仆于文体粗有解会，故选文不甚卤莽。……至于诗赋韵言，乃是仆之所短，故悉委他人而已无所与。不幸所委非人，徇情通贿，无所不至。恶劣诗赋不堪注目者，仆随时删抹；而奸诡之徒又贿抄胥私增，诚为出人意外。然仆毕竟疏于复勘，当引咎耳。……此中剧有苦心，恨委任失人，不尽如仆意也。①

《湖北通志》出现这些问题，原因主客观并存，材料供应不足，自属客观，而委任失人，疏于复勘，则属主观。编书选用助手之好坏强弱，关系重大。司马光三大助手选得其人，以成举世闻名的不朽著作。章学诚"委任失人"，不能按其意图行事，未尝不是他一生中之憾事。

第三节　手足情深

嘉庆元年（1796）六月十五日，章学诚的挚友邵晋涵在北京逝世。这对年近六十的章学诚在精神上是极大的打击。一生当中他与邵晋涵交谊最深，情同手足，而在做学问上又是志同道合，论史"契合隐微"。章学诚描述其相互关系说：

（邵晋涵）惟于予爱若弟兄，前后二十余年，南北离合，历历可溯。得志未尝不相慰悦，至风尘潦倒，疾病患难，亦强半以君为依附焉。②

邵晋涵，余姚人，字与桐，号二云。生于乾隆八年（1743），比章学诚小五岁。乾隆二十四年补县学生，三十年中举人，三十六年成进士。三十八年诏开四库全书馆，搜访遗书秘录，因大学士刘统勋的推荐，被征入馆中充纂修官，特授翰林院庶吉士。当时著名学者戴震、周永年、余集、杨昌霖等

---

① 《文史通义新编》外篇一《与陈观民工部论史学》。
② 《章氏遗书》卷18《邵与桐别传》。

同入馆编校，誉传士林，有"五征君"之号。逾年，授职编修。乾隆五十六年御试翰詹、名列二等，擢左春坊左中允，迁侍讲，转补侍读。历左庶子、翰林院侍讲学士、日讲起居注官，皆兼文渊阁校理。历充咸安宫总裁，《万寿盛典》、《八旗通志》、国史馆和三通馆的纂修官，又为国史馆提调。由于一向体质较差，而诸馆朝入暮出，相当辛劳，再加上热心授徒，消耗大量精力；体力遂不能支持，终于感受寒疾而逝世，年仅54岁。

邵晋涵天分极高，于乾隆三十六年（1771）中进士，他常常在学习上扶持章学诚。学诚起初跟随朱筠学习文章，总是苦于无从下手，无题可做。于是邵晋涵列举前朝遗事，让学诚写作传记，借以了解他的写作水平，帮助他促进提高。凡是文章中有涉及史学方面的问题，比如表志、记注、世系、年月、地理、职官等内容，学诚总能顺利完成。从此以后，两人相互论史，契合隐微。邵晋涵的从祖邵廷采曾受教于黄宗羲，受其影响很深，曾辑《东南纪事》、《西南纪事》，对南明史极其关注。学诚很崇拜邵氏，曾在给儿子的信中写道："祖父生平极重邵思复文，吾实景仰邵氏而愧未能及者也。盖班马之史，韩欧之文，程朱之理，陆王之学，萃合以成一子之书，自有宋欧，曾以还，未有若是之立言者也。"① 一次，章学诚在邵晋涵面前，大力褒赞邵廷采所著《思复堂文集》，并叹道"五百年来罕见"。邵晋涵一方面以为学诚不过是奉承之辞；另一方面亦出于谦让，于是便说了些"不过尔尔"的客套话。哪知学诚正色道：

> 班马韩欧，程朱陆王，其学其文，如五金贡自九牧，各有地产，不相合也。洪炉鼓铸，自成一家，更无金品州界之分，谈何容易？文以集名，而按其旨趣义理乃在子史之间。五百年来，谁能辨此？②

听了学诚一番话，邵晋涵深感学诚的诚恳待人，不禁肃然起敬，于是为邵廷采作了行状，并请朱筠为其表墓。第二年正月初，学诚至余姚拜访晋涵，在他那里留宿几日，又谈起此事，此时，邵晋涵才彻底了解学诚推崇

---

① 《文史通义新编》外篇三《家书三》。
② 《章氏遗书》卷18《邵与桐别传》附录。

《思复堂文集》所说话的含义，并明白这部文集的价值。于是他打算将其重新刻版问世。但后来由于人事烦琐，这件事便不了了之。直到光绪末年，才由蔡元培校定，徐友兰重刻，收入《绍兴先正遗书》。这件事是他们两人间一个小小的细节，却也大大增进了两人间的友谊。以后，两人如同伯牙子期，彼此欣赏，做了一辈子知音。

由于邵晋涵涉足官场，经济条件相当宽裕。他常常在生活上给章学诚以很大的帮助。学诚后来在回忆中曾说："乾隆癸卯（1783）之春，余卧病京旅，君（邵晋涵）载予其家，延医治之。"

这样的例子很多。然而他们两人的友谊，更多的是建立在彼此之间学问的相互启发上。章学诚所著《文史通义》，多有"别识心裁"，不了解章学诚的人，"或相讥议"，而邵晋涵每见其书，"辄谓如探其胸中之所欲言，间有乍闻错愕，俄转为惊喜者亦不一而足"。而章学诚也深知邵晋涵，他曾指出：一般人只知其"博洽"，而"不知其难在能守约"，只知其"以经训行世"，而不知"其长乃在史裁"；只知其"以汉诂推尊"，而不知其"宗主乃在宋学"。[①] 章学诚对邵晋涵的这个评价，基本上是合乎实际的。邵晋涵与章学诚关系如此密切，在学术上的互相切磋因而得以频繁进行。仅《章氏遗书》中所收章学诚写给邵晋涵的论学书信，就有十封以上。章学诚撰写《史籍考》时，邵晋涵虽远在京师，仍从精神上予以关心，材料上给以支持，为章学诚查寄许多外地难以寻觅的史料。由于搜集的逸史材料甚多，章学诚还曾建议编成专书，在一次信中谈道：

> 逢之寄来《逸史》，甚得所用，至云撼逸之多，有百余纸不止者，难以附入《史考》，但须载其考证，此说亦有理。然弟意以为，搜罗逸史，为功亦自不小，其书既成，当与余仲林《经解钩沉》可以对峙，理宜别为一书，另刻以附《史考》之后，《史考》以敌朱氏《经考》，《逸史》以敌余氏《钩沉》，亦一时天生瑜亮，洵称艺林之盛事也。[②]

---

① 《章氏遗书》卷18《邵与桐别传》及附录章廷枫语。
② 《文史通义新编》外篇三《与邵二云书》。

乾隆五十七年（1792），章学诚打算按自己设想的体例写一部《宋史》，于是写信征求邵晋涵意见，要求他"于所夙究心者，指示一二"。①

章学诚《原道》篇写出后，传稿京师，反应非常强烈，平日素爱章氏文者，看了此文也"皆不满意"，邵晋涵却十分称颂，他说：

> 是篇初出，传稿京师，同人素爱章氏文者，皆不满意，谓蹈宋人语录习气，不免陈腐取憎，与其平日为文不类，至有移书相规诫者。余谛审之，谓朱少白曰：此乃明其《通义》所著一切创言别论，皆出自然，无矫强耳。语虽浑成，意多精湛，未可议也。②

反之，邵晋涵亦从章学诚处获益匪浅。面对邵氏曾花十年之功写成的《尔雅正义》，章学诚很不以为然，写信作了直率的批评，信中说：

> 足下《尔雅正义》，功赅而力勤，识清而裁密，仆谓是亦足不朽矣。抑性命休戚之故，亦有可喻者乎？《尔雅》字义，犹云近正，近正之义犹世俗云官常说话，使人易解。足下既疏《尔雅》，则于古今言语能通达矣；以足下之学，岂特解释人言，竟无自得于言者乎？君家念鲁先生有言："文章有关世道，不可不作，文采未极，亦不妨作。"仆非能文者也，服膺先生遗言，不敢无所撰著，足下亦许以为且可矣。足下于文，漫不留意，立言宗旨未见有所发明，此非足下疏于学，恐于闻道之日犹有待也。足下博综十倍于仆，用力之勤亦十倍于仆，而闻见之择执，博综之要领，尚未见其一言蔽而万绪该也。足下于斯，岂得无意乎？《宋史》之愿，大车尘冥，仆亦有志而内顾枵然，将资于足下而为之耳。足下如能自成一史，仆则当如二谢司马诸家之《后汉》，王隐虞预诸家之《晋书》，亦各一家之学。如其未能，则愿与足下共功；其中立言宗旨，不谋而合，亦较欧宋《新唐》必有差胜者矣。③

---

① 《文史通义新编》外篇三《与邵二云论修宋史书》。
② 《文史通义新编》内篇二《原道篇跋》。
③ 《文史通义新编》外篇三《与邵二云论学》。

章学诚极希望邵晋涵能将自己全部精力用于《宋史》的撰写上，以成一家之学，而不应把自己有限的精力用之于"解释人言"上面，不要为当时学术界的考据之风所囿。这样诚恳的批评和规劝，只有在肝胆相照的挚友之间才能作出，也只有进行这样诚恳的批评和规劝，才是对人的真正有益的帮助。邵晋涵在考据盛行的乾隆时期，能够不局限于辑佚、考证，而对史学理论也有所关心，当与受到章学诚的影响有关。

两年后，章学诚再次去信谈论此事：

> 足下今生五十年矣，中间得过日多，约略前后自记生平所欲为者，度其精神血气尚可为者有几？盖前此少壮，或身可有为，未可遽思空言以垂后世；后此精力衰颓，又恐人事有不可知，是以约计吾徒著述之事，多在五十六十之年，且阅涉至是不为不多，中间亦宜有所卓也。足下《宋史》之愿，大车尘冥，恐为之未必遽成；就使成书，亦必足下自出一家之指，仆亦无从过而问矣。①

果然不出章学诚所料，又隔4年，年仅54岁的邵晋涵便与世长辞了，一生所要经营的《宋史》，遂全部成了泡影。

邵晋涵与章学诚同样重视以约驭博的专著的史学思想。乾隆时期，大多数史学家从事史料编纂或考逸搜遗的工作，"其研索之苦，襞绩之勤，为功良不可少"，然他们却未能"决断去取，各自成家"，不能"无取方圆求备"，唯求经世致用，这是一个极大的缺陷。章学诚对此极为不满。他曾对邵晋涵说，搞史学"不求家法，则贪奇嗜琐，但知日务增华"，这样发展下去，将恐天下之大，不足以容纳存放史书的架阁。邵晋涵听后，颇有同感。他立志改编《宋史》，除获得钱大昕启发外，还因受到章学诚这番话的影响：他想以学诚所说的"家法"，"刊定前史，自成一家"，又看到"前史榛芜莫甚于元人三史，而措功《宋史》尤难"，遂"慨然自任"。章学诚也曾想按照自己的主张写一部《宋史》，邵晋涵向他询问写作方案，他回答说："当取名数事实先作比类长编，卷帙盈千可也。至撰集为书，不过五十万言，视始之百倍

---

① 《文史通义新编》外篇三《与邵二云论修宋史书》。

其书者，大义当更显也。"邵晋涵听后说："如子之约，则吾不能，然亦不过参倍于君，不至骛博而失专家之体。"由此看来，邵晋涵在重视以约驭博的专著上，似乎不如章学诚更明显。但实际上两者并无多大差别。邵晋涵的学生章贻选说："先师深契家君（指章学诚）专家宗旨之议，故于《宋史》主于约驭博也。"①

对于邵晋涵的去世，章学诚非常悲痛，他当时在给友人的信中一再表达其悲痛的心情：

> 昨闻邵二云学士逝世，哀悼累日，非尽为友谊也。浙东史学，自宋元数百年来，历有渊源，自斯人不禄，而浙东文献尽矣。……鄙宿劝其授高第学子，彼云未得其人，劝其著书，又云未暇，而今长已矣，哀哉！前在楚中，与鄙有同修《宋史》之约，又有私辑府志之订，今皆成虚愿矣。②

他在后来作《邵与桐别传》时沉痛地说，邵的去世，"不特君之不幸，亦斯文之厄也已"。章学诚的悲痛，"非尽为友谊"，更重要的还在于深深惋惜邵晋涵的学问未能传授下来，生平计划的著作亦未能完成，因而"自斯人不禄，而浙东文献尽矣"。

第四节 晚年上书

乾隆时期，官僚地主加重了对农民的剥削，土地集中，农民贫困，贪污腐化尤其是清代统治阶级的普遍现象。

乾隆帝本人生活极为奢侈，为了到南方游玩，曾六下江南，而每次南巡，铺张浪费十倍于康熙，所到之处，营造行宫，进宴演戏，耗尽了民脂民膏。乾隆四十五年（1780）他过70岁生日时，虚伪地宣称不接受礼物，但却借口图吉祥，说明如意可以送。这么一来，大臣们便四处搜购金玉如意，

---

① 《章氏遗书》卷18《邵与桐别传》。
② 《章氏遗书》卷13《与胡雏君论校胡稚威集二简》。

致使如意价格猛涨，一个如意竟卖至四千两银子。

上行下效。宠臣和珅一家，靠贪污受贿得来的财富，整日锦衣玉食，奢靡无度。和珅听说吃新鲜珍珠可以增强记忆力，便特别喜欢吃新鲜珍珠。那些官员和盐商都争先恐后地高价抢购大珍珠，买来献给和珅，竟弄得珍珠价格猛涨。吃得讲究，穿得更时髦。和珅有一件衣服，上面的纽扣全是用西洋小钟表做的，价值连城，一衣万金。随着官阶上升，家财日增，和珅对原来的住宅不满意了，要建新的。乾隆皇帝赐他一块地皮，位于北京城内风景秀丽的什刹海南面，北海的北面。花了几年时间，新宅建立起来，内部装修比王府还要奢华。其中有一处竟用楠木仿照宁寿宫式样建造。

和珅当政二十余年，家产可谓奇观。抄家时共抄出金子三万三千五百余两，银子百余万两，大量的珍宝、珍珠手串二万余件，比整个皇家还要多几倍！大宝石更是不计其数。此外，还有外借的银子，开设的当铺、房产、土地、大量的书画工艺品等，据估计和珅家产总值折银二亿二千三百万两，相当于乾隆五十六年（1791）国家财政总收入四千三百五十九万两的五倍。而他的一个家奴刘全，家产也达二十万两之多。

乾嘉之际任过湖广总督的毕沅，死后曾把大量珍宝带进坟墓，1971年在江苏省吴县金山公社天平山清理他的墓葬，出土的贵重随葬品达二百多件，仅其中一串朝珠，就有毗霞4粒、翡翠108粒、红宝石5颗。他老婆戴金凤冠，一个小老婆戴银凤冠，双手套金镯4只、翡翠镯2只。嘉庆年间，湖南布政使郑源璹，"凡选授州县官到省"，不向他行贿，就不准上任，他"以缺之高下，定价之低昂，大抵总在万金内外"。家属跟随在衙门里的"四百余人，外养戏班两班，争奇斗巧，昼夜不息"。嘉庆三年（1798）九月，"因婚姻将家眷一分送回，用大船十二只，旌旗耀彩，辉映河干"。至于一般地主富商据昭梿《啸亭续录》卷2"本朝富民之多"条记载，当时"海内殷富，素封之家，比户相望"。如怀柔郝氏，乾隆住宿他家，所贡奉的"上方水陆珍错至百余品"，"一日之餐费至十余万"。京师祝氏，"富逾王侯，其家屋宇至千余间，园亭瑰丽，人游十日未竟其居。宛平查氏、盛氏，其富丽亦相仿"。

嘉庆四年（1799），清王朝发生了一件不小的事，老皇帝乾隆驾崩，嘉庆责令和珅自杀，这个肆虐横行二十多年、作恶无数的权臣的倒台终于使人心大振。62岁的学诚已届垂暮，几十年足迹遍布大江南北，目睹社会种种弊端，心中不平之气早已层层郁积，终于到了爆发的时候。他一反平日不谈政事的习惯，一连写了《上执政论时务书》等六篇文章，抒发他对贪官污吏残酷剥削百姓的抗议："今之要务，寇匪一也，亏空二也，吏治三也。……事虽分三，原本于一。亏空之与教匪，皆缘吏治不修而起。"①他还进一步指出各地所以纷纷发生农民起义，完全出于"官逼民反"。对于当时吏治的腐败，官吏的贪婪，他都揭露得淋漓尽致、入木三分。

> 最与寇患相呼吸者，情知亏空为患，而上下相与讲求弥补，谓之设法。天下未有盈千百万已亏之项，只此有无出纳之数，而可为弥补之法者也。设法者，巧取于民之别名耳。……既讲设法，上下不能不讲通融。州县有千金之通融，则胥役得乘而谋万金之利；督抚有万金之通融，州县得乘而谋十万金之利。……设法之权，操于督抚。然则督抚将设法而补今缺数，民间将受百倍之累，其与明责民偿，相去轻重为何如哉！……设法之弊，至于斯极，民生固万不堪此，即为国计，亦何堪有此哉！此皆朝野通知，又值圣主虚怀纳谏，何所疑畏？而未有直陈其事者，盖恐禁止设法，则千百万之亏项，将何措尔？愚窃以为此无患也。……今之亏空，所谓竭且干者，其所决之流，可以指诸掌也。自乾隆四十五年以来，讫于嘉庆三年而往，和珅用事几三十年，上下相蒙，惟事婪赃渎货，始如蚕食，渐至鲸吞，初以千百计者，俄而非万不交注矣，俄而万且以数计矣，俄以数十万计，或百万计矣。一时不能猝办，率由藩库代支，州县徐括民财归款。贪墨大吏胸臆习为宽侈，视万金呈纳，不过同于壶箪馈问。……今之盈千百万所以干而竭者，其流溢所注，必有在矣。道府州县向以狼藉著者，询于旧治可知。而奸胥巨魁，如东南户漕，西北兵驿，盈千累万，助虐肥家，亦必可知。督抚两司，向以贪墨闻者，询于廷臣可知。……此辈蠹国殃民，今之寇患皆其所酿，今之亏空皆其所开，其罪浮于川陕教匪，骈诛未足蔽辜。②

---

① 《章氏遗书》卷29《上执政论时务书》
② 《章氏遗书》卷29《上执政论时务书》。

在这一篇上书中,他还痛斥州县官甘为督抚的鹰犬,甚至督抚反因纳贿而受州县挟制,整个官僚集团狼狈为奸,腐朽不堪。对人民层层盘剥,最后造成民穷财尽,国库空虚,人民被逼至无路可走,只有纷纷起来造反。章学诚直斥赃官墨吏的正直言论,反映出当时严重的社会问题,这同他勇敢批评学风流弊的精神同样可贵,不啻是开了后来龚自珍、魏源激烈抨击时政的先声。

第五节 《史籍考》的编纂

《史籍考》的编纂可谓几度风雨,这是一部大书,费力甚巨,章学诚的意图是仿朱彝尊《经义考》,将史部典籍区分为十三类,考其佚亡、流传、版本情况;收集各书序、跋、评论,以概括内容,再加评价。《史籍考》在开封草创之初,章学诚曾写了一篇《论修史籍考要略》,提出《史籍考》编纂义例和要求,文章开头先论述该书编纂的意义及依据:

> 校雠著录,自古为难。二十一家之书,志典籍者,仅有汉隋唐宋四家,余则阙如。《明史》止录有明一代著述,不录前代留遗。非故为阙略也,盖无专门著录名家,勒为成书,以作凭藉也。史志篇幅有限,故止记部目,且亦不免错讹。私家记载,间有考订,仅就其耳目所及,不能悉览无遗。朱竹垞氏《经义》一考,为功甚巨,既辨经籍存亡,且采群书叙录,间有案断,以折其衷。后人溯经艺者所攸赖矣。第类例间有未尽,则创始之难;而所收止于经部,则史籍浩繁,一人之力不能兼尽,势固不能无待于后人也。今拟修《史籍考》,一仿朱氏成法,少加变通,蔚为巨部,以成经纬相宜之意。

接着分列十五点:一曰古逸宜存,二曰家法宜辨,三曰翦裁宜法,四曰逸篇宜采,五曰嫌名宜辨,六曰经部宜通,七曰子部宜择,八曰集部宜裁,九曰方志宜选,十曰谱牒宜略,十一曰考异宜精,十二曰板刻宜详,十三曰制书宜尊,十四曰禁条宜明,十五曰采摭宜详。这十五点如同修书纲领,反映了章学诚当时编纂《史籍考》的指导思想与原则。遗憾的是,编纂工作开展未及半年，秋天荆州发大水，毕沅升任湖广总督，章学诚归德府文正书院的讲席遂失，《史籍考》的编纂不得不随之而中断。

《史籍考》编纂的中断，让章学诚甚感忧虑，因此还在编写《亳州志》的时候，便急急忙忙于乾隆五十四年十二月二十九日给毕沅写了一封信，名义上是祝寿，实际上是希望毕沅继续支持他将《史籍考》完成。信中谈到，自己于"见嗤斥鹖，蟠屈穷途"之际，能够得到毕沅的"豁然称许，如见瓮盎，而视他人之胝肩肩者也，得一知己，庶以不恨，学诚遂挈弱小十余口，云浮归德，竭愚夫之千虑，效轮斫于堂前。事未及殷，阁下移节江汉，学诚欲襆被相从，则妻子无缘寄食，欲仍恋一毡，则东道无人为主。盖自学诚离左右之后，一时地主面目遽更，造谒难通。疣之赘，尚可言也，毛无附，将焉置此？阁下抚豫数年，学诚未尝一来，及其来也，阁下便去。进退离合，夫岂人谋？不得已还住亳州，辗转于当涂怀宁之间，一钵萧然，沿街乞食，士生天地，无大人先生提挈而主张之，其穷陋也，有如斯矣。……倘得驰一介之使，费崇朝之享，使学诚得治行具，安家累，仍充宾从之数，获成《史籍》之考"。①这封求救信，一方面反映了章学诚当时处境的艰难，另一方面也揭露了人情冷暖、世态炎凉的社会状况。同一个人，今天任书院讲席，明天则要沿门托钵。章学诚的这封信起了作用，毕沅给了回复，因此，乾隆五十五年（1790）章学诚便又在武昌开馆继续编修。当时他在给邵晋涵及其他人信中都谈及此事。给邵晋涵的信中说：

> 二月初旬，亳州一书奉寄，屈指又匝月矣。仆于二月之杪，方得离亳，今三月望，始抵武昌，襄阳馆未成，制府（指毕沅）即令武昌择一公馆，在省编摩，于仆计亦较便也。移家一事，已详余村书中，可便省之。②

章学诚到了武昌，一住就是五年，在这五年中除了专心编纂《史籍考》外，还替毕沅主修《湖北通志》，并参与毕沅主编的《续通鉴》工作。此书修成后，还代毕沅作书寄钱大昕。这是一封很重要的书信，书中将《续通

---

① 《章氏遗书》补遗《上毕制府书》。
② 《文史通义新编》外篇三《与邵二云论学》。

鉴》的义例论述得十分明白。尤为重要的是，书中反映了章学诚许多重要的史学观点和主张。如：

> 因推孟子其事其文之义，且欲于吕伯恭氏撰辑，别为《宋元文鉴》，将与《事鉴》（《续通鉴》在商定书名时初标为《宋元事鉴》）并立，以为此后一成之例。……
>
> 鄙则以为据事直书，善恶自现。史文评论，苟无卓见特识发前人所未发，开后学所未闻，而漫为颂尧非桀，老生常谈；或有意骋奇，转入迂僻；前人所谓如释氏说法，语尽而继之以偈；文士撰碑，事具而韵之以铭，斯为赘也。……
>
> 章实斋乃云，"纪传之史分而不合，当用互注之法以联其散；编年之史浑灏无门，当用区别之法以清其类"。就求其说，则欲于一帝纪中略仿《会要》门目，取后妃、皇子、将相、大臣、方镇、使相、谏官、执事、牧守、令长之属，各为品类，标其所见年月，著"别录"一篇，冠于各帝纪首，使人于偏年之中隐得纪传班部，以为较涑水《目录》、《举要》诸篇尤得要领。且欲广其例而上治涑水原书，以为编年者法。①

诸如此类，虽谈不上石破天惊，但确实具有其独特见解和重要价值。

由于在武昌几年中，既要参与《续通鉴》的工作，又编修了几部方志，精力分散，致使《史籍考》一书仅成十之八九，竟不得卒业。尽管乾隆六十年毕沅由山东巡抚回至湖广总督原任，但其时湖南正爆发苗民起义，次年湖北又有白莲教起义，毕沅奉命筹办粮饷军火，调兵镇压农民起义，已无暇顾及编书之事。嘉庆元年（1796）夏，朱筠之弟朱珪（石君）授为两广总督，六月内调，七月授川陕总督，未到任，旋补安徽巡抚。章学诚的《史籍考》虽已完成十之八九，但留下一篑之功，仅凭自己绵薄之力尚难以完成。这使他转向朱珪求援，九月十二日有《上朱中堂世叔书》，书中云：

> 楚中教匪尚尔稽诛。拿山制府武备不遑文事。小子《史考》之局，

---

① 《文史通义新编》外篇三《为毕制府与钱辛楣宫詹论续鉴书》。

既坐困于一手之难成,若顾而之他,亦深惜此九仞之中辍。迁延观望,日复一日。今则借贷俱竭,典质皆空,万难再支。只得沿途托钵,往来青徐梁宋之间,悃悃待傥来之馆谷,可谓惫矣。但春风拂面,朋友虽多,知己何人?①

书中请求朱珪推荐至河南大梁书院或直隶莲池书院,并说:

以流离奔走之身,忽得藉资馆谷,则课诵之余,得以心力补苴《史考》,以待弇山制府军旅稍暇,可以蔚成大观,亦不朽之盛事,前人所未有也。而阁下护持之功,当不在弇山制府下矣。②

此信如石沉大海,所寄希望最后均成泡影,故第二年正月又上书朱珪,请代谋浙江巡抚谢启昆、学使阮元,想借助他们之力来编《史籍考》。于是,嘉庆三年,学诚得以在杭州续补编《史籍考》遗编,但书稿终未传世。晚年大半精力都用于此书,费尽苦心。所幸的是,他最后手定的《史考释例》和全书总目都保存下来。《史考释例》乃是成书的义例,中间所论,不少与草创之时已有不同。因此将它与《论修史籍考要略》对照研究,仍可看出其史学思想的发展变化。《史考释例》首论"著录",非常推崇朱彝尊的《经义考》;次论"考订",以刘向为考订群书之鼻祖;再论史部,认为"史学衰,于是史书有专部,而所部之书,转有不出史学者矣。盖学术歧而人事亦异于古,固江河之势也。史离经而子集又自为部次,于是史于群籍划分三隅之一焉,此其言乎统合为著录也。若专门考订为一家书,则史部所通,不可拘于三隅之一也。史不拘三隅之一,固为类例之所通。然由其类例深思相通之故,亦可隐识古人未立史部之初意焉"。虽然"史于群籍划分三隅之一",但"三家多于史相通",因此,史部之分类较之经部更加为难。然而分类之精确与否,又将直接影响到"辨章学术,考镜源流"的这一宗旨。这是章学诚最为重视的一个问题,他在《校雠通义》一书曾反复作了论述,指出"刘

---

① 《文史通义新编》外篇三。
② 《文史通义新编》外篇三。

向父子部次条别，将以辨章学术，考镜源流，非深明于道术精微，群言得失之故者，不足与此"。① 唯其如此，他认为毕沅原将《史考》分为一百一十二子目，不仅失之烦琐，亦有违于分类之宗旨，因此重新加以并省，分为十二纲，五十七目。所以如此区分，《史考释例》作了详细的论述。现将总目附录列于下：

一、制书：二卷。
二、纪传部：正史十四卷，国史五卷，史稿二卷。
三、编年部：通史七卷，断代四卷，记注五卷，图表三卷。
四、史学部：考订一卷，义例一卷，评论一卷，蒙求一卷。
五、稗史部：杂史十九卷，霸国三卷。
六、星历部：天文二卷，历律六卷，五行二卷，时令二卷。
七、谱牒部：专家二十六卷，总类二卷，年谱三卷，别谱三卷。
八、地理部：总载五卷，分载十七卷，方志十六卷，水道三卷，外裔四卷。
九、故事部：训典四卷，章奏二十一卷，典要三卷，吏书二卷，户书七卷，礼书二十三卷，兵书三卷，刑书七卷，工书四卷，官曹三卷。
十、目录部：总目三卷，经史一卷，诗文（即文史）五卷，图书五卷，金石五卷，丛书三卷，释道一卷。
十一、传记部：记事五卷，杂事十二卷，类考十三卷，法鉴三卷，言行三卷，人物五卷，别传六卷，内行三卷，名姓二卷，谱录六卷。
十二、小说部：琐语二卷，异闻四卷。
全书共三百二十五卷。

浏览如此规模宏伟的总目，人们可以想见作者当年之发凡起例，颇费苦心。其书可谓体大思精，其人堪称卓识宏达。研究这个总目，将有助于对章学诚"六经皆史"说含义的理解。这里附带要说明的是，总目中将"方志"仍列入《地理部》，看来似乎与章学诚自己主张相矛盾，因为他一直认为方

---

① 《校雠通义·自序》。

志乃属史体,"如古国史,本非地理专门"。①其实不然,他强调"志乃史体",要大家编修方志时应按"信史"这一要求出发,不要再专谈地理沿革和名胜古迹,而把它当作"地理专门"。可是以前所有方志著作,大都为地理著作,如今分类时自然要反映现实,只能放在《地理部》,体现了章学诚向来主张的历史著作必须如实反映社会现实的观点,况且总的都属史之范畴。

邵晋涵去世以后,章学诚为完成自己刻意经营的《史籍考》,虽年过花甲,仍不得不过着寄人篱下的生活,就在去世前四年,还在杭州借谢启昆之力补修《史籍考》。嘉庆五年(1800),由于贫病交加,眼睛失明,即便如此,著作仍未中断,如《文史通义》中非常重要的文章《浙东学术》即成于是年,《邵与桐别传》亦成于是时。他在传中说:"今目废不能书,疾病日侵,恐不久居斯世。苟终无一言,不特负死友于九原,亦且无以报锡庚之责。口授大略,俾儿子贻选书之。"嘉庆六年夏又为汪辉祖作《豫室志》,据汪辉祖《梦痕余录》云:"中有数字未安,邮筒往反,商榷再三。稿甫定而疾作,遂成绝笔。"这年十一月,章学诚终因贫病交加而与世长辞。

晚年的章学诚曾慨然而言:

> 三十年来,苦饥谋食,辄藉笔墨营生,往往为人撰述传志谱牒,辄叹寒女代人作嫁衣裳,而己身不获一试时服,尝欲自辑墟里遗闻逸献,勒为一书,以备遗亡,窃与守一尚木言之,而皆困于势不遑,且力不逮也。②

嘉庆三年(1798),章学诚亦曾致书钱大昕,对自己一生治学的特点冷静地作了总结,表明他终于顶住了当时风气所趋的巨大压力,置达官显贵、聪明才士的轻蔑和讥笑于不顾,自觉担负起纠正学风流弊的时代责任,并为此奋斗终生。这正是章学诚精神的可贵之处。

---

① 《文史通义新编》外篇四《记与戴东原论修志》。
② 《章氏遗书》卷29《与宗族论撰节愍公家传书》。

第五章
做人与治学

第一节　堂堂正正地做人

　　章学诚的一生，在平平淡淡之中度过，一生中从未做过一官半职，也没有过什么惊人的事迹，尽管41岁中了进士，按理讲总还可以弄个七品芝麻官做，但因自己觉得思想与时代潮流不相合拍，终究不敢进入仕途。加之为人正直忠厚，既不愿逢迎奉承，看别人脸色而投其所好，更不会尔虞我诈，耍弄手段以博取别人的欢心。这在人情冷暖、世态炎凉的封建社会里自然是行不通的，因而自从步入社会以后，从未有过比较安定的生活和一个维持家庭经济的工作，常常为生计而奔波，真是备尝人世间之艰辛，但却从不怨天尤人。他曾为"刘知幾负绝世之学，见轻时流"①而不平，然而刘氏毕竟还出入史馆，三为史臣。他却连史馆的门槛也未得跨入，他自甘寂寞，除了少数知己以外，学术界一时通人对他都不屑一顾，更有甚者，则把他"视为怪物，诧为异类"。②面对如此冷酷的社会现实和极不公道的非毁，他从不沮丧。或许正由于他的这种精神，自己默默无闻地辛勤笔墨耕耘，才为我们在史学理论园地里树起了一块丰碑。正像他在《与孙渊如观察论学十规》一文中所说，他的性格从来就不愿意放弃自己的观点以"从时尚"，去迎合社会不良的学风，"故浮沈至此"。③

　　乾隆三十三年（1768），他的老师朱筠和朱棻元皆出任顺天乡试同考官，他前往应试，文章已经通过，策对时被降为副榜。后来他在《与史氏诸表侄

---

①《文史通义新编》内篇四《知难》。
②《文史通义新编》外篇三《与族孙汝楠论学书》。
③《文史通义新编》外篇三。

论策对书》[①]中回忆了此事过程。在此之前，他在国子监读书时，朱棻元对他很赏识，推荐他参与《国子监志》的编修工作，在编修此志义例上，他与国子监长官意见不一，发生过争论。而在此次考试中，尽管文章已获好评，与他争论过的那位长官亦"赏其文"。偏偏冤家路窄，狭路相逢，主持他策对（如同今日之口试）的正是与之争论过的那位长官，所提的问题正是关于国子监志编修义例。看来这正是那位长官故意刁难，看章学诚是否愿意就范。而章学诚此时若能"随机应变"，按主考官观点作回答，录取已在必然之中。可是这位正直得几乎迂讷的章学诚，不仅没有投其所好，反而在考场上与之展开辩论，如此大胆地触犯主考官的"尊严"，被斥落为副榜，自然也在"情理"之中。朱棻元于邻座见他对策讲论《国子监志》编修得失，真是惊叹不已，责怪当时的考官竟失去了此等人才。事后有人批评章学诚为何"明知故犯"，既然知道主考官是那种观点，何以还要作如此回答呢？不要固守自己主张，稍作变通对其口径，回答不就行了吗？何必与自己过不去呢？他的回答十分干脆："不知仆之生平，不能作违心之论！"[②]这就是说，一生之中，对于违背良心的话是绝对不讲的，违背良心的事也绝对不做的。就在上述那篇文章中，他告诉人们，"生平惟此不欺二字，差可信于师友间也"。这就是他做人处世的哲学，是一种非常高贵不可多得的做人品德，这种品德在今天乃至今后仍值得大大发扬。因为这与那些玩世不恭、两面三刀、当面好话说尽、背后坏事做绝的人是一种鲜明的对比。

　　这次考试落第以后，章学诚在国子监中因编修监志意见多与诸学官不合，因而很不得意，最后不得不辞去此间的职务。他在《候国子司业朱春浦先生书》[③]中，申述了自己离开志局，完全出于不得已。这是一篇对研究章氏学说及其为人均有很高价值的文章，从中可以看出章学诚是一位很有志气、很有理想的年轻学者。后来他所以能够成为一位独树一帜的杰出史学评论家绝非出于偶然。在国子监中，由于不能行其志，无法按照自己的主张编修，宁可砸了饭碗，也不愿意屈从于当时的权贵。他在信中列举了刘知幾在史馆

[①] 《文史通义新编》外篇三。
[②] 《文史通义新编》外篇三《与史氏诸表侄论策对书》。
[③] 《文史通义新编》外篇三。

中的遭遇，揭露唐代史馆中的黑幕，其目的在于披露国子监里的人际关系之复杂与黑暗，在这里面，像唐代史馆中的萧至忠、宗楚客一类的行尸走肉大有人在。他们操持大权，托监领之名，颠倒黑白，排挤打击具有真才实学之士。尽管章学诚自己已"贬抑文字，稍从时尚"，作了某些可能的让步，仍不能取得他们的通融或谅解。既然如此，除朱棻元而外，就很少有人对他理解和同情。本来意见就不相同，加之考试落第，冷嘲热讽迎面袭来，心情本不愉快，这里"薪水之资"又不足以养家糊口，于是一气之下，便离开了国子监。这次考试落选的事实向人们表明，章学诚的乡试不中，并非出于学识水平不具，而是他的学识不符合考官之所好。这年章学诚31岁。

对于章学诚与戴震的关系，一度也曾成为评论章氏人品的热门话题，如有的说章学诚由于在考据上搞不过戴震，所以便专攻理论，想以此来取胜于戴震；有的说章学诚批评戴震，是他"六经皆史"说中的糟粕；也有人说，因为戴震批评程朱之学，章学诚认为程朱之学批评不得，如此等等，确实不少。如果真的如此，那么章学诚的做人品德和治学道德就有问题了。然而根据我们的研究，事实并不像他们所论述的那样，上述各种议论，实际上只是表面现象，未究实质内容，也就是说，他们只看到章学诚批评了戴震，而不知道章学诚为什么批评戴震，当然更不知道章学诚还赞扬过戴震，阐述他在学术上的杰出贡献。

戴震，字东原，是乾隆时代第一流学者，亦是考据之风盛行时不可多得的一位杰出的唯物主义思想家，当时已是雄视一代、名震海内的学者。章学诚比他小14岁，自是后辈无名之士。从章氏著作记载中可知，他与戴震至少见过两次面，并且还当面进行过辩论。第一次见面是在乾隆三十一年（1766）。这次是章学诚特地到戴氏馆舍专门求教，这时章学诚年仅29岁。尽管这仅是第一次见面，而戴氏对其学术宗旨的介绍也仅"粗言崖略"，但对章学诚后来治学生涯却有着深远的影响。他在《与族孙汝楠论学书》[①]中有较详细的论述。胡适、姚名达在《章实斋先生年谱》中说，这"是（章）早年第一篇重要文字，最可注意"，"此可见先生受戴震的影响甚大"。此时他已深深感到"在朱先生（筠）门，得见一时通人，虽扩大生平闻见，而求能

---

① 《文史通义新编》外篇三。

深识古人大体，进窥天地之纯，惟戴氏可与几此"。可见他对戴氏是何等推崇。第二次见面则是在乾隆三十八年夏，他到宁波道署访友人冯君弼而遇上，当时戴震年已五十，正主讲浙东金华书院。是时戴氏《汾州府志》、《汾阳县志》二部志书刚修完成，当他看到章学诚《和州志例》时，很不以为然。于是两人见面后便在修志问题上展开了一场争论。显然这次争论是由戴氏所发起，戴震认为修志只需详载地理沿革，不必"侈言文献"，只要沿革考订清楚，修志任务也就完了。此种观点，与方志的性质、修志的目的显然不相符合。方志在长期发展过程中，已经形成了独特的目的与要求，那就是"存史、资治、教化"。以戴氏主张进行修志，自然达不到这种要求。故章学诚当面就提出反驳，指出编修方志，应当注意地方文献的搜集、整理与记载，因为方志如同古代诸侯国史，内容必须反映本地的历史和现实，特别是后者。否则何必兴师动众，聚集人才，花费大量资金？只是考地理之沿革，一两个人也就足以完成，这种志书价值何在？无论在当时还是今天来看，章学诚的主张都是正确的。他们争论的焦点，看来似乎不过是方志的性质与内容之不同，但其实质仍反映了他们各自的治学方法和学术宗旨。按照戴震主张，其结果就是将当时考据学家那种专务考索、轻视文献、埋头书本、不问现实的不良学风带到修志领域。材料既是来自古籍，内容自然"厚古薄今"，不能反映当代社会情况。章学诚本着"经世致用"的观点，认为一方之志，要"切于一方之实用"。既要为当政者起借鉴作用，又要为社会精神文明起到教育作用，当然也为国史编修提供资料。事后，章学诚还将此次争论写成一篇《记与戴东原论修志》。[①] 清代方志发展史的事实告诉我们，当时方志学界正是以他们两人为主体形成了修志的两大派——考据派与文献派。戴震主张修志主要是考证地理沿革，故称考据派，或称地理派；而章学诚派则主张修志应当保存当地的文献，记载当地历史和现状，故称文献派，或称历史派。前者的指导思想是贵因袭而不贵创造，相信书本而不相信社会调查。后者则与之相反，主张要有创见，重视社会调查，整理乡邦文献。两派主张，是非优劣，无须多说。

宁波府署与戴氏当面的争论，充分体现了章学诚那种初生牛犊不怕虎的

---

① 《文史通义新编》外篇三。

精神和性格，面对名震京师的学术界大权威，他不仅没有半点奉承、恭维之态，为了追求真理，两人竟反复辩驳与较量，这种精神对于发展学术无疑是十分可贵的。即使在今天，仍值得提倡，青年人要成长，要在学术上有所建树，有所发展，就必须具有向自己学科权威挑战的精神。由于章学诚议论戴震比较多，其中自然也包括批评，因而长期以来遭到学术界不明真相者的指责，说他的批戴完全出于"门户之见"，更有甚者，说他的批戴，完全出于打击别人，抬高自己。如果真的如此，显然就涉及章氏做人品德问题了。对此有必要作些说明。章学诚议论戴震的文章确实不少，但我们对其全部著作中有关这方面文字作了排比，深深感到他对戴震的评论是褒扬多于批评。由于学术上两人观点见解上有分歧，因此单纯对戴震的批评也确实不少。但这同他对戴震在学术造诣上的赞扬与推崇程度相比，那是不可同日而语的。十多年前，为了辨清这个问题，笔者曾写过一篇《章实斋与戴东原》文章，刊登在《开封师范学院学报》1979年第2期。为什么章学诚要急于评论戴震呢？还是用他自己的话来说吧，好在这几段话并不难懂。总的出发点就是想为戴氏申辩。他在给史余村的信中曾这样说：

> 近三四十年，学者风气，浅者勤学而暗于识，深者成家而不通方，皆深痼之病，不可救药也。有如戴东原氏，非古今无其偶者，而乾隆年间，未尝有其学识，是以三四十年中人，皆视为光怪陆离，而莫能名其为何等学；誉者既非其真，毁者亦失其实，强作解事而中断之者，亦未有以定其是也。①

又在《书朱陆篇后》一文中指出：

> 戴君下世，今十余年，同时有横肆骂詈者，固不足为戴君累；而尊奉太过，至有称谓孟子后之一人，则不免为戴所愚。身后恩怨俱平，理宜公论出矣；而至今无能定戴氏品者，则知德者鲜。②

---

① 《文史通义新编》外篇三《与史余村》。
② 《文史通义新编》内篇二。

近代学者梁启超也这样说过,"当时学者虽万口翕然诵东原,顾能知其学者实鲜"。①在这是非失主、公论未定之际,章学诚毅然肩负起评定戴氏学术地位的任务,这种举动难道能用自私的心理解释吗?他在给其好友邵晋涵的一封信中,就坦诚地表白了自己评论戴震的良苦用心,信中说:"夫爱美玉者,攻其瑕而瑜乃粹矣,仆之攻戴,欲人别瑕而择其瑜,甚有苦心,非好为掎摭也。"②

那么,章学诚批评戴震哪些问题呢?首先,批评戴震不恰当地夸大考据的作用。应当知道,考据是进行学术研究(主要是社会科学)过程中所采用的一种手段、一个环节或者说是一种途径,但不是唯一的手段或途径。戴震则认为舍此途径就别无他道。对这种观点进行批评,自然是无可非议的。其次,是批评戴震"忘本",饮水忘源。因为戴氏之学是从顾亭林、黄梨洲、阎百诗诸家入手,他们数人正是承程朱之统系。戴氏则全盘否定宋学,因此章学诚批评他"饮水忘源"。当然,这一批评今天看来就不完全正确,因为戴震的唯物主义思想突出贡献之一正是表现在抨击程朱理学,揭露它"以理杀人",比"以法杀人"更残酷。他们之间学术观点上的分歧与争论第三个问题,那就是上面讲到的关于修志问题了,关于这点,章学诚显然是正确的。

虽然章学诚与戴震学术观点上存在一些分歧,也展开过争论,作过批评,但总的来说,他对戴震在学术上的贡献给予充分肯定并且十分推崇,在这里毫不顾及个人恩怨,表现出胸襟十分宽阔,可以毫不夸张地说,在当时他才是戴震真正的知音。历史是最好的见证,在当时学术界把戴震推崇为考据大师,认为戴学的"绝诣"就在于考据,就连学界巨子朱筠、钱大昕亦持此看法,"但云训诂名物,六书九数,用功深细而已"。当他们看到戴氏《原善》、《论性》诸篇时,"则群惜其有用精神耗于无用之地"。章学诚对这些评论深感惶恐不安,为此,他曾在其老师朱筠等人面前力争,认为他们对戴氏的评价,"似买椟而还珠"。但他的力争,竟未得到任何人支持,原因是"人微而言轻,不足以动诸公之听"。③众所周知,上述戴氏之文,都是反对理学

---

① 《饮冰室文集·戴东原先生传》。
② 《文史通义新编》外篇三《答邵二云书》。
③ 《文史通义新编》外篇三《答邵二云书》。

的重要著作，揭露了理学杀人的本质，对于这样的重要著作，别人指责，认为无用，他却多方向人推荐，极力赞扬。章学诚虽然也讲戴震是位考据学家，但他十分推崇，认为不愧为一代巨儒，因为戴震的考订是要达到"明道"的目的，与那些无所为而竞相考订者大不相同。所以章学诚的结论是，"近日言学问者，戴东原氏实为之最"。① 在考据之风十分盛行之时，章学诚硬是要以独自的见识，将被歪曲了的戴震形象，使之复原，这一举动本身既要有胆，又要有识，且与社会大唱反调，无疑是冒天下之大不韪；若是不具有卓越的见识，那么对于戴氏之学同样是不识庐山真面目。以上事实足以说明，章学诚对戴震的评论是褒是贬不必多讲，自可明白，事实也再次说明，评论完全出于公心，追求真理，并不存在所谓"门户之见"。

　　由于章学诚性格比较开朗，生活上不拘小节，又善于言谈，喜发议论，无论在任何场合，总是滔滔不绝，谈笑风生，这在师道尊严的封建时代，又是不合时宜，常遭忌讳。按照封建礼教，在师长面前，弟子只有洗耳恭听的份儿，无资格参与师长们的言谈。而章学诚却不讲这一套，只要有机会他都参与议论。他的老师朱筠家中，常有一批学术界名流相聚，谈论话题自然相当丰富。按理讲在这种时刻，作为弟子只应毕恭毕敬听着师长们的议论。出人意料的是章学诚不仅做不到这点，而且还常常抢先议论，甚至是争论。福建李威与章学诚同学于朱筠门下，他在《从游记》中有这么一段记载，颇有耐人寻味之处，"及门会稽章学诚，议论如涌泉，先生（指朱筠）乐与之语，学诚姗笑无弟子之礼，见者愕然。先生反为之破颜，不以为异感"。② 看来这位朱老先生，还是比较开明，对于这样一位不遵守师道尊严的弟子不仅无责备之意，反而破颜为笑。更有甚者，上文还记载，每当朱先生饮酒高兴之时，学诚每每于此时向先生进言，"力争不已"，举座皆为之不安，而朱先生"亦谈笑自若"。或许这位忠厚的长者已经看出章学诚是个有培养前途的有用之才。因为章学诚所讲之言和所争之事，并非鸡毛蒜皮的琐碎小事，诸如对戴震在学术上真正贡献的评论，当时学术界都仅仅看到其训诂名物考据的表象，从而掩盖了戴氏学术贡献的真正价值，为此，他就在朱先生与钱大昕等

---

① 《文史通义新编》外篇三《又与正甫论文》。
② 《笥河文集》卷首。

名流面前作过争论，想把被扭曲了的戴震形象加以复原，尽管当时的力争因"人微言轻，不足以动诸公之听"，未能收到预期的效果，但此类力争毕竟是有意义、有价值的，这也说明章学诚的见识洞察能力，远远高出那批考据大家，这一点到任何时候都是无法否认的。他的这种性格，再次告诉人们，他的为人，在任何问题上从不唯唯诺诺，隐瞒自己的观点去讨好别人。这种性格十分可爱，做人就应该具有如此之正直有骨气，否则从事任何事业都成不了大气候，做不出大成就，尤其是做学问的人，若是一意唯命是从，不敢发表自己的观点与见解，不仅他个人不可能有所创造发明，整个学术也就不可能向前发展。当然，章学诚对于朱先生的知遇之恩也是终生不忘，他一再表示，自己的成长与成就都得力于朱先生的栽培。

　　章学诚一生为人耿直，待人接物皆一视同仁，在学术交往过程中，无论长辈、平辈还是晚辈，都能赤诚相待，言行一致，从无对上吹捧对下欺压的行为，即使对交往较频繁的朋友们，也未曾无原则地去恭维讨好，并且很坦率地指出对方的优缺点，讲的时候也从不转弯抹角，这一点尤其难能可贵。邵晋涵是他一生中最好的朋友，不仅交谊最深，情同手足，而且在做学问上又是志同道合，论史"契合隐微"。他在《与邵二云论学》一文中有这样一段："足下于文，漫不留意，立言宗旨，未见有所发明，此非足下疏于学，恐于闻道之日犹有待也。足下博综十倍于仆，用力之勤亦十倍于仆，而闻见之择执，博综之要领，尚未见其一言蔽而万绪该也。"[①] 这是既指出其存在问题，又肯定其长处远远超过自己。而对邵氏曾花了十年时间完成的《尔雅正义》很不以为然，还写信作了直率的批评，认为不该将自己宝贵的有限精力和时间用在为前人著作做注疏上，而应当将自己的创见著书立说。在邵氏去世之后，章学诚在给友人的信中，一再表达其悲痛的心情，痛惜邵氏的才华未能得以发挥。"昨闻邵二云学士逝世，哀悼累日，非尽为友谊也。浙东史学，自宋元数百年来，历有渊源，自斯人不禄，而浙东文献尽矣。"[②] 生前的希望与死后的评价完全一样，不见有丝毫虚假与做作。周震荣也是章学诚一生中较好的朋友之一，生活上曾对章学诚多方帮助，还特地请他主修《永清

---

① 《文史通义新编》外篇三。
② 《文史通义新编》外篇三《与胡雒君论校胡稺威集二简》。

县志》。在两人互相通信论文时，章学诚就曾不客气地批评周震荣天资不过中人，而于学问文章，则想尽天下人之所长的不切合实际的想法。被袁枚视为奇才的孙星衍，也是章学诚在学术交往上比较密切的一位学者。对于此人，章学诚首先肯定其天资学力过人，但其毛病在于"嗜好过多"，又"有心好辨"，自己本擅长于词章，又不愿以诗文名世，乃把精力花在经史、文字、音训之学，旁及诸子百家、金石碑版、天文医方等，内容拉得如此广泛，就很难显示出自己的专长，在章学诚看来，这是做学问者之大忌。加之其精力又分于声色与一切世俗应酬，所以在与其他朋友书信中，都"惜其精神之误用也"。正如章学诚生前所料，后来此人在学术上博则博矣，但并未能有特殊的重大建树。他有位朋友叫沈枫墀，曾向他请教做学问之事，叙述自己在与学界交往中，别人谈的问题自己往往难以参与问答。章学诚则以"学在自立"来回答，指出每个人做学问都应有自己的专长，人的精力有限，要想样样精通是办不到的，人所能者，我不必以不能而感到惭愧，并举经商为例，经营布匹生意的，不必知道粮食的行情；经营医药者，不必去打听金银珠宝的经营之道，关键在于要自成一家之言，如果经营布匹，人家购买衣料而无法供应那就不行了。每当看到朋友们在学术上有了重要著作产生，他总是为之欢欣鼓舞，相互鼓励与祝贺。他的好友汪辉祖，受到他的启发，编纂了《三史同姓名录》、《廿四史同姓名录》和《史姓韵编》三书，成书之后，他不仅为之作序，称之为经史专门之学，而且写信再三表示祝贺，说明他十数年之功力，在史学上有所建树，为研究历史的人创造了条件。诸如此类，都说明章学诚在朋友交往之中总是一往情深，从无尔虞我诈，一生中总是说老实话，做老实人。对于自己学问的根底能耐也从不吹嘘，他在给汪辉祖的信中就曾表示，自己的经传文字，"自不如议论见长"；在给孙星衍的信中说明自己生平不会写诗，有所感想，总是用文章来表达与抒发；而在家书中，也毫不掩饰地告诉子侄们，自己在读古人书时，"高明有余，沉潜不足，故于训诂考质，多所忽略，而神解精识，乃能窥及前人所未到处"。[1] 这些都是出自内心的真话。总括起来，就是他自己经常讲的，决不"强不知以为知"，这就是我们今天所讲的实事求是的可贵精神。因为在他看来，世界上绝无万能博士，

---

[1] 《文史通义新编》外篇三《家书三》。

无所不知，无所不晓，就如尧舜之智尚且不能遍物，而我们却要求达到尧舜所不知，尧舜所不能，这种想法如何能实现呢？

章学诚一生能够默默无闻地辛勤笔墨耕耘着，既无任何幻想，也无丝毫怨言，尽管他备尝了人世间的艰辛，受到了十分不公正的遭遇，他还是对人生有个正确的看法，即人们常说的唯物主义的人生观。他认为人生在世，无论贫富贵贱，都免不了一死，这是自然规律，谁也不能违背。他根本就不相信有所谓神仙长生不老之说，认为这都是无稽之谈。他公开宣称，"千岁之神仙，不闻有能胜于百岁之通儒"。[1] 无情而苦难生活的磨炼，使他深深懂得，身世的变化，并无常期，今天还是荣华富贵，明天一旦丢了官很快也会贫困，其中机遇十分重要。但是不管如何，归宿都是一样，绝无例外可言。因此，他在《候国子司业朱春浦先生书》中说："每念人生，不过阅历数十寒暑，其中无论菀枯迟疾，终必同归于尽，而所以耿耿不可磨灭者精神而已。"[2] 这里值得我们注意的是，他讲此话丝毫没有悲观伤感的情绪，而是告诫人们，不要存有长生不老的不切实际的想法；应当很好地利用自己短暂的数十年生命，去完成自己所要做的事业；应当珍惜这宝贵的时间，以尽量发挥自己的聪明才智，因为一得之能，一技之长，都得靠不懈的努力才能取得，绝不能把成功事业的希望寄托在延长寿命之上。所以他在《文史通义》中特地写了一篇《假年》，要人们打消把完成自己的事业寄托在无限期延长自己的寿命上面那不切合实际的想法，并且告诫人们，人生在世，所以能做出事业上的贡献，全在于精神因素，若是整日沉湎于纸醉金迷的生活，根本就谈不上事业与成就。人既然总有一天都要归天地府，因此，人与世界万物一样时刻都在变化，问题只在于变好还是变坏。他在《刘氏书楼题存我额记》[3] 一文中，就提出了富有哲理性的有趣的论题。他以非常乐观的态度来看待"我"，谈论"我"，认为世界万物都在变化，而"我"自然也不例外要发生变化。他说："我有来往，我不长存者也，我不长存而思所以存之，以为及我之存，可以用我耳目聪明，心识志虑，而于具我之质，赋我之理，有以

---

[1] 《文史通义新编》内篇六《假年》。
[2] 《文史通义新编》外篇三。
[3] 《文史通义新编》外篇二。

稍得当焉，虽谓不负我生可也。""夫人之生也万变，所谓我者亦万变"，"今日之我，固非昔我，而后此之我，又安能必其如今我乎！食色嗜欲，人人莫不有我，徇于食色嗜欲之人，其所谓我，常存而不变者也。苟思生不漫然之我，即随其思之所至，即为我之所在，岂惟与年之异，抑亦日迁月化而不自知也。然则欲存我者，必时时去其故我，而后所存乃真我也"。请看，这是何等豪迈的语言！这里明确告诉人们，只要不是那种整日寻求声色享乐的人，对自己有所要求而不放荡，在事业上有所作为的人，其"我"之变化更是如此。因为知识总是日积月累，才能总是不断提高，从一个天真无知的童子，最终成为一位才华出众、学识渊博的学者，这个变化确是经历了一个漫长的过程。所以他向人们提出，"欲存我者，必时时去其故我，而后所存乃真我也"。这就是说，要想自己健康地（这里指精神而言）成长起来，成为一位有益于祖国人类而受人尊重的我，必须通过艰苦奋斗，不断克服自身的不良作风与恶习，然后才能达到自己所理想、人们所尊重的"真我"。从这些议论可以看出作者对于做人是何等乐观、何等自信！谁也不会想到这些竟是出自一位饱经沧桑、一生坎坷潦倒的学者之心声。章学诚一生做人，正是按照上述规律一直在起变化，最终成为中国封建社会独树一帜的伟大的史学理论家。

第二节　踏踏实实地治学

　　章学诚自从步入社会以后，就一直为贫困和生活所困扰，经常为生活而四处奔波，耗费了他大量的宝贵精力和时间，除此之外，他毕生精力几乎全部用在治学上面。即使人在旅途，亦每天写篇文章，途中先打好腹稿，旅店住下，晚饭后便于灯下撰写成文。所以，他许多文章都是写于"车尘马足之间"。正由于他有此坚强的治学精神，也就为我们留下了许多宝贵的治学经验。

　　章学诚在做学问上最重要的特点是要求必须具有独创精神，反对跟在前人后面亦步亦趋、人云亦云。他在《浙东学术》[①]一文中总结浙东史学的特

[①]《文史通义新编》内篇二。

点时就曾指出，"浙东贵专家，浙西尚博雅，各因其习而习"。所谓"贵专家"，其实就是贵独创精神的专门之学，贵创造发明，不停留在单纯为前人的著作注释考订上，亦不为前人所形成的条例所束缚。作为浙东史学殿军的章学诚，在总结这一特点时是十分自豪的，因为他自己在这一方面做得尤为突出，敢于想前人所不敢想、敢于说前人所不敢说。他有一句话是对这一精神的极好写照，他说："吾于史学，贵其著述成家，不取方圆求备，有同类纂。"① 当然，要有独创精神，要成专家之学，首要的是必须有渊博的学问为基础，有了丰富的知识学问，才能择一而专，因为这是独创精神的基础；同样，如果单纯追求学问的渊博，自己不进一步探寻思索，进一步从专精着眼，那也无从成专家之学。正是从这一观点出发，他对宋代大史学家郑樵的评价，就提出了与众不同的看法，别人批评郑樵疏漏，他却十分推崇郑樵，特地写了《申郑》、《答客问》等文为之辩论，他指出郑樵在史学上的成就，在于"不徒以词采为文，考据为学"，而在于能发凡起例，运用别识心裁，以一人的力量，做了别人想也不敢想的事情，这难道不值得称颂吗？郑樵"慨然有见于古人著述之源"，"独取三千年来遗文故册，运以别识心裁，盖承通史家风，而自为经纬，成一家言者也"。② 非常清楚，他的着眼点就在于郑樵的"成一家言者也"上面。因为章学诚还在 35 岁那年，就已经立下了将来要在文史研究领域里"成一家言者也"的雄心壮志，关于这点，我们下面将详细介绍。事实上只有具备探索精神的人才有可能"成一家之言"，事事跟随前人，样样墨守成规，自然就谈不上独创了。唯其如此，他一再强调学者的治学态度必须严肃认真，不要抄袭别人著作，自己既然学无心得，就不应当著述文章到处招摇撞骗。他自己正是这样做的。他在给友人陈鉴亭写的信中就曾讲过，他著述《文史通义》，凡意见与古人不约而同者，必著前人之说，以表示并非抄袭。不仅如此，他平生所有著述，若得师友为之正定者必注为之正定之人及未改定之原文，这样做的目的，一则不埋没别人的成果，自己未掠人之美，再则两者俱存，亦可供后之学者推寻研究。要成一家之言，就必须有自己见解，有真正心得体会，否则抄袭别人之作，绝不可能

---

① 《文史通义新编》外篇三《家书三》。
② 《文史通义新编》内篇四《申郑》。

成为藏之名山传之后世，最多不过是昙花一现而已。他在与好友邵晋涵的信中就特别指出："学无心得而但袭前人言，未有可恃者。"① 因为当时考据之风盛行，许多人就是以抄摘前人著作汇集成书，既谈不上心得体会，更没有创见卓识。笔者认为，章学诚这一批评，在今天来说，很具有现实意义，目前学术界不少著作，实际上就是东拼西凑的大拼盘，成书之快，我们也甘拜下风，半年数月，一部洋洋洒洒数十万言的"学术论著"即可交稿，若问其体系如何，观点如何，而默然无所对。尤其可贵的是，章学诚在上述信中，还引用顾炎武"良工不示人以璞，恐其以未成之器误人"之语告诫人们，不成熟的观点与著作不要轻易拿出以示人，以免误人子弟。这是何等负责的治学态度与高尚的品德，其议论不仅值得我们深思，而且应当大力宣传，使其精神得到很好发扬，让人们知道，真正的学问并非抄录而可以取得。

章学诚认为，一个人要在学术上有所建树，取得令人信服的成就，首要的是名利思想必须淡薄，在他看来，名利思想乃是做学问的大敌，精力耗费在追名逐利之上，还谈什么做学问呢。他自己的一生，确实与名利均不沾边，尽管穷困潦倒，以笔墨为生，但从不追名逐利。他在《与孙渊如论学十规》中说：

> 鄙人所业，幸在寂寞之途，殆于陶朱公之所谓人弃我取，故无同道之争；一时通人亦多不屑顾盼，故无毁誉之劝阻；而鄙性又不甚乐于舍己从时尚也，故浮沉至此。然区区可以自信者，能驳古人尺寸之非，不敢并忽其寻丈之善，知己才之不足以兼人，而不敢强己量之所不及。②

在人人竞言考据的时代，他能不受此种风气所影响，照样坚持他自己的文史校雠之业。他认为做学问必须专心致志，坚定自己所确立的研究方向与课题，决不能三心二意，要做到"世之所重，而非吾意所期与，虽大如泰山，不遑顾也；世之所忽，而苟为吾意之所期与，虽细入秋毫，不敢略也。"他语重心长地说，在做学问过程中，"趋向专，故成功也易，毁誉淡，故自

---

① 《文史通义新编》外篇三《与邵二云论学》。
② 《文史通义新编》外篇三。

得也深"。① 这些都是他的经验之谈。这一点至今仍未被人们所重视，因而在那几年"文化热"的日子里，本来研究与文化史无多大关系的人，也都个个摩拳擦掌，大谈起中国文化与西方文化之比较，好像非如此就显示不出自己的学问之高深。其结果如何呢？自然无须说明，大家心中都明白。章学诚还强调指出，好争名者，必然是"趋风气而为学业"，这样的结果，既败坏了学风，又损害了人才的成长，这事不能不引起人们足够重视。章学诚说：

> 学问文章，君子之出于不得已也，人皆心知其意，君子方欲忘言，惟不能不迹于学问文章，不幸而学问文章可以致名，又不幸而其名诚有所利，慕利者争名，而托于学问文章，甚至伎很贪求，无所不至，君子病焉。②

这就是说，学问文章，本是人们研究成果心得体会之寄托，不幸的是竟成为某些人用来追求名利的手段和资本，这样一来，势必腐蚀人们钻研学问的意志，毁坏其名声。这就是黄宗羲所说的"好名乃学者之病"。所以他教育自己的子弟，要勉以力学，务去名心，指出"好名之甚，必坏心术"。"好名之心与好利同。凡好名者，归趣未有不俗者也。"③

或许有人要问，章学诚自己讲了一生中皆"藉笔墨为生"，既然如此，代人书写的那些应酬文章亦能避开社会风气吗？他在给友人陈鉴亭的一封信中，就正面回答了这个问题。他说写文章的目的不就是"明道"吗。所担心的只是你对这"道"还未精通，如果真的精通了，则到处可以发挥，"应酬人事，亦以吾道施之"。④ 他列举了韩愈诗文七百，离去应酬而自以本义著文者，不过二十分之一，特别是关于墓志之文；《孟子》七篇，有的是答齐、梁诸君之间，有的是回答弟子之提问，还有的是与时人相辩难者，流传至今不是很有价值吗？写应酬文字有什么关系呢？世人以应酬之文求之，我则以"吾道"

---

① 《文史通义新编》外篇三《与朱沧湄中翰论学书》。
② 《文史通义新编》外篇三《答吴胥石书》。
③ 《文史通义新编》外篇三《家书七》。
④ 《文史通义新编》外篇三《答陈鉴亭》。

与之，哪里必定要选择题目然后再来做文章呢？他还指出，自宋以来，那些传、志、记、序不都是应酬文字吗？实际上都成为研究当时学术文化、社会历史的传记之史了。因此，完全可以借人事应酬之请来发挥自己的见解与主张。即使撰写祝寿之文，照样可以写出具有内容而不空洞的文章。他做过毕沅的幕僚，自然要为其代写各类书信文章，就其留下来的文字而言，确实都塞进了他自己的观点与主张。就以《为毕制军与钱辛楣宫詹论续鉴书》①一文而言，这是他为毕沅给钱大昕写的一封信，讨论《续资治通鉴》编修中的若干问题，在此信中，章学诚就明确地提出了在史书编写上的四个主张，其一，该书编写之初，原称《宋元编年》或《宋元事鉴》，因为是记载宋元两代的编年史书，有些事件不可能详细记载，信中便提出推广宋代学者吕祖谦的主张，另编《宋元文鉴》与之并行，可补编年史记载简略的缺陷。其二，信中明确提出，编写史书应当"据事直书"，只要把事实真相记述清楚，好人坏人读者自会明白，作者在记事之外，不必再另发议论。因为《左传》有"君子曰"，《资治通鉴》则有"臣光曰"，这些他认为实际上都是多此一举，"颂尧非桀，老生常谈"，如同和尚念经，"语尽而继之以偈"，毫无意义。其三，提出为编年、纪传两种史书做"别录"的方法，以补救两种史体存在的缺陷，信中指出："纪传之史，分而不合，当用互注之法以联其散；编年之史，浑灏无门，当用区别之法以清其类。"编年体史书若采用这种方法，比司马光在编著《资治通鉴》之后，另编《通鉴目录》、《通鉴举要》更为优越。后来他还特地写了《史篇别录例议》一文加以发挥。最后一点就是史书的编写应当做到"详近略远"，并列举《左传》、《通鉴》为例，说明此乃优良传统。可见章学诚在代写应酬文章时借题发挥，十分自然。

在章学诚看来，做学问既然是要"辨章学术，考镜源流"，为了"明道"，为了"经世致用"，而不是为某个人树碑立传。那么就首先要立定志向，按照自己的爱好和擅长，努力钻研，决不为社会风气所左右，也不能为任何势力所动摇而转移。可是当时社会上的许多知识分子，为了追求个人名利，不顾自己有何专长，也不顾自己是否真有兴趣和爱好，而一意赶风头以从时尚，竞相考订。由于自己并无真才实学，因而在毁誉面前全不能自主，

---

① 《文史通义新编》外篇三。

世人赞誉几句则沾沾自喜，世人若是批评几句，则又忧心忡忡。抱着这种患得患失的思想，不可能安心做学问，要想在学术研究上取得重大成就自然是不可能的。所以他当时再三提出"为学之要，先戒名心；为学之方，求端于道"①的要求，这是非常重要的。在章学诚看来，这种风气的流行，影响很坏，不仅败坏了学风，而且损坏了人际关系，"实为世道人心忧虑。盖好名之习，渐为门户，而争胜之心，流为忮险，学问本属光明坦途，近乃酿成一种枳棘险隘，诡谲霭昧，殆不可解释者"。②在章学诚看来，要做学问，首先必须明确治学目的，端正治学态度，并且要抓紧点滴时间从事研究和写作。他还指出，如果以为自己目前处境不好，而把努力治学的打算寄托在将来，这是不现实的，若是因此而停止治学则更是错误的，因为时间的流逝是一去不复返的。他还讲了自己的亲身感受，自己所爱好的文史校雠之业，一般人都不大愿意下功夫研究，就如同陶朱公所讲做生意，人弃我取，这样虽在寂寞之途，但无同道之争，倒也清静，一时通人对自己总是弃置弗道，而自己心中却很坦然，并无遗憾之感，正因如此，也就不存在毁誉相加。自己又决不愿舍弃已经钻研的事业而去赶社会上所兴起的热门浪头，以致一直浮沉至此。当然，一生由于穷困太久，坎坷潦倒之中，有时也曾失去生活的乐趣，可是一旦想起自己所爱好的文史校雠之业，"则觉饥之可以为食，寒之可以为衣"，"旦暮得此，所由以生。不啻鱼之于水，虎豹之于幽也"。③为了自己在学业上能取得不朽的成就，生活上不管多么艰苦，精神上不管受到多大刺激，他都能以惊人的毅力坚持下来了。可见章学诚在中国封建社会里所以能够成为一位独树一帜的杰出的史学理论家绝非出于偶然，我国有句谚语"冰冻三尺，非一日之寒"，此话用来形容章学诚的学术成就之取得是非常恰当的。这也告诉我们一个真理，要想在学术研究上取得成就，首先，必须明确治学的目的，端正治学态度；其次，还必须具有在毁誉面前不动摇的坚韧不拔的毅力和精神。只要持之以恒，总会成就不朽之业。当然这也告诉我们一个事实，在做学问上绝无捷径可走，那种好东拼西凑，好掠人之美者，终究

---

① 《文史通义新编》外篇三《答沈枫墀论学》。
② 《文史通义新编》外篇三《又与朱少白》。
③ 《文史通义新编》外篇三《与史余村论学书》。

成不了名山之业。

　　章学诚非常重视做学问基本功的训练，因为基本功的好坏，将直接影响到学术研究的成败。所以，他认为，治学之初，打好基础，练好基本功非常重要，这是任何一个学者在做学问过程中都不可逾越的阶段。基本功由三方面组成，即才、学、识。才是指文字表达的能力，学是指知识的积累，识是见解识别能力的高低。三者之中尽管识是统帅，是灵魂，是任何一个学者必具的思想观点，但都必须通过知识积累的学才能得以锻炼和获得。因此，治学的先决条件就是广泛积累知识，因为知识丰富了，理解、识别能力也才有可能不断提高。如何积累知识呢？首要的任务便是记诵，他认为对于一个初学者来说，记诵乃是知识积累过程中不可缺少的阶段，是获得知识必经的步骤，他说："记诵者，学问之舟车也。"① 可见他认为记诵是获得知识，培养识力，提高理解的最重要的基本功。任何一个学者开始时都必须做好这个基本功。为了练好这个基本功，帮助记诵，巩固积累的知识，他又大力提倡平日做好札记。将平日读书过程中以及与朋友交往中，有点滴心得体会、不同见解，随时加以札记，否则天长日久，许多好的见解、体会忘记了就很可惜。他曾生动形象地说明札记的重要性："札记之功，必不可少；如不札记，则无穷妙绪，皆如雨珠落入大海矣。"② 这就是说，你的见解、体会再好再多，如果不及时记载下来，日子久了，知识多了，就会无形中忘记，就如同雨点落入大海，自然就无处可寻了。在章学诚看来，许多成名的专家学者，大多经过此项艰苦的磨炼，他们的成功也都来之不易，他们案头翻书，每日必有所记，以待日后研究会通，提炼升华而成专门著作。他对晚辈后学无不以此作为要求，还列举顾炎武的《日知录》为典范，认为此书"空前绝后矣，其自序乃日逐札存，晚年删定而类次者也"。所以他非常坚定地说："文章者，随时表其学问所见之具也；札记者，读书练识以自进于道之所有事也。"③ 这里他对札记的功能作用提得就更加高了，不单是用来帮助记诵，积累知识，而且又是"读书练识"的一种重要手段。因为札记并不是一般的抄书，而是

---

① 《文史通义新编》内篇三《辩似》。
② 《文史通义新编》外篇三《家书一》。
③ 《文史通义新编》外篇三《与林秀才》。

在读书过程中有了个人心得体会，其中有的是对前人著作不同的看法，有的则是有深一层的理解，随时加以笔录。读书中要能发现问题，掌握要领，抓住宗旨，自然非具有识力不可。所以它是锻炼思维能力，培养独立见解的"练识"重要途径。章学诚还说：

> 读书服古，时有会心，方臆测而未及为文，即札记所见以存于录。日有积焉，月有汇焉，久之又久，充满流动，然后发为文辞，浩乎沛然，将有不自识其所以者矣。此则所谓文章家所谓集义而养气也。《易》曰："神以知来，知以藏往。"存记札录，藏往以蓄知也；词锋论议，知来以用神也。不有藏往，何以遂知来乎！①

可见"存记札录"，其功实不可少，它是积累知识、"读书练识"、"藏往以蓄知"的重要手段，是做学问的重要基本功。时至今日，这一工作对于从事社会科学研究人员来说仍不可废。

做学问本是艰苦的工作，但又是很有乐趣的。要做好它，既要手勤，多做札记，有创见的苗头，绝不轻易让其遗忘，又要脑子勤，多做思考，方能发现问题，从而进一步研究和解决问题。读书中若发现不了任何问题，那做学问也就无从着手了。故章学诚说："为学之事，动手必有成功。"就是说，只要勤于"存记札录"，必然会有收获。他又说："善学者正在善于问耳。"这说的就是多动脑筋多思考，如果不善于思考，也就无法发现问题和解决问题。所以，他曾提出"阙疑即学问也"。②

当然，既要多读、多记、多思考，那就需要有足够的时间和精力，章学诚在这方面深有体会，他希望有志于做学问的青年人，要抓紧眼前点滴时间从事自己的研究工作，不要把自己有限的时间和精力"分于声色与一切世俗酬应"，更不要把自己研究事业寄托于遥远的将来。他在《假年》一文中指出，有这种思想的人"非愚则罔"。他常常用自己亲身经历劝告青年学子，像他这样生活极不安定的人，仍能坚持不断地著书立说，即使在旅途之中

---

① 《文史通义新编》外篇二《跋香泉读书记》。
② 《文史通义新编》外篇三《与乔安明府论初学课业三简》。

也从不间断，关键就在于能否把"学问之于身心"，看作"犹饥寒之于衣食也"。他奉劝那些有志青年，不要羡慕那种毫无意义的虚名，要能顶得住来自世俗各方的毁誉，不居功，不为名，不管天资如何，不论别人是否顾盼，勤勤恳恳数十年，就一定能够登上自己研究的学科的高峰。要注意的是，立定志向后，不能动摇，更不要经常变更自己的研究方向，迎合社会风气而随波逐流。学在自立，人所能者，我不必以不能而感到惭愧，因为各人专长有所不同，也不要不懂装懂，强不知以为知，因为这些做法，都会分散自己的精力，影响自己专长的发展。所以他告诫大家：

> 大抵文章学问，善取不如善弃。天地之大，人之所知所能，必不如其所不知不能，故有志于不朽之业，宜度己之所长而用之，尤莫要于能审己之所短而谢之。是以舆薪有所不顾，而秋毫有所必争，诚贵乎其专也。①

很显然，这里他强调的重点还是"贵乎其专"。因为要想在学术领域中作出成就，没有这种"善弃"的精神，很难想象在专的方面能够作出贡献。人的精力是有限的，不分主次样样都去研究，今天社会上吹的是东风，你跟着向东，明天变成西风，你再跟着向西，其结果将是一事无成。所以必须发挥自己长处，避开自己短处，缩短阵线，抛弃那些与自己研究方向无关的问题，集中精力，珍惜光阴，刻苦奋斗，这是治学中不可忽视的重要经验。当然，要做到这点是不容易的，尤其在市场经济发展的今天，要做到淡泊名利谈何容易。因为要这样做，既要具有一股钻劲，又要具有一股傻劲。中国老知识分子大多具有这两股劲，故一般都能作出不朽的名山之业。

如何处理好博与约的关系，是治学过程中一个重大问题，章学诚对此十分重视，作了许多论述。众所周知，清初浙东史家的学问莫不是博大而精深，皆能自成一家之说。当然，要成一家之说，首先必须有渊博的知识为基础，然后方能择一而专，而广博的知识最终的目的亦是为了专精，因此博与约看起来似乎矛盾，实际上是对立统一的关系，是相辅相成的。所以章学诚

---

① 《文史通义新编》外篇三《与周次列举人论刻先集》。

说:"博详反约,原非截然分界。"① 而乾嘉时代的学风是贪多求全,一意以渊博来炫耀于人,于是就有"一物不知,儒者所耻"的说法。至于为什么要掌握这些知识,则全然不管。对于这些"贱儒"却十分推崇。针对这一现状,章学诚提出"学必求其心得,业必贵于专精"②的主张,严厉地批评了那些专事"骛博以炫人"的做法。他说:"天下闻见不可尽而人之好尚不可同,以有尽之生而逐无穷之闻见,以一人之身而逐无端之好尚,尧舜有所不能也。"③ 这是人人皆知的普通常识。既然如此,求知博览也就不能漫无边际,人生有限,书籍无穷,欲以有限的生命,穷尽浩如烟海的群籍,那便是自不量力。必须懂得,博览载籍,渊博知识,终归是为专精服务,立学成家,则是其最终的归宿。为了说明问题,章学诚还作了形象的比喻:

> 大抵学问文章,须成家数,博以聚之,约以收之,载籍浩博难穷,而吾力所能有限,非有专精致力之处,则如钱之散积于地,不可绳以贯也。④

做学问只是漫无边际的泛览,而无专精之处,则如钱散于地而不可收拾,所看到的不过满地皆钱而已。应当看到博览与专精并不是对立的,而是相辅相成的,无博览为基础也就无从上升到专精,反之,若不使之上升为专精,则博览也就失去其重要意义。这就说明,治学必须具有独创精神,有独到见解,方能成一家之学。但这种独创精神、独到见解,又非得有"博稽载籍,遍览群言"的功力不可。为了说明博与约(专或精)的相互关系,他在《文史通义》一书中特地写了《博约》、《博杂》等多篇进行论述。特别是《博约》上、中、下三篇,把博约的辩证关系论述得十分透彻。意思是说,博本来就是为了约而设,为约而求博,则博的目的性才更加明确;反之,约也只有在博的基础上才能实现,故两者乃是治学过程中相互依存的统一体。他在《博杂》篇所打的比喻十分通俗,他说:"学之要于博也,所以为知类

---

① 《文史通义新编》外篇三《与族孙汝楠论学书》。
② 《文史通义新编》内篇二《博约下》。
③ 《文史通义新编》内篇六《假年》。
④ 《文史通义新编》外篇三《与林秀才》。

也。张罗求鸟,得鸟者不过一目,以一目为罗,则鸟不可得也。然则罗之多目,所以为一目的也。"① 张罗的本身在于捉鸟,如果所张之罗只有一目,自然就无法捕捉到鸟了,因此所张罗目多少,无不服务于捕鸟。这里需要说明的是,章学诚在论述治学之中,常把学问分为"藏往之学"与"知来之学"两种,所谓知来之学,就是指具有独创性的专家之学,这两种学问对于博的要求从表面上看似乎有所不同,"藏往之学欲其博,知来之学欲其精",但接着他又说:"真能知来者,所操甚约而所及者甚广。"② 可见知来之学本身是要精专,但仍离不开以广博的知识为基础。当然,总的说来,"学贵专门"、"学必有所专",乃是章学诚论述博约关系的最终目的。

功力不等于学问。在考据之风盛行的乾嘉时代,许多人疲精劳神于经传子史的考订补证,他们把抄录来的资料看成是自己的绝大学问,并认为这才是真正的学问,除此以外,则别无学问可言。这实际上是把做学问的功力与学问等同起来。对此错误看法,章学诚提出了严厉批评。他在《又与正甫论文》③一文中对于"功力"与"学问"的不同加以详尽的论述与剖析,指出学问文章,古人本为一事,后来才分为二途,而当前许多人不解文章之意,而只讲学问。而他们所讲的学问,其实只是做学问的功力,而并非学问的本身。"功力之与学问,实相似而不同。"例如记诵名数,搜剔遗逸,排纂门类,考订异同,诸如此类,实际上都是学者寻求知识所用的功力。在这数者之中,若能自己有了心得体会,有所创见,并因此能"上阐古人精微,下启后人津逮",其中确有独到见解,这才能称做学问。把它写成文章表达出来,这就是学问,因为这与单纯从前人著作中抄录来的资料显然不同,它有了自己的观点与见解,甚至有了自己的思想体系与宗旨。他还提出,学问中之功力,万变不同,《尔雅》注释虫鱼,固然可以从中求得学问,读书观大意,亦未尝不可求得学问,关键在于其中必须有"自得之实"。在章学诚看来,考据不过是做学问过程中所采用的一种手段,一个环节,一种途径,是求得学问的一种功力,而非学问。读了几部古人的书,难道就能说明已有了

---

① 《文史通义新编》内篇六。
② 《文史通义新编》内篇一《礼教》。
③ 《文史通义新编》外篇三。

学问吗？当然不能，只能说明在做学问过程中积累了一定的知识。对这些知识加以消化理解，融会贯通，并且产生了新的见解，然后把它写成文章，这才是你的学问。为了讲清问题，他还作了比喻，秫黍可以造酒，但秫黍本身并不是酒，要通过酿造加工，方能得到芳香的美酒；功力可以达到学问，但本身还不是学问，同样需要通过头脑的冶炼加工，才可产生出有益于人类文明的学问。所以他的结论是"学与功力，实相似而不同"。①章学诚在辨清两种性质不同的同时，还指出了乾嘉学者的这种看法，实际是受了南宋学者王应麟治学之道的影响，认为王应麟所纂辑诸书，"谓之纂辑可也，谓之著述则不可也；谓之学者求知之功力可也，谓之成家之学术则未可也。今之博雅君子，疲精劳神于经传子史，而终身无得于学者，正坐宗仰王氏，而误执求知之功力以为学即在是耳"。②上文已经讲了，他非常强调在做学问中做札记的重要性，但这种札记显然并不就是学问，亦不能把它直接看成是著作。他在《与林秀才书》中就这样写道："为今学者计，札录之功必不可少，……然存为功力，而不可以为著作。"这本来是常识性的东西，在当时却被乾嘉考据学风搞乱了。其实这种现象在今天仍能看到，有些人知识相当渊博，功底十分深厚，唯独就是写不出文章，更谈不上著作，这种人你能说他很有学问吗？看来只能看作是活的知识库吧。

章学诚所以要辨明"学与功力，实相似而不同"，其目的主要在于批判汉学家把考据当作学问，把考据用来名家，把考据当作一切，除此之外，则别无学问可言的不正之学风。考据既是求得学问的一种手段与功力，自然就不能用来名家，称所谓考据家。应当看到的是，这些批判不仅批驳了汉学家的错误看法，而且也是对清朝政府文化专制主义的一种抗议。因为这种奇特社会现象的出现，学术文化的畸形发展，完全是清政府反动的文化专制主义政策，特别是文字狱所造成的。在文禁森严的条件下，知识分子只有终日在古书堆里下功夫，其他别无出路。这种状况对清朝统治者有利，因而大力加以扶持与提倡。诚如郭沫若先生早已指出的：乾嘉时代考据之学，"虽或趋于烦琐，有逃避现实之嫌，但罪不在学者，而在清廷政治的绝顶专制，聪明

---

① 《文史通义新编》内篇二《博约中》。
② 《文史通义新编》内篇二《博约中》。

才智之士既无所用其力，乃逃避于考证古籍"。①需要说明的是，章学诚当时认为考据不能称学问，亦不能名家，这是有特定历史条件的，我们不能用今天的情况去批评章学诚当时的评论。

　　章学诚在治学方面还值得我们一提的是，反对在做学问上抱有门户之见。他在《浙东学术》一文中提出："学者不可无宗主，但必不可有门户。"这可以说是从社会现实中所总结出的结论。众所周知，学派之间一旦有了门户之见，必然产生相互攻击。宋明以来，程朱陆王两派之间交相攻讦，到了清代，一变而为汉学宋学门户之争，至乾嘉之世，越演越炽，争论到了顶峰。浙东学派的学者对这种无谓的纷争则表示反对，他们主张学派之间，应当相互尊重，互相推服，取长补短，共同提高，以推进学术的发展与繁荣。作为浙东学派的殿军章学诚，对此表现更为突出，对于汉宋之争，他认为应兼取朱陆之长，并蓄汉宋精华。他在《浙东学术》一文中特别强调"浙东之学，言性命者必究于史，此其所以卓也"。这正是他引以为豪的。而史学又无不切于人事，记载国家的治乱兴衰，为治国安邦提供着经验教训，所以他又说："知史学之本于《春秋》，知《春秋》之将以经世，则知性命无可空言。而讲学者必有事事，不特无门户可持，亦且无以持门户矣。"可是那些无真才实学的人，"但空言德性，空言问学，则黄茅白苇，极面目雷同，不得不殊门户以为自见地耳，故惟陋儒则争门户也"。事实上正如章学诚所言，那些无真才实学的人，往往会装腔作势，故弄玄虚，为了达到互相吹捧、相互标榜的目的，必然树立门户。这可说是章学诚的一大发现，所以他对扫除门户之见做得最为积极，这也可以说是他对学术发展的一大贡献。

---

① 《读随园诗话札记》，作家出版社 1962 年版。

第六章
成一家之言的《文史通义》（上）
——著作的宗旨与该书的流传

第一节 成一家之言的著作宗旨

在中国封建社会的历史学家中，伟大的历史学家司马迁曾提出要"究天人之际，通古今之变，成一家之言"的宏伟著作目的，他的《史记》确实做到了这点，而成为千古不朽之作。后来在众多的历史学家中，尽管他们从不同角度为我们留下了许多重要的史学著作，但明确提出要"成一家之言"的还不曾有过。到了封建社会晚期，章学诚竟也提出了要"成一家之言"，单就此而言，也可看出他的雄心壮志。关于这点，以前大家都并不知道，原因在于这个提法在《章氏遗书》所有文章中都不曾出现过。笔者在20世纪80年代初，开始整理其代表作《文史通义》，从黄云眉先生《史学杂稿续存》里偶得章氏佚文两篇：《上慕堂光禄书》、《上晓徵学士书》。这两篇佚文是作者乾隆三十七年（1772）给山西汾阳曹慕堂与江苏嘉定（今属上海）钱大昕分别写的两封信，给钱大昕的信是请曹慕堂转致的，不知何故，此信竟被曹氏积压而未能转到钱大昕手中，故陈监先于1945年在太原旧书店从乾嘉学者等致曹慕堂父子手迹中同时抄得，并于1946年11月6日刊于天津《大公报》之文史副刊。所以这两封信在至今所有刊行的章氏著作的各类版本中均未收录，就连胡适、姚名达二位编著《章实斋先生年谱》时也未见过，因而学术界研究章氏之学者至今尚不知章学诚青年时期还曾提出过如此宏伟的著述目标。可以这样说，这两封信的发现，对于研究章学诚的学术思想有着非常重大的价值。这两封信现已收入笔者重新整理编定的《文史通义新编》之中。特别是《上晓徵学士书》，他在这封洋洋洒洒千余言的信中，向钱大昕提出，他要"取古今载籍，自六艺以降讫于近代作者之林，为之商榷利病，讨论得失，拟为《文史通义》一书。分内外杂篇，成一家言"。这里第一次提出要撰著《文史通义》，并通过此书的著作"成一家言"。人们可以明显看出，他与司马迁虽然都要"成一家之言"，但两人所通过的途径与表达形式却并不相同，司马迁是要通过研究人与自然界的关系以及古今历史的发展演变，用纪传体的史书形式达到自己"成一家之言"的目的。而章学诚则是要通过对古今著作的评论而形成自己的"一家之言"。当然，从今天的眼光来看，我们可以毫不夸张地说，他这一宏伟目标也是实现了的。这封信也向人们透露，当时他的《文史通义》已经开始著作，并计划分内篇、外篇、杂篇三部分。这年他正是35岁。

但是，从现有资料记载来看，他著作此书早有打算，这个设想早在30岁以前已经形成。乾隆三十一年（1766），他在给族孙章汝楠所写的一封信中，已表述了有著作此书的愿望，"尝以二十一家义例不纯，体要多舛，故欲遍察其中得失利病，约为科律，作书数篇，讨论笔削大旨"。①所谓"二十一家义例不纯"，其实就是指二十一史，因在乾隆时期，《旧唐书》尚未列入"正史"，《旧五代史》也尚未辑出，《明史》又尚未成书，故当时只有二十一史。他批评了二十一史不仅义例不纯，而且体例也杂乱无章，因此想写文章进行评论，既指出其中利弊得失，又提出史书应当如何编写的正面意见。遗憾的是，由于没有固定工作，生活极不安定，所以这个计划迟迟未能兑现。他真正有意识地撰写此书，实始于乾隆三十七年。除了上述两封信的内容足以说明外，他在《候国子司业朱春浦先生书》亦有同样记载，信中说："出都以来，颇事著述。斟酌艺林，作为《文史通义》，书虽未成，大指已见辛楣先生候牍所录内篇三首，并以附呈。先生试察其言，必将有以得其所自。"②他是前一年十月十八日跟随老师朱筠离开京师，十一月二十八日到达太平使院，十二月二十六日同游采石矶，这样作文时间自然不会太多。从现在情况来看，他给朱春浦的三篇文章，当时朱春浦很可能并未看到，因为此信与给钱大昕的信，连同《文史通义》的三篇文章，一律都交由曹慕堂代转，给钱大昕的信都会积压未转，此信自然也有可能遭到同样的命运，这是章学诚万万

---

① 《文史通义新编》外篇三。
② 《文史通义新编》外篇三。

不会想到的。不久，他又给钱大昕写了一封信，信中说："学诚从事于文史校雠，盖将有所发明，然辩论之间，颇乖时人好恶，故不欲多为人知，所上敝帚，乞勿为外人道也。"①可见他所写的文章，与时代精神很不相符，故他要钱大昕看后不必与外人道，其实由于曹慕堂的不负责任，钱大昕根本就未见到他的文章。后来由于生活很不安定，无法集中精力撰著此书，只有利用课诵工作之余。因此，严格地说，全书直到逝世尚未写完。像《浙东学术》一篇，则成于逝世前一年，《礼教》篇则是其绝笔之作。而文中曾提到过的《圆通》、《春秋》等篇，虽早有计划，然终未成篇。由此可见，因生活所迫，连年奔走，竟使该书撰著几乎历三十年之久而未能终篇，此亦人间之一大憾事！

成一家之言，不过是章学诚著作《文史通义》总的宗旨，从研究过程中我们发现，他著此书还有许多具体目的，对此作些概括了解，必将有利于对他学术上所作的重大贡献作进一步认识。著作《文史通义》的宗旨，据其文章所述，归纳起来，有如下数端：

第一，阐明史学的意义，进一步发挥史学理论的作用。他说："吾于史学，盖有天授，自信发凡起例，多为后世开山，而人乃拟吾于刘知幾。不知刘言史法，吾言史意，刘议馆局纂修，吾议一家著述，截然两途，不相入也。"②这里他把自己对史学研究与目的同刘知幾作了比较，说明两人虽然都研究史学理论，但研究对象与目的并不相同。他研究的重点是在史意，有时亦称史义。因为他觉得在长期封建社会中，史义一直被人们所忽视，一部史书编纂得好坏，不仅要看它的体例和方法，更重要的则是看他能否总结历史经验教训，探索历史发展规律，同时，又要能找出史学发展本身的利弊得失，遗憾的是，就连许多史学理论家如郑樵、曾巩、刘知幾，虽"皆良史之才"，但他们也很少有人议论史义，他说："郑樵有史识而未有史学，曾巩具史学而不具史法，刘知幾得史法而不得史意，此予《文史通义》所为作也。"③他在许多篇文章中反复强调了这一观点，至于所以要重视发明史义，我们将在下文中作详细论述。

---

① 《文史通义新编》外篇三《上辛楣宫詹书》。
② 《文史通义新编》外篇三《家书二》。
③ 《文史通义新编》外篇四《和州志·志隅自叙》。

第二，为著作之林校雠得失，这里的著作之林是包括上下古今在内。他在《与陈鉴亭论学》书中说明自己著作宗旨时，非常明确地提出"《文史通义》，专为著作之林校雠得失"。①信中论述十分具体而详细，而其所论又正是他回答友人对《文史通义》有些篇章不明其著作宗旨时所说。关于这点，他在给许多朋友的信中都有谈论。如在《与严冬友侍读》书中说，日子过得很快，"检点前后，识力颇进，而记诵益衰。思敛精神为校雠之学，上探班（固）刘（向），溯源官礼，下该《雕龙》、《史通》，甄别名实，品藻流别，为《文史通义》一书，草创未多，颇用自赏"。②他在《与孙渊如观察论学十规》一文中，讲述了自己为什么要这样做和如何做的方法：

> 鄙人所业，文史校雠，文史之争义例，校雠之辨源流，与执事所为考核疏证之文，途辙虽异，作用颇同，皆不能不驳正古人，譬如官御史者不能无弹劾，官刑曹者不能不执法，天性于此见优，亦我辈之不幸耳。古人差谬，我辈既已明知，岂容为讳！但期于明道，非争胜气也。……鄙人于文史，自马班而下，校雠自中垒父子而下，凡所攻刺，古人未有能解免者，虽云不得不然，然人心不平，后世必将阳弃而阴用其言，则亦听之无可如何而已。……今请于辨证文字，但明其理而不必过责其人，且于称谓之间，稍存严敬，是亦足以平人心，且我辈立言，道固当如是耳。③

这里他一方面说明自己著述的宗旨，自己既然从事文史评论工作，那么对前人著作中之错误能够不加评论吗？御史的职责就是对官吏的失职贪污进行弹劾，法官就是要执法，否则设置做什么呢？当然，他自己也深深知道，这种评论工作，是最容易得罪人的，就如同治病需要用药，药物总是苦的，但目的在于治病救人，遗憾的是懂得此道理的人却不多。但既然已搞此行当，自然就不能怕得罪人。当然，另一方面他表明自己这样做法，是为了追求真

---

① 《文史通义新编》外篇三。
② 《文史通义新编》外篇三。
③ 《文史通义新编》外篇三。

理,"非争胜气",这一点非常重要,既然如此,他就为自己在评论中立下条件,所有辨证评论文字,都应当做到"但明其理而不必过责其人",他并希望从事文史评论人员都能做到这点,直到晚年,他在谈到自己这部著作时还说:"所著《文史通义》,弹劾古人,执法甚严。"[1] 这里需要指出的是,曾经有的文章批评章学诚到处骂人,并指责其为"绍兴师爷",这种批评显然是不确当的。他自己的职业讲得很明显是文史校雠,不让他评论,那只有让其改行。我们当前学术界的评论如何呢?许多评论文章,多数都是小骂大帮忙,动真格的指出某文某书缺点错误的并不多见,难怪有人在文章中提出希望当今应该多出几个刘知幾和章学诚,这自然是希望能改变一下学术界评论的现状。因此,我认为章学诚这种大胆评论的精神,在今天尤其需要大力发扬。

第三,"盖将有所发明"。章学诚在文史校雠方面是要建立一家之言,因此,他不是为了校雠而校雠,在驳正前非以后,必须树立自己的见解,前面曾引《与族孙汝楠论学书》那几句话就已经表达了他的心愿,他在阅读了二十一史以后,深深感到,"二十一家义例不纯,体要多舛,故欲遍察其中得失利病,约为科律,作书数篇,讨论笔削大旨"。这就是说,二十一家义例既然不纯,编修体例又多混乱,并要进一步找出其中利弊得失,然后提出自己修史的意见,以指导今后的修史工作。后来在35岁那年,在给钱大昕的第二封信中,他便明确提出:"学诚从事于文史校雠,盖将有所发明。"[2] 他在史学著作上,贵著术成家,不取方圆求备;学术研究上,贵创造发明,反对依傍门户。在他看来,史学义例,校雠心法,都是前人从未论及。因而他便立志于"文史之争义例,校雠之辨源流"。[3] 他在文史校雠方面的论述,确实有不少独到之见,发前人所未发,在今天看来,确确实实做到了成一家之言,难怪他当日曾说:"平日持论关文史者,不言则已,言出于口,便如天造地设之不可摇动。"[4] 并且还说:"拙撰《文史通义》,中间议论开辟,实有不得已而发挥,为千古史学辟其蓁芜。"[5] 我们前面曾经引过的几句就更加突

---

[1] 《文史通义新编》外篇三《论文示贻选》。
[2] 《文史通义新编》外篇三《上辛楣宫詹书》。
[3] 《与孙渊如观察论学十规》。
[4] 《文史通义新编》外篇三《又答朱少白书》。
[5] 《文史通义新编》外篇三《与汪龙庄书》。

出,"吾于史学,盖有天授,自信发凡起例,多为后世开山"。所有这些豪言壮语,都表明了一点,即他在著作上不愿墨守成规,要闯出一条新路,后来的事实证明,他的宏伟目标是完全实现的,他在史学、文学、方志学、校雠学等领域都建立起自己的观点和体系,对于推动这些学科的发展起到了不可忽视的重大作用。因此,我们认为在学术著作如雨后春笋般的今天,章学诚这种学术论著必须具有独创精神的要求很有必要重新加以提倡。

第四,评论当时学风流弊,世教民俗。他在《上辛楣宫詹书》中就已经提出:

> 世俗风尚必有所偏,达人显贵之所主持,聪明才隽之所奔赴,其中流弊必不在小,载笔之士不思救挽,无为贵著述矣。苟欲有所救挽,则必逆于时趋,时趋可畏,甚于刑曹之法令也。

这就是说,还在青年时代的章学诚,就已经深深感到社会学风之不正,并且提出作为一个正直的学者,就应当挺身而出,加以抨击和救挽。否则,著作再多有何价值?他明知这样做法是逆潮流而动,具有很大的危险性。可是他"明知山有虎,偏向虎山行"。他大声疾呼,学术研究必须走"经世致用"的道路!这种敢于开顶风船的精神无疑是十分可贵的。对于他这种做法与主张,在晚年《上尹楚珍阁学书》中,他曾明确地说明:"学诚……读书著文,耻为无实空言,所述《通义》,虽以文史标题,而于世教民彝,人心风俗,未尝不三致意,往往推演古今,窃附诗人义焉。"①他对于当时学风、文风之不正,都有专篇进行抨击或评论。自云所撰《砭俗》一文,就是因为世俗在评论文章好坏时,并不去研究文章是否有充实内容,这些内容是否有价值,而仅仅在于只看文体形式来评定文章之优劣,这显然是舍本而逐末,"故撰《砭俗》之篇,欲人略文而求实也"。②《原道》篇的发表,是"为三家(义理、考订、文辞)之分畛域设也"。③在宋学、汉学之争非常激烈

---

① 《章氏遗书》卷29。
② 《文史通义新编》外篇三《答朱少白》。
③ 《文史通义新编》外篇三《与陈鉴亭论学》。

的时候，他发表了《言公》、《说林》诸篇，自云这些"十余年前旧稿，今急取订正付刊，非市文也，盖以颓风日甚，学者相与离跂攘臂于桎梏之间，纷争门户，势将不可已也"。他希望通过自己文章的发表，"或于风俗人心不无小补欤！"可惜他这种良苦用心却鲜为人知，即使一些知心朋友也很少有人了解，故他在给其师弟朱锡庚信中不得不指出，"鄙著《通义》之书，诸知己者许其可与论文，不知中多有为之言，不尽为文史计者，关于身世有所怅触，发愤而笔于书"。① 可见他《文史通义》中的每篇文章，一般都是有其针对性，因为他向来反对"为无实空言"的文章。

第五，与同时代人在学术上进行辩论商榷。这类内容在书中就更加多了，如《申郑》、《答客问》、《记与戴东原论修志》、《与孙渊如观察论学十规》诸篇则尤为明显。他在《与胡雒君》书中说：

> 又区区之长，颇优于史，未尝不受师友之益，而历聘志局，频遭目不识丁之流横加弹射，亦必补录其言，反复辨正，此则虽为《文史通义》有所藉以发明，而屡遭坎坷，不能忘情。②

这就说明，他的《文史通义》之中关于方志论文，一则是自己修志经验的总结升华，再则便是回敬那些"目不识丁之流的弹射"。

从上述所列著作目的，我们可以明显地看出《文史通义》是一种什么样性质的书，它实际上是一部纵论文史、品评古今学术的著作。既要为著作之林校雠得失，评论各种学术流派，进而讨论文史著作的宗旨和方法，因而全书皆用辩驳评论的体裁作为写作方法，而其中心则侧重于史。由于它是"文"、"史"通义，综合讨论文史著作中的理论问题，因而其内容就不像《史通》重在论史，《文心雕龙》专门论文那么单一。除部分篇章是分别论述文史外，多数篇章文史兼论，所以要严格划分哪些是专门论文，哪些是专门论史，是比较困难的。而相当数量的方志论文，其内容则又大多在论述史学，因为他是把方志看作是史学的组成部分。加之又有许多篇章是通论学

---

① 《文史通义新编》外篇三《又与朱少白》。
② 《文史通义新编》外篇三。

术发展、学术研究等问题，因此有的学者则直接把它看成是文化史专著，当然这是不太恰当的。因为它毕竟首先应是一部史论专著，因此，史学界的同行，总是把它与刘知幾的《史通》视为中国封建社会中史学理论的"双璧"。

第二节 《文史通义》的流传与版本

当今流传的《文史通义》与《史通》一样分内外篇，但按章学诚原来著作的意图，还有《杂篇》，全书究竟该包括多少篇卷，至今却无定论。我们知道，由于该书著作目的包括广泛，但却无严格著作义例，加之全书在作者生前既未最后定稿，又未排定篇目，因而给后人留下了难题。生前只是为了就正于知交师友，或出于纠正不良的学术风气，虽有选刊之本，究非全豹，况且流传也并不广泛。他在《与汪龙庄书》中就曾讲过不欲广泛流传的原因，"恐惊世骇俗，为不知己者诟厉，姑择其近情而可听者，稍刊一二，以为就正同志之质，亦尚不欲遍示人也"。① 值得注意的是，章学诚在59岁那年写的《跋丙辰山中草》一文中有段话为研究《文史通义》的内容提供了非常重要的依据。他说：

> （平日）所草多属论文，是其长技，故下笔不能自休，而闲居思往，悼其平日以文墨游，而为不知己者多所牴牾，而谬托于同道也，故其论锋所指有时而激，激则恐失是非之平，他日录归《文史通义》，当去芒角，而存其英华，庶俾后之览者，犹见其初心尔。②

这几句话讲了两层意思，其一，他写的文章虽多属论文，但并不都是《文史通义》的内容，凡是要编到《文史通义》里的还要经过选录；其二，凡是选入《文史通义》的文章，还要作必要的文字修饰，即"当去芒角，而存其英华"。这就是说，他想在去世之前，对自己的著作全面加以整理，最

---

① 《文史通义新编》外篇三。
② 《章氏遗书》卷28。

后审定，各自成编，特别是要把一生中早有计划的《文史通义》审选修饰定稿。然而写《跋丙辰山中草》一文时，距其去世之年仅仅五个年头，而在这有限的几年中，为了《史籍考》的编纂他还在四处奔走，多方求援，根本无暇顾及此事。到了去世的前一年，他又已双目失明，这时虽然"犹事论著"，有的则请人代录，有的则口授大略，由儿子贻选书之。由此看来，他整理著作的打算显然未能实现。所以临终前数月，他不得不将平生所著文稿委托友人萧山王宗炎代为校定。看来王宗炎收到文稿后，尚未能够通读，为了早日给章学诚回信，便在匆忙中提了一个编排意见，王氏在信中表示，他所提尚属初步意见，待将文稿通读一两次后，"方能定其去取"。① 事实上，后来因人事变迁，岁月蹉跎，最初的意见竟成为最后的定论，这就是他所编定的《文史通义》内容所以与章学诚著书宗旨不甚相符的症结之所在。这封信还告诉人们，《文史通义》中的《礼教篇》撰成很晚，直到王宗炎将其全部文稿作了初步分类编次时，还在信中问："《礼教篇》已著成否？"所以我们说此篇可视为章氏绝笔之作，晚年几篇重要著作如《邵与桐别传》、《浙东学术》等，皆是口授由其子代书。以致像《春秋》、《圆通》等重要篇章均因生活所迫，后又早死而未能撰成。所以我们才敢于肯定说，《文史通义》一书直至章氏临终，全书并未写成。

对于王宗炎的编排分类，章学诚本人意见如何，已不得而知。章氏次子华绂对此编次并不同意，所以道光十二年壬辰（1832），他便于开封正式编印了"大梁本"《文史通义》，他在序文中说："道光丙戌（1826），长兄杼思自南中寄出原草并谷塍（即王宗炎）先生订定目录一卷，查阅所遗尚多，亦有与先人原编篇次互异者，自应更正，以复旧观。"华绂编定的"大梁本"是《文史通义》正式刊行的第一个本子，嗣后谭廷献刻于杭州，伍宗耀刻于广州，乃至光绪四年（1878）章氏曾孙季真刻于贵州，用的都是"大梁本"。光绪年间，在江标所刻的《灵鹣阁丛书》中收有《文史通义补编》一卷，然所补并不完备。光绪间，桐城萧穆在《记章氏遗书》一文中记述了章氏著作的散聚经过，说明该书稿曾多次变易主人，并"已遭一水一火，幸而仅

---

① 王宗炎给章氏复信已收在《文史通义新编》附录。

存"。① 他自己并为此书的安全和刊刻而奔走过。文中对旧钞本和"大梁本"《文史通义》作了比较，认为"华绂所云王公订定目录一卷，查阅所遗尚多，尚有实据"。但萧穆对"大梁本"却未作任何评议。1920 年浙江图书馆得会稽徐氏钞本《章氏遗书》，铅印行世，亦尚未能包括章氏全部著作。1922 年吴兴嘉业堂主人刘承幹依据王宗炎所定之目，搜罗增补，刊行了《章氏遗书》五十卷。内容大体分为三部分：第一部分是《文史通义》内篇六卷、外篇三卷，《校雠通义》内篇三卷、外篇一卷，《方志略例》二卷，《文集》八卷，《湖北通志检存稿》四卷、外集二卷，《湖北通志未成稿》一卷，凡三十卷，目录大体依照王氏编次；第二部分为外编十八卷，即《信摭》、《乙卯札记》、《丙辰札记》、《知非日记》、《阅读随札》各一卷，《永清县志》十卷，《和州志》三卷；最后是补遗及附录各一卷。后来又增补了《历代纪年经纬考》、《历代纪元韵览》两种各一卷。从此章氏著作遂得比较完整的刊行于世。于是《文史通义》也就有了另一种版本——《章氏遗书》本。1985 年文物出版社根据吴兴嘉业堂刘承幹刻本并从钞本中选录若干篇断句影印，将书名改为《章学诚遗书》，是至今搜集章氏著作最全的本子。

综上所述，社会上流传的《文史通义》主要就是"大梁本"和《章氏遗书》本两种，而又以"大梁本"为主。清末以来，杭州、广州、贵州等处所刻，以及 1949 年前世界书局、新文化书社等发行的全都是采用"大梁本"。就连吕思勉先生所作的《文史通义评》亦是采用此本。1956 年设在北京的古籍出版社首次根据《章氏遗书》本排印，可惜的是不仅"大梁本"外篇三卷全未收入，而且在"出版说明"中为什么要采用这个版本，编者亦未作说明，因而就给人们留下了错觉，似乎两种版本并无区别。1985 年中华书局出版了《文史通义校注》，用的又是"大梁本"，"出版说明"中同样对版本未作交代。实际上这两种版本差异很大，两者比较，内篇在排列次序及分卷上也都不同，"大梁本"为五卷，《章氏遗书》本为六卷，而总篇数后者多出《礼教》、《朱陆篇书后》、《所见》、《士习》、《书坊刻诗话后》、《同居》、《感赋》、《杂说》八篇，而少《妇学篇书后》，殊异还不太大，可是外篇虽皆分为三卷，内容则完全不同，前者是论述方志之文，后者则为"驳议序跋书

---

① 萧穆：《敬孚类稿》卷 9。

说",孰是孰非,一直未有定论。

我们认为,要弄清《文史通义》一书究竟包含哪些内容,无疑还是应当以作者章学诚本人意愿为准。王宗炎编定的《章氏遗书》本,将论述方志文章全部排除在《文史通义》之外,这显然是不符合作者本人意图的,从现有材料来看,作者本人是将方志论文放在《文史通义》之中的,证据如下:(一)在《又与永清论文》中他说:"近日撰《亳州志》,颇有新得,……此志拟之于史,当与陈、范抗行。义例之精,则又《文史通义》中之最上乘也。"他认为史家若能"得其一二精义,亦当尊为不祧之宗"。① 可见他对方志论文在《文史通义》中的地位是相当重视的。(二)他在《论文上辛山尚书》中写道:"欧苏族谱,殊非完善,而世多奉为法式;康氏《武功》之志,体实芜杂,而世乃称其高简,其名均可为幸著矣。鄙选(撰)《文史通义》,均有专篇讨论。"② 所谓专篇讨论,正是指"大梁本"《文史通义》外篇三《书武功志后》而言。(三)他在《释通》篇云:"又地理之学,自有专门,州郡志书,当隶外史。"自注曰:"详《外篇·亳州志议》。"③ 由此可见,章学诚不仅将方志论文作为《文史通义》的内容,而且明确把它放在外篇里。既然如此,我们有什么理由和权利硬将方志论文从《文史通义》一书中排除出去呢?(四)在《方志立三书议》一文中他曾这样说:"或曰'《文选》诸体,无所不备,今乃归于《风诗》之流别,何谓也?'曰:'说详《诗教》之篇矣,今复约略言之'。"④ 我们知道,《诗教》篇是《文史通义》内篇的文章,从行文语气可以看出,因为同属一书,故而才有可能如此表述,否则那就应当说,"说详《文史通义·诗教》篇"了。当然,我们还可以列举出好多点,自然就没有必要了。但有一点还要指出的,即他的方志论文,名为讨论方志,但其中大量篇幅都在论述著作源流、史体得失,讨论历史著作如何编纂等问题。因为章学诚认为,方志本属史体,两者不分此疆彼界。而他在史学上许多重要见解,纪传体史书应当为史官立传,强调图表在史书中的作用等

---

① 《文史通义新编》外篇三。
② 《文史通义新编》外篇三。
③ 《文史通义新编》内篇四。
④ 《文史通义新编》外篇四。

等，都是在方志叙例诸文中提出的。像这样一些重大问题难道能说他不是在论文史吗？我们必须注意这样一个事实，即章学诚一生的遭遇，使他根本无条件坐下来专门论史，他一生当中，很大部分是在替人家修志中度过的。他丰富的史学理论，无机会试之于史，于是就在修志中加以实践，再从实践中总结提高。因此，我们说方志论文是《文史通义》的重要组成部分，章华绂编印的"大梁本"《文史通义》，外篇所收全属方志论文，应当说是符合他父亲著述此书本意的。

至于王宗炎所编之外篇——序跋书评驳议之类，当然也属《文史通义》的内容。但其选编尚有不尽之处。如上文所引《论文上弇山尚书》一文中所称"欧苏族谱"，作者曾明确表示在《文史通义》中曾有专篇讨论，这里所讲专篇实指《家谱杂议》①，然王宗炎所编定之外篇并未收入。又如章学诚在《与邵二云论文书》中也明确说过："《郎通义墓志书后》，则《通义》之外篇也。族籍名字，书法之难，本文论之详矣。"②可见此类文字，作者也是定为外篇。这类情况我们还可列举不少。这就说明，王宗炎所编之《文史通义》外篇并不完备。以上事实说明，当今流传的《文史通义》两种版本外篇，应当都是《文史通义》的内容。问题在于由于版本的不同，一般人又不知内情，因而学术界许多论著的引文自然就出现了混乱情况，因为外篇同是三卷，内容则全然不同，若引文只注外篇多少，而不注明版本，读者自然就无法查对，我们所以要花这么多笔墨来介绍该书版本的流传，目的就在于要引起广大读者与学界朋友注意，防止在使用该书时产生错误。不过，也可以告知读者的是，为了解决因版本不同而引起的混乱，让大家对这部史学名著能够看到比较满意的完整的定本，笔者根据章氏著述此书的本意，在两种通行版本基础上对它进行了重新整理和编定，并定名曰《文史通义新编》，已由上海古籍出版社正式出版，共收章氏文章303篇，其中新增补的就有85篇，超过流行版本总篇数约三分之一，无疑给文史工作者研究章氏学说提供了方便。在选编整理过程中，我们还发现这部名著中有不少重要篇章无疑已经散失了，如章氏在有些文章中曾提到过的《诸子》篇、《家史》篇等，竟不可复得。

---

① 《文史通义新编》外篇一。
② 《文史通义新编》外篇三。

这里还要附带说明的是，过去也曾有人认为他的另一部著作《校雠通义》也应属于《文史通义》内容。他们的根据是章学诚在《诗教》篇里自注云："六艺为《官礼》之遗，其说亦详外篇《校雠略》中《著录先明大道论》。"又注曰："说详外篇《校雠略》中《汉志诗赋论》。"[①] 其实这是只知其一，不知其二。他初作《校雠略》时，也许是将其作为《文史通义》外篇的内容，但后来写作过程中发觉内容较多，又能自成一体，故而独立成书，定名曰《校雠通义》。后来所作《繁称》篇自注就云："已详《校雠通义》。"[②] 他在50岁那年写的《上毕抚台书》中便明确说过："生平撰著有《校雠通义》、《文史通义》，尚未卒业，然颇有文理，可备采择。"[③] 可见他本人当时已明确把《校雠通义》当作独立的一部著作向毕沅介绍了。流传下来的《校雠通义》共有三卷，不是分上、中、下篇，更没有《著录先明大道论》这个篇名。但这一内容已经分散在该书卷1的《原道》篇中。而所谓《汉志诗赋论》一篇，则已经入该书卷3，仍叫《汉志诗赋》。这一卷专论《汉书艺文志》，故除这篇外，尚有《汉志六艺》、《汉志诸子》、《汉志兵书》、《汉志术数》、《汉志方技》诸篇。因此我们有理由认为，他原写之《校雠略》三篇，本欲放在《文史通义》外篇，后在此基础上扩大而成《校雠通义》一书，就全书内容来说，比较单一，专讲"校雠"之学，不像《文史通义》内容那么松散而庞杂。还要指出的是，《校雠通义》一书原为四卷，作者在河南遇盗时全部散失，后从朋友处借回传抄稿加以修改，成为现今之流传本，但第四卷却不可复得，这在上文中已经讲了。今传《章氏遗书》中的《校雠通义》尚有外篇一卷，乃是王宗炎在校定《章氏遗书》自行编辑的单篇文章，各篇内容既不是论述校雠学方面问题，而每篇之间亦互不相关，所以著名学者王重民先生在作《校雠通义通解》时，便已将其删去。

---

① 《文史通义新编》内篇一《诗教下》。
② 《文史通义新编》内篇三。
③ 《文史通义新编》外篇三。

第七章
成一家之言的《文史通义》(中)
—— 独树一帜的史学思想

第一节　提倡史学必须"经世致用"

"经世致用"是我国传统史学中一个优良传统,从孔子作《春秋》,司马迁著《史记》,司马光编著《资治通鉴》,无一不反映出这一精神与思想宗旨。这就说明我国古代史学家,大多很注意史学的社会效益,为社会服务的宗旨,即使专写典章制度的史书如杜佑的《通典》、马端临的《文献通考》亦无不反映出这一思想和精神。杜佑编纂《通典》,就是要总结历史上经验教训,以寻求"富国安民之策",故他在《通典·序》中曾毫不含糊地说:"所纂《通典》,实采群言,征诸人事,将施有政。"就如具有地方色彩的浙东史学,"经世致用"则是其特色之一,他们既反对空谈理论,又反对专务考索,强调史学研究必须有补于社会。章学诚是浙东史学的殿军,集浙东史学之大成,又是专门从事史学评论工作,所以他的"经世致用"史学思想则更加显著,这固然与总结继承先辈们的优良传统有关,更重要的是反映了时代的要求。他所生活的乾嘉时代,考据之风笼罩着整个学术界,大家疲精劳神地埋头于古代文献的整理考订和辨伪,闭口不言现实,清初诸大家顾炎武、王夫之、黄宗羲所倡导的那种"经世致用"的思想和精神,已经丢得精光,史学界自然也不例外,针对这一社会现状,章学诚于是大声疾呼,学术研究必须"经世致用"。他说:"文章经世之业,立言亦期有补于世,否则古人著述已厌其多,岂容更益简编,撑床叠架为哉。"① 这一思想贯穿《文史通义》的始终,成为该书的精髓。而《说林》篇又是突出体现这一思想的典

---

① 《文史通义新编》外篇三《与史余村》。

型,作者在文中反复举例进行比喻和论证,说明史书的编纂和学术研究如果无补于社会世教风俗,那就毫无存在的价值。"人生不饥,则五谷可以不艺也;天下无疾,则药石可以不聚也。学问所以经世,而文章期于明道,非为人士树名地也。""学问经世,文章垂训,如医师之药石偏枯,亦视世之寡有者而已矣。以学问文章徇世之所尚,是犹既饱而进粱肉,既暖而增狐貉也;非其所长而强以徇焉,是犹方饱粱肉而进以糠秕,方拥狐貉而进以裋褐也。其有暑资裘而寒资葛者,吾见亦罕矣。"① 这里比喻得既很形象,揭露得也很深刻。尽管我们讲了,他在做学问上非常注意创造性,提倡独创精神,但更强调经世致用。因为在他看来,你虽有创造发明但于世无用,也就是对社会毫无任何效益,那只不过是"雕龙谈天之文"。② 所以他说得十分干脆,"文章之用,内不本于学问,外不关于世教,已失为文之质"。③ 他在《评沈梅村古文》中就坦诚地告诉人们,古代学者,并不担心文字的不工整,而担心的则是文章仅仅是形式的工整内容却无益于世教;不怕不丰富,怕的倒是"学问之徒富而无得于身心"。④ 正因如此,他在和好友邵晋涵的通信中指出:"吾辈辨论学术,当有关于世道,私心胜气,何以取后世之平。"⑤ 尤其是史学,其目的十分明确,记载朝代国家之兴亡,明记其政治得失,以为后之为政者借鉴,其内容必须起到劝善惩恶的作用,他说:"史家之书,非徒纪事,亦以明道也。"例如史书中的儒林传、文苑传,如果"不发明道要",但叙学人才士生平一二行事,那就将失去古人设置这些篇章之义。⑥ 他还列举了历史上对国家民族作出重大贡献的人物为例,如"诸葛、文山,令人希风慕义百世师也","睢阳、岳鄂,后人景善,因以嫉邪,尤激切于人心,而有裨风教"。⑦ 事实正是如此,史学是内容十分丰富的,它记人记事,记载社会的发展,历代兴亡,国家分合,生民休戚,政治得失,人物善恶,无所不载。自

---

① 《文史通义新编》内篇四。
② 《文史通义新编》外篇三《答沈枫墀论学》。
③ 《文史通义新编》内篇三《俗嫌》。
④ 《文史通义新编》外篇一。
⑤ 《文史通义新编》外篇三《答邵二云书》。
⑥ 《文史通义新编》外篇五《永清县志前志列传序例》。
⑦ 《章氏遗书》卷16《为曾转运撰曾襄愍公祠堂碑》。

古以来，所有史学名著或重要著作，无不涉及这些内容。通过对这些内容的记载和评论，达到为社会服务的目的，后人治国论政，从中得到借鉴，书美以彰善，记恶以垂诫。像这样一门具有血肉声色的学问，如果空谈理论，或专门考证，就无法起到有益于社会的教诫作用。他还特地以孔子的《春秋》作为典型进行论述，他说：

> 史学所以经世，固非空言著述也。且如六经同出于孔子，先儒以为其功莫大于《春秋》，正以切合当时人事耳。后之言著述者，舍今而求古，舍人事而言性天，则吾不得而知之矣。学者不知斯义，不足言史学也。①

难怪《孟子·滕文公》曾说："孔子成《春秋》，乱臣贼子惧。"《春秋》如此，一部二十四史又何尝不是如此。清代浙东史学大师黄宗羲在《补历代史表序》中就曾说："夫二十一史所载，凡经世之业，无不备矣。"②这就是历史著作的社会效益。可见从事史学研究和著述的人，必须懂得为社会服务的"经世致用"这一宗旨，否则就不配做历史学家，更无资格来谈论史学。研究历史既要经世致用，那么史家写史就应当详近而略远，多写当时之事，他认为这也是历来史家的优良传统。他说："历观前史记载，每详近而略于远事，刘知幾所谓班书倍增于马，势使然也。"③又说："史家详近略远，自古以然。"④这个传统应当保持并加以发扬。

当然，在章学诚看来，不独史学如此，整个学术研究都应当做到经世致用，至于在不同历史时期如何经世致用，则要根据各个历史时期的不同社会特点随时应变，因为要求不同，所以表现的内容与形式也不可能千篇一律。如歌颂国家统一，宣传制度改革，批判暴虐无道，表彰为国立功之英雄，每当国家危难之时，则更是宣传"国家兴亡，匹夫有责"的爱国主义精神。所

---

① 《文史通义新编》内篇二《浙东学术》。
② 《南雷文集》卷4。
③ 《章氏遗书》卷17《刘氏三世家传》。
④ 《文史通义新编》外篇三《为毕制军与钱辛楣宫詹论续鉴书》。

以经世致用的内容是非常丰富的。章学诚曾以浙东学派为例予以说明：

> 浙东之学，虽源流不异而所遇不同，故其见世者，阳明得之为事功，蕺山得之为节义，梨洲得之为隐逸，万氏兄弟得之为经术史裁，授受虽出于一，而面目迥殊，以其各有事事故也。①

就乾嘉时代所特有的社会情况来说，由于学术界已经形成一种不良风气，作为一个学者，如果心地纯良正直，不务虚名，就应当挺身而出，加以抨击，以施救挽。"所贵君子之学术，为能持世而救偏"②，这是学者治学所应持的态度。要做到"持世而救偏"，并非容易，因为除了具备心术人品外，还必须有一定的识别能力，这种识别能力就是要能看出社会风气是否有偏。章学诚认为，天下之事凡形成风气，尽管其主流也许并不坏，但其中必有其弊，"君子经世之学，但当相弊而救其偏"。③可见首先要有"相弊"的能力，看出问题症结之所在。这种相弊的能力正"存乎识"：有识，则能看清偏弊，施以挽救；无识，自然就谈不上持世救偏了。至于如何对症加以针治，章学诚认为，首要任务是要去掉名利思想，既已知其偏弊，那就千万不能为个人利益而投其所好，因为"好名之士，方且趋风气以为学业，是以火救火而水救水也"。④这种人赶浪头，随风跑，哪里还谈得上挽救世弊呢？所以他当时提出，对待学术界不正之风有两种态度，一种是"趋风气"或称"徇风气"，另一种则是"持风气"。前者是"趋时而好名"，应当反对；后者则是"持世而救偏"，应当肯定。其次，在挽救针治中，必须做到"中正"、"适当其宜"⑤，同时必须注意"严于去伪而慎于治偏"⑥，千万不能矫枉过正而全盘否定历史考据，以防止一种偏向代替另一种偏向。他对于历史考据既揭露其偏弊，又肯定其价值与成绩，并反复强调考据之学亦专门之业，千万不

---

① 《文史通义新编》内篇二《浙东学术》。
② 《文史通义新编》内篇二《原学下》。
③ 《文史通义新编》外篇一《淮南子洪保辨》。
④ 《文史通义新编》内篇六《天喻》。
⑤ 《文史通义新编》内篇六《天喻》。
⑥ 《文史通义新编》内篇四《说林》。

可忽视。章学诚还提出,做学问也要具有陶朱公经商的那种精神,"陶朱公曰:'人弃我取,人取我与。'学业将以经世,当视世所忽者而施挽救焉,亦轻重相权之义也"。① 这就告诉人们,做学问应当看到社会的需要。而下面一段议论,可视作章学诚史学必须经世致用精神的总概括:

> 君子苟有志于学,则必求当代典章以切于人伦日用,必求官司掌故而通于经术精微,则学为实事而文非空言,所谓有体必有用也。不知当代而言好古,不通掌故而言经术,则鞶帨之文,射覆之学,虽极精能,其无当于实用也审矣。②

这就是说,做学问必须博古而通今,考史事而实用,否则即使掌握不少知识,也称不上真正的学问,因此,"协时"、"适用"、"持世"、"救偏",应成为学者做学问时不可动摇的信条。在考据之风盛极一时的乾嘉时代,学者不敢正视和研究现实,而大搞训诂名物,全部精力耗费在古代文献的整理考订,章学诚能不为此风所囿,别开生面,反对脱离社会现实而专搞烦琐考证,高唱学术研究必须经世致用,企图改变学术研究脱离社会现实的不良学风。由于他的思想与当时潮流不合,竟被视为异端邪说,这也说明他的这种思想和精神在当时还是产生一定的影响,而对后来不少启蒙思想家却产生了更为重大的影响。

第二节 重点探讨史义以挽救史学之积弊

什么是史义? 实际上就是指史家写史的观点和见识,并用此观点来总结历史经验,探索历史规律。孔子作《春秋》,记载的是齐桓、晋文争霸之事,通过这些事实的记载,以体现孔子的观点和目的。因此在孔子作《春秋》时已经提出了"史义",但从理论上探讨"史义"的重要性,自然首推章学诚

---

① 《文史通义新编》外篇三《答沈枫墀论学》。
② 《文史通义新编》内篇五《史释》。

了。因为孔子是历史学家,而不是史学评论家。唐代史学评论家刘知幾,曾对封建社会前期的史学发展作了全面的总结和评论,但其论述的重点却是历史编纂学的史学方法论。在其代表作《史通》一书中,他从史体长短得失,到史书的编写内容,从史料的搜集、审核和选用,到文章的叙述方法、形式和技巧,都备论无遗,而对史义很少论述。章学诚也是以史学理论而著称,他的《文史通义》,后人将它与《史通》并称封建时代学史理论双璧,清代许多学者曾称他为"国朝之刘子元"。不过两人虽然同以史学理论著称,但评论重点则并不相同,"名曰同条共贯,实则分道扬镳"。[1] 正如章学诚自己所说:"刘言史法,吾言史意;刘议馆局纂修,吾议一家著述。"[2] 他对刘知幾的历史编纂学有继承,有发展,刘氏所忽略的史义,更成为他探讨的重点。因为在他看来,自唐设史馆修史以来,便"史学废绝",史学失传,具体表现,他在《书教》篇下说:

> 纪传行之千有余年,学者相承,殆如夏葛冬裘,渴饮饥食,无更易矣。然无别识心裁,可以传世行远之具,而斤斤如守科举之程式,不敢稍变;如治胥吏之簿书,繁不可删。[3]

这就是说,千余年来,史家修史只按程式照办,不敢稍作变更,更谈不上别识心裁,而不同时代,历史内容并不相同,如此写史,哪里谈得上总结历史经验,探索历史规律。当然观点也就很难反映。尽管封建社会后期,从形式上看各种史体均已产生成熟,但由于墨守成规,而使史学思想受到了禁锢,修史也就无疑失去了灵魂。因此,如何从理论上说明史义的重要性,进而推动史学向前发展,就成为这个时期史学园地里一个重要课题。然而当时第一流史家如钱大昕、王鸣盛、赵翼等人所从事的工作,不过都是对古史进行校正和考订,既不谈发凡起例,也不讲史学意义,他们的著作《廿二史考异》、《十七史商榷》、《廿二史札记》等书,虽说不无贡献,但无疑大多

---

[1] 萧穆:《敬孚类稿》卷5《跋文史通义》。
[2] 《文史通义新编》外篇三《家书二》。
[3] 《文史通义新编》内篇一。

为脱离现实生活的著作。在此情况下，如何阐明史学的意义，明确作史的目的，强调观点的指导作用，就显得更为重要，只有这样方能推动史学向前发展。这就是章学诚所以要把研究史义作为首要任务的关键之所在。《文史通义》中，许多篇章都从不同角度论述史义，要求史家"作史贵知其意"，此乃"史氏之宗旨"。

为什么要重视史义呢？他说："史所贵者，义也；而所具者，事也；所凭者，文也。"① 又说："载笔之士，有志《春秋》之业，固将惟义之求，其事与文，所以籍为存之资也。"② 这就是说，史义是历史观点，是要反映作史者的政治主张与政治立场。事是指对历史事实的记载，而文则是根据历史事实所写成的文章，它是观点与事实的表现形式。三者相比，显然观点最为重要，它通过具体史实来体现，史实也要借文辞来表达。三者关系，总的来说，事和文只不过是作为存义的材料和工具，有轻重主次之别，不能等同视之。他还举例说明："国史、方志，皆《春秋》之流别也。譬之人身，事者其骨，文者其肤，义者其精神者也。"③ 这就非常生动而形象地说明了义、事、文三者的关系及轻重主次之别，很显然，一个人如果精神不存在了，将意味着什么，自然就不用说了。正因如此，所以他提出了史家必须注意"作史贵知其意"，非同于掌故，仅求事、文之末。他列举孔子作《春秋》为例，指出：

孔子作《春秋》，盖曰其事则齐桓、晋文，其文则史，其义则孔子自谓有取乎尔。夫事，即后世考据家之所尚也；文，即后世词章家之所重也。然夫子所取，不在彼而在此，则史家著述之道，岂可不求意义所归乎！④

这就要求史家在作史时，必须观点明确地总结历史经验，探讨历史规律。在他看来，"史氏之宗旨"，是"取其义而明其志，而事次文篇，未尝分

---

① 《文史通义新编》内篇五《史德》。
② 《文史通义新编》内篇四《言公上》。
③ 《文史通义新编》外篇四《方志立三书议》。
④ 《文史通义新编》内篇四《申郑》。

居立言之功也"。① 重视史义的研究，并从理论上进行反复探讨，这在古代史家当中还不多见，章学诚应是第一人。

第三节　大谈"六经皆史"

章学诚在《文史通义》的卷首，开宗明义第一句就提出"六经皆史"这个论断，而在书中其他许多篇章又一再论述"六经皆史"、"六经皆器"、"六经皆先王之政典"，成为他史学思想中重要组成内容。不过对他这一学术思想，长期以来众说纷纭，有的说这是章学诚"一种创见"而加以肯定和赞扬，有的则说这是章学诚抄袭前人之语，并无功绩可言，并且认为"六经皆史"说本身也并非"了不起的高论"。因为"这几部书不是说称为'经'就抬高到天上去了，称为'史'就打入十八层地狱中了，两种称谓对这几部书是一致的"。关于"六经皆史"说的首创或最早提出者，我们也认为不是章学诚，故先后在《也谈章学诚"六经皆史"》②和《章学诚和〈文史通义〉》③中都有论述，特别是后一书中论述甚详，这里就不再谈了。因为是谁首先提出争论并不重要，重要的倒在于这个论断究竟有否重要意义，是不是像有人所说并非"了不起的高论"？是不是"两种称谓对几部书是一致的"？这才是问题争论的实质。我们认为持此说者实际上是否定了六经在长期封建社会中的特殊统治地位。众所周知，在中国封建社会里，相当长一段时间，经与史的地位是全然不同的。六经一直作为儒家"经典"受到尊崇，所以造成这种局面，根子自然还是在于历代封建统治者的吹捧与扶持。从汉武帝"独尊儒术"以来，六经就成为封建国家的统治思想，"凡诸不在六艺之科，孔子之术者，皆绝其道"。④ 在当时的太学里，还特地设置五经博士，专门讲授儒家经典《诗》、《书》、《易》、《礼》和《春秋》。五经博士成为重要的"利禄之

---

① 《文史通义新编》内篇四《言公上》。
② 《史学月刊》1981年第2期。
③ 中华书局1984年版。
④ 《汉书》卷56《董仲舒传》。

路"。故当时民间就有"遗子黄金满籯，不如一经"①之说法。东汉建初四年，汉章帝在白虎观曾召开了一次儒家代表人物讲论五经同异的辩论会，皇帝亲自裁决，制成定论。唐太宗曾对大臣说："朕所好者，唯尧、舜、周、孔之道，以为如鸟有翼，如鱼有水，失之则死，不可暂无耳。"②他还常到国子学去听讲，学生能通儒家一经以上的都可做官，还令孔颖达等为五经作注，出现了"儒学之盛，古昔未之有"③的局面。这些情况表明，历代统治者都十分重视和利用这几部儒家经典，来作为巩固他们封建统治的工具。它们在封建时代特殊的社会地位，有哪一部史书可与之相比呢？我们不应当无视这个历史事实。正因如此，谁敢触犯它，就被指控为"非圣无法"。司马迁的《史记》因为没有用儒家经典为指导，尽管书中也并未批评六经，班固还是批评《史记》"先黄老而后六经"。④刘知幾的《史通》因为写了《疑古》、《惑经》两篇，冒犯圣人"经典"，因而背上了"谤书"的罪名。王安石于《春秋》，"不列于学官，不用于贡举"，遂被指责为欲"诋圣经而废之"。⑤哪一部史书也没有取得过这样尊崇的地位。我们所以不厌其烦地谈论这些，目的在于说明这样一点，即在我国长期封建社会里，经与史一直是有着严格区别的，从未相提并论过，当时称谓的不同，确实反映了性质与地位的不同，绝不像有些人所谓的"两种称谓对这几部书是一致的"。只要看到这个历史事实，就可以理解"六经皆史"说这一思想的出现，具有重要的社会现实意义。正如史学界老前辈范文澜、侯外庐等先生早已指出，实际上是把封建社会中顶礼膜拜的六经教条从神圣的宝座上拉了下来与史并列，这个意义自然不可轻视。因此，我们认为，对于"六经皆史"思想的产生，应与当时历史条件联系起来进行讨论，因为各种思潮、学说的出现，都不是偶然的，而是当时社会上政治斗争在思想领域的反映。"六经皆史"这一思潮的产生自然也不例外。宋元以来，中国封建社会已经进入后期阶段，特别是明代中叶以后，社会各方面发生很大变化，思想意识也随之而发生变化，于是作为儒家经典的

---

① 《汉书·韦贤传》。
② 《资治通鉴》卷192"贞观二年六月"条。
③ 《旧唐书》卷189上《儒学》。
④ 《汉书·司马迁传》。
⑤ 周麟之：《海陵集》卷22《跋先君讲春秋序后》。

六经在人们心目中也开始动摇，许多人对其产生了怀疑，认为它并不是那么神圣，与其他史书相比，也无特殊之处。"六经皆史"说的出现，正生动地说明了这一事实。

我们说"六经皆史"说虽然不是章学诚首创，但这并不会降低章氏对这一命题所作的巨大贡献，因为前人对此均未作过具体论述，大多在行文中带到三言两语。而章学诚针对时弊，重新提出这一命题，加以详尽阐明，系统论述，并成为他"经世致用"史学思想的核心。为什么说"六经皆史"？他从多方面进行论证。首先，"古人不著书，古人未尝离事而言理，六经皆先王之政典"。① 这一思想在《易教》、《经解》等篇被反复论述，六经虽是孔子删订，但孔子"述而不作"，全是根据先王典章编辑而成，从未离开事实而谈空洞的道理。其次，古代根本无经史之别，六经皆由史官所掌管，不仅《尚书》与《春秋》如此。② 再者，"三代学术，知有史而不知有经，切人事也"。③ 这就是说，古代都重视人事，所纪皆有事实内容，因而人们也就不知道还有什么空洞说教的经。既然六经都是先王的旧典，孔子只不过是根据这些"典章"、"政典"加以整理，删订成书，在当时来说当然就不会像后世那样尊奉为神圣不可侵犯的经典，这是显而易见的。至于尊奉为经，他在《经解》篇作了详尽的论证，指出"六经之名，起于孔门弟子"，"儒家者流乃尊六艺而奉以为经"。④ 这里他既论证了古代无私人著作，无经史之别，人们知道的只有史而不见有经，同时又指出了六经之名起于孔门弟子，尊奉为经也仅是儒家学派所为，这自然都是后来之事。为了说明问题，他还进一步指出，经之本意，并非尊称，当时诸子著书，往往自分经传，"自以其说相经纬"，"有经以贯其传"，都乃平常之事，从而说明，经之尊称，本出于儒者之吹捧，这一系列论述，就把六经的老底与称经的来历一一揭示了出来。这在历史上还找不出第二个学者。

至于章学诚"六经皆史"说的意义，首先表现在政治上是将这几部儒

---

① 《文史通义新编》内篇一《易教上》。
② 详见《文史通义新编》外篇一《论修史籍考要略》。
③ 《文史通义新编》内篇二《浙东学术》。
④ 《文史通义新编》内篇一《经解上》。

家著作拉到与史并列的地位，从而抹去了千百年来笼罩在它们上面的神圣的光环，恢复了它们本来作为史的面貌，并依据历史观点，作为古代典章制度的源流演进来研究，成为研究古代社会历史的重要对象。这就扩大了历史研究、史料搜集的范围，因为六经既然都是先王的"政教典章"，无疑是研究当时社会政治制度的重要史籍。不过，他这里所讲的"史"，含义如何，亦有不同看法。有的学者认为章学诚所指的"史"，主要是指具有"史意"，能够"经世"的"史"，与我们理解为"史料"的"史"自有区别。我们认为这样理解似乎不够全面，实际上是两者兼而有之。首先它应当是史料，上面已经讲了，因为六经是先王的政教典章，周公之旧典，历史事实的记录，这些当然是历史资料。

再从著书体例来看，章学诚再三强调，"夫子述而不作"，"夫子未尝著述"，六经只不过是孔子删订而已。故六经是选辑、是掌故、是记注，而不是著述。他在《文史通义·书教》篇就明确指出，《尚书》就如同后来"名臣章奏"的选辑，并非属于某一人之著述。事实也确实如此，《尚书》是我国最早的史料汇编，当然它具备史料性质。"六经皆史"的"史"作为史料之"史"理解，我们还可以从他有关言论中得到证实。他在《报孙渊如书》中说：

> 愚之所见，以为盈天地间，凡涉著作之林，皆是史学，六经特圣人取此六种之史以垂训耳。子集诸家，其源皆出于史。①

这里所谓"盈天地间，凡涉著作之林，皆是史学"的"史"，与其把它理解为具有"经世"的"史"，毋宁把它解释为具有"史料"价值之史更为恰当。就是说，充满天地之间的一切著作，都是史料，都是历史学家编著史书时搜集研究的对象。既然如此，六经也不例外。关于这点，我们还可以从他所修之《史籍考》内容得到印证。他在《报孙渊如书》中说："承询《史籍考》事，取多用宏，包经而兼采子集，不特如所问地理之类已也。"而真正史部之书，仅占群籍四分之一。显而易见，他把经部与子集诸书也引入其中当作史籍。像这样的"史籍"看来还是把它理解为含有"史料之史"更为

---

① 《文史通义新编》外篇三。

贴切。还值得注意的是，我们认为，史料本身无不包含有史义，绝不会有脱离史料的抽象史义。反之，也没有不具史义的史料，否则就将不称其为史料。史义不能离开史料而独自存在，正如精神不能脱离物质，其理相同。章学诚批判苏洵时已经明确指出："事辞犹骸体也，道法犹精神也，苟不以骸体为生人之质，则精神于何附乎？"① 由此可见，在研究章学诚"六经皆史"说时，如果完全摒弃史料之史的含义而专谈只具史义，恐不甚妥当。

当然，"六经皆史"的"史"，又具有"经世"之史的内容。他指出孔子删订六经，目的在于"存道"、"明道"，"以训后世"，让后人从先王政典中得知治国平天下的道理。"先圣先王之道不可见，六经即其器之可见者也。后人不见先王，当据可守之器而思不可见之道，故表章先王政教与夫官司典守以示人。"② 唯其如此，因而章学诚认为，在研究六经时，应从六经具体事实中去领会其精神实质，为当前政治服务，切不可死守经句，泥于古义，专搞名物训诂而脱离当今之人事。他要求人们特别要注意研究现实，"贵时王之制度"。如果只知道背诵先圣先王之遗言，对于当前国家政治制度一无所知，那么所作之学问文章，则未必足备国家之用，也就失去了学习先王典章的意义。何况许多事件都发生在以后，六经上不可能有所记载，只有按照其精神作为指导来著书立说，宣传治国之道。这就是他所强调的"固贵约六经之旨而随时撰述以究大道"。③ 综上所述，我们说章学诚"六经皆史"的"史"，既具有具体历史事实、历史资料的"史"，又具有抽象的经世致用的"史"。正因如此，我们才说它为历史研究、史料搜集打开了广阔的天地。

"六经皆史"说还有一个重要意义，章学诚以此一方面反对宋学的空谈，一方面反对汉学的专务考索的流弊。乾嘉时代，汉学与宋学门户纷争，不可开交。就治史而言，历史考证当然需要，历史评论也不可缺少，但是若走向极端，都要出现偏差。专务考索，必然脱离实际，流于烦琐考证。议论一偏，就流于不切人事、空谈性理之弊端，丢掉了学以致用的优良传统，走入死胡同之中，并且各执一端作毫无意义的纷争。章氏则以"六经皆史"的理

---

① 《章氏遗书》外篇卷3《丙辰札记》。
② 《文史通义新编》内篇二《原道中》。
③ 《文史通义新编》内篇二《原道下》。

论，对其流弊加以针砭，批评"舍今而求古"、"舍人事而求性天"的两种不良倾向，强调要博古通今，学以致用。以上事实告诉我们，尽管章学诚生活上极端困难，而在做学问上却一丝不苟。同时代的许多学者为前途饭碗计，大多迎合当局需要，终日钻在故纸堆中做脱离现实的考证工作，而他却照样标新立异，不为此种学风所囿，反而高唱"经世致用"，大谈"六经皆史"，要把学术变为切合实际，有益于当前社会风教的活的学问。他提倡学术为政治服务，学者要面向现实，重发挥，重创造，反对死守经句，力主通经致用。这种主张对于推进学术发展无疑是有积极意义，在学术思想史上，应占有一定的地位。

第四节　史家必须具备"史德"

章学诚在《文史通义》中，特地写了一篇《史德》，首先提出"史德"是史家不可缺少的条件之一，这是针对刘知幾提出的"良史"必备的三个条件而发的。作为一位优秀历史学家，究竟应当具备哪些条件，刘知幾在答礼部尚书郑惟忠提问时，回答了三点，这就是我们常说的史家三长。他说：

> 史才须有三长，世无其人，故史才少也。三长，谓才也，学也，识也。夫有学而无才，亦犹有良田百顷，黄金满籯，而使愚者营生，终不能致于货殖者矣。如有才而无学，亦犹思兼匠石，巧若公输，而家无楩柟斧斤，终不果成其宫室者矣。犹须好是正直，善恶必书，使骄主贼臣所以知惧。此则为虎傅翼，善无可加，所向无敌者矣。脱苟非其才，不可叨居史任，自复古已来，能应斯目者罕见其人。[①]

不过他提出这个"三长"，在其代表作《史通》里没有明确说明。章学诚在《史德》篇中对此首先加以肯定，指出"才、学、识三者，得一不易，而兼三尤难"，所以自古以来多文人而少良史，就是这个道理。因为"史所

[①] 《旧唐书》卷102《刘子玄传》。

贵者，义也；而所具者，事也；所凭者，文也。……非识无以断其义，非才无以善其文，非学无以练其事"。但他认为单具有此"三长"，还不足以称为良史，所以他在文中批评了刘知幾的"所谓才、学、识，犹未足尽其理也"。并且感叹"文史之儒，竞言才、学、识而不知辨心术以议史德，乌乎可哉？"于是他便在才、学、识"三长"之外，又特地提出一个"史德"来。什么是"史德"呢？就是"著书者之心术"，指史家作史，能否忠实于客观史实，做到"善恶褒贬"，务求公正的一种品德。他说："史之义出于天，而史之文不能不藉人力以成之，……故曰心术不可不慎也。"①

对于章学诚在"三长"之外再增添"史德"的主张，长期以来，一直有人不以为然，认为他所提的"史德"已经包含在"史识"中了。为了辨清问题，这里有必要多花些笔墨。我们认为，刘章二人所谓才，就是指写文章的表达能力。有了丰富的史料，如何进行分析、组织，整理、加工，使之成为一篇通达流畅人人爱读的好文章，那是需要有一定才能的，故章学诚说"非才无以善其文"。所谓学，是指具有渊博的历史知识，掌握丰富的历史资料，否则就无法编著出内容充实的历史著作，故他说"非学无以练其事"。所谓识，则是指对历史发展、历史事件、历史人物是非曲直的观察、鉴别和判断能力。章学诚"非识无以断其义"的"断"字用得非常恰当，断者，判断也。这里我们也可以用刘知幾本人的话来说明，他说："假有学穷千载，书总五车，见良直而不觉其善，逢牴牾而不知其失，葛洪所谓'藏书之箱箧'，'五经'之主人，而夫子有云：'虽多亦安用为？'其斯之谓也。"②这就是说，纵有极丰富的知识，如果没有判别史料真伪、是非曲直抵牾能力，那也是枉然，只不过是个书呆子。可见它与属于行为规范的史德是属于不同概念，根本不可能包含史德在内。

这里有必要指出的是，首先提出单具有刘知幾所说才、学、识"三长"还不配称"良史"的并不是章学诚，而是明代万历年间兰溪人胡应麟。胡氏在其著作《少石山房笔丛》中就说："才、学、识三长，足尽史乎？未也。"他的意思还要加"公心"、"直笔"两点。在此之前，元代中后期历史学家揭

---

① 均见《文史通义新编》内篇五《史德》。
② 《史通·杂识》。

傒斯也曾提出修史的人"心术"很重要，认为"心术者，修史之本"。到了章学诚便概括前人所论，提出一个"史德"标准。这就说明，刘知幾的"史识"之内绝对没有把"史德"的内容包括进去，所以后人才不断提出补充意见。我们觉得，有些学者所以会对史识产生如此误解，主要原因在于对刘知幾同郑惟忠那段对话理解有误。因为刘氏那段话中，除了对史才、史学作了比喻外，对史识未作比喻，接着就说"犹须好是正直，善恶必书，使骄主贼臣所以知惧"。错误就在于认为这是刘知幾对史识的解释，显然这是误解。要知道，刘知幾从未明确说明过这就是史识的内容，实际上它是对上述内容作的补充。从语法结构来看，"犹须"云云，都是补充上面未尽之意，而不是用来解释上面内容，这是语法常识。刘知幾在这里是指除史才、史学、史识之外，"犹须好是正直，善恶必书……"。

另外，再从字面或字义上看，史识也无法解释出具有"史德"的内容来。我们还是用刘知幾本人言论来说明，应当更具有说服力。他在《史通·鉴识》篇里说：

> 夫人识有通塞，神有晦明，毁誉以之不同，爱憎由之各异，盖三王之受谤也，值鲁连而获申，五霸之擅名也，逢孔宣而见诋，斯则物有恒准，而鉴无定识，欲求铨核得中，其惟千载一遇乎？况史传为文渊浩广博，学者苟不能探赜索隐，致远钩深，乌足以辨其利害，明其善恶。

非常明显，刘知幾这里所说的"识"，显然还是指鉴别、判断而言。他说事物本身有一定的准则，由于每个人"识有通塞"，因而才产生"鉴无定识"，对同样事物的看法各有不同，当然就很难做到"辨其利害，明其善恶"。这种不辨利害，不明善恶，并不是本人主观上故意如此，而是由于识别能力所限，因而对历史事件、历史人物等不能作出正确评价，因为他反映出来的不是事物本身的"准则"。这就是刘知幾从正面对"识"所作的解释。为了辨清问题，我们不妨再引一段他从反面对"识"的论述。他在《史通·杂说》篇下一文中说：

> 观刘向对成帝称宣武行事，世传失实，事具《风俗通》，其言可

谓明鉴者矣。及自造《洪范》《五行》及《新序》《说苑》《列女》《神仙》诸传，而皆广陈虚事，多构伪辞，非其识不周而才不足，盖以世人多可欺故也。呜呼！后生可畏，何代无人，而辄轻忽若斯者哉。夫传闻失真，书事失实，盖事有不获已，人所不能免也。至于故为异说，以惑后来，则过之尤甚者矣。

为什么会"故为异说，以惑后来"？刘知幾明明白白说是"非其识不周而才不足，盖以世人多可欺故也"。这就是主观意图上明知故犯，因而罪责就更大。这种现象不正是章学诚所说的"著书者之心术"不正吗？从刘知幾对正反两个问题的论述"识"的重要性及其含义来看，史识、史德两者自然是有区别。正如有的学者已经讲了，史识实际上是观点问题、识断问题，而史德则是指史家思想修养问题，还包含立场在内，观点与立场，既有联系，又有区别，对于史学工作者来说，鉴别识断能力自然重要，而思想修养就其重要性来说，显然又超过前者。

章学诚在《史德》一文中提出：

> 盖欲为良史者，当慎辨于天人之际，尽其天而不益以人也。尽其天而不益以人，虽未能至，苟允知之，亦足以称著书者之心术矣。

编写历史要"辨天人之际"，这是伟大的历史学家司马迁最早提出的宏伟目标，章学诚更进一步提出，要求历史学家不仅要"辨天人之际"，而且在辨别之余要尽量做到"尽其天而不益以人"，这个要求就更高了。"慎辨于天人之际"，是指历史学家应当慎辨自己主观与史实客观之间的关系，划清哪些是自己主观意图，哪些是客观史实。"尽其天而不益以人"，则是要求历史学家在分清主观与客观关系之后，要尽量尊重客观史实，如实反映客观史实，不要随心所欲地把自己主观意图掺杂到客观史实中去。只要抱着这个态度去努力，即使还有不足之处，也就可以称得上有"著书者之心术"了。当然，章学诚也深知事情并不那么简单，因为人是有感情的，史实又是复杂的，"史之义出于天，而史之文不能不藉人力以成之"。这中间"慎辨于天人之际"关系十分重大。因为在这里史学家往往有"天与人参"的现象存在。他说：

> 盖事不能无得失是非，一有得失是非，则出入予夺相奋摩矣，奋摩不已而气积焉；事不能无盛衰消息，一有盛衰消息，则往复凭吊生流连矣，流连不已而情生焉。凡文不足以动人，所以动人者气也；凡文不足以入人，所以入人者情也。气积而文昌，情深而文挚，气昌而情挚，天下之至文也。然而其中有天有人，不可不辨也。①

这就是说，史学家在历史事实面前不能没有自己的想法和看法，特别是史实有是非得失之时，想法与看法也就更多，甚至情感上发生深刻变化，这就是章学诚所说"往复凭吊"的结果。在感情充沛的情况下，写出来的文字往往是好文章，原因在于情感随着史事的是非得失而产生变化，情感与史事几乎水乳交融，文字容易做到流畅动人。可是，这样一来，史实的"天"与感情的"人"，主观客观交杂在一起，因而这种史文中就必然"有天有人"，当然不可不辨。因为前提已经定下史家要做到"尽其天而不益以人"，而在现实生活中却存在"天与人参"，"有天有人"，势必要设法解决能够做到"天人"一致的问题。章学诚也看到史学家不可能没有自己的主观见解，看到史实的是非得失不能不动感情，问题在于如何引导和防止，而不能听之任之，随心所欲任其自流。解决的办法就是要求史家主观尽量服从客观，尽力克制自己的感情，使自己的感情尽量符合事理，以理性来制约自己的感情。他说："气合于理，天也；气能违理以自用，人也；情本于性，天也；情能汨性以自恣，人也。"这里他所提出的要"气合于理"，"情本于性"，就是指主观本之客观，主观服从于客观。在气与理、情与性的关系上，他反对"违理以自用"、"汨性以自恣"，这就是反对主观偏激的乱来。而强调要"气贵于平"、"情贵于正"。其总的精神就是要史家以理性制约感情，使感情符合于事理，只要这样去努力，就可以力求做到"尽其天而不益以人"。上述这些内容表明，章学诚所提出的"史德"内容是非常丰富的，是"史识"包含不了的。这种思想虽然来源于刘知幾的"据事直书"精神，但它无论在内容上还是精神上都大大超出了直书的范围，特别是"慎辨于天人之际，尽其天而不益以人"的要求，确实把我国古代史学领域的"据事直书"的优良传统

---

① 《文史通义新编》内篇五《史德》。

发展到一个新的阶段，在古代史学上是个新的了不起的思想。章学诚和刘知幾一样，都看到了历史上许多历史学家才、学、识三者具备，唯独"心术不正"，缺少"史德"，遇到个人利害关系时，不是屈从于权威势力，就是贪图于个人名利，存有私心，伪造历史，篡改史实，以个人主观意图取代客观的历史事实。他们看到了这种不良的现象，都想设法加以防止。于是刘知幾在《史通》里大力提倡直书，反对曲笔。章学诚在前人经验基础上，看到单是提倡直书还不足以解决这一矛盾，便进一步提出作为一个良史必须"慎辨于天人之际，尽其天而不益以人"，要求史家作出主观努力，尽量辨清客观与主观的关系，防止把主观的东西掺杂进客观史事中去。应当看到，章学诚这些议论在当时是有针对性的，因而它就具有重要的现实意义。我们在上面已经讲了，他早已指出："好名之心，必坏心术。"因为凡是好名者，必然趋炎附势，专赶浪头，所以他特地写了《针名》一文进行针砭，一针见血地指出："好名之人，则务揣人情之所向，不必出于中之所谓诚然也。且好名者，必趋一时之风尚也，……必屈曲以徇之，故于心术多不可问也。"① 我们只要能了解乾嘉时代学术界的状况和许多学者精神状态，对于他这些论述理解就容易了，也可以知道他是言有所指，而不是空发议论。

当然，我们也要指出的是，章学诚端正心术之中，仍有其封建因素的一面，因为他在强调心术之正时，还必须遵循封建时代的"名教"观念，看来这与刘知幾是一致的，刘知幾虽然极力提倡据事直书，反对曲笔，但在《史通·曲笔》篇说："史氏有事涉君亲，必言多隐讳，虽直道不足，而名教存焉。"而章学诚在《丙辰札记》中亦说："史臣不必心术偏私，但为君父大义，则于理自不容无所避就，夫子之于《春秋》不容不为君亲讳也。"② 这就说明，在封建时代的史学评论家，由于时代和阶级的局限，很难跳出名教观念这个窠臼，因此我们也没有必要去苛求他们。这个糟粕自然也不可能掩盖住他要求端正心术的光辉思想和积极意义，如果历史学家都能做到"尽其天而不益以人"，可以想见历史著作的内容必将出现一个新的局面。

对于才、学、识、德者，在章学诚看来，有主次轻重之别。"史识"、

---

① 《文史通义新编》内篇三《针名》。

② 《章氏遗书》外篇卷3《丙辰札记》。

"史德"比"史才"、"史学"更为重要，前者是灵魂，后者是躯体。如果只有好的文笔和丰富的历史知识，但没有观察历史的能力，对历史事件和人物无法作出正确的判断。但"著书者之心术不正"，没有史德，不辨主观客观，随心所欲地乱写一通，便不能如实反映客观历史面貌。当然，作为一个优秀的历史学家，"史才"、"史学"同样不可缺少。文章不生动流畅，就达不到良好的教育效果，原因在于可读性太差。历史要通过具体史实来体现，没有丰富的史料，所写的自然只能是空洞无物的东西。故章学诚说："史所载者事也，事必藉文而传，故良史莫不工文。"① 他还说："文非学不立，学非文不行，二者相须，若左右手。"② 总之，作为一个历史学家，所写之史书，既要考虑到"自成一家"，又要做到"传人者，文如其人，述事者，文如其事"③，在做到这些要求的前提下，适当进行文辞修饰也是很有必要的。但不能"舍本而逐末"，只追求文句的华丽，忽略内容的真实。

第五节 文人不能修史

单看这个标题，在未了解章学诚这个思想之前，可能有些不可思议，为什么文人不能修史呢？文史结合，本是中国史学领域里一个优良传统，古代许多大史学家，本身就是著名的文学家，他们的著作，既是历史名著，又是文学作品，因而其人其书影响都很大。后来随着时代的变迁，学术发展，文史逐渐分道扬镳，正如刘知幾所说："昔尼父有言：'文胜质则史。'盖史者，当时之文也。然朴散淳销，时移世异，文之与史，较然异辙。"④ 当魏晋南北朝文风大变之时，许多文人参与写史，而他们所写之史，往往是"喻过其体，词没其义，繁华而失实，流宕而忘返，无裨劝奖，有长奸诈"⑤，大大影响了史学的正常发展。在唐初设史馆修史以后，虽有不少著名史家参与其

---

① 《文史通义新编》内篇五《史德》。
② 《文史通义新编》外篇三《答沈枫墀论学》。
③ 《文史通义新编》内篇二《古文十弊》。
④ 《史通·核才》。
⑤ 《史通·载文》。

事，但文人修史之风仍在继续盛行，如当时所修《晋书》，上述弊病十分显著，对这种状况，刘知幾非常不满，所以他在《史通》的许多篇章作了反复论述，认为此种现象必须终止，否则将严重影响史学的发展。

这种文人修史的现象，后来历代皆有，所以到了清代，章学诚继刘知幾之后，再次提出文人不能修史的主张。他曾多次指出，史家与文士在写作上要求不同，因此各自努力方向与修养也都不同。他说：

> 余尝论史笔与文士异趋，文士务去陈言，而史笔点窜涂改，全贵陶铸群言，不可私矜一家机巧也。虽然司马生西汉而文近周秦战国，班陈范沈亦拔出时流，彼未尝不藉所因以增其颜色，视文士所得为优裕矣。①

他又说："文人之文，与著述之文不可同日语也。著述必有立于文辞之先者，假文辞以达之而已。"②这就是说，文士作文，可以凭借自己想象加以创作，既可以虚构，又可以夸张；而史家著作必有所本，绝不可以私意妄作增删。他批评大文学家苏洵不理解这个道理而对司马迁、班固妄加议论，实在可笑。他说：

> 末篇谓迁不当割裂经传，比于剪裁文绣；谓固不当袭迁论赞，此全不识史家因袭之法。《尚书》、《左》、《国》之文，古者并不出于一人一手，当日旧史原文，使苏氏得尽见之，必疑六经不当剪裁古史矣。左氏论断，凡称君子曰者，岂尽出左氏一人之笔耶？③

史家著史必有依据，从事著作是否会比文士作文要来得容易呢？章学诚的回答是否定的。他在《与陈观民工部论史学》④一文中把文人之文与史家之文作了详尽的对比，结论是史家之文虽必有所本，却比文人之文更为难作。史体的要求是述而不造，史文如果出于己，则是言之无征，无征则不能取信

---

① 《文史通义新编》外篇六《跋湖北通志检存稿》。
② 《文史通义新编》内篇六《答问》。
③ 《章氏遗书》外编卷3《丙辰札记》。
④ 《文史通义新编》外篇一。

于后人。因此它首先要搜罗咨访，占有丰富史料，这项工作，并不是轻而易举之事，亦非寻常人所能做的，况且抉择去取，"陶铸群言"，都必须有别识心裁，但又"不可私矜一家机巧"。记言记事，必须做到"适如其言其事"。如此要求，当然不是轻易能做到的。

基于上述观点，章学诚与刘知幾看法一样，认为文人不能修史。他列举了唐宋时代第一流文学家韩愈、苏轼、欧阳修等人为例，予以论证。韩愈虽然作过《顺宗实录》，但并不足以说明他懂得史学；欧阳修著有《新唐书》和《新五代史》，"其于史学，未可言也"；而苏轼于史裁更无所解，因此所作《苏氏族谱》亦不符史法。章学诚说：

> 韩氏道德文章，不愧泰山北斗，特于史学，非其所长，作唐一经之言，非所任耳，其文出于孟荀，渊源《诗》、《礼》，真六经之羽翼，学者自当楷范。但史家渊源，必自《春秋》比事属辞之教，韩子所不能也。后如欧阳永叔，亦不愧为千古宗师，第其生平见解，不能出韩氏之范围，《唐书》与《五代史》，非不竭尽心力，而终不可与语史家之精微也。①

这一评论应当说是比较公允的，肯定他们在文学上的杰出贡献，一个是"不愧泰山北斗"，一个"不愧为千古宗师"，而对于史学，均"非其所长"。然而，欧阳修却认为自己所作《新五代史》，深得《春秋》之意，由于他的名气很大，亦有人从中捧场，因此章学诚对其评论也就比较多。总的来说，他认为欧阳修于史识、史学，亦非其所长，因此所著史书不伦不类。他说：

> 《五代史记》，余所取者二三策耳，其余一切别裁独断，皆呜呼发叹之类也，而耳食者推许过甚，盖史学之失传已久，而真知者鲜也。②

所以他的结论是"辞章之士，不可与论经史专门之学久矣。……八家文章，实千年来所宗范，而一涉史事，其言便如夏畦人谈木天清秘，令人绝

---

① 《章氏遗书》外编卷3《丙辰札记》。
② 《丙辰札记》。

倒，至于如是，人才之有区别，良有以也"。①

这里他说得也很清楚，文人所以不能修史，是长期以来社会分工不同所造成，而不是个人聪明才智所不及，既有分工，就必然有所专长，注意的侧重面多有所不同，这也是理所当然之事，所以章学诚的论述，自有其道理所在，而有关这方面论述很多，这里就无细说必要了。

第六节　别出心裁的史籍分类法

长期以来，我国史籍大多按史体进行分类，即从形式上的不同来区分类例，很少有从它们的内容和功用方面来加以区分。章学诚却别出心裁地提出把史籍按内容和功能分为"撰述"（著作之书）和"记注"（为著作提供材料的资料汇编）主张。在他之前，刘知幾虽然在《史通·史官建置》中讲过"书事记言，出自当时之简，勒成删定，归于后来之笔"，"当时草创者，资乎博闻实录，后来经始者，贵乎俊识通才"。除此之外，就没有再作更多的深入论述。我们可以这样理解，他所指的"当时草创"，实际是指未经过整理加工的史料汇编，"后来经始"，则是指根据史料汇编进行过剪裁加工，别识心裁编撰而成的专门著作。章学诚或许是受到刘氏这一论述的启示，便直接按此标准进行分类，并分别定名为"撰述"（亦称"著述"）和"记注"（亦称"比类"）。他在《报黄大俞先生》书里说：

古人一事必具数家之学，著述与比类两家，其大要也。班氏撰《汉书》，为一家著述矣；刘歆贾护之《汉记》，其比类也；司马撰《通鉴》，为一家著述矣；二刘、范氏之《长编》，其比类也。②

这就是说，比类是为著述准备条件，实际上是著书的两个阶段，前者不过是半成品而已。不过章学诚还认为那些纂辑之史也是属于比类之书。为了

---

① 《章氏遗书》外编卷1《信摭》。
② 《文史通义新编》外篇三。

说明两者的性质与任务之不同,他在《书教》篇里用圆神、方智来作比拟,"撰述欲其圆而神,记注欲其方以智也。夫智以藏往,神以知来,记注欲往事之不忘,撰述欲来者之兴起,故记注藏往似智,而撰述知来拟神也。藏往欲其赅备无遗,故体有一定而其德为方;知来欲其决择去取,故例不拘常而其德为圆"。① 他认为撰述与记注相比,前者难而可贵。因为撰述应当有观点、有材料、有分析、有组织,是具有一定创造性的著作活动,并且要能够体现出史义和史识,而记注只不过是原始资料的记录、整理、选辑、汇编而已,不一定非体现史义和史识不可。他这种区分的理论根据,是认为学问分为"藏往之学"与"知来之学"两种,而这两种学问又是互相依存,相互促进,特别是知来之学,必须以藏往之学为基础。至于比类(记注)的作用,他曾明确指出,这种书实际上就是"掌故令史之孔目,簿书记注之成格,其原虽本柱下之所藏,其用止于备稽检而供采择,初无他奇。然而独断之学,非是不为取裁;考索之功,非是不为按据"。② 因此,它本身只能反映做学问的"功力",而不能看作成家的著作学问。因为撰述则为经过整理加工的高级产品,应当反映别识心裁,具有独创精神,可以嘉惠后学。可见,由于两者性质不同,其作用也不相同。他把著述比作韩信用兵,比类比作萧何运送粮饷,两者都很重要,缺一不可。章学诚所以要极力辨清两者区别,是因为看到长期以来学者们不解其意,不懂得有著作之史与纂辑之史的区别,自己既无别识心裁,而只知道一意模仿《史记》或《汉书》,以致出现了"于记注、撰述两无所似"的作品,把它当作记注,却难为典据,把它当作撰述,则又芜杂而不可诵识。于是他破天荒地用两个档次来区分史籍,其标准则是看其识别高下深浅,著作时知难易轻重。

第七节 扩大史学的范围

刘知幾在《史通》里,已把史部以外许多著作都列入史学研究的对象,

---

① 《文史通义新编》内篇一《书教下》。
② 《文史通义新编》内篇四《答客问中》。

作为史料搜集的范围。章学诚的视野则更加扩大，我们上面已经讲到，他在《报孙渊如书》里已经提出，充满天地之间，凡涉著作之林者，皆是史学的主张，这个气魄可谓宏大。所以他在编修《史籍考》时，便将经、子、集三部许多著作都列入其中。他在《论修史籍考要略》一文中曾拟议例十五条，明确提出"经部宜通"，"子部宜择"，"集部宜裁"，"方志宜选"，"谱牒宜略"，作为该书内容取舍之原则，这就是他所说"包经而兼采子集"。关于古代经典和州县志书作为历史研究的资料，我们在"六经皆史"说与方志学两个内容中分别作论述。此外，还有下列几个方面再略加叙述。

第一，官府案牍。实际就是我们今天所讲的档案材料。官府案牍之作为史料，古代史家早已重视，司马迁著作《史记》，就曾采用了大量汉代官府文书档案。这一点章学诚也已经指出。他现在从理论上提出，研究历史，官府的文书档案是必不可少的重要史料。他在《方志立三书议》中说："史之为道，文士雅言，与官府簿牍，皆不可用。然舍是二者，则无以为史矣。"① 又在《答客问》一文里在论述其作用以后，便结论性地说："是以职官故事、案牍图牒之书，不可轻议也。"② 他在编修方志当中，非常强调搜集当地机关的章程条例和重要文件，并专门收入掌故之内加以保存。而他在所撰《州县立志科议》中，所列搜集保存对象中，第一条便是"六科案牍"。章学诚这个观点在今天看来更有其现实意义，目前除省县两级都设有档案局（馆）外，各大机关工厂无不设有档案机构，这为将来编写各类专门史创造了良好条件。

第二，金石图谱。利用金石图谱来研究历史，刘知幾和郑樵都相当重视，郑樵还在其《通志·二十略》中专设《金石略》和《图谱略》。章学诚在他们的基础上，又进一步加以发挥，说明金石图谱在史料上的重要价值不容忽视。他说："三代钟鼎，秦汉石刻，款识奇古，文字雅奥，……取辨其事，虽庸而不可废。"③ 又说："古物苟存于今，虽户版之籍，市井泉货之簿，未始不可备考证也。"④ 至于对图谱的作用及其重要性他更加强调，因为"图

---

① 《文史通义新编》外篇四。
② 《文史通义新编》内篇四。
③ 《文史通义新编》内篇四《言公中》。
④ 《文史通义新编》外篇五《亳州志掌故例议中》。

象为无言之史,谱牒为无文之书。相辅而行,虽欲阙一而不可者也"。①特别是图的作用,有时是文字无法表达的,山脉河流的走向,地势的起伏,只要有一幅图展现眼前,便可一目了然。

第三,私家著作。大量的私人著作,在章学诚看来,研究历史时应当充分加以利用。特别是文集,更不可忽视,因为其中有许多墓志行状,实际都是变相的传记。他在《韩柳二先生年谱书后》一文中直接提出"文集者,一人之史也,家史、国史与一代之史,亦将取以证焉,不可不致慎也"。②当然对于文集,前期与后期在内容上有很大变化,他在《论修史籍考要略》和《史考释例》中作了详细的论述。他说,汉魏六朝时期,史学有专门名家,故文集中不过是些铭、箴、颂、诔、诗、赋、书、表、文、檄之类文章,唐人文集中开始有些纪事之文出现,因真正史学至唐而尽失。而宋元以来,文集之中传记逐渐增多,史学文才,混而为一,于是古人专门之业的史学已经不见了。而文集中的那些传记志状之作,以及书事记述之文,反比古人文集内容充实得多,这些都是"史裁本体",由于无专门家学,都失陷文集之中。用他自己原话说:"自唐以前,子史著述专家,故立言与记事之文不入于集,辞章诗赋,所以擅集之称也。自唐以后,子不专家,而文集有论议,史不专家,而文集有传记,亦著述之一大变也。"既然如此,文集与史事关系已显然可见。因此,编写史书时,文集自然成为重要的史料源泉。另外,章学诚十分注意年谱的作用,他认为这是知人论世之学,而不能把它看作局限于考一人文集而已。这种著作始于宋代,以后遂广为流行。他在好多文章中一再论述家乘谱牒属于史的范围。事实也确是如此,家谱年谱如果编写得体,其价值远不止是一人一家之事。就以年谱而言,一个学者年谱,如果编写得好,不仅体现出他个人一生的活动和学术思想面貌,同时还可以反映出一个时代的精神面貌和学术发展之趋势。一个政治家的年谱,不仅是他个人一生政治活动和政治主张的记录,而且也是当时整个社会政治斗争和政治局势的写照。因此,对于家乘谱牒,绝不能简单地把它看成是一家一人的历史记录。章学诚把它看作是"知人论世之学"或"论世知人之学"是非常确切的。

---

① 《文史通义新编》外篇四《和州志舆地图序例》。
② 《文史通义新编》外篇二。

值得指出的是，章学诚不仅扩大了史料搜集范围，而且还为辨别史料真伪贡献了宝贵意见，他在《金君行状书后》①一文中提出八点审核办法，都是经验之谈，对于分辨私人著作真伪有很大帮助。随着社会的向前发展，人们对采用史料的范围越来越广泛，有文献，有口碑，有实物，有官府案牍，亦有私家文集野史，民间歌谣谚语等等。生活在乾嘉时代的章学诚，能够认识并高度重视广泛搜集史料的重要性，应当说是难能可贵的。

第八节　纪传体史书应增设《史官传》

我国封建社会，史著如林，都是史学家们辛勤劳动的成果，他们终日为人作嫁衣，却没有一部书为史官立传。章学诚从史学的发展需要"辨章学术，考镜源流"的角度出发，认为这样下去的后果将使"史学渊源，作述家法"从而中断，对史学发展是莫大的损失。他说："经师有儒林之传，辞客有文苑之篇，而史氏专家，渊源有自，分门别派，抑亦古今得失之林，而史传不立专篇，斯亦载笔之缺典也。夫作史而不论前史之是非得失，何由见其折中考定之所从？"②因此他再三倡议，今后编修史书，必须设立《史官传》。他向来主张编写历史应当反映社会现实，各种学术发展和文风学风的变化都应得到如实反映。纪传体史书建立各种类传，就是为了达到这个目的。司马迁创作《史记》，班固编著《汉书》，还都只有《儒林传》而无《文苑传》，这是从当时的需要出发。范晔作《后汉书》，建立了《文苑传》，把文学从经学的附庸中独立出来与儒林并列，反映了当时重视文学的社会风气。这么一来，以后遂奉为成规，凡修史书，必有此传。在二十四史中，《宋史》虽然芜杂，但作者能根据宋代学术界发展特点，而创立了《道学传》。对此章学诚大加赞扬，认为"儒术至宋而盛，儒学亦至宋而歧。《道学》诸传人物，实与《儒林》诸公迥然分别，自不得不如当日途辙分歧之实迹以载之"。③使

---

① 《文史通义新编》外篇二。
② 《文史通义新编》外篇六《湖北通志前志传序》。
③ 《章氏遗书》外编卷3《丙辰札记》。

章学诚深感遗憾的是，史学流别，无人记载，而史官得失，亦置之度外。他认为这种局面绝不应当再继续下去。他指出：

> 纪述之重史官，犹儒林之重经师、文苑之重作者也。《儒林列传》当明大道散著，师授渊源；《文苑列传》当明风会变迁，文人流别。此则所谓史家之书，非徒纪事，亦以明道也。……况史学之重，远绍《春秋》，而后史不立专篇，乃令专门著述之业，湮而莫考，岂非史家弗思之甚耶？①

班固作《司马迁传》，范晔作《班固传》，都能做到家学俱存。可是《宋书》为范晔所作之传，《晋书》为陈寿所作之传，对于史学渊源，作述家法，都很不注意，失去了作传的目的，所以章学诚说这"亦是史法失传之积渐也"。在章学诚看来，必须能阐明师法传授，祖述渊源，这是为史家作传的起码要求。可见章学诚要建立《史官传》，并非出于为一二史官或史家叙述始末，而是要使史学的渊源流别、作史家法得以保存。他列举写后汉历史的除范晔而外，还有刘珍、袁宏、华峤、谢承、司马彪诸家，而作晋史者，著名的就有十八家之多，可谓盛矣。可是由于无专篇论述，后人修史，既无从条别诸家体裁，更不能论次群史之得失，这是无可弥补的重大损失。特别是从唐朝开始，设立史馆集众修书，并建立了监修制度，其内容就更加多了，总结编写成传的工作就更加不可缺少。历史事实证明，章学诚的建议是十分必要的。众所周知，自设馆监修制度建立以后，对于历代正史，人们但知监修人员，而真正编修者却湮没无闻。这样一来，是非莫辨，真假难分，坚持直书者不得留名于后世，肆意曲笔者逃脱罪责于人间，这种现象的出现不仅很不公平，而且使一部史书编纂全过程全然无知，遂使前人经验教训也无从吸取，所以他非常感到惋惜。我们认为，章学诚建议编写史书应立《史官传》，确实很有见解。作为一个史学家，对前史得失不作评论，甚至茫然无知，什么史家法度，家学渊源，自然都无从谈起。特别是"唐后史学绝而著作无专家，后人不知《春秋》之家学，而猥以集众官修之故事，乃与马、班、陈、

---

① 《文史通义新编》外篇五《永清县志前志列传序例》。

范诸书并列正史焉"。① 在这种情况下，设立《史官传》就显得特别重要。由于没有《史官传》，不仅对后世史学家带来不利的影响，而且对史学本身的发展造成不可弥补的损失。我们今天对许多历史学家和史学著作产生这样或那样的争执，除了评价高低外，好多问题都应当说是由此而造成的。

我们上面从八个方面对章学诚独特的史学思想作了长短不一的评述，从中可以看出这位史学评论家非常丰富的想象力和令人尊敬的责任感，许多想法都富有独创性和建设性。他虽然明确表示，自己史学评论重点在于阐明"史意"，但每当论锋所及，对于史学方法论仍能畅抒己见，诸如对历史著作体裁的发展变化，长短得失，对旧史籍进行改造的创造性意见，自己欲创立一种新的史体等等，的确都是发前人所未发。

---

① 《文史通义新编》内篇四《答客问上》。

第八章
成一家之言的《文史通义》（下）
——方志学的创立

第一节　丰富的方志学理论

　　方志，即地方志书，是以记载一方之事为内容的地方综合性著作。在祖国丰富的文化典籍中，地方志占有很大的比重，成为民族文化遗产中非常宝贵的一个组成部分。地方志产生甚早，但直到清代才渐渐形成一门专门的学问——方志学。而章学诚在其中即起了奠基者的作用。学诚一生不得志，一直过着苦饥谋食、笔墨营生的生活。他平生精力除了论史、讲学外，多用于方志的编修和方志理论的探讨上。他把自己的史学理论，在编修方志中加以实践，又从方志的编修实践中，总结出方志学理论，建立起一整套丰富的方志学理论体系，并使之发展成为专门的学问——方志学，他本人也被后人推许为"方志之祖"、"方志之圣"。现在的《文史通义》外篇即汇集了学诚的绝大多数方志学论文。《文史通义》这部著作，所以为现今从事地方志工作者高度重视，原因就在于此。书中所体现出来的方志学理论丰富而完整，从方志的起源到性质、从方志的记载范围到编修体例，乃至资料的搜集、修志人员的修养素质等，均有所论述。

　　第一，确立方志的性质和作用。

　　中国方志起源很早，章学诚从"志为史体"的角度出发，认为春秋战国时期那些记载各地方诸侯国的史书，如晋之《乘》、楚之《梼杌》、鲁之《春秋》等，应是最早的方志。因此，在他看来，方志就是一个地方的历史。

　　长期以来，学者们在著作分类上，一直把方志归入地理类，在史学上的地位并不重要，影响也不是很大，更不为史家所重视。尽管宋人郑兴裔在《广陵志序》中已经提出"郡之有志，犹国之有史"。但似乎并未引起人们的重视和注意。到了明代，这个说法便普遍流行起来，许多方志的序、跋、凡例中都从不同角度说明了这个观点。不过说法虽然比较普遍，但毕竟是片断的、零碎的，并无系统的理论进行论述。直到清代，章学诚才从史学理论和方志实际情况出发，提出了"志属信史"的主张，认为方志乃"封建时列国史官之遗"，"志乘为一县之书，即古者一国之史也"。① 因此，它既不属于地理类，又有别于唐宋以来的图经，而是"国史羽翼"，故其价值亦应与国史相同。对这一问题，他曾反复进行论述，说明方志与国史性质相同。他在《为张吉甫司马撰大名县志序》里说："夫家有谱，州县有志，国有史，其义一也。"② 又在《州县请立志科议》中说：

> 有天下之史，有一国之史，有一家之史，有一人之史。传状志述，一人之史也；家乘谱牒，一家之史也；部府县志，一国之史也；综纪一朝，天下之史也。③

可见在他看来，府州县志也都是史，它与国史相较，"其义一也"。所不同者，不过一记全国之事，一述地方之言，只有范围广狭之殊，绝无内容本质之异。既然如此，则内容的记载，体裁的形式，都必须绳之以史法，而不能当作单纯地理著作，仅限于地理沿革的考证。为此他同戴震曾就此进行过反复论辩，《记与戴东原论修志》一文，则生动地叙述了他们一次论争的情况。戴氏仍将方志看作地理书类，因此主张"志以考地理，但悉心于地理沿革，则志事已竟。侈言文献，其所谓急务哉？"对此说法，章学诚针锋相对进行了反驳，指出："方志如古国史，本非地理专门。如云'但重沿革，而文献非其所急'，则但作沿革考一篇足矣，何为集众启馆，敛费以数千金，卑辞厚币，邀君远赴，旷日持久，成书且累函哉！"况且"考沿革者取资载籍；载籍具在，人人得而考之"。显而易见，两人在方志的性质、内容和材料取舍上，看法和主张都显然不同。章学诚本着"经世致用"观点，认为一

---

① 《文史通义新编》外篇五《永清县志前志列传序例》。
② 《文史通义新编》外篇六。
③ 《文史通义新编》外篇四。

方之志，要"切于一方之实用"，则材料必须取自当时的一方文献。所以他说："考古固宜详慎，不得已而势不两全，无宁重文献而轻沿革耳。"①他们争论的焦点，看来虽是方志的性质和内容、材料的取舍，实际上更重要的还反映了他们各自的学术主张和治学方法。若按照戴震的主张去做，其后果势必把当时考据学家那种专务考索、轻视现实资料，埋头书本、不问政治的乾嘉考据学风带到修志领域。材料既是来自书本古籍，内容自然就不能反映现实生活，这与修志必须反映时代的社会气息相违背。戴氏当时以考据大师而自居，有此主张，本不足怪。可是有人却硬是要为戴震辩解，认为戴章二人主张并无实质区别，其实此种做法可谓差矣。章学诚不仅在理论上有那样的主张，而且在修志过程中更是身体力行。至于方志所以被误作地理专书，他在《报黄大俞先生》中亦作了简要叙述，指出：

> 方志一家，宋元仅有存者，率皆误为地理专书，明代文人见解，又多误作应酬文墨；近代渐务实学，凡修方志，往往侈为纂类家言。纂类之书正著述之所取资，岂可有所疵议！而鄙心有不能惬者，则方志纂类诸家，多是不知著述之意，其所排次襞绩，仍是地理专门见解。

戴震等人主张正是如此。所以他接着说：

> 故方志而为纂类，初非所忌；正忌纂类而以地理专门自画；不知方志之为史裁，又不知纂类所以备著述之资，而自以为极天下之能事。②

这里还要指出的是，章学诚既然认为方志是史，所以他把方志的论文作为自己论史的重要组成部分而放入《文史通义》之中。而《文史通义》是一部纵论文史、品评古今学术的著作。它是"文""史"通义，综合讨论文史理论问题，他把方志文章列入其中，意味着什么，自然无须多说。事实也确是如此，他为每部方志所作的各类序例，大多由史的角度入手，所以这些方

---

① 《文史通义新编》外篇四。
② 《文史通义新编》外篇三。

志的序例，实际上已成为研究他的历史编纂学的重要源泉。这就从另一方面说明，他把撰史和修志看作是一回事。总之，章学诚从多方面论述，反复说明"志乃史体"，"方志为国史要删"。①

方志的性质既属史体，当然它的作用也就无异于"国史"。因此，它的首要任务就要具有"经世"之史的作用，能够为树立良好的社会风气作出贡献。他说：

> 史志之书，有裨风教者，原因传述忠孝节义，懔懔烈烈，有声有色，使百世而下，怯者勇生，贪者廉立。《史记》好侠，多写刺客畸流，犹足令人轻生增气；况天地间大节大义；纲常赖以扶持，世教赖以撑柱者乎。②

简而言之，亦就是垂鉴、惩劝和教育。当然，章氏所谓教育，就是要利用方志来对广大人民灌输封建的忠孝节义思想，目的在于扶持封建纲常，撑柱封建世教，以建立起良好的封建统治秩序。其次，方志还负有为朝廷修国史提供资料的任务。他说：

> 方州虽小，其所承奉而施布者，吏户礼兵刑工，无所不备，是则所谓具体而微矣。国史于是取材，方将如《春秋》藉资于百国宝书也。③
>
> 比人而后有家，比家而后有国，比国而后有天下。惟分者极其详，然后合者能择善而无憾也。谱牒散而难稽，传志私而多谀，朝廷修史，必将于方志取其裁。而方志之中，则统部取于诸府，诸府取于州县，亦自下而上之道也。然则州县志书，下为谱牒传志持平，上为部府征信，实朝史之要删也。④

这两大作用，确实也都是从史的角度提出，既然如此，它就不是可有可

---

① 《文史通义新编》外篇四《复崔荆州书》。
② 《文史通义新编》外篇四《答甄秀才论修志第一书》。
③ 《文史通义新编》外篇四《方志立三书议》。
④ 《州县请立志科议》。

无的东西，也不是地理专门所能代替。

然而，以前方志并没有起到上述作用，章学诚认为原因很多。但归纳起来有如下三个方面：其一，修志诸家未辨清方志的性质，误仿唐宋州郡图经，把方志当作地理之书。其二，方志变成了文人游戏、应酬文字或私家墓志寿文的汇集。其三，修志者并无真才实学，而且多旨在追名逐利，舞弊曲笔，成为风气。"志乃史体，原属天下公物，非一家墓志寿文，可以漫为浮誉，悦人耳目者。闻近世纂修，往往贿赂公行，请托作传，全无征实。""今之所谓修志，令长徒务空名，作者又鲜学识，上不过图注勤事考成，下不过苟资馆谷禄利。甚而邑绅因之以启奔竞，文士得之以舞曲笔；主宾各挟成见，同局或起抵牾，则其于修志事，虽不为亦可也。"①这样一来，方志当然起不到"善恶惩创"的作用，也无从为编修国史提供资料。

关于修志的断限问题，也是长期争论不休而得不到解决的悬案，当时有人提出"方志统合古今，乃为完书"。也就是说，每部方志都必从古修起。章学诚不同意这样的看法，认为"修志者，非示观美，将求其实用"。不必每部都从古修起，要从实际出发，"如前志无憾，则但当续其所有；前志有阙，但当补其所无"。②关于这点，他是十分强调必须保留前人之书不致毁灭。他主张：

> 修志者，当续前人之记载，不当毁前人之成书。即前志义例不明，文辞乖舛，我别为创制，更改成书，亦当听其并行，新新相续，不得擅毁，彼此得失，观者自有公论。仍取前书卷帙目录，作者姓氏，录入新志艺文考中，以备遗亡，庶得大公无我之意，且吾亦不致见毁于后人矣。

可是当时的修志却完全相反，"近日之习套相沿，轻隽小生，史字未曾全识，皆可奋笔妄修，窃叨饩脯者。然其书百无一存，此皆后凌前替，修新志者，袭旧志之纪载，而灭作者之姓名。充其义类，将班《书》既出，《史

---

① 《答甄秀才论修志第一书》。
② 《记与戴东原论修志》。

记》即付祖龙；欧、宋成书，《旧唐》遂可覆瓿与？"① 这里不仅揭露当时修志中的严重弊病，而且也揭示出历来方志之所以会很快散失乃至消亡的重要原因。章学诚还提出，修志是为了切合实用，也必须注意修当代之书，记当代之事，反映当代社会之现实。从这个精神出发，所以他认为"方志之修，远者不过百年，近者不过三数十年"。他还举例说明，"史部之书，详近略远，诸家类然，不独在方志也"。他在晚年修《湖北通志》时，还一再强调这个精神，他说：

> 方志诸家，例宜详近略远，古人见于史传，不藉方志表扬。假如《楚国世家》、《屈原列传》、陆贾儒术、季布高风，载之班马之书，今日岂能损益？摘录则嫌如类纂，全篇有似于传抄，书欲成家，良难位置。今于古人昭史传者，列表以著其出处，去传以见其无疑。则志例既得，简明无所窒累。苟有欲览其全，则文征于焉备矣。②

这种修志不求美观，但求实用以及详近略远的主张，正是他"经世致用"的史学思想在修志问题上的具体表现。这种思想能在乾嘉时代出现，确实是难能可贵的。而他的"当续前人之记载，不当毁前人之成书"的主张，深得阮元所支持，故阮氏在《重修仪征志序》中曾反复说明，可见这个问题的提出，在当时是具有现实意义的。

总之，章学诚在当时强调"志属信史"，是有它的积极意义的，因为当时有许多人仍旧强调志乃属于地理专书，因而他提出的这一观点是有针对性的，不能认为是"迂阔之谈"。他的目的在于提高方志的地位。当然，他在当时许多议论中由于带有偏激情绪，因而也产生了片面性，如否定隋唐的图经不是方志就是明显的表现。但是，随着社会的向前发展，科学越是进步，各种学科也越分越细，原来的许多附属学科，后来也都纷纷独立了，这在今天尤为明显。方志发展到后来已独立成为一门学科——方志学。因此，我们同样不能用今天的认识去批评章学诚当时的论述。不过，我们今天也不应当

---

① 《答甄秀才论修志第一书》。
② 《章氏遗书》卷27《湖北通志检存稿四·文征甲集裒录正史列传论》。

再用章学诚的地方志就是地方史来指导今天方志的编修。因为事实证明，地方志并不等于地方史，也不同于历史地理。它已经自成体系，形成了一门独立的学科，具有自己的特点，既不能用地方史的尺度来要求它，又不能用历史地理的标准来衡量它，否则编写出来的就不可能是地方志了。

第二，主张方志立三书。

章学诚在方志理论上另一个杰出贡献，是创立了一套完整的修志义例，提出了方志分立三书的主张。《方志立三书议》，可以说是章学诚所创立的方志学的精义所在，它的提出，标志着他方志理论的成熟，修志体例的完备和方志学的建立。章学诚的修志理论是在长期辩论和具体实践中得以不断充实、逐渐完备起来的。他早年在《答甄秀才论修志》二书和《修志十议》一文中，对编修方志已提出了不少卓越的见解，为后来建立系统的方志理论做了准备。如"志乃史体"、另立"文选与志书相辅而行"、州县应建立志科等重要创见。此后在方志的性质、内容、体例等方面，与戴震、洪亮吉等学者反复进行了讨论。尤其是屡次修志的实践经验，更不断丰富了他的方志理论。他在《州县请立志科议》一文的开头，曾作了很好的表白："鄙人少长贫困，笔墨干人，屡应志乘之聘，阅历志事多矣。其间评骘古人，是非斟酌，盖尝详哉其言矣；要皆披文相质，因体立裁。"[1] 所以他的修志理论是经过不断的发展才完善起来，绝不是成于一朝一夕，而反映在他所修的方志上，则一部比一部完善。晚年所修之《湖北通志》，可视为方志理论已达成熟阶段的代表作，它是在《方志立三书议》提出后撰成的。

章学诚经过长期的研究和实践，总结出欲撰好方志，必须分立三书。他说：

> 凡欲经纪一方之文献，必立三家之学，而始可通古人之遗意也。仿纪传正史之体而作志。仿律令典例之体而作掌故，仿文选文苑之体而作文征。三书相辅而行，阙一不可；合而为一，尤不可也。[2]

这种主张可谓前无古人。在《报黄大俞先生》书里，他批评了当时所

---

[1] 《文史通义新编》外篇四。
[2] 《方志立三书议》。

编的许多方志只是纂类家言，是记注，而不是著述。更有甚者，则"猥琐庸陋，求于史家义例，似志非志，似掌故而又非掌故，盖无以讥为也"。①为什么会出现这些现象呢？他以为主要的是"自唐宋以后，正史之外，皆有典故会要，以为之辅，故典籍至后世而益详也"。可是"方志诸家则犹合史氏文裁，与官司案牍，混而为一，文士欲掇菁华，嫌其芜累，有司欲求故事，又恐不详，陆机所谓'离之则双美，合之则两伤'也"。若要防止这些现象继续下去，就必须采用"离之则双美"的办法，于志书之外，另立掌故、文征，这样，"则义例清而体要得矣"。②所以，方志分立三书，正是为了解决"不失著述之体"与保存重要资料之间的矛盾。

三书当中，志是主体，"仿纪传正史之体而作志"，"是《春秋》之流别"。因此，它是"词尚体要"，成一家之言的著作。章学诚说："夫志者，志也，其事其文之外，盖有义焉。所谓操约之道者此也。"③又说，志者，"有典有法，可诵可识，乃能传世而行远。故曰：志者，志也，欲其经久而可记也"。④由此可见，"志"乃是具有经世目的，有裨社会风教的史著，它与撰史一样，不仅在体例上有所讲求，还必须注意语言文字上的"属辞比事"。故他在《为毕秋帆制府撰石首县志序》中说：

> 夫为政必先纲纪，治书必明体要。近日为州县志者，或胥吏案牍，芜秽失裁；或景物题咏，浮华无实；而求其名义所归，政教所重，则茫然不知其所指焉。夫政者，事也，志者，言也。天下盖有言之斐然，而不得于其事者矣；未闻言之尚无条贯，而其事转能秩然得叙者也。⑤

唯其如此，他认为志书的编修工作，则非具有史才，深通史法的人是无法胜任的。上面所举，当时那些"轻隽小生，史字未曾全识，皆可奋笔妄修"，实际上即指此而言。意思是说，连史的意思是什么他们都不了解，自

---

① 《文史通义新编》外篇五《亳州志掌故例议下》。
② 《文史通义新编》外篇六《湖北掌故叙例》。
③ 《亳州志掌故例议下》。
④ 《方志立三书议》。
⑤ 《文史通义新编》外篇三。

然就更谈不上什么史法了。他对这点是十分强调的，因为他深深感到，当时许多方志所以会出现"似志非志"，除了义例不清外，很重要的一个问题就是编修人员素质很差，不仅全无史法，而且有的什么是方志也搞不清楚。特别是许多文人编修的更是浮而不实，可是由于他们在文学上名气大，编得再差，照样有人为之鼓吹，甚而奉之为楷模。针对这些事实，他提出"志为史裁，全书自有体例。志中文字俱关史法，则全书中之命辞措字，亦必有规矩准绳，不可忽"。①可是，"近行志乘，去取失伦，芜陋不足观采者，不特文无体要，即其标题，先已不得史法"。②他从对许多方志的研究评论中得出了"文人不可修志"③的结论。因为志乃史体，编修方志，只要如实反映真实情况即可，不必夸饰文辞，妄加修饰，这是史家作史修志的共同要求。而"文士囿于习气，各矜所尚，争强于无形之平奇浓淡"，因此，"法度义例，不知斟酌，不惟辞不雅训，难以行远，抑且害于事理，失其所以为言"，到头来必然造成"虚文害实事矣"。④所以他再三强调，修志人员必须懂得史家法度，懂得"史家所谓规矩方圆之至"。故而文人不可修志也。

"掌故"如同会要、会典，目的在于既使志书做到简明扼要，又使重要材料得以保存，故在志书之外，将当地机关的章程条例和重要文件，按类编选，勒成专书，与"志"相辅而行，这些内容，实类似于国家的典章制度，所不同者，它是地方政府所颁布。章学诚认为，"治方志者，转从掌故而正方志；盖志义久亡，而掌故之守未坠；修其掌故，则志义转可明矣"。相反，若是"不整齐掌故，别为专书，则志亦不能自见其意矣"。⑤这种方法，他认为还应当普遍推广到写史当中，以收掌故与史相辅之功。

"文征"则类似文鉴、文类，其"大旨在于证史"，它是挑选那些足以反映本地生活民情，"合于证史"的诗文，以及那些即使"不尽合于证史"，而实属"名笔佳章"，"人所同好"的诗文，汇编成书。这一主张，他早年在《答甄秀才论修志第二书》里已经提出。后来他在《为毕制军与钱辛楣宫

---

① 《文史通义新编》外篇四《与石首王明府论志例》。
② 《文史通义新编》外篇四《修志十议呈天门胡明府》。
③ 《文史通义新编》外篇六《书姑苏志后》。
④ 《与石首王明府论志例》。
⑤ 《亳州志掌故例议下》。

詹论续鉴书》中，还主张把这种方法，在编年史中普遍采用，这里要说明的是，有的同志把文征解释为"一方文献的专辑"，恐不甚确切，两者在概念上、范围上都并不相同。章学诚在《方志立三书议》的第一句就说："凡欲经纪一方之文献，必立三家之学。"文献是总的而言，掌故所收的内容，亦是属于地方文献之范围，而文征只不过是文献的一个部分。综上所述，可见"掌故"、"文征"之设立，目的在于证史，保存一套可靠而丰富的资料，为后人著述博览约取创造条件，就其性质而言，是资料汇编，与具有著述之体、"词尚体要"的"志"书自有区别。因此，固然它与一般资料有所不同，搜集排比，虽然也需加以别裁，去取应有一定标准。但总的来说，只要先由专家做个样式，订出格式和取舍标准，就是不太通史法的人也可以胜任这项工作。

  三书的性质与任务之不同显而易见，然而有人却把章氏的方志三书解释为，"'志'，指地方行政制度；'掌故'指地方行政文件；'文征'指本地人和外地人描述该地生活的诗文"。这样解释势必把"志"同"掌故"、"文征"的性质和作用等同起来，而违背了章学诚的原意。何况"志"指"地方行政制度"一语本身就不确切，哪有方志是单单记载地方行政制度的呢？我们知道，方志分立三书，"志"与"掌故"、"文征"有别，乃是他论史时认为撰述（或著述）与比类（或记注）之不同在方志上的体现。由于两者性质与任务有殊，就决定了对其要求有所不同，"撰述欲其圆而神，记注欲其方以智也。夫'智以藏往，神以知来'，记注欲往事之不忘，撰述欲来者之兴起，故记注藏往似智，而撰述知来拟神也。藏往欲其赅备无遗，故体有一定而其德为方，知来欲其决择去取，故例不拘常而其德为圆"。[①] 撰述较之记注显然是难能可贵，因为它必须具有独创精神。但两者所肩负任务不同，又决定了不可偏废，"譬犹日昼而月夜，暑夏而寒冬，以之推代而成岁功，则有相需之益，以之自封而立畛域，则有两伤之弊"。[②] 因此，他把"著述譬之韩信用兵，而比类譬之萧何转饷"[③]，两者缺一不可，更加显而易见了。我们只有明

---

① 《书教下》。
② 《文史通义新编》内篇四《答客问中》。
③ 《报黄大俞先生》。

白了这一点，才有利于辨清方志三书所具的性质及其任务之不同。章学诚所以花这么多力气来论述这两者的区别，目的在于说明方志应当是属于著作，而不是一般的资料汇编，可是当时他所看到的方志并非如此，大多为"纂类之书"，他为了纠正此种趋势，提高方志的学术地位，故而提出分立三书的办法，以便使方志能编修成名副其实的著作。只要看了章氏所撰之《湖北通志》，对三者不同的性质与内容也可以完全得到回答。他在《湖北通志·凡例》中说：

> 志者，识也，简明典雅，欲其可以诵而识也。删繁去猥，简帙不欲繁重。簿书案牍之详，自有掌故专书；各体诗文，自有文征专书。志则出古国史，决择去取，自当师法史裁，不敢徇耳目玩好也。

又在《为毕制府撰湖北通志序》中进一步提出："'方志'义本百国春秋，'掌故'义本三百官礼，'文征'义本十五国风。"① 非常清楚，"志"的内容绝不是什么地方行政制度。据上所述，我们认为，章氏方志分立三书说，"志"是主体，是"词尚体要"的著作，"掌故"、"文征"是两翼，是保存原始材料的资料汇编，两者相辅而行，构成一部完整的新型方志。

除三书之外，修志过程中，因搜集了丰富资料，"取撷所余，虽无当于正裁，颇有资于旁证"，因此，这一部分资料，"拦入则不伦，弃之则可惜"，于是，"考据轶事，琐语异闻"，别为《丛谈》，以附于后。这样处理，与编书义例无妨。

总之，方志分立三书，确是一种创见，对于旧方志来说，无论在体例上或是内容上，无疑都起着巨大的革新作用，它的提出，为方志学的发展开辟了新的广阔天地。

第三，"志"书的体裁和内容。

作为方志主体的"志"应当采用何种体裁？需要写哪些内容？这是章学诚一向极为重视的问题。他一再强调，"志"乃史体，体裁当规史法，内容要写这一地区的山川、物产、风俗、人文，"政教所施，经要所重"。他在

---

① 《文史通义新编》外篇六。

《为张吉甫司马撰大名县志序》里还对内容的详略去取提出了意见：

> 知方志非地理专书，则山川都里，坊表名胜，皆当汇入地理，而不可分占篇目，失宾主之义也；知方志为国史取裁，则人物当详于史传，而不可节录大略，艺文当详载书目，而不可类选诗文也；知方志为史部要删，则胥吏案牍，文士绮言，皆无所用，而体裁当规史法也。①

既然是"仿纪传正史之体而作"，那么就必须做到"邑志虽小，体例无所不备"的要求，因为它与国史相较，只是"所谓具体而微也"。至于志书为什么要仿纪传正史之体，他在《永清县志舆地图序例》中曾有明确说明："史部要义，本纪为经，而诸体为纬。有文辞者曰书曰传，无文辞者曰表曰图，虚实相资，详略互见，庶几可以无遗憾矣。"②我们统观章氏所撰诸志，确是纪、传、书（考）、表、图，诸体具备，一如正史之规，尤其《湖北通志》更为完备。今对其诸体，略加论述。

纪，所谓纪者，是指按年编写的大事记，其要求是要把这个地区"古今理乱"之重大事件都"粗具于编年纪"③中。因此，它与一般正史里的本纪不同。不过，在章学诚看来，即使正史中之本纪，起初也不是专为记载帝王事迹的尊称，他说，"纪之与传，古人所以分别经纬，初非区辨崇卑。是以迁《史》中有无年之纪，刘子玄首以为讥，班《书》自叙，称十二纪为《春秋考纪》，意可知也。自班、马而后，列史相仍，皆以纪为尊称，而传乃专属臣下"④，自然就失去了立志之本意了。所以他说"方志撰纪"，亦在于"存史法也"。因为"志者，史所取裁，史以记事，非编年弗为纲也"。⑤这就说明，他把编年之纪，看作全书之纲，他在《湖北通志·凡例》中对这一观点作了进一步发挥，"史以纪事为主，纪事以编年为主，方志于纪事之体，往往缺而不备，或主五行祥异，或专沿革建置，或称兵事，或称杂记，又或编次夹

---

① 《文史通义新编》外篇六。
② 《文史通义新编》外篇五。
③ 《文史通义新编》外篇六《湖北通志·序传》。
④ 《文史通义新编》外篇五《永清县志恩泽纪序例》。
⑤ 《为毕秋帆制府撰石首县志序》。

杂，混入诸门之中，不为全书纲领"。至于纪的写法，《凡例》中亦有说明："纪以编年为名，例仿纲目，大书分注，俾览者先知古今，了如指掌。"① 当然，应当说明的是，他最初所编的几部方志，均未能写出比较像样的编年纪来，这也足以说明，他的方志理论，经过不断的实践有了新的提高和发展。

传，"邑志列传，全用史例"，它的设置在纬本纪未尽之宜。"史之有列传，犹《春秋》之有左氏也。"②"编年文字简严，传以申其未究，或则述事，或则书人，惟用所宜"③，而不应"执于一也"。这就是章学诚为列传所下的定义，它可以写人，亦可以书事，要从实际出发，"惟用所宜"。他认为，传分记人记事，乃是司马迁立传之本意，如《史记·货殖列传》则不是以人物为中心。然而后世史家往往有失此意，谈到列传，则仅拘于为个人具始末，无复言记事之传矣。他为了复司马迁立列传之旧观，故于《湖北通志》中身体力行，既有事类相从，亦有数人合传。记明末农民起义之事，曾立《明季寇难传》；述明末党争者，则有《复社名士传》，而《欧魏列传》，名为欧阳东凤、魏运昌二人合传，实则言"湖北水利之要害，与《水利考》相表里"。他们"一为明代沔阳之人，一为国朝景陵之人，以论水利，合为一传，亦史家比事属辞之通义"。④

为了写好方志的列传，对于内容详略取舍诸问题，章学诚都提出了严格的要求。首先，内容上他认为应本着"详今而略古"、"详后而略前"的原则。尤其是以往人物，"史传昭著，无可参互详略施笔削者，则但揭姓名为人物表，其诸本传，悉入文征以备案检"。⑤"方志家言，搜罗文献，将备史氏之要删"，如果"史之所具，已揭日星，复于方志表扬，岂朝典借重于外乘耶？"⑥ 其次，既然"方志为国史所取裁，则列人物而为传，宜较国史加详"。可是当时一般方志都没有做到这点，甚至仅仅"删略事实，总撮大意，约略方幅，区分门类"。这样的方志，既不能达到为国史所取裁目的，亦不

---

① 《湖北通志·序传》。
② 《文史通义新编》外篇五《亳州志人物表例议中》。
③ 《章氏遗书》卷 26《湖北通志检存稿三·欧魏列传》。
④ 《章氏遗书》卷 26《湖北通志检存稿三·欧魏列传》。
⑤ 《文史通义新编》内篇五《传记》。
⑥ 《湖北通志·序传》。

能收到"有裨风教"的效果。至于"品皆曾（参）、史（鳅），治尽龚（遂）、黄（霸），学必汉儒，贞皆姜女，面目如一，情性难求"，更是一般方志的通病，关键在于作者未下功夫搜集到具体材料，只能泛泛而谈。他提出，"志者，志也。人物列传，必取别识心裁，法《春秋》之谨严，含诗人之比兴，离合取舍，将以成其家言。虽曰一方之志，亦国史之具体而微也"。①再次，所志人物，应当有所选择，"列传亦以名宦乡贤、忠孝节义、儒林卓行为重，文苑方技，有长可见者次之"，"如职官而无可纪之迹，科目而无可著之业，于法均不得立传"。无可纪之迹的职官所以不得立传，一则因"志属信史，非如宪纲册籍，一以爵秩衣冠为序者也"。这些主张，正是针对当时修志领域中"贿赂公行，请托作传"、"漫为浮誉"的情况而提出的，这个观点，不仅在当时来说是相当杰出的，就在今天我们修志中仍有现实的借鉴价值。为了做到这点，就得立下条例，严格把关，材料必须严加核实，"取舍贵辨真伪"，立一名宦传，一定要说明此人"实兴何利，实除何弊，实于何事有益国计民生，乃为合例"。相反，对于那些"穷乡僻壤，畸行奇节，子孙困于无力，或有格于成例，不得邀旌奖者，踪迹既实，务为立传，以备采风者观览"。②他还提出，要写好列传，必须下苦功调查取得第一手资料。他说：

> 窃谓邑志搜罗不过数十年，采访不过百十里，闻见自有真据，宜加意采辑，广为传述，使观者有所兴起，宿草秋原之下，必有拜彤管而泣秋雨者矣。③

意思是说，你能把应当入传的人的真实事迹，经过调查写入志书，他（她）们在九泉之下也会感激你的。当然，要写好列传是不容易的。正因如此，故章学诚认为，一个史家的才能可以在撰写列传中体现出来。如"马、班之才，不尽于本纪表志，而尽于列传也"。他还论述了同是方志中的列传，

---

① 《亳州志人物表例议下》。
② 上引均见《文史通义新编》外篇四《修志十议呈天门胡明府》。
③ 《答甄秀才论修志第一书》。

难易又各有不同，如《循吏列传》其难度要比"志乡贤"大得多，他甚至提出写好"循吏之迹"，凡有七难，说得很有道理，七难是：

> 治有赏罚，赏罚出而恩怨生，人言之不齐，其难一也；事有废兴，废兴异而难易殊，今昔之互视，其难二也；官有去留，非若乡人之子姓具在，则迹远者易湮，其难三也；循吏悃愊无华，巧宦善于缘饰，去思之碑，半是愧辞，颂祝之言，难征实迹，其难四也；据当要路，载笔不敢直道；移治邻封，瞻顾岂遂无情？其难五也；世法本多顾忌，人情成败论才，偶遭罣误弹章，便谓其人不善，其难六也；旧志纪载无法，风尘金石易湮，纵能粗举大凡，岁月首趾莫考，其难七也。

这七条虽不能说条条是真理，却可以讲条条是实情，只要稍作回味，便会感到确实言之成理。当然，章学诚列举了七难，目的在于执笔撰写时，要"益致其慎尔"。①

考，"考之为体，乃仿书志而作，子长八书，孟坚十志，综核典章，包函甚广"。②这就把方志里面组成部分之一的考或书、志的来源讲了出来，既然如此，章学诚认为要撰好书考，必须懂得《史记》中的八书、《汉书》中的十志是怎么回事，尤应注意书法。他在早年写《修志十议》时便已提出"典故作考，人物作传，二体去取，均须断制尽善，有体有要，乃属不刊之书，可为后人取法"。然而当时所撰之方志，都有失于体要，一则是题目分得过细，"失之繁碎"，以致"浩无统摄"；二则变成选文类纂，非复志乘之体，如此等等，杂乱无章，当然难为典据。欲改变此种现象，必须以史法绳之。首先分题不宜过细，分纲列目，以收纲举目张之效。其次内容必须澄清，千万不可包罗万象，将无关治体、无益风教者悉数删除。今后志书，"但重政教典礼，民风土俗"，凡是"浮夸形胜，附会景物者，在所当略"。③至如撰艺文者，应仿班固作《艺文》、刘歆著《七略》之意，要"详载书

---

① 《永清县志政略序例》。
② 《答甄秀才论修志第一书》。
③ 《修志十议呈天门胡明府》。

目"，而不是"类选诗文"。他在《答甄秀才论修志第一书》中说：

> 夫既志艺文，当仿三通、《七略》之意，取是邦学士著选书籍，分其部汇，首标目录，次序颠末，删芜撷秀，掇取大旨，论其得失，比类成编，乃使后人得所考据，或可为馆阁雠校取材，斯不失为志乘体尔。

当然，要做到这点是不太容易的，因为这不仅要懂得艺文志的来龙去脉，更要懂得作此志的宗旨，而对每部著作要"跋其端委"、"论其得失"那就更不是件容易的事，所以章学诚对于修志人员的要求，不仅要学识渊博，更要识得"史"字。另外，志赋役者，既要采撷州县赋役全书，又得吸取私门论撰，加以别裁，做到文简事明，只有这样，财赋沿革利病，就可洞若观火了。对于通志里的《府县考》写法，他在《湖北通志·凡例》中说得就更加具体了，"考乃书志之遗，府县一考，专论建置沿革，最为全书根底，考订不厌精详，既著其说，又列其表，观者一望了然。至星土之说，存其大概，以天道远而人事迩也"。可见在编修方志中，他强调的是人事，应当将功夫花在这些方面。

图、表，章学诚在评论史志中对图表十分重视，并把它们提高到撰史修志不可缺少的组成部分。表的作用很多，既可表人、表年，又可以列表事类，其中尤以人表更为重要。特别是方志与人表关系更为密切，认为方志立人物表其善有三：

> 前代帝王后妃，今存故里，志家收于人物，于义未安；削而不载，又似阙典。是以方志遇此，聚讼纷然，而私智穿凿之流，往往节录本纪，巧更名目，辗转位置，终无确当。今于传删人物，而于表列帝王，则去取皆宜，永为成法。其善一也。史传人物本详，志家反节其略，此本类书摘比，实非史氏通裁。然既举事文，归于其义，则简册具有名姓，亦必不能一概而收，如类纂也。兹于古人见史策者，传例苟无可登，列名人物之表，庶几密而不猥，疏而不漏。其善二也。史家事迹，目详于耳，宽今严古，势有使然。至于乡党自好，家庭小善，义行但存标题，节操止开年例；史法不收，志家宜具。传无可著之实，则文不繁

猥；表有特著之名，则义无屈抑。其善三也。凡此三者，皆近志之通病，而作家之所难言。故曰：方志之表人物，将以救方志之弊也。①

史表既然如此重要，故他所撰诸志，部部有表，而《湖北通志》仅人物就立有五表。对于《食货考》中头绪纷繁的赋役一门，还作了赋役表以相统摄。经过他的苦心经营，史表的作用在方志中可以说得到了充分的发挥。

对于图的作用，从方志本身来说似乎并不存在问题，因为所有方志，几乎大多有图，况且在发展过程中，还有经过图的阶段。可是长期以来从理论上来说明它的重要性，除郑樵外，还不多见。在章学诚看来，图的作用，有时更胜于表。他说：

> 史不立表，而世次年月，犹可补缀于文辞；史不立图，而形状名象，必不可旁求于文字。此耳治目治之所以不同，而图之要义所以更甚于表也。古人口耳之学，有非文字所能著者，贵其心领而神会也。至于图象之学，又非口耳之所能授者，贵其目击而道存也。

因此，"虽有好学深思之士，读史而不见其图，未免冥行而擿埴矣"。②他在《永清县志水道图序例》中还曾指出：

> 地名之沿革，可以表治，而水利之沿革，则不可以表治也。盖表所以齐名目，而不可以齐形象也。图可得形象，而形象之有沿革，则非图之所得概焉。是以随其形象之沿革，而各为之图，所以使览之者可一望而周知也。

所以，他把图像称为"无言之史"。可是当时许多方志尽管在形式上也大多有图，实际上并未起到图的应有作用，原因是：

---

① 《亳州志人物表例议下》。
② 《文史通义新编》外篇五《永清县志舆地图序例》。

其弊有二：一则逐于景物，而山水摩画，工其绘事，则无当于史裁也；一则厕于序目凡例，而视同弁髦，不为系说命名，厘定篇次，则不可以立体也。夫表有经纬而无辞说，图有形象而无经纬，皆为书志列传之要删，而流俗相沿，苟为悦人耳目之具矣。①

这就是说，当时方志所绘之图，完全流于形式，变成了点缀时髦的装饰品。因此他在《湖北通志·凡例》中说："诸图开方计里，义取切实有用，不为华美之观。"这正是针对当时方志纯为追求形式美观而发。他还指出，图之作用，应当"取其有关经要而规方形势所必须者，详系之说，而次之诸纪表之后"，这样才可以备用一家之学。

志的诸体既然一如正史之规，那么措辞命意，无疑当具撰史之笔法。他在《与石首王明府论志例》一文中说："志为史裁，全书自有体例。志中文字俱关史法，则全书中之命辞措字，亦必有规矩准绳，不可忽也。"为了撰好方志，他晚年在修《湖北通志》时，便提出作者秉笔应当做到"持论不可不恕，立例不可不严，采访不可不慎，商榷不可不公"②的四大要求，继承了古代史家据事直书的优良传统，反对"任情无例"，"私意褒贬"。有不少人讲章学诚主张方志有褒无贬，这完全是出于一种误解。章学诚反对的乃是任情褒贬，题外加论。至于公正的议论，持平的论赞，亦不妨附入，否则也就失去了作史修志的惩劝本意。另外，在志体既合史例，考信核实无虚的前提下，适当进行文辞的修饰，自然也是作者应当努力之事，因为"志体既取详瞻，行文又贵简洁"，乃是撰好一部方志的起码要求。况且也只有做到"词尚体要"，方能成为"可诵可识"、"传世行远之具"。

章学诚在修志理论中还提出，各地修志，应当注意对各地的方言进行广泛的采集，他认为这是一项十分有意义的工作。尽管明代以来，有些方志在风俗篇中已记载了一些方言，如浙江的《乌青镇志》便是如此。但毕竟还是少数，并未引起大家足够的重视。因此他在《报谢文学》中说：

---

① 《永清县志舆地图序例》。
② 《湖北通志·序传》。

> 前高阳县知县武进胡君文英，尝撰《吴下方言考》，虽于经训微觉附会，而于苏常之间土音，实有证明。鄙意四方文士，各以官韵正定一方土谚，修方志者，必采录之，汇集一统志馆，勒为成书，亦同文之要典也。国史采以附地理志，后人即为成规。则是每代必有一扬子云，何患训故之难通乎。①

这个见解十分可贵，因为我们的祖国幅员广大，各地方言又多，十分复杂，若是各地在修方志之时，能够注意采集，并且"以官韵正定"，那么不仅可以沟通全国各地之语言，而且在方言的研究上也可作出无可估量的贡献。单就这点而言，方志的学术地位也必定得到提高。可见作为方志理论家的章学诚，正因为博古通今，学识渊博，所以才有可能注意到此类内容。

在这里还值得提出的是，章学诚在早年总结前人修志经验的基础上，曾于《修志十议》一文中别具匠心地提出一个修志纲要。其中内容和提法后来虽然有了发展、变化，但从这个纲要我们仍可看出他想象力的丰富，才能的卓绝以及创造精神之可贵。他说：修志

> 有二便：地近则易核，时近则迹真。
> 有三长：识足以断凡例，明足以决去取，公足以绝请托。
> 有五难：清晰天度难，考衷古界难，调剂众议难，广征藏书难，预杜是非难。
> 有八忌：忌条理混杂，忌详略失体，忌偏尚文辞，忌妆点名胜，忌擅翻旧案，忌浮记功绩，忌泥古不变，忌贪载传奇。
> 有四体：皇恩庆典宜作纪，官师科甲宜作谱，典籍法制宜作考，名宦人物宜作传。
> 有四要：要简，要严，要核，要雅。

他要求人们在修志当中，应当尽量做到"乘二便，尽三长，去五难，除八忌，而立四体，以归四要"。这个纲领，尽管有些条文是勉强凑合，但大多数

---

① 《文史通义新编》外篇三。

确是言之有理，如"八忌"之说，可谓条条言之成理，特别是"忌泥古不变"更为可贵，反映了他变通发展的观点。他提倡独创，反对守旧，这在方志编修来说也十分重要，无论体例还是内容范围，都应当随着时代的发展变化而有所变革。当然，有些主张在今天编修新志的过程中，仍有重要参考价值。

综上所述，可以看出章学诚论述的方志，实际上是一部图文并茂、纲举目张、言简义明的地方史。旧的方志按照他的理论改造后，将改变其仅具地理沿革之书，而成为一种具有史义、能够经世的史书了。这些理论，在当时对方志性质和体例认识混乱、众说纷纭的时候，自然具有重要的积极作用。但时至今日，当方志已经成为一门独立学问的时候，有些理论显然就不合时宜了，特别是方志就是地方史的说法，在今天看来就很不确切。尽管地方志仍具有地方史的性质，属于史的范畴，但绝不能说就是地方史，否则我们今天也就没有必要再普遍地编纂地方志了。

第四，辨清各类方志记载范围和界限。

宋元以来，方志编修基本上已经定型，但当时所修，只限于郡县二志而已，特别是县志为多。明清以来，修志之风盛行，于是省有通志，府、州、厅、县各皆有志，甚至一些重要乡镇、山水寺庙亦多修志。由于对各类志书要求没有明确概念，因而出现许多混乱现象，有的简单把诸州、县志内容合并便成府志，将诸府志加以合并又成通志。亦有采用相反的办法，将通志机械地一分便成所属府志，又将府志分而成诸县志，似乎十分简单方便。对此章学诚曾特地写了《方志辨体》一文①，从理论上对此混乱不清现象加以澄清，指出各类方志有各自内容范围，也有各自撰写方法与要求，切不可简单任意分合，否则将不成为书。这在方志发展史上又是一大贡献。后来他在《丙辰札记》的笔记中又对此作了十分形象而生动的叙述：

  余尝论各部通志，与府志、县志各有详略义例，不知者相为骇怪。余取譬于诗文之有命题，各有赢阙至重，不容相假藉也。②

---

① 《文史通义新编》外篇四。
② 《章氏遗书》外篇卷3。

以上事实说明，著书各有义例，绝不可随心所欲机械地进行分合，编撰方志，其道理自然也是一样。他不仅从理论上辨明各类方志自有义例，而且从具体内容入手，举例说明哪一类方志应详于某一内容。他说：

> 山川古迹陵墓，皆府县所领之地也，城池坛庙祠宇，皆其地所建也，此则例详府州县志，通志重复详之，失其体矣。兹举其大而略其琐细，各属专志。譬之垣墉自守，详于门内，而不知门外，通志譬之登高指挥，明于形势，而略于间架，理势然也。①

又如"府州赋役全书，自当于府州志详之，州县赋役全书，自当州县志详之，通志体裁，自不当代为屑屑纂录"。相反，一个省的"财赋大势，沿革利病，非府州县志所能具者"。所以他说："贵乎通志者，为能合府州县志所不能合，则全书义例，自当详府州县志所不能详。既已详人之所不能详，势必略人之所不略，譬如揖左则必背右，挥东则必顾西，情理必然之事。"②总之，章学诚认为，撰写一省通志，绝不可将所属府州县志加以拼凑抄录，也不可将通志分拆而成所属府州县志，各有自己内容范围和义例要求。能按此要求去编纂各类方志，就可以做到各有侧重，各有特点，详略适宜，避免混杂。因此，这一理论的提出，对于澄清方志编修中的越俎代庖的混乱现象，其功绩自不可抹杀。

第五，建议州县设立志科。

史家编写历史，必须有所凭借，所写之书，才能取信于后世。唯其如此，史家只有具备了丰富的史料，始可记一事之始末，考一事之得失，加以陶铸，成为珍品。没有原料，也就无法陶铸成品。方志既然属于史的范畴，自然也不能例外。章学诚在修志的具体实践中，深感搜集材料的困难与及时搜集资料的重要性。他认为，要修好方志，萧何转饷这项工作是万万少不了的。其中以往正史典籍固然"俱须加意采访"，但是，地方文献却更为重要，这是方志编修必不可少的材料。"若邑绅所撰野乘、私记文编、稗史、家谱、

---

① 《湖北通志·凡例》。
② 《方志辨体》。

图牒之类，凡可资搜讨者，亦须出示征收"，以便做到"博观约取"。① 值得注意的是，方志内容既要详近略远，多写当时之事，那么材料就必须取之于当时现实生活之中。因此，他主张除了搜集现成的乡邦文献以外，还需要进行实地访问调查，掌握第一手资料。他十分赞扬司马迁修史之前的"东渐南浮"的实地考察精神。他自己在修《永清县志》时，也曾"周历县境，侵游以尽委备"，并亲访乡村妇女50余人，用所得口碑材料，替他们"详为之传，其文随人变异，不复为方志公家之言"，从而改变了一般方志撰写"贞节孝烈"、"文多雷同"的局面。② 而对于所撰《亳州志》，由于"逼于楚行，四乡名迹，未尽游涉，而孀妇之现存者，不能与之面询委曲，差觉不如《永清》"。虽然从文献足征来说，是远胜于《永清》，但未尽观察访问之责，以致总有"负愧"之感。③ 尽管他所访问的对象多为乡村妇女，其目的又在于宣传封建道德，但就其重视实地调查的精神来说，还是值得肯定的。何况他所考察的也不仅限于这一项内容。通过实践，他体会到史料搜集，贵在及时，"一方文献，及时不与搜罗，编次不得其法，去取或失其宜，则他日将有放失难稽，湮没无闻者矣"。④ 为了解决修志过程中所遇到的材料来源之困难，他建议清朝政府在各州县建立"志科"，专门掌管搜集乡邦文献，为编好各类方志创造条件。他在《州县请立志科议》中说：

  州县之志，不可取办于一时，平日当于诸典吏中，特立志科，佥典吏之稍明于文法者，以充其选。而且立为成法，俾如法以纪载，略如案牍之有公式焉，则无妄作聪明之弊矣。积数十年之久，则访能文学而通史裁者，笔削以为成书，所谓待其人而后行也。如是又积而又修之，于事不劳，而功效已为文史之儒所不能及。

至于志科搜集储存范围，他指出：

---

① 《修志十议呈天门胡明府》。
② 《章氏遗书》卷18《周筤谷别传》。
③ 《文史通义新编》外篇三《又与永清论文》。
④ 《记与戴东原论修志》。

六科案牍，约取大略而录藏其副可也；官长师儒，去官之日，取其平日行事善恶有实据者，录其始末可也；所属之中，家修其谱，人撰其传志状述，必呈其副，学校师儒，采取公论，核正而藏于志科可也；所属人士，或有经史撰著，诗辞文笔，论定成编，必呈其副，藏于志科，兼录部目可也；衙廨城池，学庙祠宇，堤堰桥梁，有所修建，必告于科，而呈其端委可也；铭金刻石，纪事摘辞，必摩其本而藏之于科可也；宾兴乡饮，读法讲书，凡有举行，必书一时官秩及诸名姓，录其所闻所见可也。

可见搜罗范围相当广泛，不仅搜集办法十分具体，就是如何保管，文中亦有详细说明。其实这一建议，早年在《答甄秀才论修志第一书》中就已经有所考虑，他在信中说：

今之志乘所载，百不及一，此无他，搜罗采辑，一时之耳目难周，掌故备藏，平日之专司无主也。尝拟当事者，欲使志无遗漏，平日当立一志乘科房，佥椽吏之稍通文墨者为之，凡政教典故，堂行事实，六曹案牍，一切皆令关会目录真迹，汇册存库，异日开局纂修，取裁甚富。

从这里也足以说明，他对于编修方志考虑是相当周全的。在志科以外，四乡还各设采访一人，聘请"绅士之公正符人望者为之"，平时负责采访搜集遗文逸事，及时上呈志科。他还强调志科之重要性说：

今天下大计，既始于州县，则史事责成，亦当始于州县之志。州县有荒陋无稽之志，而无荒陋无稽之令史案牍。志有因人臧否，因人工拙之义例文辞；案牍无因人臧否，因人工拙之义例文辞。盖以登载有一定之法，典守有一定之人，所谓师三代之遗意也。

可是，像这样富有独创精神的建议，却如泥牛入海，根本没有为清政府所注意。遗憾的是，有人竟说在我国历史上曾经设立过志科。章学诚的《州县请立志科议》，当时虽未得到采纳，在今天来说，不仅历史工作者和档案工作者仍可借鉴，就是对于从事社会调查工作的同志来说，同样具有一定参考价值。

综上可见，《文史通义》中所体现出来的章学诚的方志学理论，确实是非常丰富而完整的。他首先确定"志属信史"，其作用应当和正史一样足以"经世"，因而它的编纂亦应规于史法。他批判了许多方志"求于史家义例，似志非志，似掌故而又非掌故"。这种情况的出现，说明了作者不懂得史籍区分两大部类——记注和撰述的意义，故出现了"于记注撰述两无所似"的作品。为了扭转这一局面，他提出了方志分立三书的创意。这一创议的意义，正如他自己在《与陈观民工部论史学》一文中所说："用其别识心裁，勒成三家之书，各具渊源师法，以为撰方志者凿山浚源。"作为三书的志来说，是全部方志的主体，仿纪传正史之体而作。其内容是重视当今，强调实用，要能为政治服务。这与那些专考地理沿革、罗列职官爵秩、记载古迹名胜、选录风云月露文章的方志相比，无疑是一个很大的进步。显然，通过这一改革，方志的作用与地位是被大大提高了，志为史体的概念也得以牢固地树立起来，从此方志便从地理类划出，而成为历史学的一个分支。而"方志辨体"，更进一步明确了各类方志编修应有各自的义例与要求。尤其可贵的是，他把自己创立的理论在修志中予以实践。从此，中国地方志终于有了一整套完整的理论体系，并发展成为一门专门的学问——方志学。

应当看到，由于时代和阶级的局限，章学诚的方志学理论也不可避免地存在着一些局限性。首先，他确定"志乃信史"以后，在各方面都从史的角度来要求方志，未免失之偏颇。并且由于情绪偏激，许多论述失之过头。方志是史学的一个分支，但不能把它与国史等同起来。在他的理论中，方志即是地方史，两者毫无区别，这就混淆了史、志的概念，对后来也有一定的影响，这在今天我们总结章学诚的方志理论时不能不予以指出。其次，章学诚的修志理论由于过分强调"经世"，必须有裨风教，因此，过分重视人文方面的内容，而于自然科学、经济生活方面有所忽略，这也是他强调按正史的规模来编修方志所造成的结果，从而把方志原来某些优良的传统丢弃，创造有余而继承不足。我们今天修方志时应当从中吸取教训。再次，他的方志理论以及所修诸志内容，归根到底，是为封建地主阶级利益服务的。他再三强调"经世致用"，足以鉴戒。把地方志看成是统治者用来"鉴戒"、"资治"

的工具，要清政府吸收明王朝灭亡的教训。他以史志之书所以有裨风教者，原因就在于"传述忠孝节义"，因此，他很重视列传及列女传的撰述，借以宣扬封建的伦理道德，纲常法纪。他为了撰好列女传，四处奔走，大力搜寻妇女"贞节"的材料。最后，他早期纂修的方志，开端必冠以《皇言》、《恩泽》的纪，并且《修志十议》中还立上一条"皇恩庆典宜作纪"。他在方志理论上强调修志"非示观美"，不必讲求死板形式。然而对此纯为形式的两个纪，却以为缺一不可，本来编年之纪是要记一方之"古今理乱"，成为全书之"经"，而此二纪并未起到用以编年、经理全书的作用，无非是为封建统治者歌功颂德而已。似此之类，显然又与他的方志理论相违背。当然，所有这些又都丝毫不能损害章学诚对中国方志学所作出的杰出贡献，以及他在方志学理论上所起到的奠基者的作用。

第二节　方志学理论的三大来源

　　章学诚所以能够建立起一整套丰富的方志理论体系，并使之发展成为专门的学问——方志学，绝非出于偶然。为什么许多著名学者和方志学家未能做到而章学诚却完成了？首先，是与他有丰富的史学理论为指导分不开的。他用史学理论指导自己的修志实践，用自己的史学理论来检验和总结前人的修志经验，通过自己的实践又获得许多宝贵的知识和经验。更为重要的是，他能及时地把它们升华为理论，进而使之具有普遍意义，转过来再指导方志的编修工作，这是一般方志学家所无法办到的，因为他们缺少的是史学理论。理论指导实践，实践又丰富了理论，这是章学诚方志学发展的全过程，也是章学诚方志理论取得巨大成就的决定因素。

　　第一，史学理论是他建立方志学的重要源泉。

　　章学诚是我国封建社会后期一位杰出的史学理论家，然而，他虽有丰富的史学理论，却无从试之于史。于是就用自己的史学理论，来指导方志的编修和方志理论的探讨。走这一条路，实际上他也是早有准备的。还在青年时代，他在《答甄秀才论修志第一书》中就曾说："丈夫生不为史臣，亦当从名公巨卿，执笔充书记，因而论列当世，以文章见用于时。如纂修志乘，亦其中之一事也。"① 正因如此，所以他后来便专心致志地从事方志的编修和方志理论的探讨，这是他在方志理论上所以能取得巨大成就的重要因素。

首先，他从史学的发展源流来论述志属史体，确定了方志的性质是属于史的范畴而绝不是地理著作。然后又针对方志的特点及其发展过程中所形成的规模和体式，最后选定了要用纪传正史之体来编修方志。他认为纪传体史书的长处，可以做到事类相从，容易寻检，故他对司马迁所创立的这种史体极为称赞，"实为三代以后之良法"。何况方志内容十分庞杂，是任何一种著作所不能比拟，其他任何史体也无法容纳的。唯其如此，方志编修只有采用纪传正史之体最为合适。于是他便在《方志立三书议》中坚定不移地提出"仿纪传正史之体而作志"的主张。这就告诉我们，对于方志采用何种体裁，章学诚是通过对各种史书体裁的比较、分析研究后，针对方志的内容、性质和特点而最后确定的，同时又通过自己的多次实践，证明也是可行的。

再看作为章学诚方志学理论精义之所在的"方志分立三书"理论，也来源于他对史学义例的理解。他所以要提出这个主张，是由于他看到许多方志，内容过于芜杂，只是纂类家言，谈不上是著作，他以为"自唐宋以后，正史之外，皆有典故会要（如历朝会要、会典），以为之辅，故典籍至后世而益详也"。至于文章，又多有文选、文鉴、文类等书。然而"方志诸家则犹合史氏文裁，与官司案牍，混而为一，文士欲掇菁华，嫌其芜累，有司欲求故实，又恐不详，陆机所谓'离之则双美，合之则两伤'也"。若要防止这种现象继续下去，就必须采用"离之则双美"的办法，于志书之外，另立掌故、文征，这样，"则义例清而体要得矣"。② 所以，方志分立三书，正是为了解决"不失为著述之体"与保存重要资料之间的矛盾。应当指出，这个主张是直接来源于刘知幾的史学理论。刘知幾在《史通·载言》篇中提出，今天编修纪传正史，要增立书部，这种书部，类似文选。他感到从《史记》、《汉书》以后，史传往往载入大量长篇的"制册诰命"、"群臣奏章"等方面的文章，这样势必有害于行文气势，使传记文章变得臃肿而冗长，"唯上（尚）录言，罕逢载事"，当然谈不上是好文章了。为了克服这一弊病，仿照

---

① 《文史通义新编》外篇四。
② 《文史通义新编》外篇六《湖北掌故叙例》。

古法，言事分载，"于表志之外，更立一书"，将"人主之制册诰命"、"群臣之章表移檄"，以及人所共推的诗文佳章，分别选录，以类区分，各立为"制册书"、"章表书"等等。这样既可以保存大量宝贵文献资料，又可使纪传文章写得简洁精练，通顺流畅。对此主张，章学诚十分赞赏。他在《和州志文征序例》中说："唐刘知幾尝患史传载言繁富，欲取朝廷召令，臣下章奏，仿表志专门之例，别为一体，类次纪传之中，其意可谓善矣。"但经过自己实践，对刘氏之说提出了修正意见，故文中接着说："纪传既不能尽削文辞，而文辞特编入史，亦恐浩博难罄，此后世所以存其说，而讫不能行也。"① 又在《永清县志文征序例》中说："唐刘知幾尝患史体载言繁琐，欲取诏诰章疏之属，以类相从，别为一体，入于纪传之史，是未察古人各有成书，相辅益章（彰）之义矣。"② 这就是说，他是受到刘知幾论述的启发后，又经过自己实践和研究，觉得应当各自成书，而不能混杂于一书之中，这就是他方志分立三书的由来。可见他对前人理论是有继承、有批判、也有发展的。

再如他对方志列女传的看法，与其史学思想也密切相关。长期以来，方志中的"列女传"大多变成了"烈女传"了，这也是受正史的影响，对此章学诚提出了严厉的批评。在《永清县志列女传序例》一文中，他既评论了列传分合编次的意义，又追述了史书设立"列女传"之渊源。论证说明，无论是正史还是方志，都应当立"列女传"，而不是"烈女传"。在这篇序中，他对刘知幾提出了中肯的批评。我们知道，《东观汉记》开始为妇女专门立传，于是范晔在《后汉书》中也立了《列女传》，这在史学发展上是一大进步，是史学思想上一大创举。范晔对《列女传》的记载内容，提出了与众不同的标准，要"搜次才行尤高秀者，不必专在一操而已"。因为在他看来，许多有才华的女子，不仅对于治国治家作出贡献，而且在各种艺术方面也具有超群的才能，可是他们这些事迹史书一般很少有专门记载，这就是他设立《列女传》的指导思想。既然如此，他就把"博学有才辨，又妙于音律"③，才华出众的蔡文姬收入了该传。不料此举竟一直受到封建正统史家的批评和讥

---

① 《文史通义新编》外篇四。
② 《文史通义新编》外篇五。
③ 《后汉书·列女传》。

刺。遗憾的是身为史学评论家的刘知幾，竟然也对范晔此举进行讥刺，直至清代，还有人在不断加以指责。面对这一切，章学诚在这篇序例中据理予以驳斥。他说：

> 列女之名，仿于刘向，非烈女也。曹昭重其学，使为丈夫，则儒林之选也；蔡琰著其才，使为丈夫，则文苑之材也。刘知幾讥范史之传蔡炎，其说甚谬，而后史奉为科律，专书节烈一门。然则充其义例，史书男子，但具忠臣一传足矣。是之谓不知类也。①

这一批驳，可谓击中要害，男子在史书列传中既然可分儒林、文苑、忠臣等类，不同类行均可入传，为什么女子只能写节烈一项呢？难道有贡献的女子就不能入传吗？因此，在章学诚看来，列女传之建立，本意并非烈女，具有贞节事迹的妇女固然要写，而才华出众的如班昭、蔡文姬等也该入传。这样既澄清了正史中列女传的性质之误，自然也就为方志列女传的编写指明了方向。关于这点，他早年在《答甄秀才论修志第二书》中亦已作了详尽的论述。所有这些都说明，章学诚所以能够如此侃侃而论，自然必须具备两个条件，一则是对史学发展需要非常熟悉，否则既不知刘向《列女传》的内容，也不知范晔建立《列女传》之本义，那就只能随声附和，人云亦云，而不知错误之所在。再则必须具有胆识，若无超人的见解，尽管对史学源流和发展都很熟悉，但却看不出问题，反而认为那种做法是理所当然。而这种评论，既有着丰富的史实为依据，又进行理论上分析。既发展了史学理论，又为方志编纂提供了理论依据，为方志理论的建立和发展从各个方面进行了努力。

章学诚"文人不能修志"主张，也是受到刘知幾"文人不能修史"主张的启发。不过这一结论又是从大量的文人所修方志的实际情况总结出来的，诸如范成大的《吴郡志》、王鏊的《姑苏志》、康海的《武功志》、韩邦靖的《朝邑志》等，他们在文坛上虽然都颇有名气，"号为通人"，但所作方志却毛病百出，因为作志毕竟不是他们的长处。就如范成大的《吴郡志》，在章学诚看来，还是比较好的一部方志，但是由于受到文人习气的影响，使它产

---

① 《文史通义新编》外篇二。

生了许多不应有的缺点：

> 官名地号之称谓非法，人氏名号之信笔乱填，盖宋人诗话家风，大变史文格律；其无当于方志专家，史官绳尺，不待言矣。其所以为世所称，则以石湖贤而有文，又显贵于当时，而剪裁笔削，虽不合于史法，亦视近日猥滥庸妄一流，固为矫出，得名亦不偶然也。①

至于康海、韩邦靖在明代文学上的建树，人所共知，但他们分别用一两万字、六七千字写一部方志，无论从哪一方面也无法使人恭维，故章氏都有评论。以我们今天来看，所作批评，皆属有理有据，其关键是他们都以文人眼光和笔法来修志，因而有的实在太离谱。这正像魏晋以来，不少文人参与修史，对史学发展带来许多不良影响，因为他们作文，总是"喻过其体，词没其义，繁华而失实，流宕而忘返，无裨劝奖，有长奸诈"。②故刘知幾在《史通》的《载文》、《核才》、《论赞》、《杂说》诸篇都作了十分辛辣的批评，最后提出文人不宜修史。对于此论，章学诚不仅赞同，而且进一步加以阐述，指出史家与文士两者意旨有着显著区别，他说："余尝论史笔与文士异趋，文士务去陈言，而史笔点窜涂改，令贵陶铸群言，不可私矜一家机巧也。"③又说："文人之文与著述之文不可同日语也。著述必有立于文辞之先者，假文辞以达之而已。"④所以，"文士撰文，惟恐不自己出；史家之文，惟恐出之于己。……史文而出于己，是谓言之无征。"⑤可见史家写史，必须言出有据，不可私意杜撰；而文士撰文，则着意于文学技巧，润色文字，雕饰辞藻，重在修饰文字而略于事实。至于史书体裁，史家法度，可以一概不管。要这些人来撰史修志，其后果自然可想而知。因此刘知幾和章学诚分别提出文人不宜作史和修志，自然是很有道理的。

我们统观他所修的《和州志》、《亳州志》、《永清县志》和《湖北通志》

---

① 《文史通义新编》外篇六《书吴郡志后》。
② 《史通·载文》。
③ 《文史通义新编》外篇六《跋湖北通志检存稿》。
④ 《文史通义新编》内篇六《答问》。
⑤ 《文史通义新编》外篇一《与陈观民工部论史学》。

等各书序例，无一篇不是从史学角度入手加以论述，最后才落实到方志的编修，可谓事事论述有据，篇篇言之成理。所以我们说，他用史学理论来指导方志的编修和方志理论的探讨，是他在方志理论上所以能取得巨大成就的重要因素。

第二，修志实践经验不断丰富方志理论。

实践出真知，在今天来说，已是人所共知的真理，而在旧社会的知识分子未必都承认这个观点，章学诚对此却深有体会，他在与其师弟朱少白谈论治学经验时曾语重心长地说："大抵身履其境，心知其意，方有真见解，不用功于实际，则见解虽高，而难恃也。"①章学诚在方志学这块园地里，确实按照自己的诺言一步一步地实践着，每修完一部志书，都认真加以总结，方志理论也就有了新的发展，最后才有可能登上封建时代方志理论的高峰。乾隆二十九年（1764）冬，其父应天门县知县之聘，主持编纂《天门县志》，年方27岁的章学诚，不仅参与了编修工作，而且特地写了《修志十议》一文，正如他自己所说，文章全是就修志中所提出的问题而发表议论和看法。为了解决修志中所出现的问题，故在《天门县志艺文考序》中提出了设置"文征"的想法，而在《答甄秀才论修志第二书》中也谈了此事，可见他当时并非空发议论。乾隆三十二年（1767），其师朱筠被诏撰《顺天府志》，亦属章学诚"经纪其事"，可惜这部志书最后编纂结局如何，已不得而知；乾隆三十八年，应和州知州刘长城之聘，编纂《和州志》，这是他第一次单独用自己的方志理论进行实践，全志纪、表、图、书、传一应俱全，另编《和州文征》八卷。《和州志》的体例、内容和编纂方法，都体现了他的史学理论，如他在《和州志舆地图序例》中详细论述了图谱之学的发展和演变，指出图谱在史书和方志中的重要地位和价值。

特别要指出的是，他在《和州志艺文书序例》中，详细论述了艺文志的源流、发展及其重要价值，他认为艺文志之作，在于"辨章学术，考镜源流"，岂可等闲视之？可是当时许多方志的艺文志，一般仅选载诗文，这个问题十分严重，故他深深感到"州县艺文之篇，不可不熟议也"，不是随便搜集一些诗文，便可称为艺文志，这未免太可笑了。"典籍文章，为学术源

---

① 《文史通义新编》外篇三《又答朱少白书》。

流所自出，治功业绪之所流传，不于州县志书为之部次条别，治其要删，其何以使一方文献无所缺失耶？"实际上对于艺文志的编写，他一直十分重视，因为它关系到一个地方文献的保存和学术文化发展。他从早年起就一直强调这个问题，如《修志十议》中指出："近世志艺文者，类辑诗文记序，其体直如《文选》，而一邑著述目录，作者源流始末，俱无稽考，非志体也。"而在《答甄秀才论修志第一书》里，亦同样指出：

> 今世志艺文者，多取长吏及邑绅所为诗赋、记序、杂文以类相附；甚而风云月露之无关惩创，生祠碑颂之全无实征，亦胥入焉。此姑无论是非，即使文俱典则，……非复志乘之体也。夫既志艺文，当仿三通、《七略》之意。

直到晚年修《湖北通志》时，他仍在强调此志的编修，在《为毕制府拟进湖北通志序》中说：

> 志家往往选辑诗文，为艺文志，不知艺文仿于汉臣班固，乃群籍之著录，而方志不知取法，猥选诗文，亦失古人分别之义。①

我们所以在这个问题上不厌其烦地摘引章氏论述，原因在于目前方志学界所修新志，几乎全都把艺文志砍了，代之而起的则是大量选录诗文，早被章学诚所批判了的，我们今天反而非常时兴，这不能不说是当今方志学界的一大怪事。笔者认为此风决不可长。文征的设置，是《和州志》首创，旨在将要选的各类诗文载入其中，不至于在志书正文中占据篇幅。在这部《和州志》中，章学诚还首次创立了《前志列传》。他认为州县志书，都应这样做。有了此传，人们便可以得知某一地方志书编纂源流，以及每部志书的利弊得失，既可以吸取前人修志中的经验教训，又可以做到对前人成果的尊重与肯定。

乾隆四十二年（1777）五月，章学诚应周震荣之聘，主持编纂《永清县志》。这部县志凡五体，共二十五篇，另有《文征》五卷。在此志编修过程

---

① 《文史通义新编》外篇六。

中，他随时总结经验，加以改进，如关于如何发挥表在方志中的作用就是一例，在《永清县志选举表序例》就说明了如何以历史理论为依据，解决了当时遇到的困难。这部县志修成后，他的方志理论很快在朋友中流传开去，因而曾出现了大家争聘的局面。乾隆五十四年（1789）秋冬，章学诚在亳州，应知州裴振的邀请为其编纂《亳州志》。对这部州志，章学诚十分自信，他说拟之于史，可与陈范抗衡。这部州志的最大特点，就是强调"人表"在方志中的作用和首创"掌故"，他认为只要充分发挥人表作用，州县之志列传自可清其芜累；而只要"掌故"立为志书，则志书之体可免去繁芜，不必再事事求备。这样方志分立三书的理论，通过一步步实践后逐渐形成，于是乾隆五十七年（1792），他的方志理论核心论著《方志立三书议》正式诞生。这篇论文的产生，标志着章学诚方志理论已达到成熟阶段。这年他已55岁了。他经过三部州县志的编纂，深深感到方志编纂必须进行改革，三次实践也证明，改革完全是可能的。因此，乾隆五十八年（1793），他用自己新的方志理论，编纂一部大型《湖北通志》。这是一部全面体现《方志立三书议》精神的著作，故可视为章学诚方志理论成熟阶段的代表作（当然，他在湖北期间，还编修了好几种府州县志）。此志纪、图、表、考、传一应俱全，除主体志外，尚有《文征》、《掌故》和《丛谈》。而各种门类的序，都叙说了编写这些门类的指导思想和依据，实际上就是经验的总结和升华。

以上事实告诉我们，章学诚的方志理论完全是在修志实践中不断得到丰富和逐步完善起来的。他用丰富的史学理论为指导，将修志的实践经验又及时理论化，并使它们在修志中具有普遍意义，反过来再指导方志的编修，这就是他方志理论所以能得到不断发展的关键。

第三，总结吸取前人修志经验和教训。

总结和吸取前人修志经验和教训，经过自己的努力改造，使之上升为修志理论，这是章学诚方志理论又一重要源泉。他的方志理论人们读了总有路路皆通、左右逢源之感，原因就在于有着源头活水。他对前人的方志看了之后必定要论其长短得失。如对宋代流传下来的十多部方志，从总体上他都给予充分肯定，同时也指出其弊病。正因为他对每部方志缺点错误毫不留情地指出，评价之中要求较为严格，因而就有人骂他具有"绍兴师爷"作风，这是不对的。作为一个史学评论家、方志评论家，其职责就是评论，若是都说好话，也就失去了评论的作用了，就这点而言，也值得我们今天方志学界很好学习。章学诚在总结前人修志经验时，一般都要用三条标准来衡量，一曰史学法度，二曰方志体例，三曰内容价值。三者符合，自然是一部佳志。关于用史学法度绳之，在他留下的所评论方志里几乎每部都有涉及，因为他认为这是首要的，既然"志属信史"，故编纂中绝不应当违背史法。如他批评范成大的《吴郡志》和王鏊的《姑苏志》，首先在书名上就违背史法，"按宋自政和五年以前，名为苏州，政和五年以后，名为平江路府，终宋之世，无吴郡名。范《志》标题既谬，则志文法度，等于自郐无讥。王氏不知改易，所谓谬也"。①范成大为什么会如此明显地违反史学法度，这与宋代文人中流传的拟古风有很大关系，"其五十卷中，官名地号之称谓非法，人氏名号之信笔乱填，盖宋人诗话家风，大变史文格律，其无当于方志专家，史官绳尺，不待言矣"。②这种批评自然非常确当。方志编修，本应反映社会现实，官名地号，都应以修志之时名称为准，不能随意乱用古代官名地名，否则今古不分，是非莫辨。又如《滦志》的书名亦不伦不类，"滦乃水名，州亦以水得名耳。今去州字而称《滦志》，则阅题签者，疑为滦水志矣"。③至于《姑苏志》中的几种表全数不合史法，原因在于作者"大抵暗于史裁，又浸渍于文人习气，以表无文义可观，不复措意，听一时无识之流，妄为编辑，而不知其贻笑识者，至如是也"。④诸如此类评论，都是从事实出发，毫无故意贬低之意。再如被人吹捧上天的康海《武功志》，同样因"不知史学法度，文章体裁"，故全书"芜秽特甚"，错误百出。从实际情况来看，他用史学法度对每部方志进行衡量，评论其利弊得失，长短优劣，是非常必要的，因为许多作者尽管在文坛上声誉很高，但因不懂史法，故修志中便随心所欲。

一部方志编纂得好坏，重要的还要看它的体例如何。如果不合方志体例，内容虽好也不能算是方志。方志既然是一种著作，不是资料汇编，自然就有自己的体例，所以评论中章学诚十分强调这点。如范成大的《吴郡志》，

---

① 《文史通义新编》外篇六《书姑苏志后》。
② 《文史通义新编》外篇六《书吴郡志后》。
③ 《文史通义新编》外篇六《书滦志后》。
④ 《书姑苏志后》。

"通体采撷史籍及诗文说部编辑而成,仍注所出于本条下,是足为纂类之法,却非著作体也","人物不自撰著,裁节史传,亦纂类之例也"。至于分类不伦,排列顺序错置,都影响着体例的严谨。又如《滦志》,"自书自解,自问自答",既违反史家法度,又不符合方志书法体裁。再如康氏《武功志》,人物志基本上都不符合方志体例。章学诚认为,有些问题,看起来虽属小事,如果处置不当,便直接影响到全书体例的不纯。为此,他自己也颇为注意,自云:"余于志例,极具裁剪苦心,而于见行章程,案牍文册,入志不合体裁者,别撰《湖北掌故》。"①

至于方志的内容是否有益于社会风尚,有补于政事,则更是章学诚衡量评价前人所撰方志价值高下的重要条件之一。他在《为毕秋帆制府撰常德府志序》中便直接提出:"方志不特表章文献,亦以辅政教也。"可是以前许多方志根本谈不上这点,虽然"方志遍寰宇矣",但是"于事之关于经济,文之出于史裁,则未之议也"。这是他总结许多方志内容以后所得出的结论。可见在章学诚的方志理论中,是很重视修志的社会效益的,这正是他"经世致用"的学术思想在修志方面的具体体现。

综上所述,章学诚的方志理论的产生、发展乃至最后形成自己系统的方志理论体系,建立起较完备的方志学,自非一朝一夕的事,乃是经过一生苦心经营的结果。大家可以清楚看到,他的方志理论的形成,有着三条源头活水,源源不断汇集而来,通过他的消化提炼,最后形成了独具一格的方志理论。

---

① 《文史通义新编》外篇四《方志辨体》。

第九章
章学诚在中国史学上的地位

第一节　该怎样评价章学诚

　　章学诚的一生是在困苦流离中度过的，尽管生活颠沛流离，但读书、著书却从未间断。他因学问不合时好，故迟至41岁方中进士，又自以为迂疏，终未进入仕途。于是一生中就以修志、讲学、为人幕僚来维持生活。因此我们可以这样说，他的一生都是寄生在地方官僚阶层中而为他们服务，因而与社会的中下层人士得以广泛的接触，对当时的政治、经济、文化学术上的利弊，认识得比较透彻，从而使他自己的学术思想背离当时的正统学派，并逐渐成为"异端"。他把挽救时风流弊视为自己不可推卸的时代责任，并且大声疾呼，"君子之学，贵辟风气，而不贵趋风气"，"天下事凡风气所趋，虽善必有其弊。君子经世之学，但当相弊而救其偏"。① 当然，他也看到逆时趋而进是十分危险的，但为了坚持真理，发扬正确的学术风气，就必须和当时不正确的学风作斗争，他毫无顾忌，单枪匹马照样进行批判针砭，所以他的举动，竟被视为"怪物"，诧为"异类"。但他却毫不气馁，一生始终在开顶风船，因为他在做学问上有追求真理的精神，有要在文史评论上"成一家之言"的宏伟目标，这就成为支持他顶住周围人们对他歧视的巨大压力，更成为他忍受一生困苦磨难的精神支柱。正因为他为了挽救学风，重点批判了烦琐考据的流弊，这就像是捅了马蜂窝一样，不仅生前遭到社会的冷落，死后也很少有人去宣传他的学术思想与史学主张，更无人给他写个像样的传记，虽然《文献征存录》和《耆献类征》有个几行字的小传，但却将姓也改了，变成了张学诚了。正如胡适在《章实斋先生年谱序》中所说：

---

　　① 《文史通义新编》外篇一《淮南子洪保辨》。

他生平眼高一世，瞧不起那班"擘绩补苴"的汉学家；他想不到，那班"擘绩补苴"的汉学家权威竟能使他的著作迟至一百二十年后方才有完全见天日的机会，竟能使他的生平事迹埋没了一百二十年无人知道。

不过，此说虽属实情，未免有些绝对，光绪年间，安徽桐城有位学者萧穆对于章氏的著作就非常了解，在他的论文集《敬孚类稿》中还留下《记章氏遗书》和《跋文史通义》两篇文章，前者详细记述了章氏著作的聚散经过，后者则是对其代表作的评论，其中有段议论很值得我们注意：

> 近人有以章氏之书拟之《史通》者，然两家同一论史而宗旨各殊，刘氏之书论史法，章氏之书论史意，刘氏之论为馆局纂修，章氏之论乃一家著述，各曰同条共贯，实则分道扬镳，非深玩两家之书者未之能深悉也。两人才识既高，文笔犀利，又足以达其所见；而恃才傲物，鞍轹古今，几于前无古人，后无来者矣。两人之书，两人之情性，既足遥遥相对，有时呈其笔锋，放言高论，不察事实，凿空蹈虚，以致全书得失具陈，醇驳互见者亦往往有之。……

这样评论在当时来说显然非常可贵，遗憾的是，对这样的评论，近时也绝无人谈及。但无论如何，章氏所论，有"文章可以学古，而制度则必从时"。此真为千古名言，后著作之家所当奉为严师之训也。

对于这样一位有杰出贡献的史学评论家，谁也不会想到，近代最早宣传他的事迹的竟是一位外国学者，那就是日本学者内藤虎次郎编的《章实斋先生年谱》。时隔多年，方有胡适、姚名达两人合编的《章实斋先生年谱》问世。与此同时，梁启超在其《清代学术概论》和《中国近三百年学术史》中也对章氏史学、方志学上的贡献作了阐述，这样章氏之学说才慢慢为人们所知晓。20世纪五六十年代，研究章氏之学者为数尚很少，80年代以后，对章氏史学、方志学、目录学等研究论著逐渐多起来，研究也逐步深入，这本是正常的现象。可是有些人又开始议论起来了，有的说，"五四"以后，梁启超、胡适大捧章实斋，并援引某权威人物曾经讲过章实斋是个"乡曲之士"，"读书少的人，好发议论"，言下之意十分清楚；有的则早在著作中说了，章学诚由于在考据方面搞不过戴震，故用研究理论以抗衡；有的说得就更直截了当，说时下研究章学诚在逐渐升温，评价越来越高等等。还有的就某个问题或某条史料来议论章学诚学问浅薄疏漏。对于这些我们自然应当发表自己的看法。我们认为，学术评论首先不能抱有成见，不能因为章学诚在乾嘉之世大受冷落，我们今天就不能对他作出正确的评价，否则就是吹捧。就以梁启超、胡适等人评论而言，他们的著作均在，就是在今天看来，也算不上是"大捧"。至于评价高与不高也是相对的，若是他对中国史学的发展和学术思想上的贡献确实很大，为什么评价不能高呢？应当注意的是，一个人对社会所作的贡献乃是客观存在，如果是在反映客观存在，为什么不可以呢？这里倒是用得上章学诚自己提出来的要求"尽其天而不益以人"，我们的主观意图要尽量去反映客观实际，使主观符合客观，而不能去扭曲客观。再者每个人做学问的路子并不相同，你是研究小学的，不能因为人家在研究史学理论，就认为是空发议论，是没有学问的表现，这种说法无法令人信服，难道要人家也非得研究小学才算是有学问吗？他提出研究编写历史的人，应当首先注意观点与立场，即史义，也就是我们今天所讲的史学理论；作为一个合格的历史学家必须具备史德等难道也是空发议论吗？这都是实际问题，谁也无法否认其在史学发展史上的光辉价值。当然，产生上述那些看法也有的是由于对章氏所处时代地位及其遭遇和贡献均不太了解所致。这里我们想借当代著名目录学家王重民先生在《校雠通义通解》中一段话来说明这个问题，王先生说：

> 章学诚的《文史通义》陈义甚深，从当时以至现在，都有人认为是"浮夸"，这是由于他所处的时代和个人的经历，是不相称的。例如：《和州志艺文书序例》，是一篇用社会文化史的发展观点论目录学方法与理论的专著，也是一篇历代国史艺文志的序录，放在《和州志》内本来有点不相称，但对这样的重大问题，当时的考据家们不注意，也不屑于讨论，而章学诚又没有地位，没有正式发挥议论的机会，所以就小题大做，把自己的议论写在自己所能写的地方。
>
> 又由于别人怀疑章氏的理论，他又没有适当的机会去实践和发展，于是

就把自己创立的议例用到修志实践中去，以此证明自己的理论是正确的。故王先生的结论是："章学诚的这种研究学问的方法与态度，是科学的，是正确的。"请看，同样一个章学诚，不同人的研究结论殊异竟如此之大，关键在于是否用"知人论世"的科学方法和实事求是的认真态度。

有人也许要问，为什么有人说章学诚是个"乡曲之士"？我们认为这个说法是错误的，是不符合历史事实的。对于这个问题我们想借著名的历史学家白寿彝先生的话来作回答或许更加令人信服。白先生在《〈文史通义校注〉书后》一文开头便说：

> 《文史通义》是在史学史上占有重要地位的一部书，也是我喜欢阅读的一部书，但这书也确实不好读。我喜欢阅读，是因为它有功力，有见识，提出来的问题耐人寻味。说它不好读，因为它涉及的学术领域相当广泛，它有多方面学术渊源的继承关系，还有作者所处时代之特定的政治环境和学术环境以及作者所特有的表达形式和语言。①

这一评价显然是相当高的。试问有哪一个"乡曲之士"能够著出这样一本"有功力"、"有见识"、"涉及的学术领域相当广泛"的杰出的著作呢？他的《文史通义》及其他论著所引书籍之多，也绝非"乡曲之士"所可比拟。

至于他的著作中确实有些地方将事实、书籍搞错了的，这也可以理解。大家应当记住"智者千虑，必有一失"的至理名言，有谁敢说他自己的论著绝对没有错误呢？司马迁的伟大著作《史记》中不是也有不少史实上的错误吗？有谁能够就此而否定《史记》之伟大呢？况且章学诚自己早已承认考据不是他治学所长，而王重民先生在上述那本书中亦已善意地指出，由于章氏不精于考证，因而往往使他的理论所凭的依据时有不大可靠或者误解。这里有必要附带指出的是，台湾有的目录学论著中，将章学诚在《校雠通义》中论述的"互著"之法，说是"掠美乡贤"，这自然是无稽之谈，对此，王重民先生在《校雠通义通解》一书中也早就予以驳斥，指出"凡古代的科学方法都是从实践中逐渐发觉，逐渐成立起来的，在互著法的发展和使用过程

---

① 《史学史研究》1988年第2期。

中，马端临、祁承㸁都有功劳，章学诚从来并不认为是他自己的功劳，而把这一功劳让给刘歆，自己甘居于阐述之列的"，"他认为这一方法的运用，使目录更能'穷源至委，竟其流别'。祁承㸁虽说在编目过程中，熟练地使用了互著法，但他在目录学理论上的心得和造诣，则远不如章学诚的"。可见是非自有公论，研究学问切忌只见现象而不求本质，因为这样做所得结论往往是靠不住的，而这样做的结果，只能厚诬古人。

第二节　章学诚在中国史学上的地位

章学诚是我国封建社会晚期一位杰出的史学评论家，他的代表作《文史通义》是我国古代一部集史学理论之大成的著作，人们通常将它与唐代刘知幾的《史通》视为封建时代史学理论的"双璧"，他那丰富的史学理论，后来居上，许多方面都超过了刘知幾的论述，成为我国文化宝库中不可多得的宝贵财富，一直启迪着人们对传统史学的研究和思考。他以其进化论的观点对两千年来史学的发展、演变进行了探索，提出了史书的编写在体例上必须有所改造，并且第一个从史学理论上对"史义"进行重点论述，这就把对史学发展的总结推向了新的阶段。显然这在史学理论上是一重大的突破，比起刘知幾的《史通》自然是一大进步；又如在《史德》篇中向史家提出"当慎辨于天人之际，尽其天而不益以人"的要求，要史家应当辨清主观与客观的关系，要以客观的态度去尊重历史事实，不能将史家主观的成分掺杂到客观的历史事实中去，这个观点的提出，在古代史学史上又是前无古人，这个光辉的思想，比起刘知幾的"直书"论无疑又是一个飞跃式的进步，即使在今天《史德》论仍有其现实意义，这一点大家都会理解，因为史德在任何时候都不可缺少。他在《文德》篇中对历史评论者提出严格要求，认为评论古人必须做到"知人论世"，应当设身处地对古人考察和研究，既不能苛求古人，又不能无是非之别，尽量做到结论公允，诸如此类，在中国古代史学宝库中都是十分重要的史学理论。至于他在史学理论方面的其他独特见解，我们在上文已作了较详细的论述，这里就不再重复，他的许多论述，确实都做到了"成一家之言"。

这里我们有责任向读者介绍，章学诚在中国学术文化史上的贡献是多方面的，只不过史学理论更为突出而已。他的代表作《文史通义》就是兼论文史，而他在给师友的信中，亦多次表示"学诚从事于文史校雠，盖将有所发明"。这就是说他的研究对象并不仅限于史，而包括文、史、校雠在内，并且还将自己研究的范围和目标也作了规定："文史之争义例，校雠之辨源流。"而在这些方面他都确实作出了杰出的成就。因为他认为文与史有着密切关系，史要依靠文而流传，文又是由史而产生，故在《文史通义》中除有几篇专门论文外，许多都是文史兼论。他在文学理论上的重要贡献就在于提出"文生于质"，反对模拟古人和形式主义的文风。他在《文史通义》内篇三《砭俗》篇中说："文生于质，视其质之如何而施吾文焉。"质就是指内容，这就告诉人们，内容决定形式，要看内容如何，然后再决定采用何种文字来进行表达。正因为文章的形式是由内容事实所决定，故他又说："文因乎事，事万变而文亦万变。"这实际上是写文章的起码要求。他在同上书《文理》篇中，进一步指出文章写作的主要条件是内容的充实，只要有丰富的内容，有真知灼见，真情实感，写出来必然是篇好的文章，故文中说："立言之要，在于有物，古人著为文章，皆本于中之所见。"这就是说，写作文章，首要"在于有物"，而不能空空洞洞，并且要有自己的体会和见解。他还举例说明，"富贵公子，虽醉梦中不能作寒酸乞语；疾痛患难之人，虽置之丝竹华宴之场，不能易其呻吟而作欢笑"。[①] 这就告诉人们，那种强颜欢笑、无病呻吟都绝对写不出好的文章。特别要指出的是，他那篇有名的《古文十弊》[②] 将"桐城派"古文的流弊批判得淋漓尽致。总之，章学诚在历史文学理论上主张重内容、贵"世用"，反对形式主义、模拟古人、死守法度等等，对于当时文风的批评，都具有现实的进步意义。刘知幾在《史通》中虽然也反对不良的文风，但无论是深度和广度都无法与章学诚相比，更有许多刘知幾还不曾讲过，真是后来者居上了。

我们在上文中已经讲了，章学诚还有另一部重要著作《校雠通义》，对我国校雠学或目录学的发展进行了全面的、系统的探索和论述。目录学虽然

---

① 《文史通义新编》内篇二。
② 《文史通义新编》内篇二。

近代已独立成为一门学问，但在其发展过程中，与史学曾有过密切不可分的关系。《汉书》受刘向父子《七略》的影响，在史书中首创了艺文志，使我们得以了解先秦以来学术发展的趋势，而《隋书·经籍志》又为我们了解汉至唐初学术发展创造了条件。郑樵《通志》则改称《校雠略》，章学诚则在前人研究的基础上，著作了《校雠通义》，书中第一次提出，图书目录的编写，必须起到"辨章学术，考镜源流"的作用。也就是说，要使人们从目录编纂中看出学术发展的趋势、学术流派的兴衰和发展。他告诉人们在编写书目中也大有文章所在，决不应等闲视之。而《校雠通义》的内容，对我国近百年来的目录学方法和理论一直起着很大的影响，这是学术界研究文献学的论著共同结论。

至于在方志学上的贡献那就更大了，由于他虽长于史学，但从未进入史馆而无从实践，因而便将自己的丰富的史学理论通过修志来加以实践，在实践中又不断总结经验，写出了一系列方志理论文章，从而提出了一整套修志理论，创立了修志体例，建立起方志学，可见他是我国方志学的奠基人，故梁启超称他为我国"方志之祖"、"方志之圣"。即使在今天来看，这个称呼确是当之无愧的。他那丰富的方志理论，有许多在今天仍有借鉴的价值，因此，在20世纪80年代初，当中华大地上掀起声势浩大的修志热潮时，他的方志学说有许多还被当作启蒙理论来学习。

综上所说，可见章学诚在中国文化史上具有十分重要的地位，而所作贡献又是多方面的，并且都确有自己的独到见解，自成一家之言，这完全是他学术成就的体现，而并非哪些个人有如此巨大力量能够把他吹捧上去。他的史学思想、历史文学理论、方志学的论著乃至目录学的主张，都是我国史学宝库、文化宝库中不可多得的稀有珍品，我们应当很好地、认真地加以批判继承。事实上我们只要冷静地研究就可发现，章学诚学术思想的影响已经早就越出国界，成为一位国际文化名人，日本、法国、美国等都有学者对他的学术思想进行研究、出版专著。日本学者内藤虎次郎20世纪初所著《章实斋先生年谱》，在上文已经讲了；法国汉学家戴密微在其《章学诚和他的史学思想》论著中，称章学诚是中国第一流之史学天才，可以与阿拉伯的史家伊本·凯尔东或欧洲最伟大之史家并驾齐驱；美国学者倪德卫则著有《章学诚的一生与思想》一书，全书洋洋洒洒数十万言，国内至今尚无一部如此巨著专论章氏之学，这与我们泱泱大国是极不相称的。他在前言中指出，章学诚的许多史学理论都已经具有现代色彩。所有这些事实说明，章学诚早已经跻身于世界史家之林，他的学术思想已经成为世界文化宝库中可贵的精神财富，这自然也是我们中华民族的骄傲。

当然，我们也毋庸讳言，章学诚的史学理论和学术思想，也还存在着一定的历史局限性，他毕竟是位封建主义史学家，因而论史修志不能不从其地主阶级立场观点出发。他力主学术必须"经世致用"，大力发挥"六经皆史"说，对于针砭当时学术界的不良学风，自有其积极进步作用，但其目的仍在于维护封建统治。清代乾嘉时期，封建社会已进入了末叶阶段，资本主义因素已经萌芽，预示着封建制度行将崩溃。作为地主阶级一员的章学诚，既然不可能做本阶级的叛逆，自然就要用其史学理论来为封建统治服务，他曾毫不掩饰地宣扬，史志之书，所以有益于社会风教，原因就在于能够"传述忠孝节义"，使"百世而下，怯者勇生，贪者廉立"，"纲常赖以扶持，世教赖以撑柱"。他把宣传封建伦理道德，巩固封建纲常法纪都寄托在史志之书上面，可以看出，在他看来为封建统治提供史鉴，维持封建秩序，是封建史家天经地义的事。所以他晚年曾六次向统治者上书谈论时务，其内容虽说痛斥了当时吏治的腐败和黑暗，痛斥了统治阶级对中下层人民的剥削。但最终目的还是在为统治者出谋划策，劝诫清统治者要吸取明灭亡的教训，民穷财尽，上面不加体恤，故"流贼"一呼，从者数十百万，下情不能上达，民间疾苦上不体恤，即使无朋党之祸，亦足以亡国。

另外，在他的《文史通义》一书中，有些篇章，如《妇学》、《妇学篇书后》、《诗话》、《书坊刻诗话》等，很明显地在维持封建道德，宣扬封建伦理，他在《妇学篇书后》一文中就非常明确地说："《妇学》之篇，所以救颓风，维世教，饬伦纪，别人禽，盖有所不得已而为之。"这正是卫道士习气的具体表现。不过我们这样指出他的局限性，正是为了帮助大家比较全面地认识章学诚，这样做丝毫不影响他在我国史学上的重要地位和杰出的学术贡献，小疵不可能掩盖大醇。